문예신서
240

古文字類編

高 明 [編]

東 文 選

古文字類編

古文字類編總目次

序

《고문자유편古文字類編》은 본래 필자가 북경대학 역사학과에서 고고학을 전공하는 학생들에게 고문자학古文字學을 강의하면서 집필했던 것으로, 《강의講義》 제 2 장인 《고문자표古文字表》이다. 당시 본과 과정의 강의에서는 학생들에게 이론방면의 이해는 물론이고, 일정한 분량의 문자와 그들 문자의 각 시대별 자형을 파악하도록 해야겠다고 생각하였다. 따라서 커리큘럼상의 시간수와 효과적인 학습을 고려하여, 상대商代의 갑골문甲骨文 · 주대周代의 금문金文 · 진대秦代의 소전小篆을 각기 세 개의 난으로 나누어 자체字體를 구분하고 도표식 문자표로 작성하여 편집하였다. 여기에는 약 1천 자 정도의 문자와 적어도 각 문자에 관한 5,6종의 자형 변천과정을 수록하였다. 1974년 북경대학에서 영인한 《고문자학강의古文字學講義》로 몇 년간 시험삼아 사용해본 결과, 이런 문자표가 학생들의 학습에 아주 유용하다는 것이 판명되었다. 단지 결점이라고 한다면 자수字數가 너무 적고 전국시대 부분이 빠져 있어, 한자의 발전과정을 살펴볼 때 일부분이 누락되어 있다는 점이었다. 그래서 많은 동지들로부터 위의 두가지 결점을 보충하고, 강의와 표를 분리하여 각기 편찬하면 좋겠다는 제안을 받게 되었다. 사인방이 타도되자 곧 본격적으로 이 일에 착수하였다. 3년 반에 걸친 각고의 노력끝에 《고문자학강의》 중의 《고문자표》를 개편하여 지금의《고문자유편》을 완성하게 되었다.

《고문자표》에는 이미 정확하게 식별된 자만을 수록하였으며, 조금이라도 의심스러운 자는 싣지 않았었다. 《고문자유편》에서도 마찬가지로 이 방법을 고수하면서, 《자표》를 크게 삼 편으로 분류하였다.

제 1 편은 본래 세 개의 난으로 나누었던 것을 네 개의 난으로 나누었다. 제 1 난은 상주시대의 갑골문이고, 제 2 란은 상대와 주대의 금문, 제 3 란은 춘추 · 전국시대의 석각石刻 · 죽간竹簡 · 백서帛書 · 재서載書 · 부

절符節 · 금인金印 · 도기陶器 · 화폐 등의 문자이며, 제 4 란은 진秦의 전서이다. 증보한 문자는 구 자표의 5배에, 단자單字는 3056자이며, 어떤 문자는 동同시기 및 다른 시기의 이체자異體字가 10~20종이 넘는 경우도 있고, 최소한 3,4종은 되어, 각종 자형을 포괄하면 합계 17,005종에 이른다.

제 2 편은 합체문자合體文字이다. 합체문은 상대와 서주시대에 성행하였다가 진에 이르러 도태되었다. 이 편에서는 세 단으로 분류하였다. 모두 304종이 수록되었으나 각종 자형을 포함하면 도합 536종이 된다.

제 3 편은 휘호문자徽號文字로 대부분이 한 개 또는 여러 개의 문자가 조합되어 이루어졌다. 자형이 모두 고풍스러우며 상대와 서주시기에서만 나왔기 때문에 두 개의 난으로 분류하였다. 모두 598종을 수록하였으나 각종 자형을 포함하면 도합 942종이 된다.

갑골 · 금문 · 금인 · 도기 등의 문자는 지금까지 모두 전문서적이 출판되었으며, 각 책에 수록된 문자는 모두 정편正編과 부록附錄으로 분류되어 있다. 예를들면 1965년 중국과학원 고고연구소에서 편찬한《갑골문편甲骨文編》의 정편에 수록된 문자는 1723자이며, 그 중에 판별되었거나《설문說文》에서 찾아볼 수 있는 자는 900자 정도이다. 1959년 용경容庚선생이 증정한《금문편金文編》의 정편에 수록된 금문은 1894자이다. 1939년 나복이羅福頤 편저《고새문자징古璽文字徵》의 정편에 수록된 인문印文은 모두 607자이다. 1936년 고정룡顧廷龍 편저《고도문읍록古陶文孴錄》의 정편에 수록된 도문陶文은 331자이고, 1964년 김상항金祥恒 편저《도문편陶文編》의 정편에는 498자가 수록되었다. 고대의 화폐문자 중에는 중복된 문자가 많으며, 문자의 종류는 한정되어 있다.

위에 기술한 각 서적들의 정편에 수록된 문자라 하더라도, 그 중에는 실물에는 있으나 정확하게 판별되지 않은 자도 많이 있다. 다방면으로 식별한 자수의 합계에서 중복된 자수를 빼면 실제로 식별할 수 있는 것은 약 2,300~2,400자 정도이다. 그러나 현재 식별할 수 있는 문자가 3,000자를 넘고 있으니, 최근 몇 년 사이에 이 방면의 연구가 놀라운 성과를 거두고 있음을 알 수 있다. 전국 각지의 고고연구가 활발하게 전개되어 지금까지 보지 못하였던 새로운 자료를 많이 보완하였고, 또 새로 식별가능하게 된 문자를 첨가하여 수록하였다. 본서에서 지금까지의 고문자연구성과를 모두 총괄할 수는 없지만, 식별가능한 문자수의 통계를 살펴보면, 최근 수년간에 고문자연구가 장족의 진보를 했다는 사실을 알 수 있다.

본서의 임무는 여러 학자들의 연구성과를 수집하고 분류·편집하여 고문자에 관심을 갖고 있는 사람들에게 참고자료를 제공하는 데 있다. 그러나 편집과정에서 필자의 주관이나 의견이 강하게 반영된 부분도 있으며, 능력이 미치지 못하여 귀중한 연구성과를 누락시켰거나 신빙성이 낮은 자료를 잘못 삽입시켜 놓았다면, 이런 문제는 전적으로 필자에게 책임이 있다. 새로 출토된 기물의 출전이나 연구에 관해서는 권말의《인서목록引書目錄》에 첨부하였으며, 주注 부분에서는설명하지 않았다.

현재 확인할 수 있는 자료에 따르면 한자의 기원은 오천 년 전으로 거슬러 올라갈 수 있으나, 실제로 한어를 기록하는 도구로 사용한 것은 상대의 갑골문이 최초라고 볼 수 있다. 즉 현시점에서 보면 상대의 갑골문은 중국 최초의 문자이고 아주 발달된 단계의 한자였으나, 가장 오래된 한자는 아니라는 것이다. 상대 갑골문 이전에도 한자는 아주 오랫동안 발전되어온 역사가 있었을 것이다. 최초의 갑골문은 지금으로부터 약 삼천 년의 역사를 지니고 있다. 그러나 모든 한자가 전부 반드시 그러한 것은 아니며, 보다 선대까지 거슬러 올라갈 수 있는 자도 있고, 아주 늦게 나타난 자도 있다. 결국 한자는 한 자 한 자마다 자신의 발생과 발전의 역사를 갖고 있으며, 결코 전부 똑같은 것이 아니라는 말이다. 본편에서는 시기마다 난을 나누어 편집하였기 때문에 대부분 한자의 발전과정과 변천상황을 쉽게 살펴볼 수 있도록 하였다. 그 중 규율성과 보편성을 가진 이론을 총괄해보면 다음과 같다.

시대의 전후에 따라 문자를 배열하려면, 먼저 각종 문자에 대한 시기구분의 기준이 필수적인 요건이다. 따라서 선인들의 연구성과를 도입하는 데 역점을 두었으며, 거기에다 약간의 주관적인 견해를 첨가시켰다. 갑골문은 최근의 연구성과에 근거하여 子·午·自組의 복사를 제 1 기로 분류한 것 외에는, 동작빈董作賓의 5기 분류에 따라서 시대를 나누었다. 금문의 시기구분은 여러 설이 분분하나, 기물에 관한 의견은 대부분이 일치하고 있으며, 다소 견해차이가 있더라도 다수의 의견으로 기우는 경향이 있다. 서주의 동기는 초기·중기·후기의 3기로 구분하였다. 즉 무왕武王에서 소왕昭王시기를 초기, 목왕穆王에서 이왕夷王시기를 중기, 여왕厲王에서 유왕幽王시기를 후기로 분류하였다. 동주東周는 크게 2분하여 춘추·전국시대로 나누었다.

자서字書를 편찬할 적에 가장 어려운 점은 무엇보다도 자료수집이다. 만일 전국에 퍼져있는 각 고고학기관이나 박물관의 협력이 없다고 한다면 도저히 완성해내기 어려운 작업이다. 북경역사박물관·고궁박물원·중국사회과학원 고고연구소·고대사연구소·상해시박물관·천진시박물관·북경시문물공작대·섬서성문관회文管會와 박물관 및 성省 사회과학원 고고연구소·하남성박물관·하북성박물관·산동성박물관·산서성박물관·호남성박물관·호북성박물관·요녕성박물관·하남성 낙양시박물관·호북성 형주시박물관·섬서성 보계시박물관 및 기산·부풍 등의 현문화관 등에서 근무하는 기관 책임자들의 성의있는 협조로 매우 귀중한 자료를 수집하고 모록摸錄할 수 있었다. 편집과 저작의 본격적인 작업이 거의 완성단계에 이르른 지금, 특히 이러한 관계 기관에 깊은 감사를 드린다.

3년 전, 본서의 기획을 세우고 편집에 착수하였을 때, 입암立庵 선생(廉蘭)께서는 건강하신 모습으로 본서의 집필과 편집의 기획에 심혈을 기울이셨으며, 저자가 집필편집한《고문자학강의》를 두 가지로 구분하여 종합적인 고문자 자서와《고문자학》으로 나누도록 강력히 설득하기도 하셨다. 그러나《고문자유편》이 인쇄단계에 이른 지금 선생은 이미 타계하셨으니 비통함을 누를 길이 없다. 본서의 출판이 고문자에 관심을 갖고 계신 분들에게 미력이나마 도움이 된다면 그로써 선생의 가르침이나 기대에 부응하는 결과가 될 것이다.

편집과정에서는 요효수姚孝遂·구석규裘錫圭·조성趙誠 동지 등이 수고해주셨으며 본서의 편집을 위하여 많은 의견을 제시하거나 잘못을 지적하고 정정해주셨다. 교연실教研室의 소병기蘇秉琦 선생과 숙백宿白 선생도 격려와 조언을 아끼지 않으셨고, 유위초兪偉超·이백겸李伯謙 같은 동지도 본서의 출판을 위하여 많이 힘써 주셨다. 또한 빼놓을 수 없는 사람은 연소명連劭名과 갈영회葛英會 두 연구생들로 모두 이 책을 위해 많은 수고를 아끼지않았다. 특히 연소명 군은 거의 1 년간 작업을 함께하였고 본서의 간주簡注를 정서하고 마지막 목록의 편집을 거들어주었다. 편집이 이미 완료되고 본서가 인쇄에 들어간 지금 특히 여러 선생님과 친구들에게 진심으로 감사를 표하는 바이다.

1980年 3月 20日 高明

북경대학 고고교연실에서 쓰다.

凡　例

1. 전서全書를 1, 2, 3편으로 나누고 고문자古文字 · 합체문자合體文字 · 휘호문자徽號文字로 분류하였다.
2. 제 1 편은 네 개의 난으로 나누었다. 즉 상주시대의 갑골문, 상 및 양주시대의 금문, 춘추전국시대의 석각 · 죽간 · 백서 · 재서 · 부절 · 새인 · 도기 · 화폐문자 등이고, 마지막 난은 진전秦篆이다. 기본적으로는 시대순으로 배열하여 각 자의 자체 변천을 관찰하기 편하도록 기획하였다.

   현행문자와 대조해보기 쉽도록 상부 여백에 해서체楷書體로 표시하였다.
3. 제 2 편은 합체문자이다. 합체자는 상주시대의 갑골 · 금문과 전국시대의 기타 문서에서 볼 수 있으나, 진전秦篆에 이르러 기본적으로 도태되었다. 이 편에서는 세 개의 난으로 나누었다.
4. 제 3 편은 휘호문자이다. 자형이 고풍스러우며 일반적으로, 하나 혹은 몇 개의 문자로 이루어진 족휘族徽나 명호이다. 이런 종류의 문자는 상주시대의 갑골과 금문에서만 볼 수 있다. 그러므로 두 개의 난으로 나누었다.
5. 본서에 수록된 문자는 주로 실물사진이나 탁본 및 여러 학자의 저록著錄에 붙어있는 영인과 모록摸錄에서 취했으며, 일부 문자는 조기의 각본刻本에서 골랐다. 근년에 출토된 기물에는 간보簡報로는 발표되었으나 정식 보고가 발행되지 않았으면, 글 속에서 어느 기물은 어느 간행물에서 발표되었다고 주로 밝히고 있으나, 본서에 수록된 것은 그런 종류는 제외시켰고, 관계 단위의 협력을 얻어 대부분 원탁본을 모사하여 사용하였다.
6. 종류가 다른 각사刻辭는 자체의 크기도 동일하지 않다. 예를들면 하북

河北 평산平山에서 출토된 전국시대의 석각은 자체字體가 매우 크나, 섬서陝西·기산岐山의 봉추鳳雛에서 출토된 주대의 갑골문은 자체가 바늘귀처럼 작다. 이런 것은 모두 모록摸錄하기에 적합하지 않으므로 먼저 사진을 찍어 자체를 적당한 크기로 확대하거나 축소하여 조정한 뒤에 모록하였다. 자체의 크기가 실물과는 약간 다르기도 하지만 자형은 가능한한 원형에서 벗어나지 않도록 노력하였다.

7. 각 문자 아래에는 전부 작은 글씨로 간단한 주를 달아 출전과 시대를 설명해놓았다. 제 1 편 1페이지의 〈丁〉자를 예로 들면 다음과 같다. 첫번째 난에는 여섯 개의 갑골문이 수록되어 있는데, 각기 다른 〈丁〉자 아래에 모두 2행씩의 간략한 주가 붙어있다. 예를들면 첫번째 자 아래 좌행의 주는 〈甲二三二九〉이고, 우행의 주는 〈一期〉라고 되어있다. 〈甲〉은 《은허문자갑편殷虛文字甲編》의 약칭이며, 이 글자는 그 책 제2329편片에 나와 있다는 것을 표시하고 있다. 〈一期〉는 복사의 시대를 가리키며, 동작빈의 5기 구분법에 따라서 상왕商王 무정시대武丁時代의 자형이라는 것을 나타내고 있다. 두번째와 세번째 난에도 똑같이 간단한 주를 달았다. 예를들면 두번째 난의 첫 〈丁〉자 아래의 좌행 주는 〈作册大鼎〉이고 우행 주는 〈周早〉인데, 그것은 이 자가 〈作册大鼎〉의 명문銘文에 나타나 있으며, 서주 초기의 자형이라는 것을 명시하고 있다. 세번째 난의 첫 〈丁〉자 아래의 좌행 주는 〈印, 待時〉이고 우행 주는 〈戰國〉이라고 적혀있으니, 이 자는 전국시대의 고새古璽에 보이며 그 새璽는 《대시헌인존待時軒印存》이란 저록에 기록되어 있다는 것을 표시하고 있다. 권말에는 《인서목록引書目錄》과 《인기목록引器目錄》을 첨부시켜 놓았으므로 〈주注〉에 따라 검색하면 그 자의 본래 출전을 조사할 수 있다.

8. 본서에 수록된 자는 주로 현재 식별된 고문자이고, 일반적으로 고대 자서字書 속에 나와있는 자들이다. 《설문》에는 수록되지 않았으나 다른 자서에서 찾아볼 수 있는 자는 모두 주에서 설명해놓았다. 자서에 실려있지 않은 자는 역대 학자들의 고증을 거쳐 그 음의音義가

기본적으로 밝혀졌거나, 확증이 있어 정설로 굳어진 것만을 기준으로 하였다. 그밖에 판별할 수 없는 자나, 학자들의 고석을 거치기는 했으나 아직 공인받지 못한 자는 수록하지 않았다.

9. 갑골문 · 금문 · 도문 · 고새문자 등은 모두 전문서가 있으나, 그런 전저專著에서는 식별할 수 있는 자를 정편正編에 넣고, 식별할 수 없는 자는 부록에 수록했다. 본서는 자체를 비교적 광범위하게 수록하였으나, 다른 서적과 중복되지 않도록 식별할 수 없는 자는 수록하지 않았고 부록도 첨부하지 않았다. 필요한 경우에는 전문서를 참조하기 바란다.

10. 본서에 수록된 자는 동문이체同文異體를 주로 다루었다. 시대는 같으나 자형이 다른 자는 거의 대부분 수록하였으며, 각각의 자형은 한 가지만 넣고 자형이 중복된 것은 수록하지 않았다. 시대가 다르다 해도 자형이 비슷하면 합쳐서 다루었고, 일반적으로 시대와 자형이 겹치는 것은 제외시켰다.

11. 다의자多義字인 경우에는 본의本義 혹은 최고의最古義를 주로 하였다. 보통 각 자는 중복을 피하고 필요할 때에만 설명을 덧붙였으며, 자의字義의 파생과 가차에 의하여 한 자가 몇 번씩 나타나는 것은 피하였다.

12. 동원이자同源異字는 모두 그 자의 생성관계를 나타내기 때문에 보통 같은 난에 배열하고 설명을 붙였다.

13. 본서는 검자색인을 첨부해놓았다. 문자의 획수에 따라서 나열하였으며, 획수가 같으면 같은 부수의 자를 차례로 나열하였다. 문자 아래의 숫자는 페이지수이고, 합문合文의 색인은 단자 뒤에 첨부하였다.

第一編 古文字

	一	二	七	丁		三	万
甲骨文	一期 粹八七九 四期 粹一九六	一期 菁三·一 三期 粹三三一	一期 前五·二八· 二期 佚四四○	一期 甲二三二九 一期 后上三·五 二期 粹五○九	三期 粹六六○ 四期 粹二二七 五期 粹四七八	一期 菁五·一 先周 周甲一	
铜器铭文	周早 盂鼎 周晚 毛公鼎 春秋 秦公毁	周早 盂鼎 周中 舀鼎 春秋 秦公毁	周早 小盂鼎 周中 趞曹鼎 战国 大梁鼎	周早 作册大鼎 周中 舀壶 春秋 者减钟	春秋 於赐钟	周早 天亡毁 周中 史颂毁 周晚 䝞钟	周早 倗万毁 同萬 说文无，集韵：
简书及其它刻辞	战国 盟书一六·三	战国 盟书一·四 战国 陶·春录十三·三		战国 印·待时 战国 陈簠	战国 印·峯 战国 陶文编四·九六	战国 盟书一五六·七 战国 印·魏石	战国 印·泉綎 战国 凝清
秦篆							

㞢

- 一期 前四·八·二（又有）
- 一期 乙·六六·六五

下

- 一期 前四·六·八
- 四期 粹七九
- 周中 长由盉
- 周晚 番生簋
- 春秋 虢叔钟
- 春秋 蔡侯盘
- 三 战国 陶春录
- 战国 印印举
- 战国 铁云：可以正下=
- 战国 印故宫
- 战国 简信阳

上

- 一期 乙三四三反
- 一期 后下八·七
- 周早 天亡簋
- 周晚 𪒠钟
- 春秋 齐侯壶
- 春秋 蔡侯盘
- 战国 中山王壶
- 战国 印凝清
- 战国 印揭敬上=
- 战国 简信阳
- 战国 盟书七七九

工

- 一期 粹一三七
- 二期 后下二〇·七
- 四期 粹一三七一
- 五期 前四·四三·四
- 周早 矢方彝
- 周中 卫鼎
- 周中 虢季子白盘
- 春秋 者減钟
- 战国 大梁戈
- 春秋 石鼓吾工
- 战国 印印郵
- 战国 万印
- 战国 陶燕下都出土

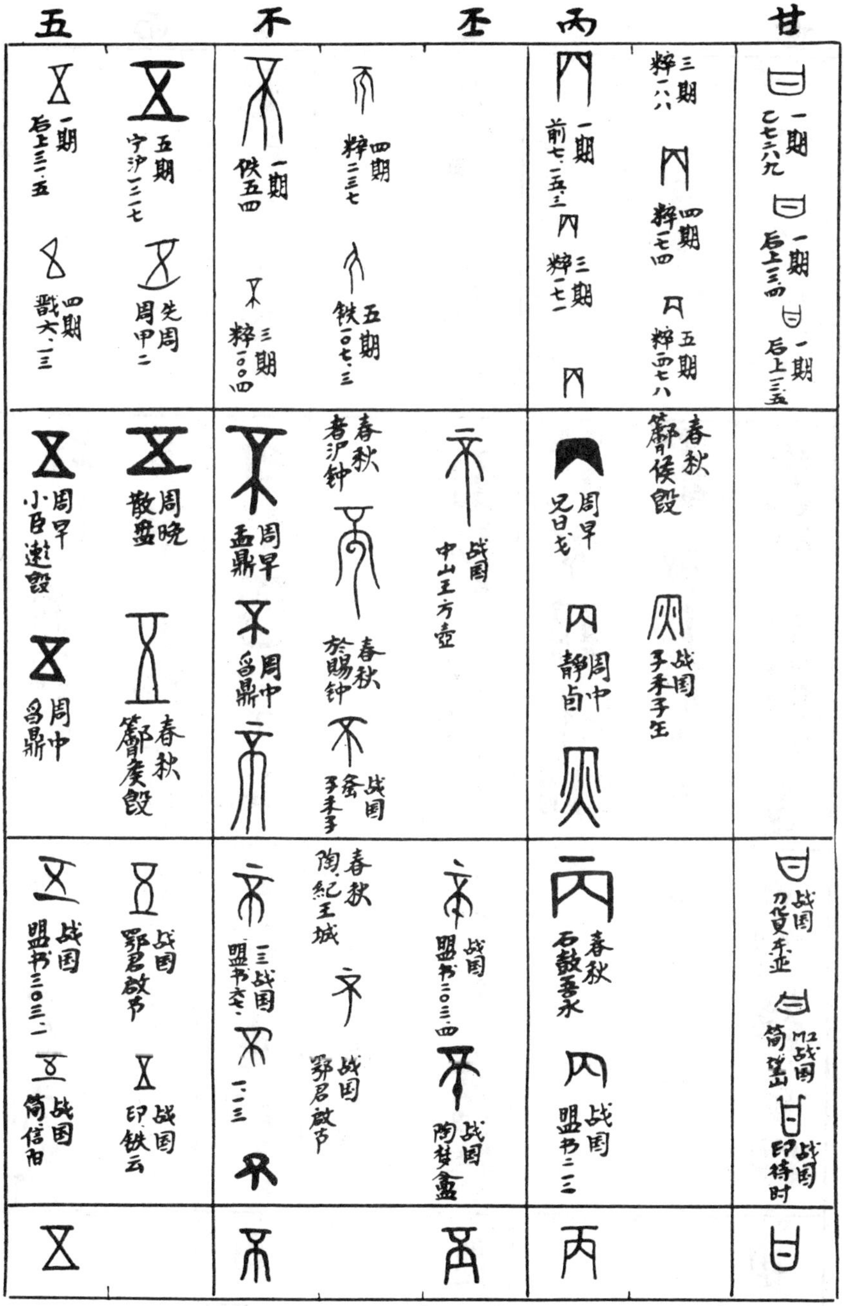

甘　丙　丕　不　五

甘

- 一期 乙七二八九
- 一期 后上三·四
- 一期 后上一三·五
- 战国 刀货文·平正
- 战国 简望山M2
- 战国 印待时

丙

- 一期 前七·二五·三
- 三期 粹一七一
- 三期 粹一八
- 四期 粹一七四
- 五期 粹四七八
- 周早 兄日戈
- 周中 静卣
- 春秋 郘侯毁
- 战国 子禾子釜
- 春秋 石鼓吾水
- 战国 盟书二二

丕

- 战国 中山王方壶
- 战国 盟书二〇三·四
- 战国 陶彗盂

不

- 一期 佚五四
- 三期 粹一〇〇四
- 四期 粹二三七
- 五期 铁一〇七·三
- 周早 盂鼎
- 周中 舀鼎
- 春秋 者沪钟
- 春秋 於赐钟
- 战国 子禾子釜
- 战国 盟书六·三
- 一·三
- 春秋 陶·纪王城
- 战国 鄂君启节

五

- 一期 后上三·五
- 五期 宁沪一·三七
- 四期 戬六·一三
- 先周 周甲二
- 周早 小臣逋毁
- 周晚 散盘
- 周中 舀鼎
- 春秋 郘侯毁
- 战国 盟书三〇三·二
- 战国 鄂君启节
- 战国 简信阳
- 战国 印铁云

而	百	丘	世
	一期 乙七一三一 二期 铁四二·四	一期 佚七三三 一期 前一·二四·三	
战国 中山王方壶 战国 子禾子釜 春秋 辰敦段 春秋 𦅫鎛钟	周中 舀鼎 周晚 㝬钟 春秋 沈兒钟	春秋 商丘叔簠 战国 子禾子釜	战国 陈侯镈 镈 战国 陈侯午 战国 方壶 中山王 周中 师遽段 周中 师遽方彝 "世孙子" 周早 吴方彝 周中 趞段 "世孙子"
六·五六、 二六·九二、 战国 陶彙 九·二 春秋 石鼓吴人 战国 盟书一九五、二	战国 印·铁云 战国 中山王兆域图	战国 陶·春录八·二 战国 中山王兆域图 战国 鄂君啟节 战国 陶·春录八·二	战国 故宫 战国 凝清 印·千秋万世昌、 战国 印·鄅

丙	亘	杯	畐	面	亟	亚
粹六三二 一期 甲二六七 一期	铁三三九 一期 乙六七二二 一期		粹二四五 二期 京津四三四 三期 佚九三五 三期	甲二三七五 一期 甲四一六 一期		前七·三九·二 一期 甲三九四二 五期
说文古文作		师遽簋 周中 番生簋 周晚	畐父爵 周早 士父钟 周晚		墙盘 周中 伯汸其盨 周晚 毛公鼎 周晚 曾太保盆 春秋	亚方彝 商 父辛簋 周早 亚盉 周早
		说文无，金文不杯同丕显	鄂君启节 战国 简望山M1 战国		石鼓吴人 春秋 盟书二·五六 战国 三·三〇· 三·三 九·七七·	石鼓田车 春秋 陶铁云 战国

己	己	气乞	九	乙	乙	尔	爾
三期 后上六·四；四期 粹四四二；五期 粹四七八	一期 粹四四；二期 粹一〇二	一期 前七·三六·二；一期 甲八七〇朱书	一期 后下一三·九；五期 甲二三九五	三期 后上八·二；四期 粹一二三；先周 周甲	一期 粹一〇五；三期 戬三·八		一期 前七·三六·二；一期 前四·五·二
春秋 栾书缶	周早 作册大鼎；周晚 番匊生壶	春秋 齐侯壶；春秋 洹子孟姜壶	周早 盂鼎；周晚 克钟；春秋 余义钟	周晚 散盘；战国 畲肯簠	周早 父乙鼎；周中 曶鼎	春秋 齐侯壶；战国 中山王鼎	周早 何尊；周中 牆盘
战国 陶文编一四·九七	战国 印·故宫；周氏	古气乞同字	战国 印·待时；故宫；战国 陶春 彔一四	二 战国 陶春录一〇；战国 印·待时	战国 盟书一五六·三五；三·一九		战国 印·待时

巳	今	令	命	舍
一期 前七·九·二；二期 粹三〇七；三期 佚三八四；四期 粹四五七；五期 粹四五七	一期 甲一二三四；三期 拾七·二；四期 粹七五二；五期 后下一·七；先周 周甲一五	一期 铁七八·二；一期 后上二六·一〇	四期 粹一九六；五期 林二·二五·六；令命古同字	
周早 辛巳簋；周晚 毛公鼎；春秋 吴王光鑑；春秋 栾书缶	周早 盂鼎；周中 师虎簋；周晚 諫簋；周晚 毛公鼎；春秋 晋公盦	周早 盂鼎；周中 免簋	春秋 蔡侯钟；周中 命·师望鼎；春秋 秦公簋；战国 𪓐羌钟	
	战国 盟书六七·一；六七·六；六七·二六	战国 盟书九二·五；九二 战国 陶·舂录	战国 盟书一五六·二；战国 鄂君启节；战国 印·璽室；战国 陶·舂录二·二	战国 印·北京；战国 魏石

龠	禽	余	倉	俞	侖
一期 續五·三·二 一期 前五·二九·二	一期 甲三八五 一期 京津五六	一期 乙三三九 二期 佚五〇五 四期 甲三四六 五期 佚八六〇	一期 通别二·一〇·八		一期 存一四七七
周早 臣辰卣 周晚 散盘	周早 禽簋 周中 不㝬簋	周早 盂鼎 周中 舀鼎 周晚 㝬钟 春秋 吉日壬午剑	周晚 㝬钟 周晚 倉父盨	周中 豆闭簋 周中 不㝬簋 春秋 [illegible] 春秋 鲁伯大父簋	战国 中山王鼎
	战国 石鼓秦秋	战国 盟书一六·三 战国 印·伏庐 战国 侍时 战国 陈簋	战国 印·万印 陈簋	战国 盟书一六·九·二〇 二〇 一五六· 战国 印·擷华 战国 魏石 战国 布化贝	战国 印·玺

	令	企	介	人	會	錀
甲骨	一期 菁五·二；乙四六五六	一期 京津六四八；一期 佚八一八	一期 佚五七五；一期 前二·四五·六	三期 甲八五四；一期 菁六·一；三期 前二·三三·二		
金文	周中 令尊		春秋 禺邗王壶；古老子介作 古文四声韵引	春秋 曾姬無卹壶；周早 令簋；春秋 王孙钟；周晚 克鼎	战国 驫羌钟；春秋 趠亥鼎；战国 从金 廪氏會；春秋 蔡子匜	周早 盟爵；古音也、今作角，说文无、玉篇：錀
战国			春秋 石鼓田车；战国 简·信阳	春秋 鄂君启节；战国 简·信阳；战国 印·印揭；战国 盟书·六七·四二；六七·三	战国 印·续齐；战国 故宫	
小篆						

北	仕	仔	仜	化	仁	久
一期 菁二·二 四期 粹三·六六		一期 乙六三八九 一期 乙一六五四		一期 存二三五 一期 乙二五〇三	一期 前二·一九·二	
周早 吴方彝 周中 趞曹鼎 周晚 㝬鼎 周晚 北子鼎	春秋 仕斤戈	周早 鼎且辛父庚 周早 癸爵	周中 縣改簋	周中 瘐壺 周晚 中子化盘	战国 中山王鼎	
春秋 石鼓文·人 战国 北兹布 战国 简望山 M1 战国 陶香录六·二 战国 印	战国 印玺			战国 齐刀货 齐刀货	战国 盟书一六·二 战国 印万印 万印	战国 简信阳

付	似		任	併	促	从	伊
			一期 续四·二六·四 一期 甲三〇四	一期 前七·二四·一 一期 前六·五·一		一期 粹一二三 三期 粹一〇六七	五期 京津三五三九 四期 佚三〇 四期 甲八三八
周晚 散盘 同上	周中 朐毁 周中 伯康毁	春秋 齐鞄氏钟 春秋 徐王义楚耑	周晚 任氏毁	说文无，集韵：急也		商 宰椃角 周中 从鼎	周中 史懋壶 周晚 伊生毁 周晚 伊毁
	战国 盟书一九四·一 印·万印	战国 北京	战国 印·尊集 战国 天津		战国 长沙帛书		

伐	伐	攸	攸	伏	伍	休	休
四期 粹一三四；五期 林二·二五·六	二期 前七·五·四；一期 后上二二·六	五期 前二·七·二；说文元	一期 粹三八二；二期 前六·九·三			二期 粹三五二	一期 乙六五三二；一期 京津四五六
周晚 㝬钟；春秋 南疆钲	周早 令殷；周中 虢季子白盘		周中 井鼎	周中 史伏尊		周中 縣改殷；春秋 蔡侯钟	周早 令鼎；周中 静殷
一九四·三；战国 简信阳	五 战国 盟书一七九；一六五·七		战国 简望山M1		战国 印尊集	璽室；战国 陶舂录六·二	战国 印续齐；滨二

伋	仲	何	佐	佑		佃	甸
周晚 毛公鼎	周晚 散盘 周晚 兮仲毁	周早 何尊 何 战国 十六年戟	战国 中山王方壶 佐 辅也 说文无 集韵			周中 柳鼎 周中 格伯毁	周晚 克钟 周晚 扬毁 古佃甸同字
	战国 印·待时	战国 陶·春录 同上 战国 印·古鉨		战国 印·尊古 战国 天津	战国 陶·春录 同上 助也 集韵 说文无		

佤 伯 白 估 佝 佗

佃 一期 林二·三五·三 説文无

一期 甲三九三九

四期 粹一六八〇

先周 周甲一四 古白伯同字

周早 盂鼎

周中 召鼎

周晚 师𧻚毁

春秋 鲁伯盘

战国 明四书五·七·元

战国 简 信阳

战国 望山M2

战国 印 清仪

战国 鄂君啟节

战国 简 望山M2

战国 印 鉥古

論物貨也 説文无 正韵

战国 陶 公孙叁张

上 同

短極 集韵 説文无

战国 印 续齐

战国 续齐

战国 印 帚

战国 衡斋

乍	作		伶	佩	但	伹	伢
一期 乙五七〇 一期 佚六·七	一期 前七·三六·二 四期 粹二三·六				一期 拾二·一九		
周早 天亡簋 周中 颂簋	周晚 毛公鼎 春秋 齐镈	春秋 越王州句矛 战国 楚王酓璋戈	战国 十六年戟	周中 颂鼎 周中 颂壶			
春秋 石鼓作原 战国 陶香录十三·二	同上	古乍作同字				战国 印·燕陶	战国 印·万印 说文无

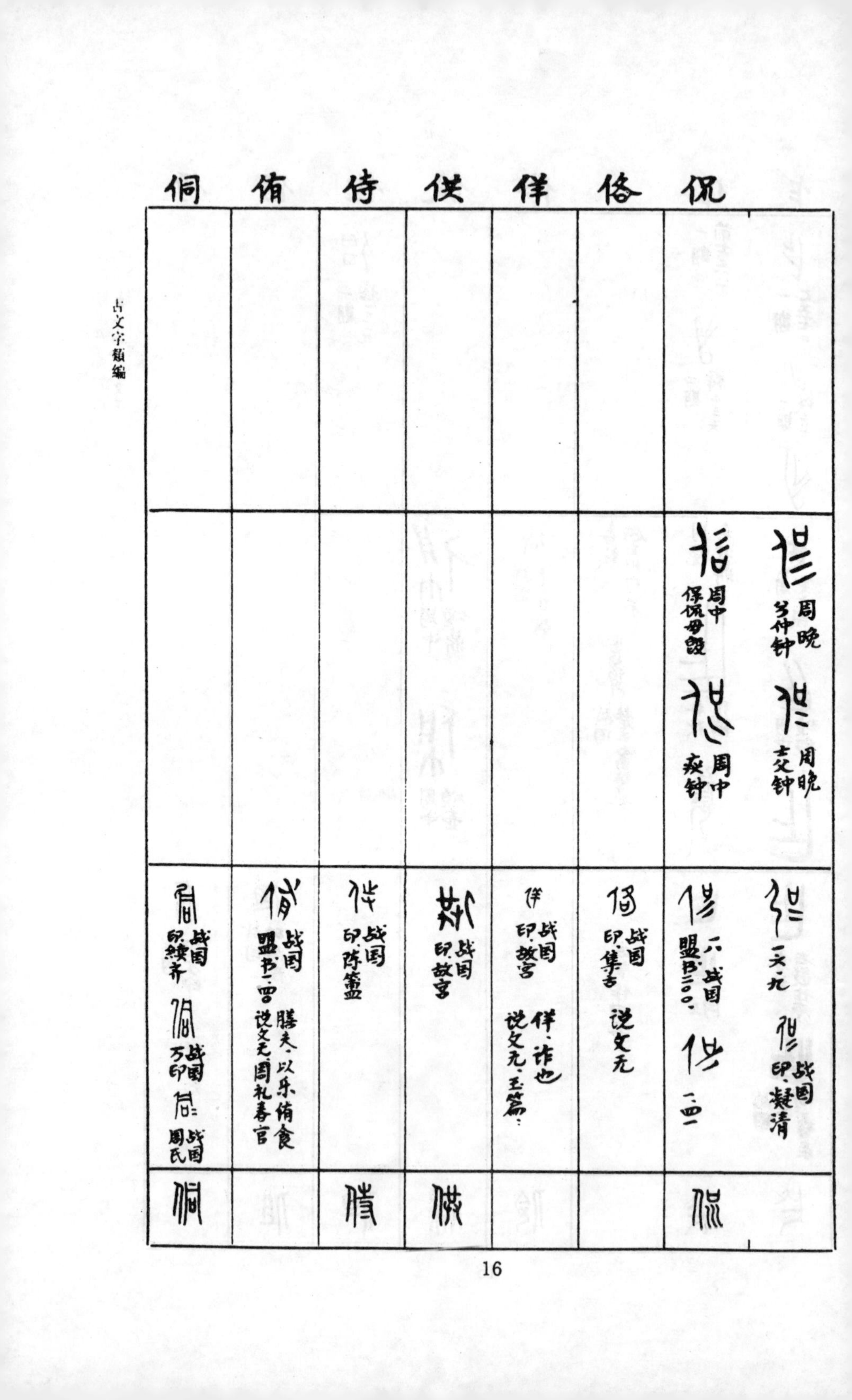

古文字類編

侗	侑	侍	佚	佯	佫	侃
					周中 保侃母𣪕 周中 𤼈钟	周晚 兮仲钟 周晚 士父钟
战国 印、續齐 战国 万印 战国 周氏	战国 盟书一:四 膳夫、以乐侑食 说文九、周礼春官	战国 印、陈簋	战国 印、故宫	佯 战国 印、故宫 佯、诈也 说文九、玉篇:	战国 印、集古 说文九	一六 战国 盟书三〇〇 二四 一六九 战国 印、疑清
侗		侍	佚			侃

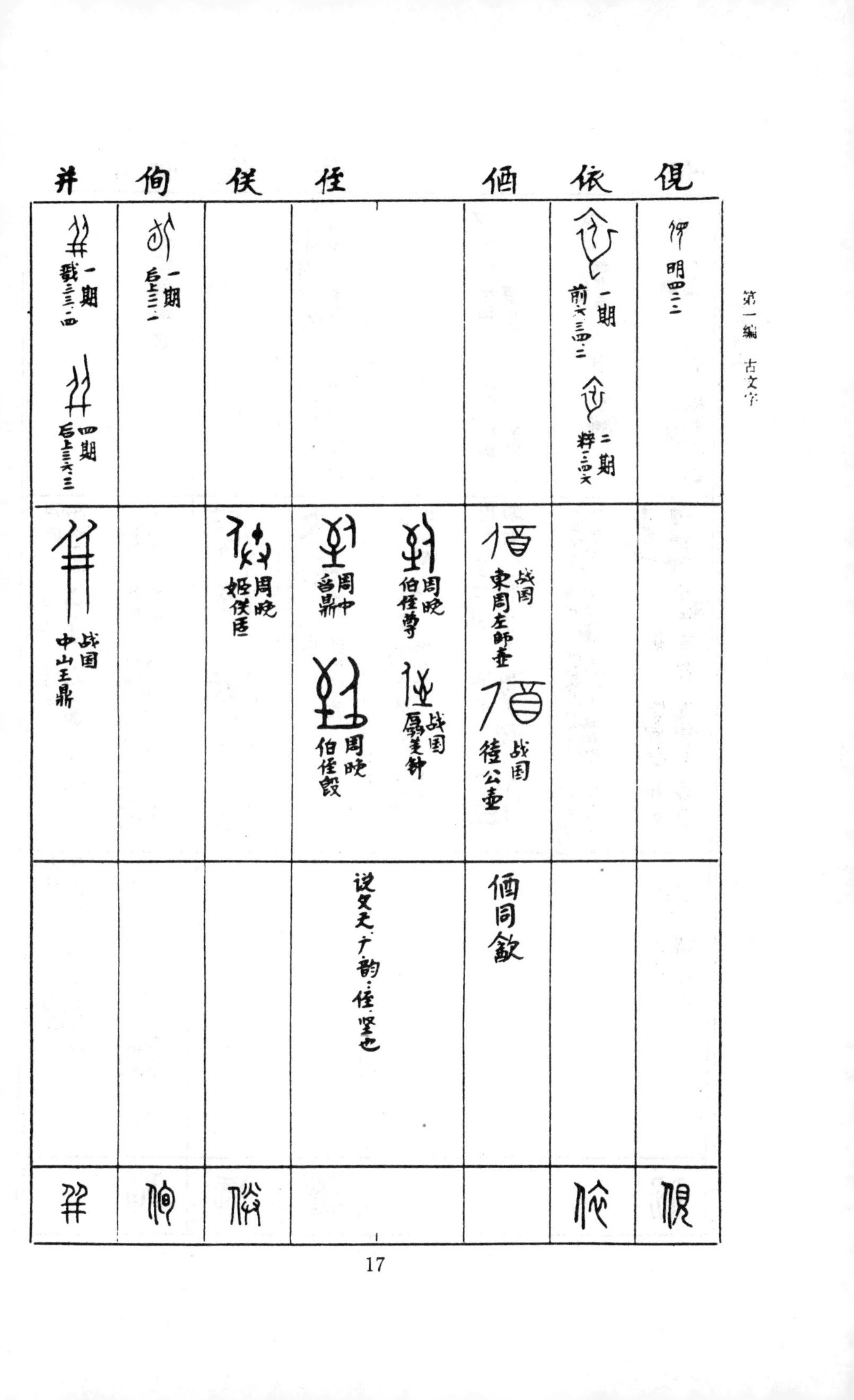

倪	依	佰	侄	侄	佚	侚	并
明四二三	一期 前六·三四·二 二期 粹一三四六					一期 后上三一	一期 戬三三·四 四期 后上三六·三
		战国 東周左師壺 战国 徒公壺	周晚 伯侄尊 战国 屬羌鈡	周中 舀鼎 周晚 伯侄簋	周晚 姬佚匜		战国 中山王鼎
		佰同歈	说文无，广韵：侄，坚也				

修 攸

古攸修同字

周晚 高攸从鼎

周晚 毛公鼎 攸勒

周中 頌壺

周中 曶壺

战国 陳簋 修身

战国 印 鄭修身

战国 印 凝清

战国 凝清

倀

周中 大鼎

周中 大簋

新附 說文

侵

一期 菁二

同上

周 钟伯侵鼎

保

一期 乙三六八六

三期 京津二〇七四

三期 拾九五

文編八·三

先周 周甲五〇

先周 周甲五

商 父丁簋

周早 盂鼎

周早 矢方彝

周中 格伯簋

周晚 𤼈钟

春秋 周差鐘

春秋 邾叔钟

战国 陈侯午錞

战国 因資錞

战国 信阳 简

倲	侮	俌	便	俗	信	係	脩
五期 前五·二〇·七 独倲头动也 说文无，集韵：	四期 粹一三八 侮说文古文作						
		战国 中山王鼎	周中 僩匜 同上	周中 卫鼎 周晚 毛公鼎	战国 中山王方壶"忠信"		
					战国 故宫印 战国 举印 信鉨 万印	战国 吉金印 战国 待时	战国 陶铁云

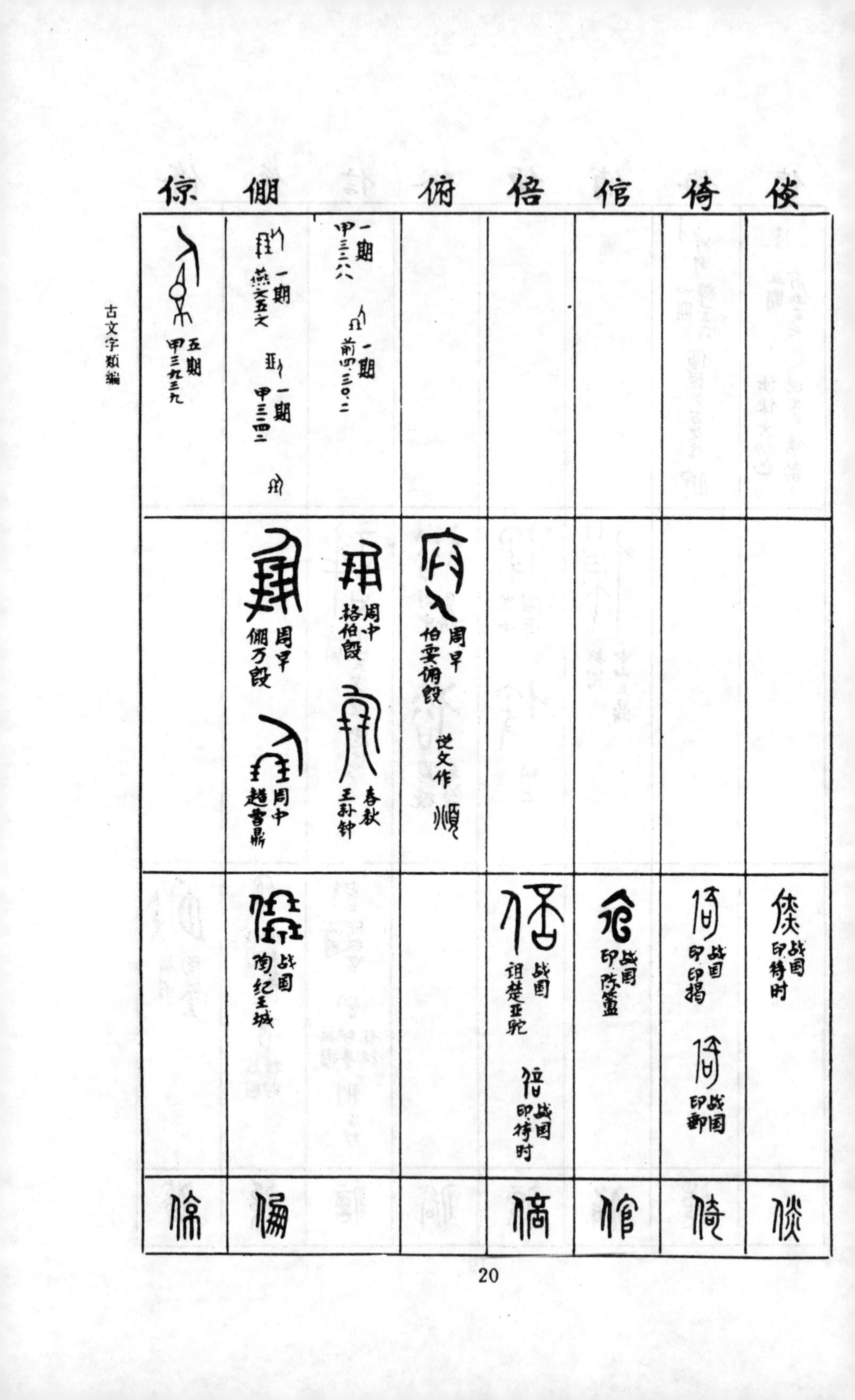

倞	倗		俯	倍	倌	倚	佽
五期 甲三九三九	一期 燕大五〇 一期 甲三四二	一期 甲三三八六 一期 前四.三〇.二					
	周早 倗万簋 周中 趞曹鼎	周中 格伯簋 春秋 王孙钟	周早 伯要俯簋 从文作				
	战国 陶纪王城			战国 诅楚亚驼 战国 印.待时	战国 印.陈簋	战国 印.印揭 战国 印.郵	战国 印.待时

偁		偪	儌	側	傷	偳	偎
一期 菁三.二 一期 菁四.二	一期 續四.三.五 五期 甲二七五二	摭續四九 侵迫也 说文无、集韵		一期 前七.三四.二 三期 粹四三六 同昃			
周早 父乙爵 周中 偁缶毁	周中 或者鼎		周早 仲儌卣	周中 無𢙇鼎			
					战国 印.鉩印 战国 万印 长鋭 广韵: 说文无	战国 印.故宫 说文无	战国 简.信阳 说文无

字	甲骨文	金文	其他	篆
僕	一期 后下二〇·二	周中 趞毁；周晚 召伯虎毁；周早 令鼎；周早 旂鼎		僕
倘		战国 中山王鼎；倘，无惮也 说文无 集韵		
僨		战国 龍节；战国 中山王方壶		僨
備		周中 师旋毁；同上；战国 中山王鼎；春秋 齐侯壶		備
傳	一期 佚七二八；三期 后下七·一三	战国 龍节；周中 傳尊；周晚 散盘	战国 印·陶盦	傳

僑	儕	儥	儐	众	巫	衆
			一期 续三·四七·七 一期 京津一〇三五	一期 甲二八五八	三期 甲二三五六 三期 粹一三六八	三期 佚九三二 四期 粹一二二四 一期 后上一六·一〇 二期 铁二三三·一
	周中 殷穀盘 周中 师嫠簋乙	周晚 君夫簋			春秋 齐巫姜簋	周晚 师寰簋 周早 师旂鼎 周中 舀鼎
战国 印·陈簠					战国 盟书一五六·二二 一五六·九	战国 衡斋 战国 陶香录公二 同上 战国 盟书一〇五·三 战国 印·凝清

兄	兄	允	元	元	兀	兀	聚
三期 佚二五七 五期 佚四二六	二期 后上七.九 三期 粹三七三	一期 铁元三 三期 佚三三四	一期 粹一三〇三 五期 粹一七五一	一期 乙五九〇四 一期 京津一〇八六	一期 乙五三〇九	一期 乙五六〇二七反 一期 铁四五.三	
春秋 齐镈 春秋 沈兒钟	周早 令簋 周中 刺卣	周中 不其簋 战国 中山王方壶	春秋 栾书缶 春秋 [illegible]公剑	周中 曶鼎 周晚 番匊生壶	春秋 吴季逞剑	商 兀作父戊卣 春秋 王孙钟	
战国 印.碧葭	战国 盟书二五六 六七.二八	春秋 石鼓车秋			古兀元同字	战国 盟书一六.三	战国 印.陈𥫗 战国 简.望山M2

尤	先	光	亢	兇
二期 戬三·八 五期 前一·五·三	一期 甲三五二 三期 粹二〇〇 三期 宁沪一·三 九大 四期 粹三七	一期 前五·三三·八 一期 粹四三七 一期 宁沪三·四 三期 粹三三八		
周早 榰伯毁	周早 盂鼎 周中 虢季子白盘 春秋 余义钟 战国 屬羌钟	商 宰甫毁 周早 矢方彝 周中 番鼎 周晚 毛公鼎 春秋 攻吾王戈 春秋 吴王光戈		
	战国 印·陈簠	战国 简·望山M1	战国 布·货·东亚 上 同上	战国 印·陈簠

兑	克		兒	倪	免	竟	兟
三期 后下二九·二 三期 粹二五四	一期 掇四六八 一期 乙八八九二	三期 甲二〇〇二 先周 周甲六〇	一期 前七·二六 一期 拾二·二	三期 前八·七·二 四期 粹六九		三期 甲九一六	
周晚 师兑簋 周晚 [illegible]兑簋	周早 令鼎 周中 禹鼎	周晚 番生簋 周晚 克鼎 战国 公克敦	周早 小臣兒卣 春秋 居簋	春秋 沇兒钟 春秋 余义钟	周中 免簋 周中 史免匡		周晚 散盘
战国 陶·春录八·二	战国 诅楚巫咸		战国 印·方印	古兒倪同字	战国 陶·周二六·八 佚 段玉裁补 免字说文夺		

妣	匕	競	兢	兟
五期 前二八一；古妣写作匕；三期 宁沪一二三二；四期 佚七六	一期 乙三七二九；三期 后下三六·六	三期 甲二四三三；三期 京津四一八八；一期 戬三三·三；三期 京津四〇八一	二期 库一八四四；二期 后下一七·二	
春秋 鄦侯毁；战国 陈侯午敦；周早 倗万毁；周晚 生妣鬲	商 我鼎；周早 妣己觚；周中 微𤔲匕	周晚 [illegible]钟；周晚 毛公鼎；周早 父乙卣；周中 仲競毁	周晚 禹从盨	
		战国 印故宫		九三·一；战国 印古陶；战国 印鄣；说文先；战国 盟书九二·三八；一九五·六
说文	说文	说文	说文	

比	大	太	天	夫
一期 京都一八二二 比庚，假比为妣	一期 粹一七二 二期 粹一七五 四期 粹一三 五期 林二·二·一〇 先周 周甲五十		一期 乙六三九〇 一期 乙六八五六 三期 前四·一六·四 四期 拾五·一四 五期 甲三六九〇	一期 铁七七·三 一期 乙六三三三
周早 班毁 周中 比毁	周早 盂鼎 周中 颂鼎 周晚 散盘 战国 铸客鼎	周中 舀鼎 穆王太室	商 父乙毁 周早 盂鼎 周中 颂毁 春秋 秦公毁 战国 屬羌钟	周早 盂鼎 周中 舀鼎 周晚 散盘 春秋 曾姬无卹壶
战国 陶孴录二·七	战国 盟书一六七·一 二〇〇·二 战国 印𨜩室 陈𥂴 战国 陶孴录十·一	战国 陶孴录十二·一	战国 简信阳 战国 印赫连	战国 盟书一九四·四 战国 简信阳 战国 印陈𥂴 战国 周氏

矢	央	亦		夸	尖	屰	
一期 乙五三二七 四期 戬三三、三	一期 菁三、二 一期 珠八三八	一期 菁六、一 一期 后下一八、一	三期 粹一〇〇〇	三期 粹一〇二七		一期 乙六九四八 一期 铁六三、一	一期 乙一七六六 三期 乙二七〇七
周早 令殷 周晚 散盘	周中 虢季子白盘	周中 效卣 周晚 毛公鼎	春秋 者沪钟	周早 夸爵		商 亚芇卣 商 父丁爵	周早 父癸爵
	战国 印赏古 战国 铁云	战国 陶.香录十.一		战国 陶.香录十.二	春秋 石鼓雨师 说文作鑯		

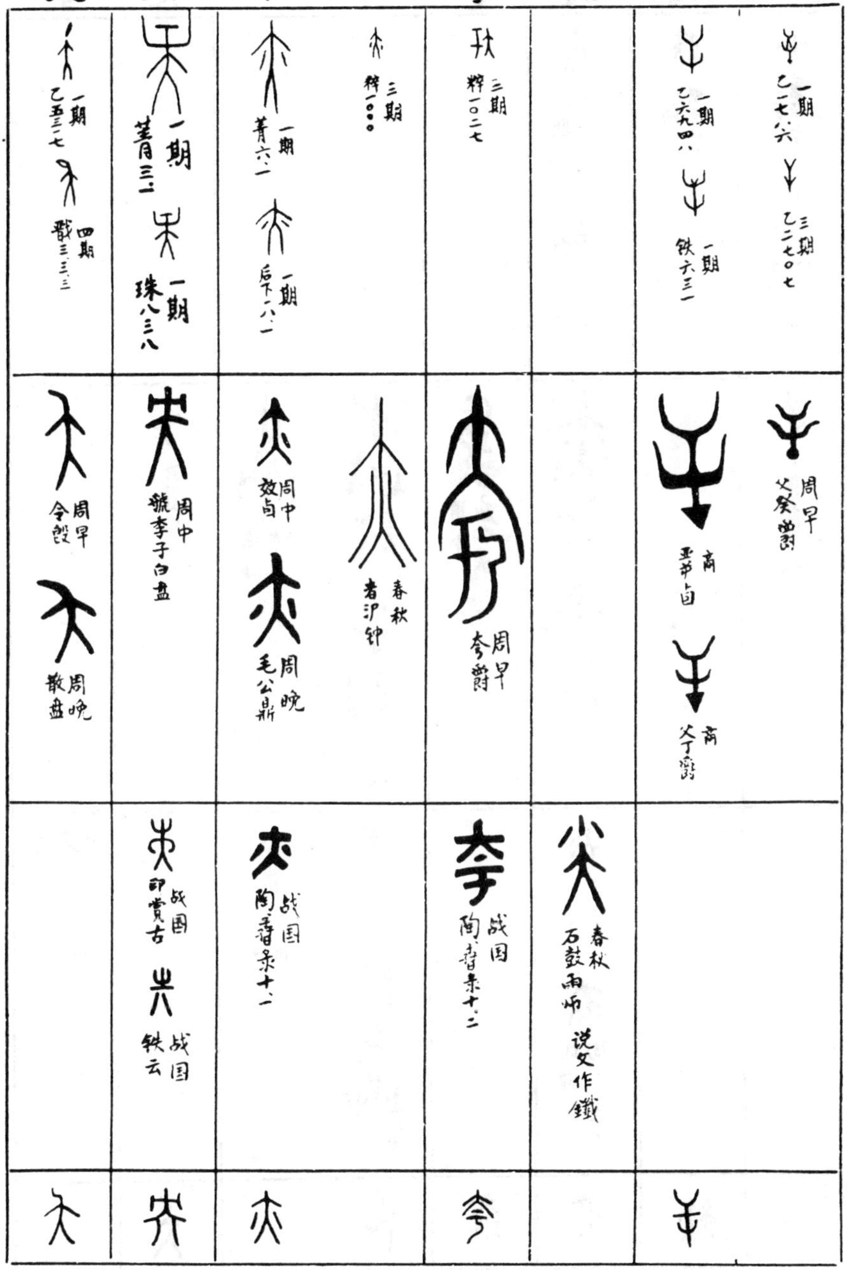

奓	夭	奔	奄	夾	㚘	夶
				二期 河六七四 二期 佚七九二	一期 明二四九	一期 簋帝二五 二期 京津一三八
	周早 亚𣪕爵	周早 盂鼎 周晚 克鼎 周中 戜作父母毁	周中 应公鼎	周早 盂鼎 周中 禹鼎		说文无 集韵同比
战国 詛楚、湫渊 说文无、集韵：开也		春秋 石鼓、田车 战国 印、待时 霝雨		战国 简、信阳 战国 陶、香录十二		

爽	癸	奭	奢
二期 后上二·七 三期 甲二八九三 四期 戬三三·七 五期 后上四·十 五期 前一·八·二 五期 前一·四一·六 此字形变甚多，说文所无、卜辞中为先王配偶	一期 前七·九·三 二期 后上一九·一四 三期 粹一四四五 四期 粹一四五四 五期 前一·三〇·七 先周 周甲一		
商 邲卣 周早 矢尊 商 肆簋 周晚 散盘	周早 矢方彝 周中 格伯簋 春秋 鄀公簋 战国 陈侯因資敦		周晚 奢虎簠
	战国 盟书三〇三·一 春秋 石鼓霝雨 战国 印·万印 战国 陶·香录十四·三 战国 简·望山M1	战国 陶·铁云 战国 印·璽室	

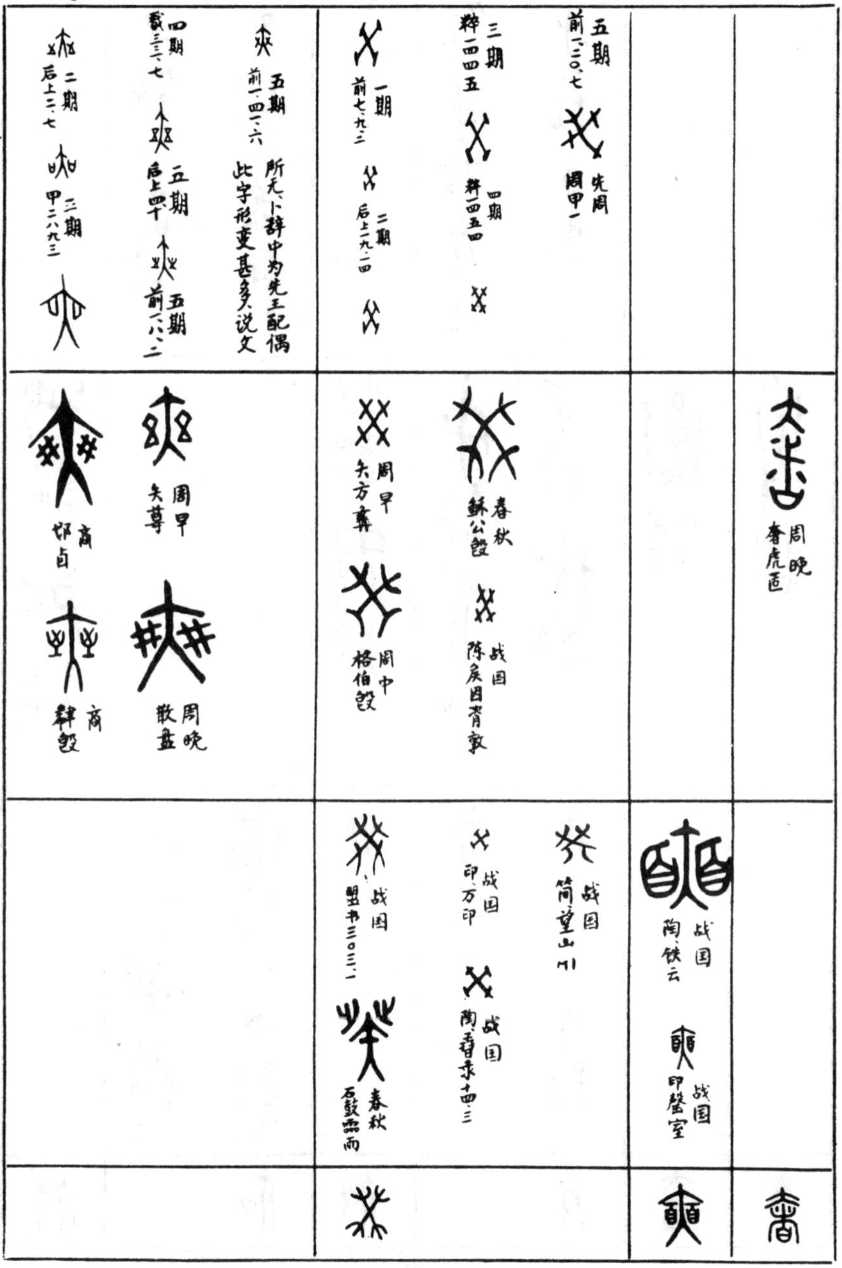

妃	如	奴	女	奮	奪
	一期 佚一〇八 一期 鐵三·二 一期 前五·三〇·二 一期 前五·三〇·三		三期 粹三八一 四期 粹三二〇 先周 周甲一 一期 菁七 一期 佚八〇七		
周中 𨜌改毁 春秋 穌甫人匜		周早 農卣 周中 𠭯奴瓶	周早 矢方彝 周中 頌鼎 周晚 毛公鼎 春秋 者沪钟	周早 令鼎	周早 奪壺
	戰国 印·印舉 戰国 陶·咸阳 春秋 石鼓·车秋 戰国 简·信阳	戰国 印·古印	戰国 印·陳簋 戰国 盟书三·二 戰国 鄂君啟节		

妃		姣	㚤	好		妟	妊
一期 前四·三二·一 一期 續五·三四·四	一期 乙四五五三 作妃 说文妃从己误当从巳	一期 乙四六六五 一期 乙四九九六	一期 续四·二七·八	一期 铁一八一·三 一期 佚五二七	四期 宁沪一·四九一		一期 乙五二六九 一期 乙一三二九
春秋 鄘侯殷	战国 陈侯午敦 皇妣孝太妃祭器	周早 姣乍乙公甗	周晚 弔㚤殷 春秋 弔高父匜	商 妇好瓿 周中 仲卣	周晚 杜伯盨 春秋 鞄氏钟 战国 杕氏壶	周晚 毛公鼎	周中 格伯殷 春秋 穌冶妊鼎
				春秋 石鼓車工			

妶㜝		妥	妘	妝	妟	妌	姘
一期 摭一四四四反；一期 乙一六二	一期 乙八七二三；一期 乙七八六三	一期 京津一四〇六		一期 京津一六八二	一期 乙三三〇一；一期 前八、二、一	一期 前四、八、四；一期 乙一〇五	一期 鐵七五、一；一期 甲三〇〇一
周早 妶父乙毁；集韻：㜝同妶	周晚 蔡姞毁；说文奇佚段玉裁補	周早 沈子毁；周中 或者鼎	周晚 函皇父毁；春秋 辅伯鼎	春秋 鄦子妝匿			
			古妘嫃同字		战国 印·遇安		

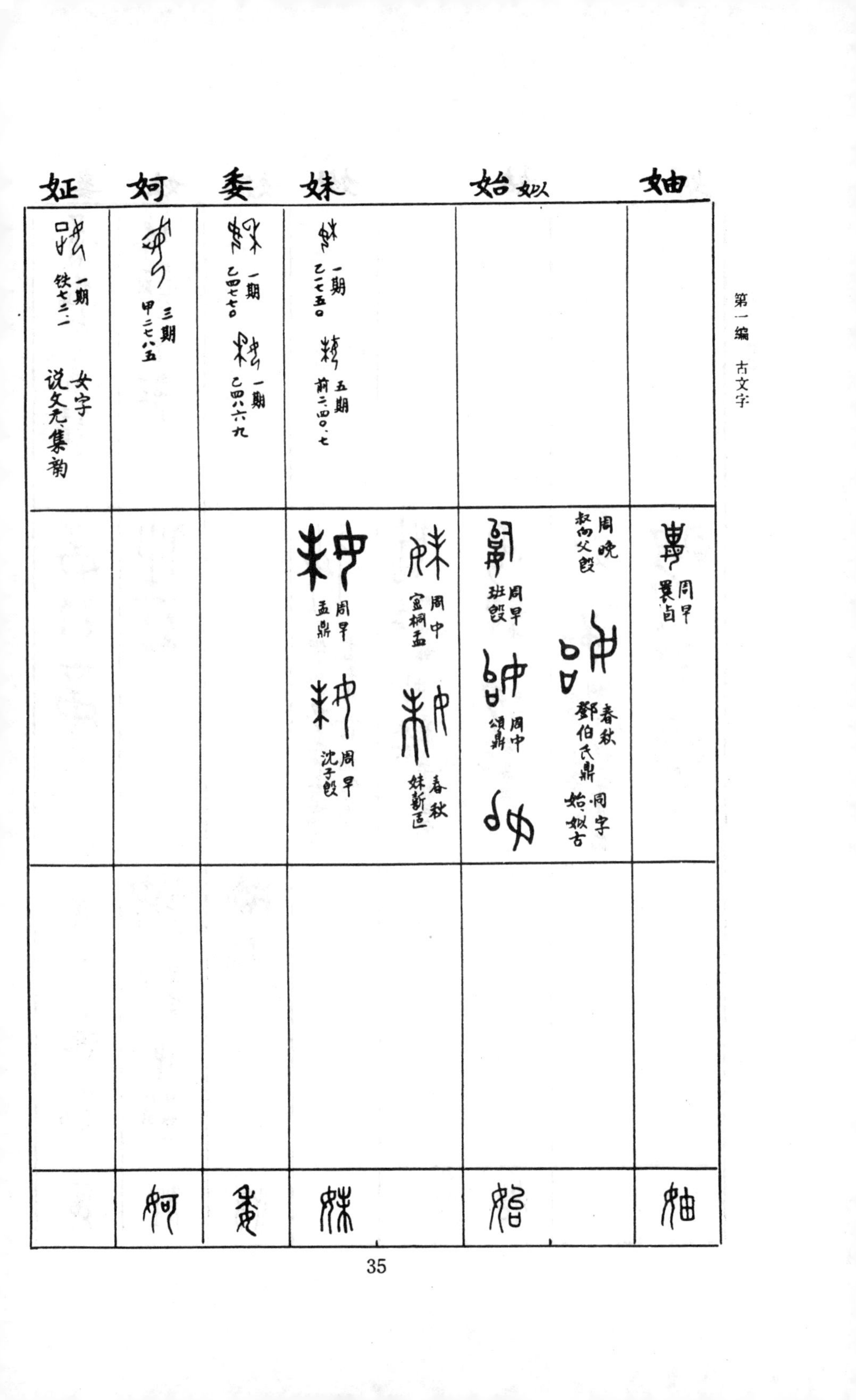

姃	妸	委	妹	始 姒	妯
铁七二·二 一期 说文无、集韵 女字	甲二七八五 三期	乙四七七〇 一期 乙四八六九 一期	乙二七五〇 一期 前二·四〇·七 五期		
			盂鼎 周早 宜桐盂 周中 沈子簋 周早 妹𣂔匜 春秋	叔向父簋 周晚 班簋 周早 颂鼎 周中 鄧伯氏鼎 春秋 始、姒同字 古	㠱卣 周早
	妸	委	妹	始	妯

妾	姓	姊	姆	姑	姛
一期 粹三三九；三期 后上·六·三	一期 前六·二八·三；一期 佚四四五				
周晚 伊殷；周晚 克鼎	春秋 齐镈		战国 中山王鼎 姆不从女说文无集韵女师也 俌姆是从	春秋 姑口句鑃；春秋 工𫊸太子姑发剑；周中 妇姑鼎；周早 庚嬴卣	周早 曩姛殷；周中 姛殷 女字 说文无、集韵；周早 者姛尊
战国 盟书九八·二〇；战国 印·万印	战国 楚亚鉈；战国 印·铁云	战国 印钵			

妊	姼	[女去]	[女衣]	[女白]	娀	姜
一期 前四.二六.五 一期 前一.二五.三	一期 乙八七九四 一期 乙八八七七	一期 存下.三四三 一期 续四.二五.二	一期 前三.二四.四	一期 乙七〇〇九 一期 乙三一八四	五期 前二.一三	一期 乙三三一三 一期 河三〇三 一期 甲一八二 一期 乙三一三〇
战国 王子妊鼎		说文无，集韵好色貌		说文无、集韵妒也		春秋 齐镈 周早 令殷 周中 己侯殷
						战国 古印

字	甲骨文	金文	战国文字
娃			战国 印 故宫
姻			战国 诅楚·巫湫
婁	一期 前二·二八·四	周中 婁段；战国 長陵盉	战国 简 望山M2；三体石经婁字作
要		周早 伯要段	战国 印 陈簋；说文古文要作
姞		周早 遣卣；周中 静段	
姦		周中 长由盉	
威		周晚 叔向段；春秋 虢叔钟；春秋 王孙钟；春秋 邾公华钟	

嫀	娕	娘	娥	⿰女辛	娉	姫
一期 乙七三三 一期 同上 说文无	一期 拾九、三 一期 明二二九	一期 乙九七二 之号 说文无、集韵：少女	一期 乙八八九六 一期 京津二二六一			五期 续一、二五、二 三期 粹三八六 五期 前一、三五、六
				周晚 叔向父𣪘 说文无、集韵：女字	周晚 鄀娉盘	周晚 寰盘 春秋 蔡太师鼎 周早 遣小子𣪘 周晚 师酉𣪘

婤	婎	媅	婢	娶	婐		婦
			三期 宁沪一·三二 五期 京津五〇八〇	一期 菁七·二	一期 后上二七·一 一期 后上六·九	一期 京津二〇二七	一期 乙八七二 一期 燕七二三
春秋 陈伯元匜	周中 婎钲 婎从口作婎	周中 周棘生毁				春秋 晋公盦	周早 守妇觯 周中 縣改簋

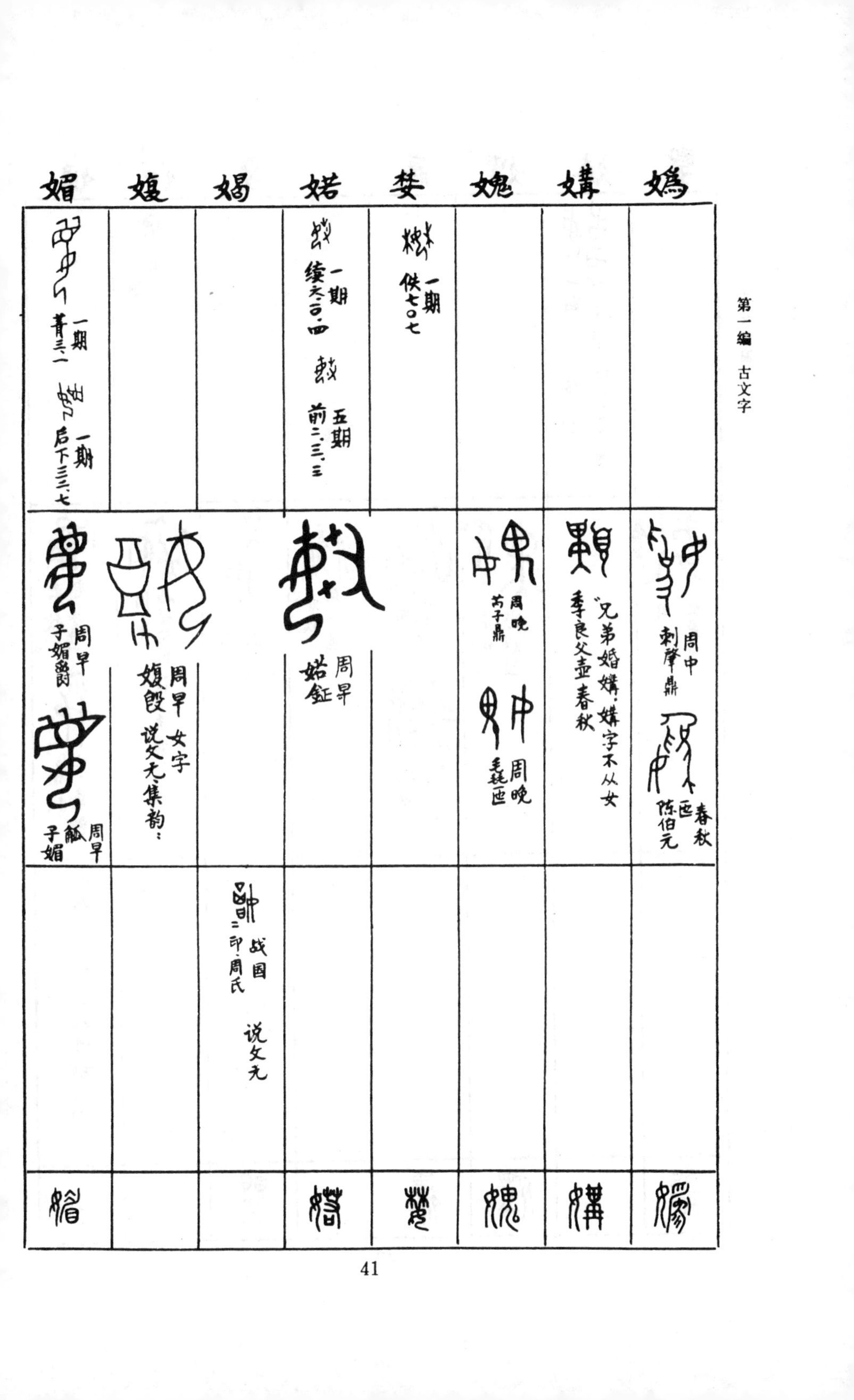

媢	嫂	⿰女曷	婼	婪	媿	媾	嬀
一期 菁三·一 一期 后下三三·七			一期 续六·一〇·四 五期 前二·三三·三	一期 佚七〇七			
周早 子媢爵 周早 子媢觚	周早 嫂毁 女字 说文无，集韵：		周早 婼鉦		周晚 苟子鼎 周晚 毛毯匜	春秋 季良父壶 “兄弟婚媾”，媾字不从女	周中 刺肇鼎 春秋 陈伯元匜
		战国 二印·周氏 说文无					

嬭	嬣	嬰		嬴	嫼	嬉	嫛
	一期 粹一三三八					一期 珠三七一反 嬉，戲也 说文无、广雅	
春秋 楚季盘 春秋 鄦侯毁	周中 伯疑父毁 说文无集韵嬣女字	春秋 嬰次炉	春秋 鄦子匿	周中 嬴氏匿 周晚 罝伯盘	周中 旃嫼毁		周早 父嫛鼎
说文无、广韵楚人呼母曰嬭							

嬪	𡤻	孌	𡤼	毋	母
一期 前七·三〇·三 一期 京津一四五					一期 菁四·一 一期 前一·三九·五 四期 佚三八三反 四期 佚七六七
	周中 伯梁父簋 说文无	周晚 娈姬盨	春秋 鲧甫人匜 说文无 集韵同嫘		周早 毋癸卣 周中 静簋 周晚 毛公鼎 春秋 国差𦉜 战国 陈侯午敦
				战国 信阳简 战国 望山M1	春秋 石鼓吾水 战国 鄂君启节 战国 陶·香录十二·二 战国 印·方印 战国 铁云 战国 疑清

埶	巩	丮	后	育	毓		每
一期 佚七七九 三期 粹一〇〇〇		一期 粹二二一 四期 后下三六八	一期 前一三〇五 一期 后上二〇二	四期 粹二九四 四期 粹三三七	一期 簠游一五 二期 前二三四八	五期 粹六六一	三期 粹二六〇 四期 粹六六三
周早 麥鼎 周中 [illegible]改簋	周晚 毛公鼎 同上	周中 沈子簋	周中 墙盘 春秋 吴王光鑑	周中 吕仲爵	商 毓且丁卣 周早 班簋	春秋 杞伯簋	周早 天亡簋 周中 [illegible]鼎
			战国 后印钵 战国 印、陈簋		毓育后古同字		战国 盟书二〇〇、五六

執	埶	孰	[illegible]	[illegible]
一期 甲二九〇九 一期 前六·一七·四 三期 佚二四 四期 粹二六三	一期 乙九〇九一 二期 前四·二三·五 三期 前二·二七·四 三期 甲六三六	一期 京津二六七六		三期 甲二六七五 三期 甲二六九五
周中 不嬰殷 周晚 兮甲盘 周晚 散盘 战国 上博 三年相邦剑 战国 上博 十七年相邦剑	商 父辛殷 周晚 克鼎 周晚 盠彝 周晚 毛公鼎	周晚 伯侄殷	周晚 伯[illegible]父鼎 说文无	周早 沈子殷 周中 [illegible]殷 周中 卯殷 周中 师虎殷
春秋 石鼓田车 战国 盟书六七·五四 六七·六	春秋 石鼓吴人			春秋 石鼓来[illegible] 战国 印·伏庐

立位			並		[illegible]	竭	[illegible]
一期 粹一二八 三期 甲二六四七	三期 佚二五二		一期 后下九二 二期 佚八七八	四期 粹九一五 四期 前六、五〇、五			
商 父丁卣 周中 格伯簋	周晚 毛公鼎 周晚 克鼎	战国 中山王方壶	商 並爵 周晚 辛伯鼎	战国 中山王方壶			
战国 陶、春录十、二 战国 印、泉续	印、汝宜、凝清 战国 陶、三、二 季木	古立位同字	战国 盟书一五六、三		战国 印、燕陶 战国 铁云 说文无、集韵：同場	战国 印、铁云	战国 盟书九八、二七 说文无

璚	王	主	皇
	一期 佚三八六 二期 佚二〇〇 三期 粹九八七 四期 粹一〇二一 五期 前五·十五·五 先周 周甲一		
	周早 盂鼎 周中 曶鼎 周晚 㝬钟 春秋 越王州句矛 战国 王子于戈 战国 楚王酓璋戈		周早 作册大鼎 周晚 师嫠毁 春秋 秦公毁 春秋 沇儿钟 春秋 栾书缶 战国 陈侯午敦
战国 盟书八八：一三	战国 印故宫 战国 续齐 战国 故宫 战国 鉨印	战国 陶、铁云	战国 盟书一六：五 五六：三 一五六：二四 战国 印、衡斋 战国 泉、续
说文无			

尸	夷	屖	尾	屈	居
一期 铁三五三；一期 乙四〇五	三期 粹二八七；四期 粹五一五；六 五期 前三·二七；夷古写作尸		一期 乙四二九三		
周早 盂鼎；周中 静毁	周晚 㝬钟；周晚 無異毁；周晚 柳鼎；春秋 鄭子鼎	春秋 屖敎毁；同上		战国 刑甾篙钟；战国 楚屈叔沱戈	春秋 居毁
战国 盟书一五六·二；一九八·四；二〇〇·三；二〇三·九；一五六·七；战国 印·铁云		说文无	战国 印·凝清	战国 布貨京五 上四；同上	战国 鄂君啟节；战国 陶燕下都；战国 印故宫；古鈢；尊集

子	⿰黑屋	屋	孱	屖
五期 粹一四七二 一期 菁一 三期 粹四二〇 三期 粹一三二〇 四期 佚九二 一期 前七·二·三 二期 粹二〇一				
春秋 吴子逞剑 战国 王子于戈 周早 盂鼎 周中 頌鼎 周早 傳卣 周晚 召伯毁	周中 僩匜 墨刑 说文无 广韵：黟		周中 廟孱鼎	春秋 鄀公鼎 战国 嗣子壶 周中 虢卣 周中 縣改毁
战国 印凝清 战国 万印 四 战国 布货东亚上 战国 简信阳 战国 盟书一·二 四三 战国 陶香录十		战国 印楓图 写作 汗简		

孔	孕	孫		孨	孳	學	
	一期 燕六〇一 四期 佚五八六	七一期 后下一四、 一期 燕七三二	三期 甲二〇〇二 三期 京津四七六八			一期 铁三五七·四 一期 燕七一七	三期 粹四三五 五期 京津四八三六
周中 虢季子白盘 春秋 沇兒钟		周早 且巳鼎 周中 頌鼎	春秋 齐镈 春秋 於賜钟		周晚 㝬钟	周早 盂鼎 周早 沈子𣪘	周中 静𣪘 春秋 者沪钟
春秋 石鼓田车 战国 印、遇安		二战国 盟书一五六、 一九八、五	三战国 陶香录十二、 战国 印釐室	战国 陶香录十四、三 同上			

孴	長		展	肆	髮	老	
	一期 后上一九·六					一期 铁七六·三 一期 明二○·一	一期 燕六五四
周中 卫鼎乙 周晚 孴姞𣪘	周早 寓长鼎 周早 日戊鼎	周中 长甶盉 战国 庶长戈	周早 炎鼎 周早 令𣪘	春秋 齐侯壶 “鼓钟一肆”	周中 墙盘 周中 召卣	春秋 季良父壶 春秋 夆叔匜	春秋 齐镈 战国 中山王壶
	战国 信阳简 战国 布货 东亚上四	战国 契斋印 鈢印	说文无，令𣪘“敢展皇王宫”		髮說文或写作[illegible]	战国 盟书一·四九 战国 印·二百	印举 万印

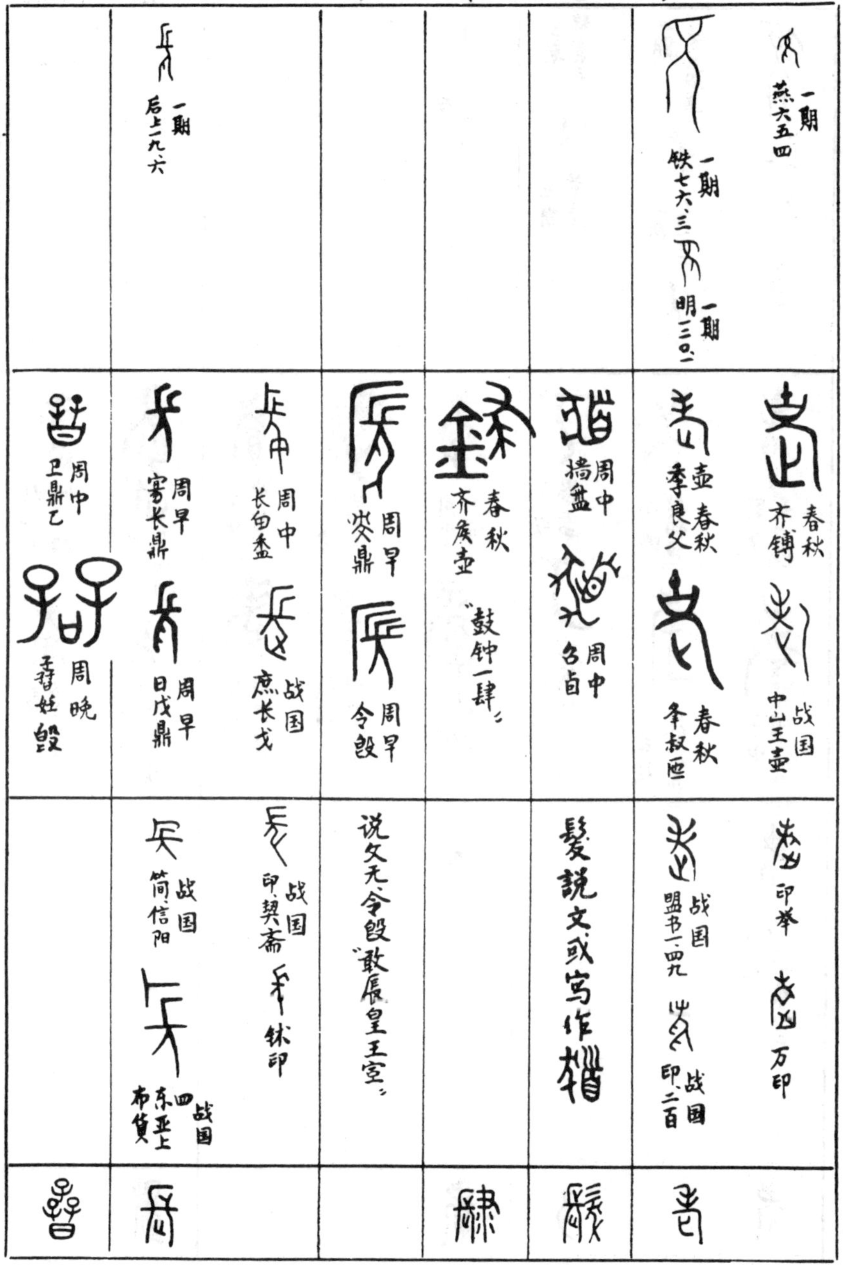

考	丂	孝	耇
一期 前七·三五·一；一期 后下三五·五；一期 乙八七三	二期 珠三九三；五期 前二·三·六	一期 金四七六	
周早 天亡毁；周晚 杜伯盨；周中 颂鼎；春秋 蔡侯盘	周晚 散盘；春秋 郑公毁 作丂 考省	周中 𢔶鼎；周中 颂鼎；周晚 散盘；战国 陈侯午敦	春秋 曾伯匿；春秋 番君匿；周中 巨尊；周中 师奎父鼎；周中 师艅毁；春秋 曾伯匿
战国 陶·孴录八·三		战国 印·赏古	

古文字類編

氐	氏	壽	耋	耆
	一期 粹七五五 三期 粹三一		三期 后下二〇·四	
	春秋 齐镈 战国 林氏壶 周早 令鼎 周晚 克鼎	春秋 鲁伯匜 春秋 齐侯壶 周晚 克鼎 同上 周早 沈子毁 周中 豆闭毁		战国 滕侯耆戈
春秋 石鼓汧沔	四 战国 布货东亚上 战国 印安昌 战国 盟书八五·一九 十三 战国 陶孴录	战国 简望山M1 战国 布货 战国 故宫 战国 衡斋 战国 古鉨 春秋 陶孴录八·二 战国 印方印		

氒厥		昏	民		疒	疕	疫
一期 菁三·二 先周 周甲十二					一期 乙七六八 一期 甲六二 一期 甲三四		
周早 盂鼎 周中 舀鼎	春秋 攻吴王鑑 春秋 柃赐钟	春秋 姑口句鑃	周早 盂鼎 周晚 克鼎	春秋 秦公殷 春秋 王孙钟		春秋 昆疕王钟	
氒厥古同字						战国 印蓸集 战国 契斋	战国 陶三 香录七· 战国 陸庵
氒		昏	民		疒	疕	疫

疞	疥	疦	疾	病	⿸疒目	痄
			一期 后下三五·二 一期 乙三八三 周 周甲 山西洪赵出土			
			周晚 毛公鼎 战国 上官鼎			
战国 印、陈篮 疞、病也 说文无、集韵	战国 印、燕陶	战国 印、鏧室 疦、疾也 说文无、集韵	春秋 盟书八五·二六 战国 陶孴录 战国 简望山 战国 印、铁云 战国 魏石	战国 印、陈病己、衡斋	战国 印、故宫 ⿸疒目、病也 说文无、集韵	春秋 盟书八五·三三 痄瘠病甚 说文无、集韵

瘕	痎	㾀	[illegible]	痟	瘵	疣	瘩
					周晚 瘵鼎 癈瘵瘡痕 说文无集韵	春秋 国差罎 说文所无	春秋 国差罎 瘩病也 说文无、集韵
战国 印、燕陶	战国 盟书九八、七 战国 印、陈簠 同痳 集韵	战国 陶香录七、三 战国 印、古鉨	战国 陶香录七、三 战国 简信阳 病也 释诂 广雅	战国 盟书八五、五		战国 陶香录七、四 战国 文 文编七、五	

痺	瘍	瘖	癒	瘏	痤	[illegible]	[illegible]
战国 陶、香录七、四	战国 盟书一、五四；战国 印、凝清	战国 印、铁云；战国 观自	战国 盟书八五、二四；说文无；集韵：癒，病也	战国 印、碧葭	战国 盟书一九四、四；说文无	战国 盟书一九五、一；七三、；说文无	战国 盟书一九四、一〇；说文无

[illegible]	癰		𤼎	𤺺	㾢	痏	瘣
周中 [illegible]壺 說文無							
戰國 盟書一九五六、 一五六、二	戰國 陶、香录七、三 說文無韵会 癕同癰	戰國 印尊集 戰國 陈簠	戰國 盟書一九五六、 一五六、二	戰國 印、丙孴斋 同瘯 說文無、集韵、	戰國 陶、香录七、三 戰國 铁云一二三、二	戰國 印盠室 戰國 伏庐 病痏滕 玉篇、 說文無	戰國 印濱釋

歺	⿰歹又	死	⿰歹古	殊	⿰歹月	又	
京津四一九 一期 林一·三〇·五 三期	宁沪一·七〇 三期 甲二二五六 三期	甲二六五 一期 乙一〇五 一期				粹三·二 一期 粹三·三 三期	前二·三·一 五期 周甲四 先周 周卜骨 山西洪赵
		盂鼎 周早 颂壶 周中	中山王圆壶 战国			盂鼎 周早 舀鼎 周中	秦公毁 春秋 屭羌钟 战国
		盟书一〇五·三 战国 一七九·一八		布货·东亚上四 战国	印·铁云 战国	盟书一六〇·一 战国 简·信阳 战国	陶·春录三·三 战国

父		反		及		友	
一期 乙九〇五四；二期 前一·二九·三	四期 佚一七五；四期 甲七九五	五期 前二·四·一；五期 簠地七		一期 前七·六·三；一期 后下三五·	一期 甲二七八；四期 粹六六五	一期 菁三一；一期 乙六四四四	三期 佚一五六
周早 父辛簋；周中 师𡘆父鼎	周晚 散盘；春秋 余义钟	周早 大保簋；周中 頌鼎	周晚 师寰簋	周早 保卣；周中 [illegible]鼎	春秋 王孙钟；战国 中山王壶	周早 麥鼎；周中 大鼎	春秋 王孙钟；周中 墙盘；周晚 友簋
战国 盟书一五六·二一；一五六·一九		战国 布化(貨)东亚上四		春秋 石鼓汧沔；战国 盟书一·三〇	三；一五六·四	战国 盟书八五·九	

支	又	右		左		有	
	一期 前五·七·二 五期 前二·一九·三	四期 三师右中左 粹五九七	四期 "右宗" 粹一·六	二期 后下五·一五	四期 "三师右中左" 粹五九七	三期 "有大雨" 粹二七	四期 "有田" 粹一四一七
春秋 丧支賓鉼		周早 矢方彝 周中 曶鼎	周晚 散盘 战国 右宫矛	周早 小盂鼎 周早 矢方彝	周早 班毁 周中 虢季子白盘	周早 盂鼎 周晚 散盘	春秋 者沪钟 战国 中山王壶
		春秋 石鼓田车 战国 印衡斋	战国 凝清 战国 简集 战国 陶燕下都	春秋 石鼓田车 战国 印尊古	战国 印郵 战国 陶燕下都	战国 盟书一·七 一六·三六	战国 简望山M2 战国 印天津 印郵

皮　　史　　吏事使

吏、事、使古字形相同

使	事	吏	史	史	皮	皮
今西吏二 一期 甲二二二一；一期 乙七一七九 貞使人二	一期 乙二七六六 大史王事二	一期 前七二四；一期 甲六八	四期 鉄一〇六；四期 京津四七七	一期 粹二三四；三期 粹一〇一		
战国 中山王方壶	春秋 齐侯壶；战国 畲志鼎	周中 曶鼎；周晚 毛公鼎	周早 天亡殷；周早 矢方彝	周晚 鬲从盨；周晚 毛公鼎	周中 史父鼎；周中 颂鼎	春秋 者减钟；春秋 郘黛尹钲；周中 卫鼎乙；周晚 叔皮父殷
战国 赏古；战国 古鉩；战国 故宫	战国 简信阳；战国 印印郵；战国 续齐	五六三；八五三	春秋 石鼓霝雨；四〇战国 四书一	汲古城 战国 陶河北武安午	周氏；上四 战国 布化貝东亚	春秋 石鼓马荐；战国 印陈簠

叜	卑	叔	弔	𠬶
一期 前四.六.七 一期 前四.二九.一		伯叔之叔古作弔，后以叔字代之	一期 前五.乇二 一期 京津一三九二 三期 甲一八七〇 三期 后下一三.二	一期 前五.三三.二 三期 后下八.一八
	春秋 国差𦉜 春秋 鞄氏钟 周中 㫚鼎 周晚 散盘	周晚 师嫠𣪘，锡女叔市、金黄、赤舄。 周早 叔卣 周晚 克鼎	春秋 吴王姬鼎 春秋 叔𠯑剑 周早 作且乙𣪘 周中 㫚鼎	说文无，侵字从此
	八五.二 战国 印.避庵 战国 盟书八八.五 二〇〇.五		战国 印.滨释 战国 盟书一五六.一九 一七九.一九	

隻		敹	嫠		雙	燮	
一期 乙八五七〇 一期 粹一三〇七	五期 佚四二七 五期 佚四二六	二期 后上四.三 五期 后上三.一四	三期 粹四一九 三期 粹七一三	三期 粹五七七 三期 后下三三.二		二期 前五.三.三 二期 明一五五	
周早 矢伯卣 周中 禹鼎	战国 哀成叔鼎 战国 畲忎盘	商 我鼎	商 后祖丁卣	周晚 师嫠簋 周晚 师嫠簋盖		周中 燮簋 周晚 曾伯匿	春秋 晋公𥂴
春秋 石鼓車秋	战国 陶.孑香录四.二 同上 同獲 古文				战国 简.望山M2	战国 印.匯庵	
隻		敹	嫠		雙	燮	

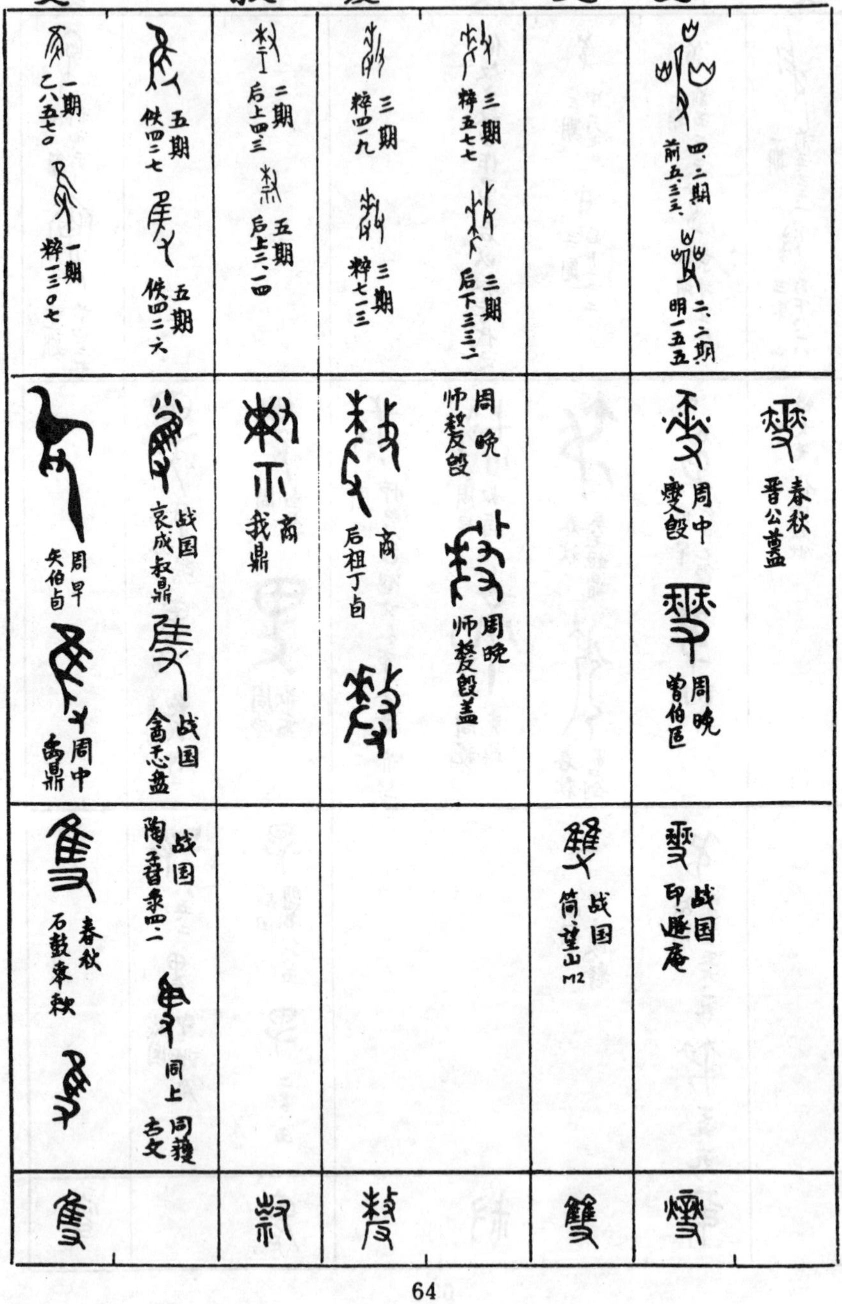

寺	封	尃	專	導
	二期 京津四四九九	一期 甲三一〇三 一期 乙八二一 一期 燕四三 一期 粹三一四	三 一期 铁二二六 四期 粹四八五	
春秋 鄀公牼钟 春秋 吴王光鑑 战国 𪄷羌钟	周晚 伊毁 周晚 召伯虎毁 战国 中山王方壶	周晚 克钟 周晚 毛公鼎 周晚 番生毁 春秋 王孙钟		
春秋 石鼓 車工 战国 盟书 九八五 三 战国 陶、香录三 战国 山川 简笙	战国 印、北京 战国 续齐 战国 齐刀货 东亚上大			春秋 石鼓 吾水

君	尹	丑	對
二期 后下二七、三；二期 燕三八；二期 存一五〇七；二期 后下一三、二	三期 甲七四四；四期 后上三、五；二五期 甲七二；一期 甲二八六八；一期 前七、四三、一	三期 后上八、二；四期 粹一四五〇；五期 粹一四七八；一期 后上一、六、二；二期 粹二五〇	二期 佚六五七；五期 菁三、大、四
周晚 散盘；春秋 鄘侯毁；周中 召卣；周中 縣改毁	周晚 毛公鼎；春秋 邻諧尹钟；周早 矢方彝；周中 旨壶	周中 兢卣；春秋 郑公毁；周早 天亡毁；周早 作册大鼎	周中 彔伯毁；周中 燮毁；周早 父乙尊；周中 对卣
战国 徐茂；战国 续齐；战国 简信阳；战国 盟书一五六、二；一六、三；印	战国 衡斋；战国 鄂君启节；战国 印、衡斋	战国 盟书一六、三	

古文字類编

秉	肩	隶	兼	爪	瓜	垩
一期 后下一〇·四 一期 后下二一·三 一期 珠五七二				一期 乙三四七一		
春秋 秦公段 周早 秉觚 春秋 者沪钟 周晚 井人钟	战国 郾王詈戈 说文无	春秋 邵钟	春秋 郐王子钟	周晚 克盨 叉说文作 与爪 为古今字	战国 令瓜君壶	
	战国 印·待时 战国 陶·孴录四·一	战国 印·撷华 战国 尊古				战国 印·尊古

古文字類編

爯

铁一〇三、一 二期；乙七七〇 一期；前五、三二、一 五期；菁四、二八、七 一期；前八、三、四 一期

爯簋 周中；仲爯段 周中；秦铜量

左师钫 战国；楚邛爯 战国；同上；印、古鍴 战国

爰

甲三九一五 三期；甲二七五四 三期；乙七七四 一期；乙四六九九 一期

虢季子白盘 周中；散盘 周晚；辛伯鼎、周中；"室絲五十爰" 周中

鄂君啟节 战国；陶、春录四、一 战国；盟书一七九、二五 战国

寽

"取遺廿寽" 番生段 周晚；师旅鼎 "三百寽" 周早；"百寽" 曶鼎 周中

布货东亚 上四 战国；同上；盟书三、九 战国；五、三

孚

乙六六九四 一期

𩰫鼎 周早；孚金 过伯段 周中；孚士女牛羊 师寰段 周晚；孚公𠭯 周晚

印续齐 战国；故宫 战国

受		奚		覓	爲		
一期 后上七.五 一期 后上八.三	三期 前三.一.二 五期 前一.二〇.七	一期 后下三三.九 一期 乙二三八三	二期 甲七八三 五 三期 京津四五三		一期 前五.三〇.四	一期 乙一〇四七 一期 乙二三五三四	一期 乙七五八九
周早 盂鼎 周中 頌鼎	周晚 毛公鼎 春秋 者沪钟	商 丙申角	商 奚毁	周早 班毁 说文兂、冖部：覓，求也	周中 舀鼎 周中 寋鼎	周晚 散盘 春秋 曾伯陭壶	春秋 仲平钟 战国 中山王壶 战国 酓忎鼎
春秋 石鼓吴人					春秋 石鼓作原 战国 盟书一五〇:二	战国 鄂君启节	战国 简信四 战国 望山M1

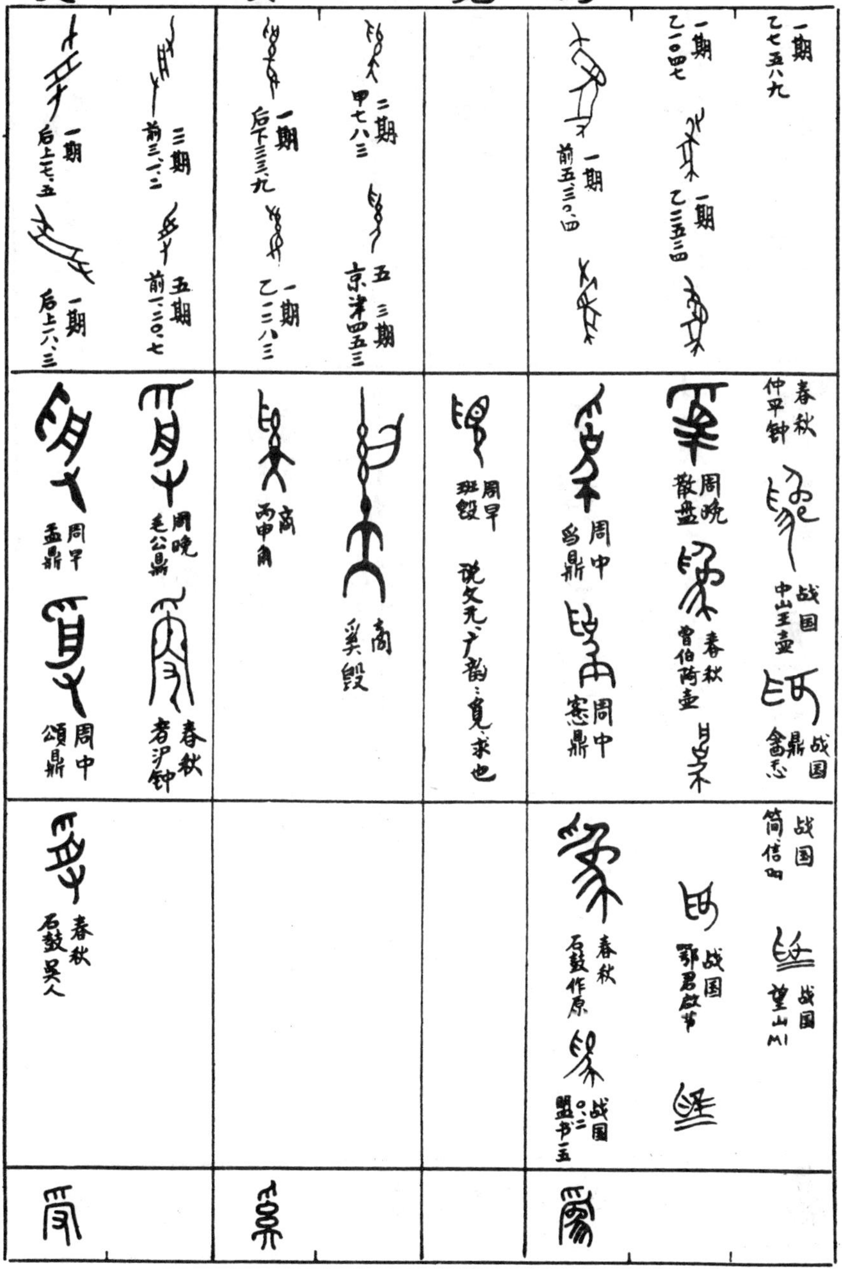

爵	手	扔	折	扶	拕
前五.五二 一期；前五.五.二 一期；后下七.七 一期；乙四五〇八 一期		前八.六.二 一期	前四.八.六 一期；京津二七三七 三期		前六.五三.四 一期；甲二九八五反 一期
縣改毁 周中；史獸鼎 周晚；父癸卣 商；鲁侯爵 周早	曶鼎 周中；师嫠毁 周晚		小盂鼎 周早；虢季子白盘 周中；兮甲盘 周晚；齐侯壶 春秋	扶卣 周中；扶鼎 周中	
	印玺 战国		印.衡斋 战国；折本从艸从斤隶书误从手	说文古文扶作㧗	

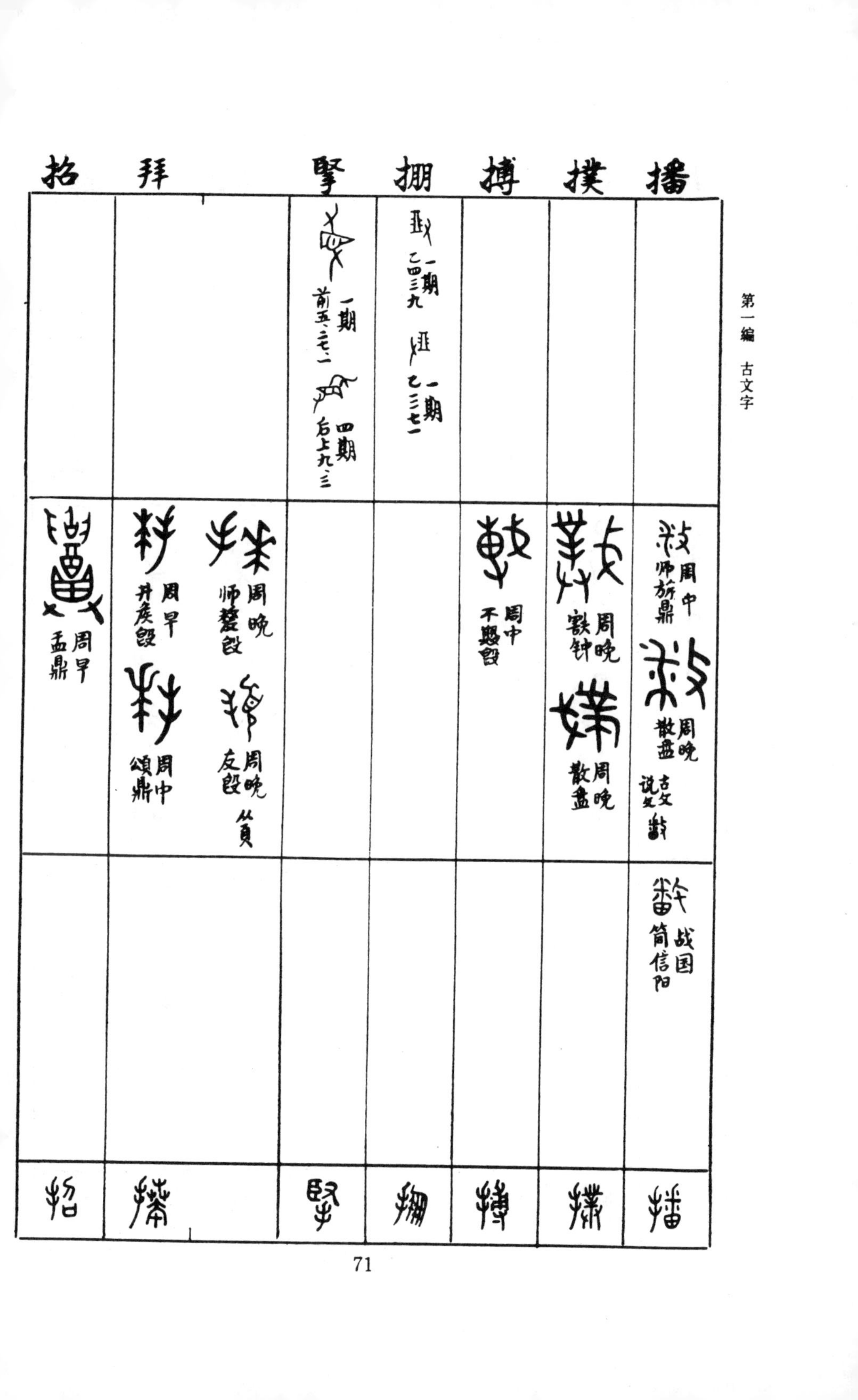

招	拜		擊	掤	搏	撲	播
			一期 前五、二七、二 四期 后上九、三	一期 乙二四三九 一期 乙三七一			
周早 盂鼎	周早 井侯𣪘 周中 頌鼎	周晚 师嫠𣪘 周晚 友𣪘 从頁			周中 不嬰𣪘	周晚 㝬钟 周晚 散盘	周中 师旂鼎 周晚 散盘 说文古文
							战国 信阳简

拍	揚				擇	睪	㚘
							三期 甲二七七三；三期 甲二四三三
战国 拍敦盖；说文无集韵同拍	周早 令鼎；周早 矢方彝	周早 扬鼎；周中 静卣	周晚 克鼎；周晚 师酉簋	战国 陈侯因資敦；战国 楚王酓璋戈	周晚 中子化盘；周晚 𨚕子𩰫	春秋 王孙钟；春秋 𨚕𩰫钟	
					战国 盟书三・三	古擇睪同字	
	𨟻				擇	睪	㚘

攻		[illegible]	改		放	牧	
			三期 京津五三七八 五期 前四、三、六	五期 前四、二七、二 五期 前五、三八、四		一期 前五、二七、二 一期 乙七九一	一期 后下三、四 四期 宁沪三九七
春秋 国差𦉜 春秋 攻敔王光戈	春秋 攻敔王夫差剑 战国 郾王詈戈	周中 大鼎 春秋 者沪钟	周晚 改盨		战国 中山王壶	周早 小臣謎簋 周中 免簋	周晚 南宫柳鼎
战国 鄂君启节 三四 战国 陶香录	战国 燕下都 战国 印、陶篮 战国 尊古	[illegible]别体作攸	战国 盟书二〇〇、三 九二、二〇	九二、二〇 战国 诅楚湫渊			

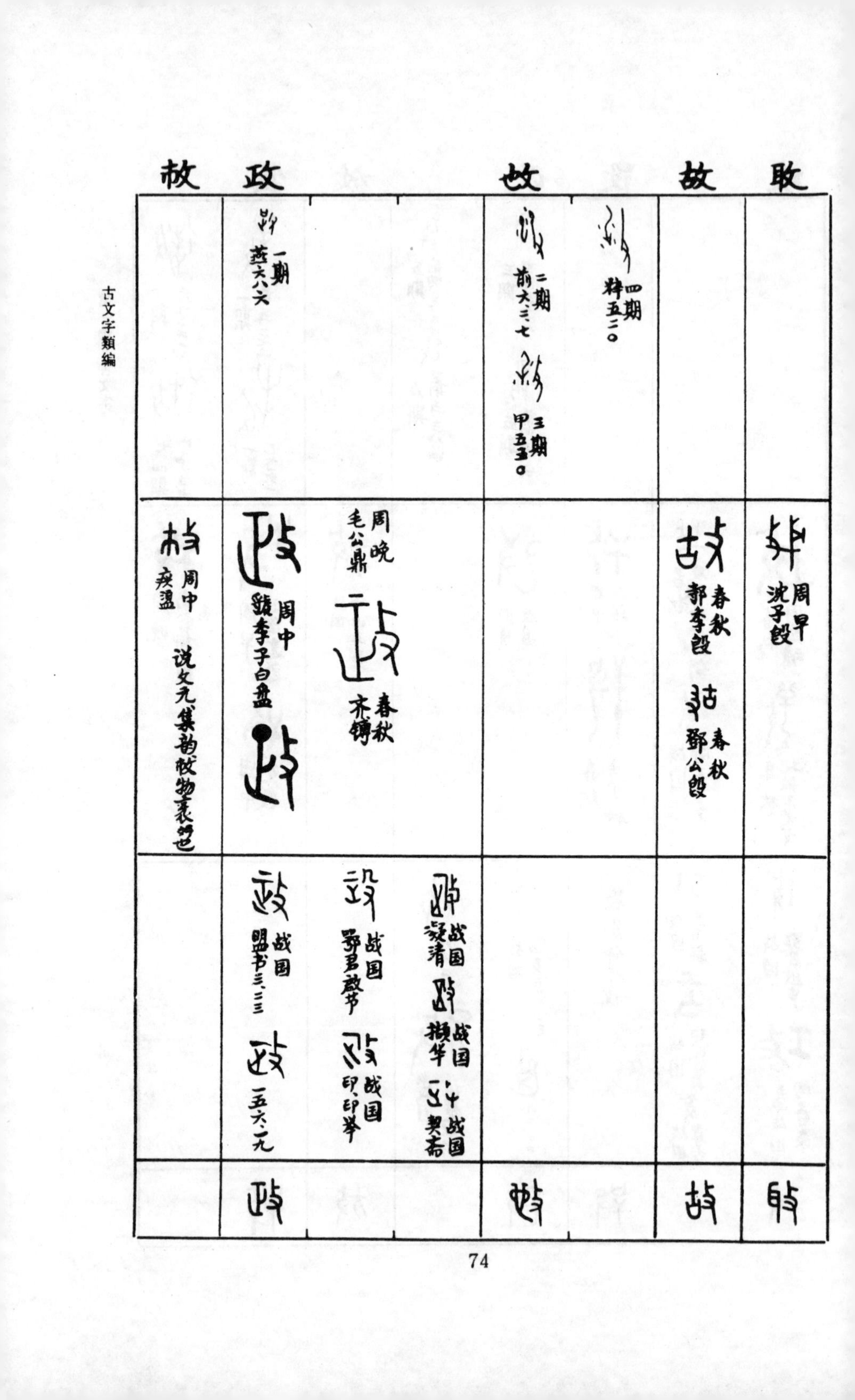

敀	故		攺		政	敊
		四期 粹五二〇	二期 前六三七 三期 甲五五〇		一期 燕六八六	
周早 沈子毁	春秋 鄀季毁 春秋 鄧公毁			周晚 毛公鼎 春秋 齊鎛	周中 虢季子白盘	周中 痶盨 說文无，集韵敊物衰皃也
			战国 疑清 战国 撷华 战国 中山契斋	战国 鄂君啟节 战国 印、印举	战国 盟书三、三 一五六、一九	

	更	敄	敃	敉	敊
甲骨文	佚四三五 二期 京津二四五七 二期				
金文	舀鼎 周中 舀壶 周中 师嫠毁 周晚	敄觯 周早 般甗 周中 毛公鼎 周晚 鄀公毁 春秋	师望鼎 周中 兮甲盘 周晚 毛公鼎 周晚 汈其钟 春秋	陈侯因育敦 战国 说文：敉或从人 作	[illegible]伯毁 周晚 屡敖毁 春秋
战国文字	印 古鉨 战国				
小篆					

效		故		敚		微	敕
一期 前五·一九·六 一期 铁三三·四	三期 甲七八六			陈三三 京都二四六		古敚微同字	
周中 曶鼎 周中 效父殷	周中 效卣 周晚 毛公鼎			周中 墙盘 周晚 牧师父殷	周晚 散盘 同上		春秋 秦公殷 战国 陈猷釜
战国 印、续齐 同上		战国 陶、香录三·三 同上	战国 印、衡斋 战国 尊古	春秋 石鼓马荐	战国 盟书一·三五 战国 印、齐鲁	春秋 石鼓作原	
效		故		敚		微	敕

啟		败	敚	敢			赦
一期 粹大三三 一期 乙三五五五	四期 粹大三九 四期 粹大四五 文 五期 林二、三五	一期 前三、二七、五 一期 乙七七〇五					
周中 名卣 周晚 番生𣪘	春秋 [illegible]叔钟 春秋 王子啟疆尊	春秋 南疆钲	战国 驫羌钟	周早 盂鼎 周中 颂𣪘	周晚 毛公鼎 春秋 陈曼匿	春秋 邵钟 春秋 蔡侯钟	周中 𠑇匜 说文赦或从亦
战国 鄂君啟节 战国 陶、纪王城	战国 印、印郵 战国 遇安 战国 铁云	战国 鄂君啟节 战国 简、信阳	战国 陶、纪王城 战国 简、望山M1	战国 盟书九二、二四 一、五四	五六、三 一九四、六	战国 陶、纪王城 战国 春录四、二 战国 印、尊集	

教		敏		敘	救		敝
三期 甲三七五一 三期 粹一三一九	三期 甲一三五一 三期 粹一一六二	一期 菁二 一期 乙一九一六	一期 前五、一七、五 三期 前五、一七、四	一期 前六、一〇、三			三期 拾六、二 四期 存下八三 五期 后上一〇、二
周晚 散盘 春秋 鄀侯毁	战国 中山王鼎	周早 盂鼎 周晚 师㝨毁			周晚 周窀匜 战国 楚䈞钟	战国 中山王鼎	
战国 简信阳					战国 诅楚亚駝		战国 诅楚亚駝
𢾖		𣀓		敘	救		敝

㪔	散	敦	敷	嵌	敆	敳
周晚 椒車父殷	周中 散伯殷 周晚 散姬鼎 周晚 散盘 春秋 陈禦寇戈	战国 陈猷釜				
		战国 印赏古 战国 故宫	战国 印鉨印 战国 賓二	战国 简望山2 说文无 篇海古徵字	战国 鄂君启节 说文无	战国 简信阳

數	⿰單攵	⿰[illegible]攵	⿰[illegible]攵	盩	整	⿸广⿰鹿攵	⿰會攵
战国 "數百里" "數十城" 中山王鼎	周早 沈子殷 春秋 ⿰單攵狄钟	周中 墙盘	周中 墙盘 春秋 秦公镈	周中 盩司土卣 周中 颂鼎	春秋 蔡侯盘		
战国 诅楚·巫咸			说文无、集韵盩同戾	春秋 石鼓·作原		战国 盟书一五九：六 说文无 一七九：二四	战国 简·信阳 说文无

㪘	斁		𣫔	𣪊	𢿌		𢿋
战国 中山王方壶	周中 静毁 周中 墙盘	周晚 毛公鼎 战国 中山王方壶	战国 陈猷釜 说文无	周晚 散盘 春秋 薛侯匜	周晚 𢿌钟 周晚 井人钟	周晚 𢿌钟 声叠语犹逢逢勃勃 说文无𢿌、𩰲乃双	春秋 沇兒钟 同灋亦作敹 说文无、玉篇
战国 印、越陶	战国 印、撷华 战国 魏石	战国 梦庵		上面 战国 布货东亚 𣪊古文摽字 说文无集韵			

第一编 古文字

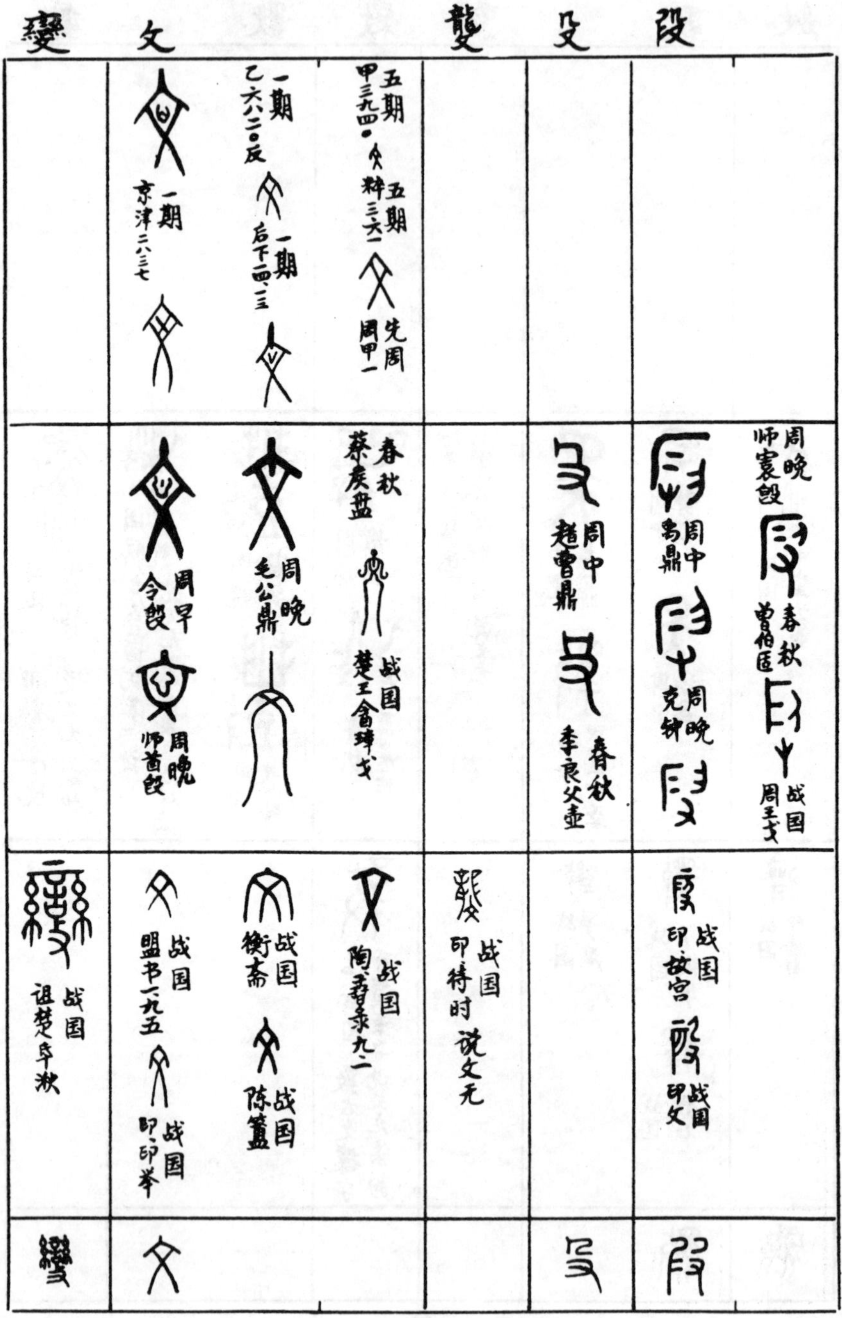

變	文		龔	殳	段	
	一期 京津二八三七	一期 乙六八二〇反 一期 后下四·一三	五期 甲三九四· 五期 粹三六一 先周 周甲一			
	周早 令殷 周晚 师酉殷	周晚 毛公鼎	春秋 蔡侯盘 战国 楚王酓璋戈		周中 趞曹鼎 春秋 季良父壶	周中 段鼎 周晚 克钟	周晚 师寰殷 春秋 曾伯匿 战国 周王戈
战国 诅楚厥湫	战国 盟书一九五 战国 印·印举	战国 衡斋 战国 陈簠	战国 陶·孴录九二	战国 印·待时 说文无		战国 印·故宫 战国 印文	

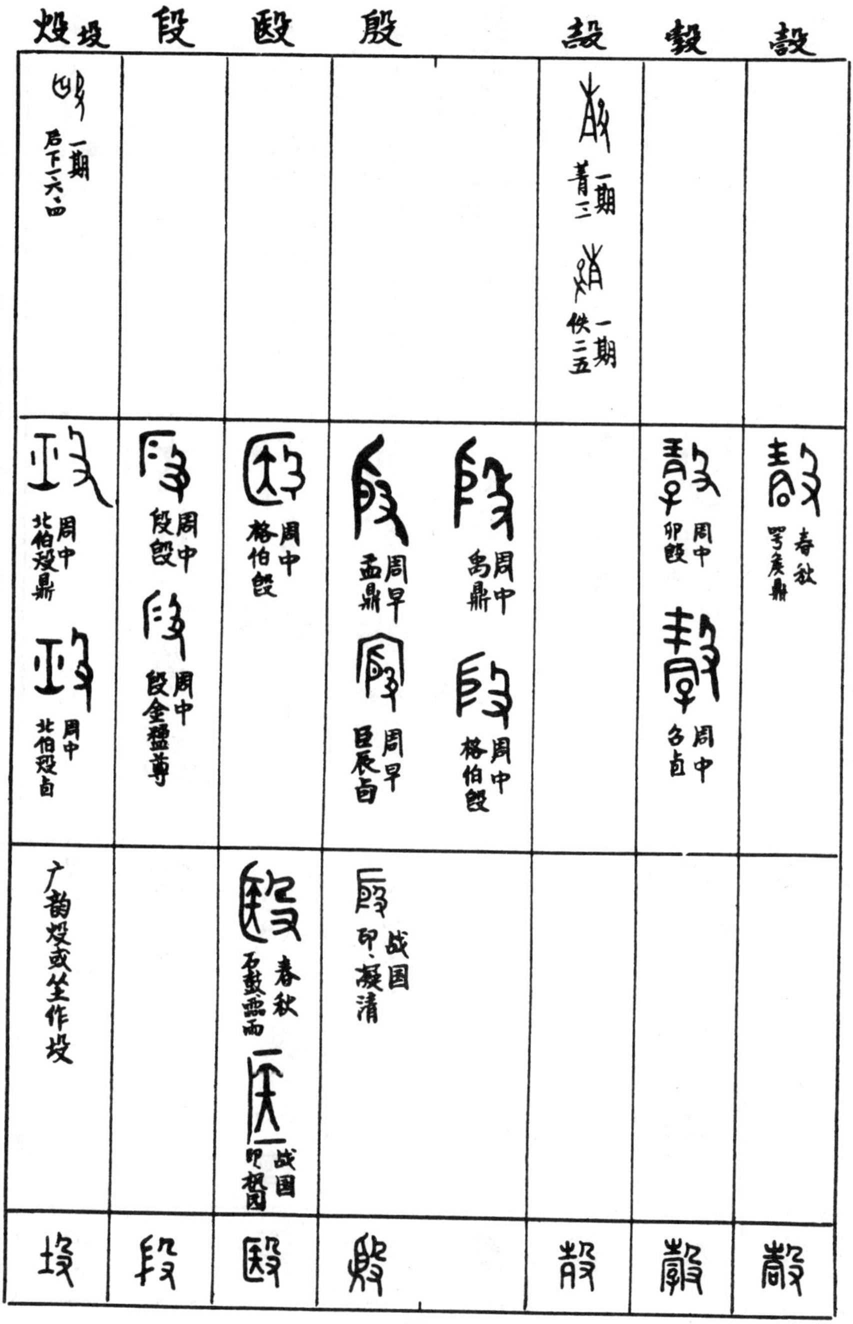

炈 坄	段	殹	殷	𣪘	𣪊	㱿
一期 后下一六·四				一期 菁三 一期 佚二五		
周中 北伯炈鼎 周中 北伯炈卣	周中 段毁 周中 段金[illegible]尊	周中 格伯毁	周早 盂鼎 周早 臣辰卣 周中 禹鼎 周中 格伯毁		周中 卯毁 周中 召卣	春秋 [illegible]庚鼎
广韵炈或从土作坄		春秋 石鼓·霝雨 战国 印·[illegible]	战国 印·凝清			
坄	段	殹	殷	𣪘	𣪊	㱿

毁	殹	毅	磬	收	共		𠬪
			一期 前四.一〇.五 一期 佚七一九	一期 乙三三三八 一期 京津二三三四	一期 续五.五三 一期 京都四五九		三期 戬三七.三 四期 拾三.五
	周晚 师寰毁	周晚 白吉父毁盖		周中 师晨鼎 周晚 叔向毁	周早 父乙卣 周中 禹鼎	战国 酓肯匜 战国 酓忎鼎	
战国 鄂君啟节	春秋 石鼓車工 战国 盟书一〇四			战国 汈.昔則	战国 印.特时 战国 北京	战国 故宫 战国 上四 布貨東亚	战国 印.故宫

兵	戒	丞	弄
一期 佚七二九 一期 后下二九.六	一期 乙六五七 三期 粹二六二 四期 摭二.三九 四期 甲二八七四	一期 铁一七二.三 一期 后下三〇.三 一期 乙七三七七	一期 乙一八〇〇
春秋 庚壶 战国 畲忎鼎 春秋 郘諧尹钲 战国 畲忎盘	周晚 戒鬲 战国 中山王方壶 周晚 戒叔尊	周早 丞卣 周早 小臣遬簋 周早 丞鼎 战国 令狐君壶	商 殷虚出土铜器 春秋 智君子鉴 春秋 天尹钟 战国 林氏壶
战国 印.待时 战国 尊古 战国 故宫	战国 印.金符	战国 印.故宫 战国 故宫 战国 衡斋 战国 简.天星观M1	

奂	弇	畀畁	奉	奉	具	具	弃
		一期 京津二八〇五 一期 乙一三三八	一期 乙六七九四 一期 乙九〇六七	一期 戬三七·七 一期 鉄二四六·二		一期 甲三三六五 一期 前八·六·四	一期 库一三九七
		周晚 师酉簋 集韵畀古作畁		周晚 散盘 同上	周中 卫鼎乙 周晚 函皇父簋 春秋 曾伯簠	周早 叔具鼎 周中 鲁鼎	周晚 毛公鼎 战国 料父小量
战国 盟书二〇〇·二五	战国 印·万印		战国 简·望山M2	战国 盟书一〇五·三 战国 印·铁云		春秋 石鼓而师 战国 印故宫	说文无、玉篇弃火种

異	奠	與	興
三期 甲一七三〇 四期 京津三九三七 一期 甲三九四 一期 乙二四九三	四期 佚一九〇 四期 后下三六三 一期 乙六七三九反 三期 佚一六三		三期 甲二三五六 四期 甲二四七九 一期 乙五一五九 一期 甲二二二四
周晚 单異簋 春秋 虢叔钟 周早 盂鼎 周中 舀鼎	春秋 富奠剑 周中 舀鼎 周晚 叔向簋	战国 中山王鼎 春秋 齐镈 战国 中山王方壶	周晚 鬲叔盨 周早 父辛爵 周中 興鼎
战国 疑清 春秋 石鼓车秋 战国 印续齐	战国 衡斋 战国 印郑 战国 陶香录五·一 印 钦云	战国 信阳 战国 望山M1 战国 盟书一九八、一〇 战国 简信阳	战国 印陈篁 战国 故宫 战国 陶纪王城 战国 盟书二〇五六、三[illegible]、

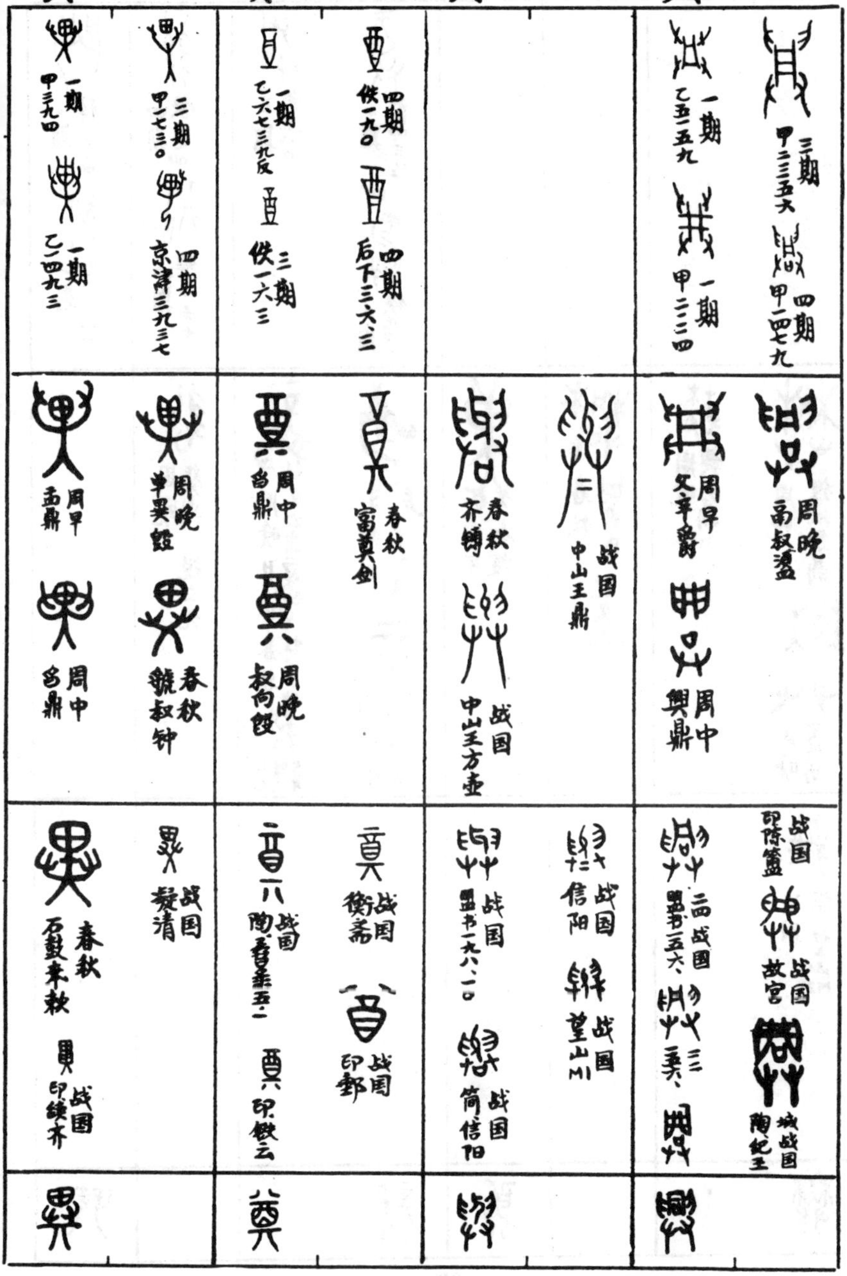

鬥	斐	龔	龔	冀	樊	樊
一期 粹一三四；一期 乙六九八八	四期 佚三七四；四期 粹二五七	三期 佚五八〇	一期 前四三二；二期 佚九四二			
	周晚 斐鼎；說文无	周晚 毛公鼎；春秋 邾公牼鐘；戰國 𨚕十年弋豕戈	周早 子龔鼎；周中 頌鼎	周早 令毁	春秋 樊君匜；說文无	周晚 樊尹鼎；周晚 𢑏叔樊鼎；周晚 樊君鬲
						戰國 簡 望山M2

止	甚	㠱	其
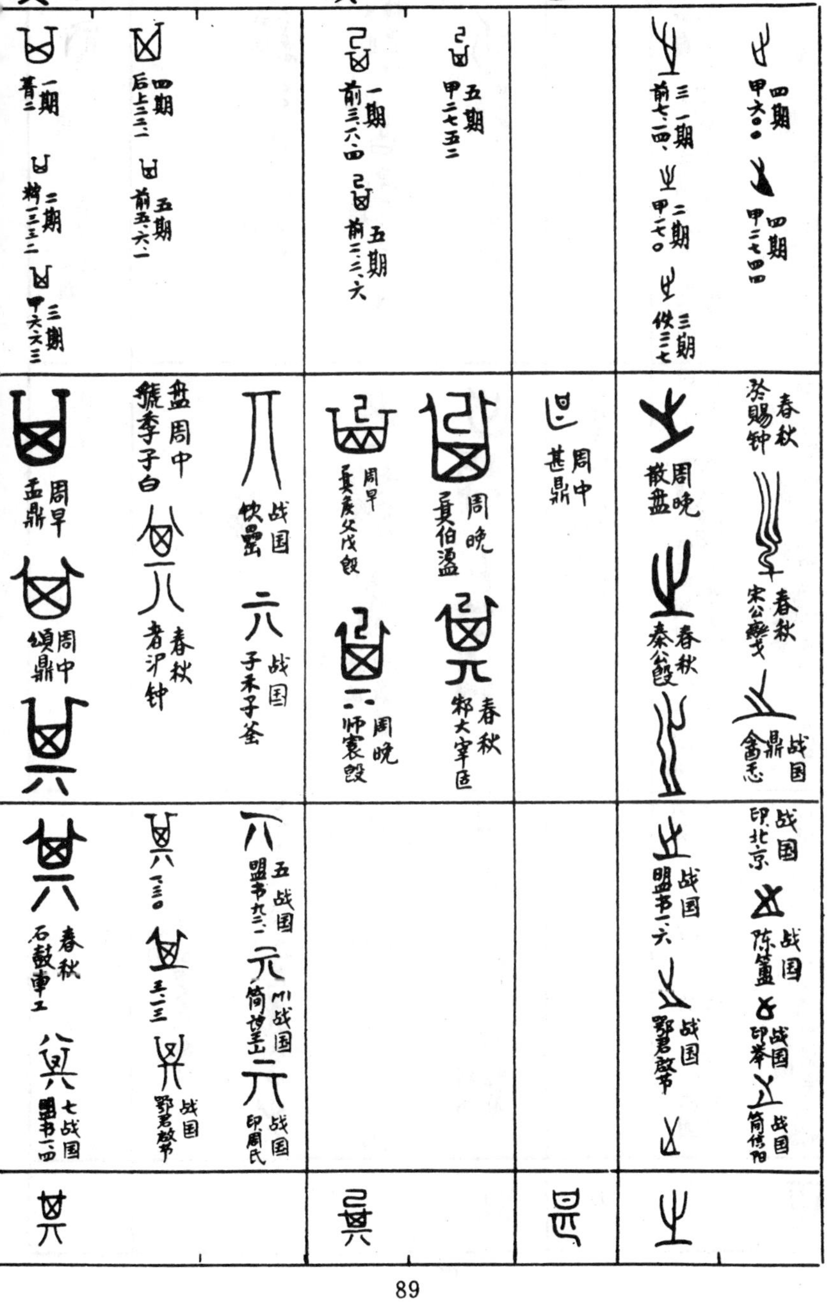 四期 甲六〇〇 四期 甲二七四四 一期 前七.四三 二期 甲七〇 三期 佚三七		五期 甲二七五二 一期 前三.六.四 五期 前二.三.六	一期 菁二 二期 粹一三三二 三期 甲六六三 四期 后上三.二 五期 前五.六.一
春秋 癸賜钟 周晚 散盘 春秋 宋公欒戈 春秋 秦公簋 战国 畲忎鼎	周中 甚鼎	周晚 㠱伯盨 周早 㠱侯父戊簋 春秋 郑大宰匜 周晚 师寰簋	周早 盂鼎 周中 颂鼎 周中 虢季子白盘 春秋 者沪钟 战国 饮罍 战国 子禾子釜
战国 印.北京 战国 陈簠 战国 印举 战国 简信阳 战国 盟书一.六 战国 鄂君启节			春秋 石鼓車工 七 战国 盟书一.四 八一三〇 三.一三 战国 鄂君启节 五 战国 盟书九.二 川 战国 简望山 战国 印周氏

古文字類编

歷

一期 乙三〇九三

五期 粹三三四

説文无

出

五期 京津四三七七

先周 周甲九

三期 粹五九八

四期 粹三六六

一期 菁四·一

二期 粹一二〇

周晚 毛公鼎

战国 拍敦盖

周中 頌壺

周晚 克鼎

六七二 战国 印、"出内大吉"、故宫

六七·五一

六七·九

六七四

一九 战国 盟书一五六·

三六四

春秋 石鼓田車

战国 鄂君啓車

之

战国 中山王方壺

正

四期 佚三七四

五期 甲三九四〇

先周 周甲一三

一期 后上一六八

二期 粹一〇七六

周中 舀壺

盘 周中 虢季子白

战国 鼎 舍忑

商 卯卣

周早 盂鼎

战国 故宫

战国 古鉨

战国 尊古

战国 伏庐

战国 盟书一五六·二九

战国 印 馨室

此	歨	步	是
三期 甲一五〇三 四期 戬七·四 三期 粹三八〇 三期 甲一九四六	一期 京津二七四六 一期 存一四九八	四期 甲六四 五期 前四·六·二 一期 铁三·二 三期 佚四三〇	
周晚 此簋 春秋 南疆钲 周中 此尊 周中 此盉	说文无，集韵：歨古会字	周早 步爵 商 子且尊	春秋 齐镈 春秋 栾叔缶 周中 虢季子白盘 春秋 季良父壶
战国 简信阳 战国 陶，古城三 战国 盟书六七·一 六七·六		同上 战国 印尊古 战国 中山王兆域图 战国 陶，香录二·三	战国 布货，东亚二四 战国 印尊古 三四〇·二 一六九 战国 简信阳 战国 盟书一五六·一九

歸	齒	歱	疐	歮
粹三三一 三期 粹一六〇 四期 前四·三六·八 一期 乙七八〇九 一期	佚四〇五 一期 乙五八八三 一期 甲三三九 一期 粹一五一九 一期		前二·三九·七 五期 前二·三〇二 五期 京都一九七 三期 粹二九六 三期	林一·二九·二〇 五期 同澀 说文无 字汇补
不嬰簋 周中 歸父盤 春秋 毓且丁卣 商 矢方彝 周早	中山王方壺 战国	毛公鼎 周晚	秦公簋 春秋 疐卣 周早 井人钟 周晚	
盟书一·五一 战国	印举 战国 衡斋 战国 陶香 录二·四 战国 简望山M2 战国 信阳 战国 印周氏 战国			

古文字類編

各	备	夆	复	夏
一期 菁四·一 三期 粹一〇六一 三期 佚六六五 三期 前五·二四·四			一期 粹一〇五八	
商 宰椃角 周中 豆闭毁 春秋 秦公毁 春秋 於赐钟		商 邲卣 周中 夆伯甗 周晚 夆叔匜	周晚 鬲从盨	春秋 秦公毁 春秋 䣄仲平钟 战国 邳伯罍
春秋 石鼓甲車 战国 简·望山M1 战国 印·遇安	战国 印·鉨印 说文无			战国 印·铜鼓 战国 铜鼓 战国 契墨 战国 賓二 战国 故宫

無　舞　　　夒　　　麥　各

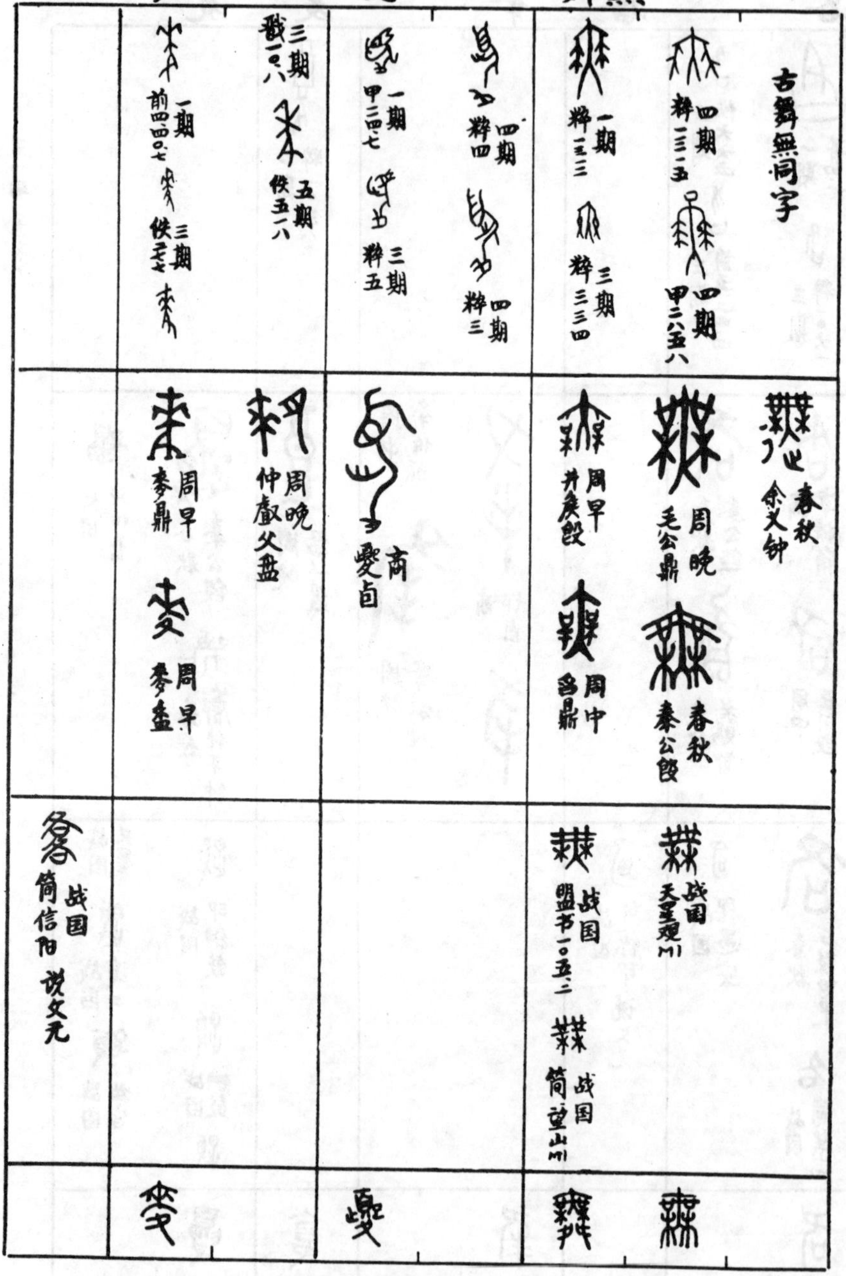

古舞無同字
四期 粹一三一五
四期 甲二八五八
一期 粹一五三
三期 粹三三四
四期 粹四
四期 粹三
一期 甲二四七
三期 粹五
三期 戩一〇八
五期 佚五一八
一期 前四四〇七
三期 佚二〇七
春秋 余义钟
周晚 毛公鼎
春秋 秦公𣪘
周早 井侯𣪘
周中 𢀛鼎
商 夒卣
周晚 仲𢿬父盘
周早 麥鼎
周早 麥盉
战国 天星观M1
战国 盟书一〇五二
战国 简望山M1
战国 简信阳 说文无

足		趹		距	路	蹐	走
一期 前·五〇·二 一期 乙三一八四	五期 甲一大四						
周中 免簋 周中 师晨鼎	周晚 师兑簋 周晚 元年师兑簋			战国 未距悍	周中 史懋壶	春秋 齐侯壶 春秋 齐镈	周早 盂鼎 周中 大鼎 周中 效卣
战国 简·望山M1 战国 印·碧葭	战国 古鉢	战国 盟书一五六：二六 中 一五六：二三	一五六：一九 说文无，字彙補：趹，卻行也				春秋 石鼓马荐 战国 简·望山M1

⿺走甫	⿺走色	⿺走亘		趎	⿺走圭	趍	起
		五期 续三·三一·二	三期 菁三·三七·三 五期 菁九·三				
周中 卫鼎 説文无，玉篇：⿺走甫，匍匐也	周中 儼匜 説文无，玉篇：⿺走色，狂走也	周中 虢季子白盘 春秋 元鉦壶 战国 四貝敎	商 父丁鼎 周中 播盘				
春秋 石鼓汧沔 ⿺走甫同⿺走甫				春秋 石鼓田車	战国 盟书九二·二	春秋 石鼓来敍	战国 陶彙录三·二
			⿺走亘	趎	⿺走圭	趍	起

	趡	趞	趠	趣	⿺走夆	⿺走甬	趙
[甲骨]					一期 菁六二；一期 甲二〇四九		
[金文]	周晚 趡盨	周中 趞曹鼎	周晚 趠鼎	春秋 鄦庚殷	通，当释为⿺走夆，玉篇同赴。旧释⿰彳夆，不确。此从彳与走		春秋 吕邦王壶
[战国]			战国 盟书一五六、一	战国 简 望山M1		战国 盟书一五六、三；九八、二六	战国 盟书一五六、四；一〇〇、一〇；六、一；五六、一九
[篆]							

趛	⿺走豈	⿺走畏	⿱發走	⿺走莆	⿺走敫	⿺走與	⿺走樂
周中 师趛鼎 周晚 克盨	周中 ⿺走豈毁 ⿺走豈走也 说文无、玉篇	春秋 王孙钟	周早 ⿱發走觚 ⿱發走趮走貌 说文无、篇海			春秋 曾子⿺走與⿷匚古	
		春秋 石鼓田车		战国 盟书九二三 说文无	春秋 石鼓汧沔 说文无		春秋 石鼓田車

趡	趯	迄	巡	[illegible]	迂	[illegible]	返
					二期 京津三九五七		
周中 叔多父殷 盖 叔多父殷	周晚 毛公鼎				春秋 居殷	战国 中山王方壶 [illegible]、逃去也 说文无，字汇	战国 中山王方壶
		春秋 石鼓霝雨 说文新附	战国 印鑿室 战国 尊古	战国 鄂君启节 战国 晋则 说文无 [illegible]同上			战国 鄂君启节 战国 简，天星观M1

⿺辶方	⿺辶内	⿺辶朱	迺	⿺辶子	迓	迨	迲
一期 粹一一五 四期 掇二·一七三	一期 佚五四六 一期 铁五·二	三期 粹九七六 三期 甲九○七					
说文无，玉篇：⿺辶方急行也	说文无，玉篇：⿺辶内古文退字	说文无，玉篇：⿺辶朱遑也	春秋 迺子壶 说文无，集韵：迺週也				
				春秋 石鼓车攻 说文无	战国 印徐茂 战国 陶香录三·二	战国 印磬室 战国 北京	战国 尊古 战国 石磊斋 说文无，迲同去

逆	追	迪	述	迮
三期 甲二〇二 四期 甲八九六 一期 佚七二五 一期 乙四八六五	四期 甲三三四 先周 周甲四七 一期 前五·二七·二 一期 佚六三七			
春秋 陈逆簋 战国 中山王方壶 周早 令簋 周中 旨鼎	春秋 郑公鼎 春秋 陈眆簋 周早 矢方彝 周中 师至父鼎		战国 鱼鼎匕 战国 中山王方壶 周早 盂鼎 周早 小臣謎簋	春秋 申鼎 战国 屭羌钟
战国 印凝清 战国 泉续 战国 盟书一五六:三 战国 鄂君启节		春秋 石鼓来歀 说文无	战国 诅楚湫渊	

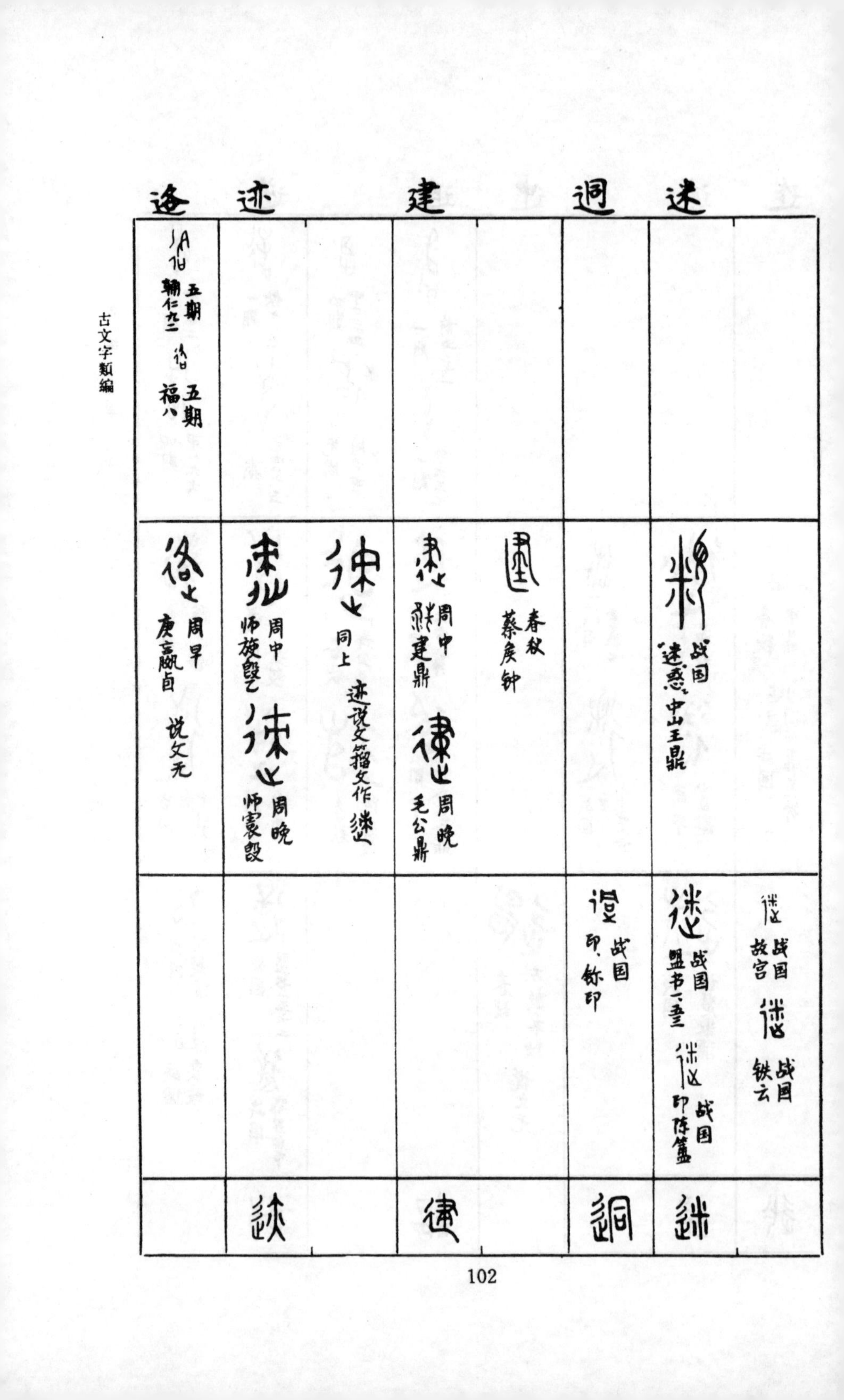

逄	迹	迹	建	建	迵	迷	迷
五期 鞠仁九二 五期 福八							
周早 庚嬴卣 说文无	周中 师旂簋 周晚 师寰簋	同上 迹说文籀文作	周中 建鼎 周晚 毛公鼎	春秋 蔡侯钟		战国 迷惑 中山王鼎	
					战国 印、鉨印	战国 盟书一壹 战国 印陈簠	战国 故宫 战国 铁云

迨	逐	造
二期 粹一〇三七；五期 林二、二五、六	一期 前三、三三、二；三期 粹九三二；四期 粹九三九；一期 佚九七七；三一期 前六、四六、六；一期 前五、六、四	
周早 戌甬鼎；周中 㮚盘	周中 逐鼎；周中 𢽅簋(鼎)；周中 逐𣪘	周中 颂鼎；周中 颂𣪘；春秋 公孙造壶；春秋 邿造鼎；春秋 曹公子戈；春秋 宋公䜌戈；春秋 申鼎；战国 高密戈；战国 𢽅戈
		战国 陶、香录二、三；同上；同上；同上
迨	逐	造

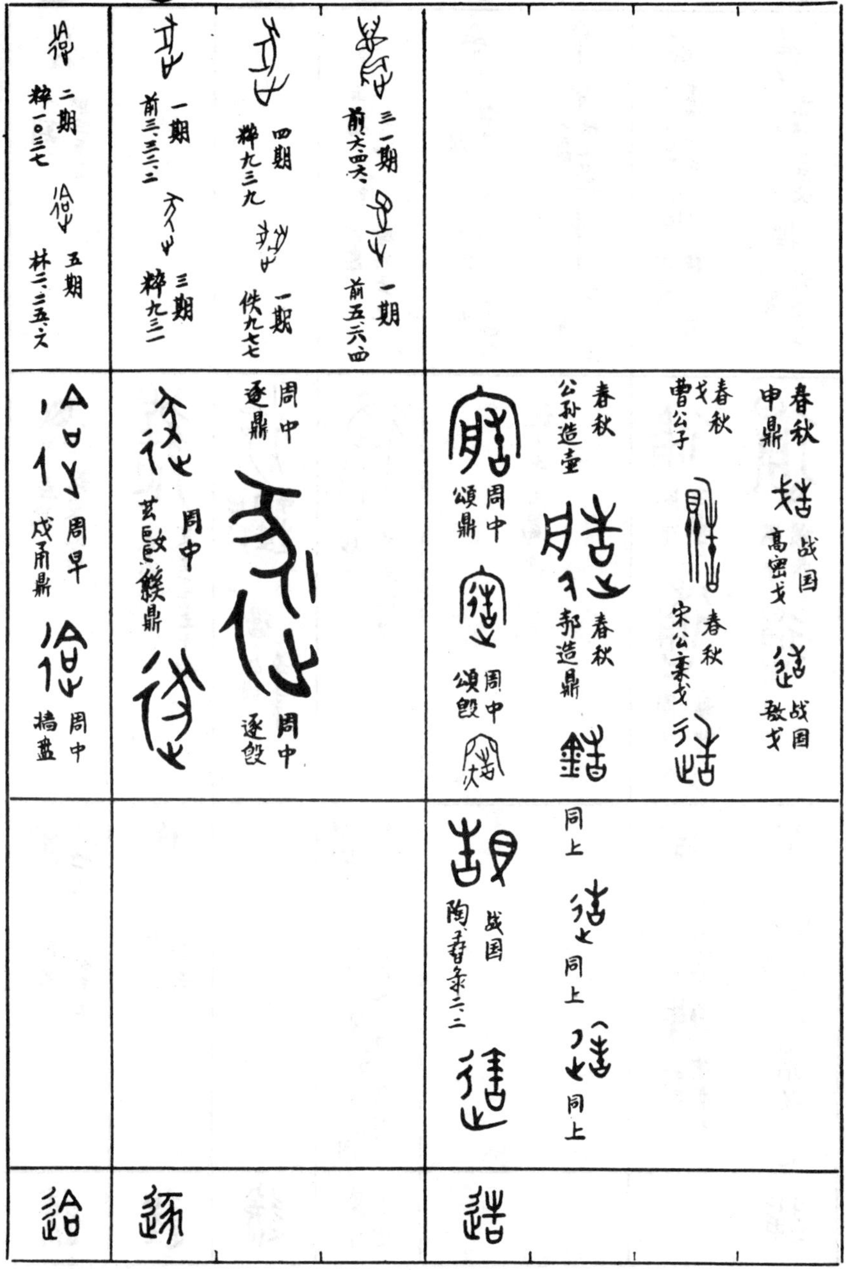

第一编 古文字

速	逞	逸	逢	途	通
一期 甲三五一〇			五期 后一·一〇·四；一期 续三·三·九	一期 前六·二五·二；一期 乙三四〇一；一期 佚九四五；一期 乙六三八六	三期 京津四三三；四期 粹二九二；一期 京津三一三六；一期 粹二九三
春秋 叔家父匜	春秋 吴季子之子剑	战国 中山王𠙵壶；战国 秦子矛	战国 中山王𠙵壶	说文无、玉篇、途、路也	周中 卫鼎乙；周中 瘐钟；周中 颂鼎；周中 颂毁
春秋 石鼓車工	战国 盟书九二·六		春秋 石鼓吴人；战国 盟书一三·二 文		战国 印、陈簠；战国 陶季木；战国 盟书乇九·二〇；九六·九

逑	連	逪	進	送	逴	逮	[illegible]
			四期 京津四〇〇二		三期 粹二六〇		
		周晚 番生簋 周晚 毛公鼎	周中 各卣 周晚 兮甲盘	战国 中山王圆壶			
战国 印·古鉨 战国 陈簠	战国 印·碧葭 战国 铁云	战国 简·天星观M1	战国 印·陈簠			春秋 石鼓·霝雨 战国 印·尊古	战国 印·鉨印 说文无

遇	過	迷	遂	遄	⿺辶丞	⿺辶取
周中 子遇鼎	周中 過伯毁 周中 過伯爵	周晚 散盘 说文无，玉篇：迷，至也 周早 迷觶 周中 長由盉		春秋 齐侯壶	周早 盂鼎 说文无	
战国 盟书六五二 战国 印·遯庵	战国 盟书六七·五四 战国 印·伏庐		三 战国 盟书三五六 战国 印·待时	春秋 石鼓作原	战国 盟书九二·三 六七·二	战国 印·陈簠 说文无，玉篇：⿺辶取，走也

道	達	遊 斿	⿺辶壴	逾
	二期 铁四三九 三期 存二〇二	五期 前二·二六·七 二期 京津四四五七 三期 粹九七九 一期 铁三三·一 二期 甲三五九三		
春秋 曾伯匿 战国 中山王鼎 周早 貉子卣 周晚 散盘	周晚 保子達毁 周晚 师寰毁	春秋 中子遊父鼎 春秋 蔡侯盘 周早 斿父鼎 周中 仌二鼎 商 斿卣	春秋 ⿺辶壴公壶 说文无，玉篇⿺辶壴走也	
战国 诅楚湫渊 战国 简信阳 战国 盟书一五六·一九 一五六·二〇	战国 印·铁云 战国 尊古	战国 古鉨 斿或从辵作遊 战国 印·铁云 战国 周氏 春秋 石鼓車工 战国 鄂君启节		战国 鄂君启节

遘	遠	遛	⿺辶舀	迺	逿	違
三期 甲二六〇二 三期 粹一〇二 三五期 前二、三五 二期 甲二八七 二期 甲二九〇						
商 卯卣 周早 保卣 周晚 克盨 周晚 荪伯毁	周晚 克鼎 周晚 番生毁					周晚 臣卿鼎 周晚 臣卿毁
	战国 简天星观M1	战国 印罄室 说文无、玉篇 逗、遛也	战国 盟书一六二 说文无 同蹈	三 战国 陶·香录六 同上	战国 印续齐 说文无 玉篇 逿、过也	战国 陶·香录二·三

遣	遲	適	達
后下三·三 一期 乙三三一七 一期 乙二八二二 一期 粹三一九 四期	前七·三六·二 一期 掇二·七八 三期 粹一二五五 三期 前五·三〇·二 五期	后下三·一五 一期	
大保段 周早 小臣謎段 周早 遣小子段 周中 永盂 周中 㝬钟 周晚 遣叔盨 周晚	鬲攸从鼎 周晚 仲叡父段 周晚 伯遲父鼎 春秋	师酉段 周晚 不从辵	小臣謎段 周早 禹鼎 周中 师寰段 周晚 屬羌钟 战国
			盟书·六七·二 战国 六七三 印·赫連 战国

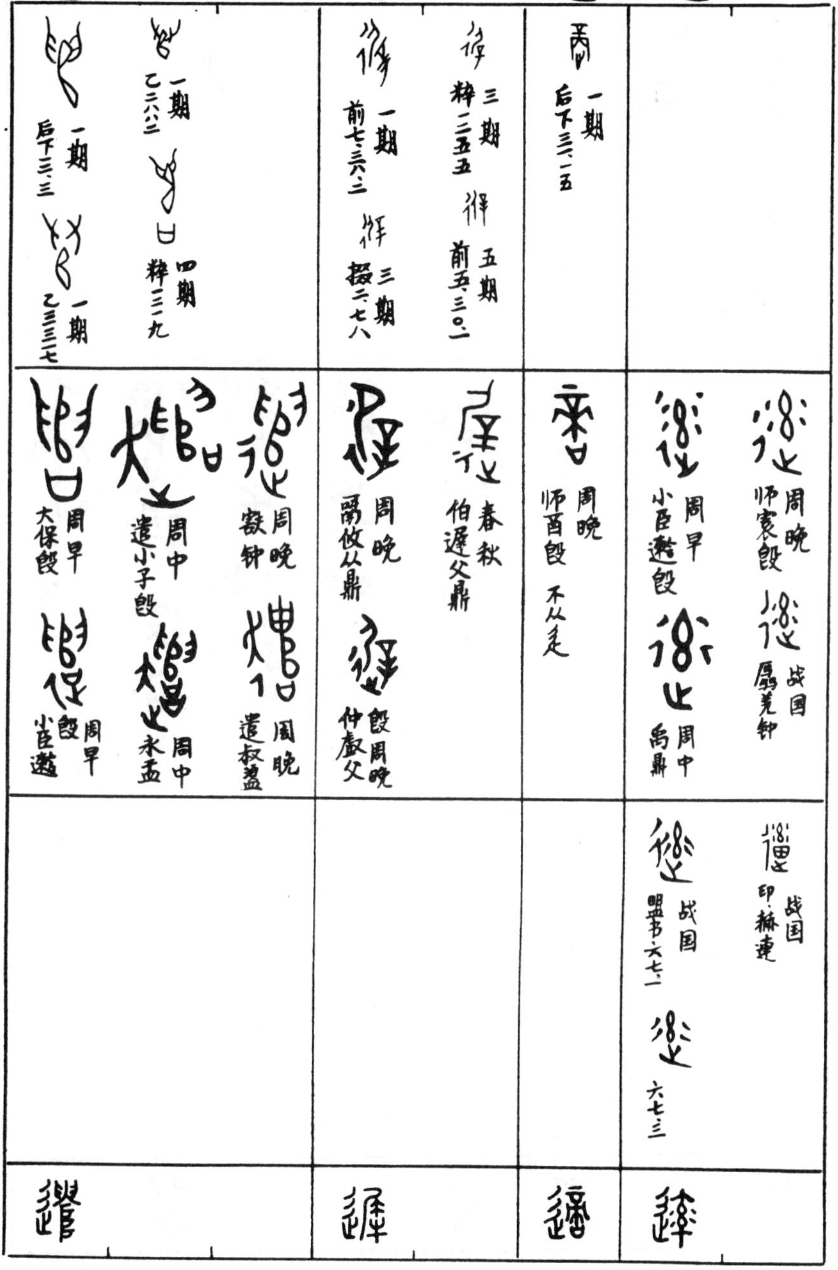

遹	遽	遺	遷
			三期 佚二九二 五期 前五.三〇.一 一期 存下五九 三期 佚九四
周晚 克鼎 周晚 翏生盨 周早 盂鼎 周中 墻盘	周中 遽仲觶 周中 师遽段 周早 父乙盉盖 周中 墻盘 周早 遽父乙尊	周中 曶鼎	

還	邊	⿺辶會	通	遷
先周 周甲四七				
周中 免簋；周中 遽伯簋；周晚 散盘；周中 师旋簋	周早 盂鼎；周晚 散盘	春秋 沇兒钟；战国 中山王方壶		
战国 简天星观	战国 诅楚湫渊	战国 陶孴州；盤室印、玉篇、説文无、⿺辶會匝也	战国 印、鉨印 说文古文通作迹	战国 陶、孴录二·三；同上；同上；同上；同上

⿺辶象	遺	邋	⿺辶食	遇	⿺辶壽	邁
					[字形] 三期 甲五三四 [字形] 三期 甲二六〇二	
[字形] 春秋 陳公子甗 [字形] 春秋 魯原父毁			[字形] 周中 段毁 說文无，汗簡引林 甲集字饋作[字形]	[字形] 周中 遇甗 說文无	說文无，同疇	[字形] 周早 庚嬴卣 [字形] 周中 史頌匜 [字形] 周晚 叔高毁 [字形] 春秋 秦公毁
[字形] 春秋 石鼓田車	[字形] 春秋 石鼓田車	[字形] 春秋 石鼓車工				
[字形]	[字形]	[字形]				[字形]

邐	行	彶	延	廷
	一期 后下二·三 二期 粹一三六〇 三期 甲五七四	一期 乙九〇七七 一期 乙五一二三	一期 甲一九三 二期 甲二三二九 三期 甲五一六 四期 佚三三九 五期 前二·六·三	
周早 乙亥鼎 周早 辛巳殷	周早 父辛觯 周中 虢季子白盘 春秋 曾子匿 春秋 南彊钲		商 父辛尊 周早 盂鼎 周中 吕鼎 春秋 蔡侯钟	周晚 师酉殷 周早 盂鼎 周中 颂殷 周晚 散盘 春秋 秦公殷
	战国 盟书三五六·九 战国 陶香录三·四 同上 战国 印盘室 战国 信阳简			

衍	待	往			衎	征	
		五期 前二·三五·二 先周 周甲八十	三期 后上三·四 四期 戬三八·四	一期 菁三·一 一期 戬八·一五	三期 甲二九八 五期 宁沪一·三三	一期 续一·三·三 五期 存下八四八	
周中 衍毁 周中 姞衍毁	周早 禣鼎		战国 中山王圆壶	春秋 陈逆毁 春秋 吴王光鑑		周早 小盂鼎 周中 师旂鼎	周晚 [illegible]真伯盨 春秋 曾伯匿 战国 屭羌钟
战国 印、印谱	战国 盟书一·六·九	战国 陶香录二·三 战国 望山M2简	战国 鄂君啟节 战国 印尊集	战国 盟书六七·三 六七·二九	春秋 石鼓霝雨 说文无		

後	衍	律	徒	徙
	一期 乙三〇〇三 三期 甲二三二	二期 京都二〇三三		一期 后下四三·二 二期 铁三八·一
周早 令殷 春秋 曾姬无卹壶 周晚 师寰殷 战国 中山王方壶	周早 亘衍觚 周早 亘衍觚		周中 禹鼎 春秋 南疆钲 周晚 师寰殷 春秋 厚氏圃	商 徙尊 周早 父己盉盖
战国 盟书二〇三·二 战国 陶孴录二·四 战国 三·二〇 战国 印·陈篮	说文无		春秋 石鼓奉秋 战国 印·尊古 战国 万印 战国 陈篮 战国 陶孴录二·三 战国 盟书三二·一五六 战国 铁云	战国 印·共墨

𢓊		得		徐	从 從		
五期 存三三八一 五期 甲三八八九		一期 前八·一三·三 一期 乙二六四	一期 菁五·二 一期 粹二六二		三期 京津一三七二 从從古同字	四期 戬四·七	一期 铁一〇九·二 一期 前四·三七·六
说文无	春秋 余义钟 战国 中山王方壶	周晚 克鼎 春秋 虢叔钟	商 父乙觚 周中 舀鼎		周晚 散盘 春秋 苟公钟	周早 麦鼎 周中 贤殷	商 宰椃角 周晚 任氏从毁
	战国 春录二·四 战国 简望山M2	战国 古鉨 战国 鉨印 战国 匋纪王城	战国 印印举 战国 凝清	战国 陶文二·二	战国 周氏 战国 故宫	战国 印特时 战国 观自	战国 盟书三·三 五 五六·二

御	復	徹	衡
菁二 一期；后下二三·九 一期；前二·二八·六 三期；存一八五八 三期；粹二〇 四期；前二·二四·二 五期	铁一四五·一 一期；续五·二·四 一期	前六·三五·二 一期；续二·九·九 一期	
孟鼎 周早；競殷 周中；颂鼎 周中；儼匜 周中；攻吴王鉴 春秋；子禾子釜 战国	小臣謎殷 周早；曶鼎 周中；散盘 周晚；鬲从盨 周晚；中山王圆壶 战国	墙盘 周中；𩰫羌钟 战国	毛公鼎 周晚；番生殷 周晚
印术鲁 战国；印谱 战国；碧落 战国；御古亦写作驭	石鼓而师 春秋；盟书 一七九·三 战国；九二·一〇；七九·七；二〇三·一；印碧落 战国；陶夢 战国	说文古文徹作	

衞

四期 明七一六

三期 粹一五三

四期 粹一九六

一期 前五·四七·二

一期 甲三五〇

一期 乙二二八

周晚 衞子匜

周晚 鬲攸从鼎

周中 衞父卣

周中 賢段

周晚 韋鼎

商 且己爵

春秋 俞父盘

战国 印举

战国 续齐

战国 印·待时

战国 印揭

韋衞古同字

悳

四期 甲二三〇四

战国 令瓜君壶

战国 陈侯因資敦

春秋 者沪钟

战国 盟书三·七

战国 简信阳

悳德古同字

德

一期 粹二四〇

一期 戬三九·七

周早 盂鼎

周中 史頌鼎

周晚 毛公鼎

春秋 王孙钟

战国 盟书九二·三四

战国 鄂君啟节

口	名	名	中	中	中	司	司
三期 甲二九三 三期 佚二八六	一期 前四·三六·二 四期 粹一二二五	五期 续三·二·七 五期 前二·二·一	一期 簠天五 一期 菁六·一	一期 前六·二·三 四期 粹五九七	先周 周甲一二	一期 菁三·一 四期 粹四二〇	五期 前二·二四·三
	商 卯卣	周早 鉌爵 周中 禹鼎 周晚 克钟	商 中妇鼎 周早 小盂鼎	周中 趞曹鼎 周中 頌鼎	周晚 散盘 战国 子禾子釜	周晚 㝬钟 周晚 扬簋	战国 大梁鼎 战国 郑九年矛
战国 印鉨印 战国 陶·香录二·一	战国 陶·香录三·二 同上		春秋 石鼓吴人 战国 盟书一五六·二〇	战国 一五六·二五 战国 鄂君启节 战国 印	战国 印揭 战国 故宫 战国 阳高一·三 中阳布	战国 盟书一九五·二 五六·二	战国 印万印 战国 陈簋 战国 陈簋
口	名		中			司	

古文字類编

哦	吷	古	可		占	吝
			一期 乙八四六九反；一期 甲三三二六	一期 甲三三二四；三期 甲一五八	一期 前八·四·二；一期 前四·二五·一	一期 前二·二五·二；一期 燕三
周晚 哦簋；说文新附	周早 吷客簋；说文无	周早 盂鼎；周中 师旂鼎	周晚 师嫠簋；周晚 可戾簋	春秋 蔡太师鼎；战国 林氏壶		
		春秋 石鼓而师；战国 简望山M1	战国 盟书一九八·三；战国 印铁云	战国 梦庵；战国 简信阳；战国 望山M2	战国 简望山M1	战国 印陈簠；战国 陈簠

吉			合	台	舌	吃	⿰口寺
一期 铁一五九·二 一期 前七·一六·四	一期 前八·七·二 二期 前五·二六·二	三期 佚四八 五期 前五·二六·三 先周 周甲二六	一期 菁一 一期 佚八一七				
周早 矢方彝 周中 留壶	周晚 虢季子白盘 春秋 栾书缶	春秋 於賜钟 战国 畲志鼎	周晚 召伯毁 战国 陈侯因資敦				战国 曾侯乙鼎 战国 曾侯乙钟
战国 盟书三〇三·一 战国 印陈簋	战国 尊古 战国 昔则	战国 瞻麓 战国 鉨印		战国 盟书二〇〇·一〇 台，说也 说文无，玉篇：	战国 陶·香录三·一	战国 陶·香录二·三	说文无
吉			合		舌	吃	

呈	向	名	同	吕	吁		同
	一期 乙五四〇二 三期 粹九七五	一期 甲三四八 一期 乙三三九〇		一期 乙三四反 四期 京津一〇二九			二期 后下一〇.二 二期 菁一〇.二
	周中 向卣 周晚 叔向簋	周晚 名伯簋 春秋 吉日剑	周中 趞曹鼎 周晚 克鼎	周早 貉子卣 周中 静簋 春秋 邾公牼钟	春秋 吴王光鑑	周晚 散盘 春秋 姑口句鑃	周早 矢方彝 周中 不嬰簋
战国 盟书三〇一九 战国 印.碧葭	战国 陶.孴录七.二	战国 简.信阳	说文以同为冂之古文	战国 印.钦云 战国 尊集	战国 印.方印 战国 故宫 战国 吉金	战国 陶.孴录七四 战国 布货.东亚二四	春秋 石鼓.[illegible] 战国 印.续晋

谷	吴	吞	否	含
一期 前四·三·五；二期 佚一二三；五期 后下三·三	一期 前四·二九·四	一期 佚七二五；二期 后下三·一五		
周早 何尊；周中 格伯段	周早 吴方彝；周中 墙盘；周晚 师酉段；春秋 吴王光鉴；春秋 吴季子之子逞剑	战国 中山王鼎	周晚 毛公鼎；春秋 晋公盦	战国 中山王鼎
战国 印周氏；战国 魏石；战国 尊集；谷 战国 简信阳	春秋 石鼓吴人；战国 盟书一·五七；战国 印陈簠；战国 昔则；战国 待时；战国 玺室	战國 陶季木七七·三		

吾	敔		⿱中口	向	尚		
			一期 甲一八三九 一期 甲二〇四一	三期 粹一四六 四期 前一、三六、六	先周 周甲二 先周 周甲二三		
周早 沈子段 周晚 毛公鼎	周中 敔段 春秋 攻敔王光戈		说文无		周中 曶鼎 春秋 陈公子甗	春秋 甫人盨 战国 陈侯因資敦	战国 中山王方壶
战国 印、陈簠 战国 诅楚湫渊	春秋 石鼓霝雨 田車	車工 通作吾 梧敔遨遊古均		战国 印、印揭 战国 遇安	战国 盟书一六七:三 一六七:一	战国 印、陈簠 战国 铁云 战国 万印	战国 万印 战国 布货东亚 上四

周	咎	舍	奇
一期 前六·六三·一; 一期 前六·六三·二; 一期 前六·五一·七; 一期 燕·文四一; 三期 甲四三六; 周早 周甲八四	先周 周甲一七; 咎 小篆作咎	先周 周甲二五	
周早 保卣; 周中 免毁; 周中 㫚鼎; 周晚 散盘; 周晚 㝬钟	春秋 国差𦉜	周早 令鼎; 周晚 克鼎; 周晚 毛公鼎; 战国 中山王鼎	
春秋 石鼓吾水; 战国 集 印尊; 战国 故宫; 战国 古鉨; 战国 平周布 阳高一·二; 战国 简·信阳	战国 印文; 战国 简·望山M	战国 盟书五六·三; 战国 一五六·九; 战国 鄂君启节; 战国 印文	战国 印·陈簋; 战国 碧葭; 战国 尊集; 战国 东亚四 布货; 战国 下都 陶·燕

品	咼	啇	唯	商
一期 甲二四一 二期 后下一〇、一 四期 粹四三三 五期 前五、三五、三		一期 后下一〇、五 四期 佚六三八	三期 京津四八六〇 三期 甲五四〇 五期 前五、三九、八	五期 甲二四一六 一期 粹一三三九 五期 佚五一八 三期 粹四四 周早 周甲二五
周早 保卣 周中 井侯𣪘 春秋 穆公鼎			周早 何尊 周早 献侯鼎 周晚 毛公鼎 春秋 蔡侯钟	周早 康侯𣪘 商 䀠尊 春秋 秦公镈 蔡侯盘
	战国 㪤陈簠		战国 陶彙三二	
品	咼	啇	唯	商

啚	唬	喏	彫	喬	啺	喘
一期 菁二 二期 佚五三 三期 粹二六四 四期 粹九二四	三期 京津二四四五					
周早 康侯段 周晚 雍伯啚鼎 春秋 齐侯镈	周中 善鼎	周中 喦鼎 说文无 玉篇：敬言		春秋 邵钟 战国 𩰫忎鼎		
			战国 陶孴录九·一 战国 简信阳	战国 盟书一五六：二 二〇 五六：	战国 印·尊古 战国 赫连 说文古文唐字	战国 印·待时

善　喦　咢 噩 喪　單

善

周晚 克鼎

周晚 毛公鼎

周中 大鼎

战国 昔则

战国 印璽室

战国 简信阳

战国 周氏

喦

四期 前七七三

四期 簠地三〇

咢 噩 喪

古喪噩同字

三期 佚二五四

一期 佚四八七

四期 粹四七〇

二期 前七六二

周中 禹鼎

周中 墙盘

周晚 毛公鼎

周中 噩侯毁

周晚 井人钟

春秋 齐侯壶

單

一期 菁五二

四期 粹七三

三期 京津一四二四

五期 存下九七

周早 小臣单觯

周晚 扬毁

周中 卫盉

春秋 蔡侯匜

战国 印尊古

战国 陈簠

战国 续齐

战国 陶香录二二

鸣	咩	嗌	嗣	穑	啬	啻
五期 前四.二七.二				一期 乙二二四 一期 乙四五二九 一期 后下七.三	一期 燕二 一期 存七五二	
			战国 中山王方壶 周早 盂鼎 战国 中山王圆壶 春秋 曾姬无卹壶	周中 墙盘 战国 安邑下官锺	周早 沈子毁 周中 𠑇匜	周中 趞毁 周晚 师酉毁 战国 [illegible]敦
春秋 石鼓作原 战国 印.天津	战国 盟书一五六.二五	战国 盟书一九四.二 八五.七	战国 诅楚文湫渊 春秋 石鼓而师	战国 印揭 古啬穑同字	战国 印凝清 战国 魏石	战国 印文

器	嚴	嚣	目	直	盲
			一期 前四·三三·六 一期 后下三四·五	一期 佚五七 一期 乙六三九〇	
周早 瞏卣 周晚 散盘 春秋 鄦侯段 战国 齐侯因資敦	春秋 虢叔钟 战国 楚王酓璋戈 周晚 㝬钟 周晚 番生段	周晚 嚣伯盨	周早 史餐爵		
战国 印·续齐 战国 简信阳 信阳 战国 望山M2		战国 印·伏庐 战国 故宫 简 信阳	战国 印·周氏 战国 馨室	战国 明书三一	战国 印·碧葭

盱	旻	眡	盾	眉
	一期 后下七.三 一期 后下一七.二		一期 甲三一一三 二期 粹一三八八 三期 林二.二四.六	一期 京津二○八二 二期 佚五八七 三期 佚四八四
战国 林氏壶	周早 癸旼爵	周中 員鼎	周早 秉盾觶 宅簋 周早 画盾戈九.二 周中 师旋簋乙	周早 小臣遽簋 周中 周寥鼎 周中 頌簋 周晚 散盘 春秋 齐縈姬盘 春秋 曾伯簋
战国 印.待时		战国 印.衡斋 战国 双虞		

眔	冒	眣	相	省
五期 菁一〇·六；先周 周甲七〇；一期 前二·四五·二；三期 甲一六二九		三期 京津一三三九；三期 了沪三·七三	一期 簠杂八九；五期 前五·二五·五；一期 前七·三七·二；一期 乙四〇五七	一期 粹一〇五；三期 佚二四七；四期 粹六一〇；先周 周甲一一三
周晚 揚毀；周晚 师寰鼎；春秋 𠭰钟；周早 矢方彝；周早 井侯毀		改说文，字应作眣。说文眣作眣，段注浅人无识以仍体	春秋 庚壶；春秋 拾赐钟；战国 十七年相邦剑 上博；周早 父乙觥；周中 相侯毀	周早 天亡毀；周早 大盂鼎；周中 舀鼎；周晚 散盘
	春秋 石鼓湫渊	战国 侍时；战国 故宫；战国 简信阳	战国 盟书八八·二〇；战国 印·昔则	春秋 石鼓车软；战国 印·铁云
眔	冒	眣	相	省

䀠	睪	睽	睯	自	臭	皋
				一期 菁五.一 三期 粹二五九 四期 粹一〇六 五期 前三.二七.七	一期 铁一九六.三	
商 䀠鼎		周中 大𣪘 周晚 睽土父鬲		周早 令鼎 周早 沈子𣪘 周晚 毛公鼎 春秋 攻敔王光戈 春秋 䓞子		战国 中山王鼎
战国 印.犄时	战国 盟书一五六.三 战国 印.鉨林		战国 印.遇安	春秋 石鼓.霝雨 战国 盟书六七.二 战国 鄂君啟节 战国 印.万印 战国 续齐		

甹聘	聑	耿	取	取	耴	耳	耳
一期 京津二六五一	五期 续三.三一.三		四期 甲二九二六 四期 粹二九	一期 后下三七.八 一期 前五.九.一		一期 前八.五.三 四期 后上三〇.五	一期 后下一五.一〇 一期 甲三八七七
周晚 毛公鼎 周晚 番生段		周中 禹鼎 周晚 毛公鼎	周晚 毛公鼎 周晚 揚段	周中 大鼎 周中 格伯段		周中 耳卣	商 己耳卣 商 亚耳段
		战国 印文 战国 观自		战国 印文 战国 北京	战国 玺节一.五二 战国 印周氏	战国 尊集 战国 陶.香录十.二	战国 印.凝清 战国 适庵

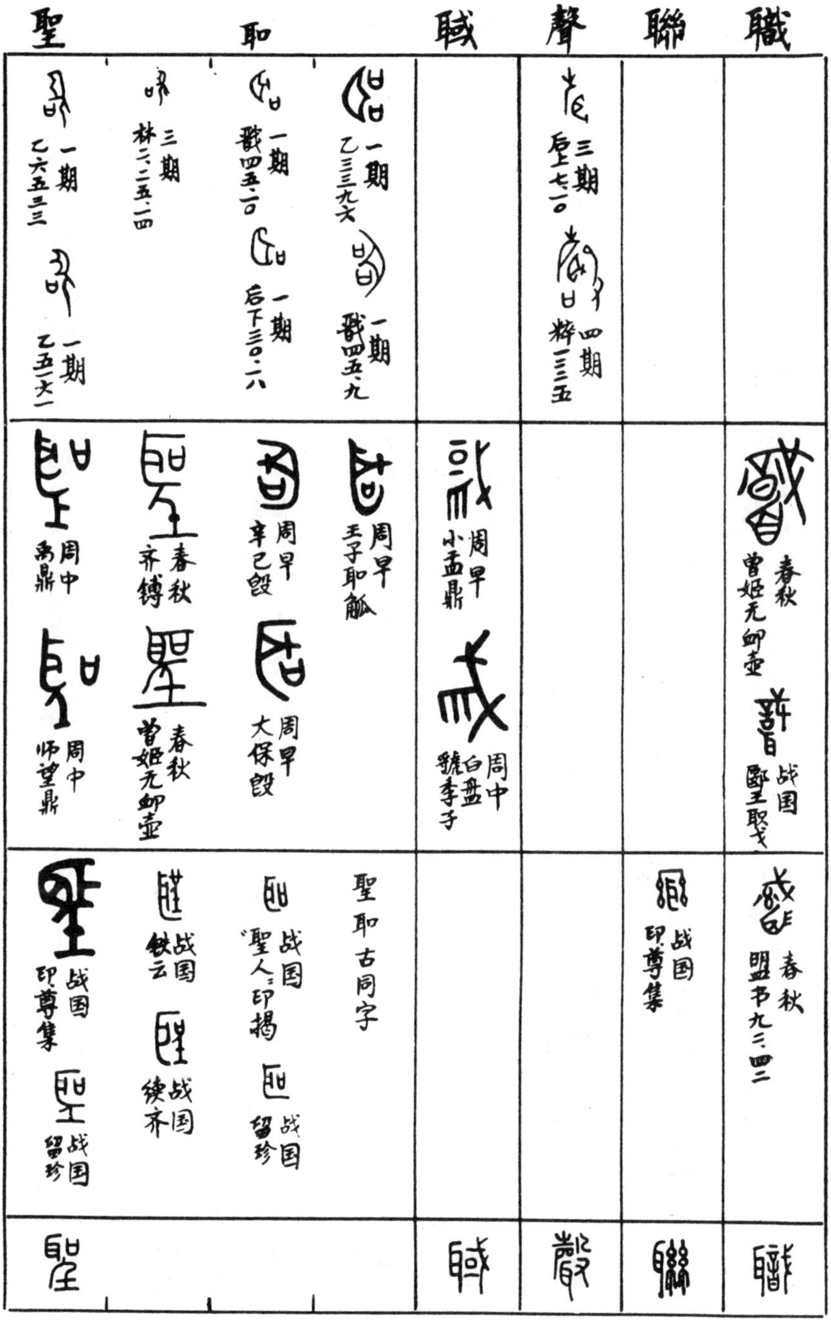

職	聯	聲	聝	𦔻			聖
		三期 圧七〇 四期 粹一三五		一期 乙三三九六 一期 戩四五.九	一期 戩四五.一〇 一期 后下三〇.六	三期 林二.二五.一四	一期 乙六五二三 一期 乙五一六一
春秋 曾姬无卹壶 战国 郾王职戈			周早 小盂鼎 周中 虢季子白盘	周早 王子𦔻觚	周早 辛巳簋 周早 大保簋	春秋 齐镈 春秋 曾姬无卹壶	周中 禹鼎 周中 师望鼎
春秋 盟书九三.四二	战国 印尊集			聖𦔻古同字	战国 "聖人"印揭 战国 留珍	战国 铁云 战国 续齐	战国 印尊集 战国 留珍

頁	𦕱	耳	聽	聾	聞 [耳昏] 婚		
一期 乙八六五 三期 珠三二〇				一期 佚三四	婚聒闻古同字	一期 徐九三 一期 乙三三五四	一期 前七·七·三 一期 徐九·二
周中 卯殷 周晚 师嫠殷		春秋 廙敦殷 春秋 鲁遼父殷	春秋 齐侯壶	周早 聾鼎	春秋 鄦仲平钟 战国 中山王鼎	周晚 毛公鼎 春秋 邾子钟	周早 盂鼎 周中 朿伯殷
战国 陶、孴录九·二	战国 印、昔则	战国 印、地山			战国 印、陈簠 战国 尊古	战国 诅楚湫渊 说文古文	战国 盟书六七·二 六七·二

項	須		頊	⿰糸頁	⿰正頁	頌	碩
	周晚 遣叔盨 春秋 㫃叔盨	春秋 鄭义伯盨	周晚 頊燮盨			周中 頌鼎 春秋 蔡侯盘	周晚 叔碩父鼎 周晚 叔碩父甗
战国 简 望山M2				战国 印.故宫 集韵.⿰糸頁同題	战国 陶.舂录九一 補：⿰正頁 正也 說文无，字彙		春秋 石鼓 来敕

第一编 古文字

古文字類編

顏	顯	頤	顧	頭	頡	領
周中 卫鼎乙	周晚 毛[illegible]匜；春秋 鲁伯匜；周中 殷穀盘	周晚 克鼎；周晚 番生𣪘	周晚 寰盘；春秋 伯顧父鼎		春秋 邵钟	春秋 楚王領钟
				战国 印、印揭；战国 撷华	战国 印、铁云	

[illegible]	[illegible]	頍	傾	顯	顗
		周中 頍卣 说文九	周早 沈子簋 周晚 毛公鼎 战国 中山王方壶	周早 天亡簋 周中 静簋 周晚 㝬钟 周晚 毛公鼎 春秋 秦公簋	
战国 盟书三·二三 一五六·二〇	战国 鄂君启节 战国 印北京 说文九			战国 盟书六七·八 六七·三	战国 印·印郵

古文字類編

頪	首	𦣝	巸	甶	身		
	一期 前六·七二 一期 乙三四〇二 三期 甲六五三			一期 珠四三七 三期 甲吾七 先周 周甲一			
战国 中山王鼎	周早 井侯毁 周中 頌鼎	春秋 曩伯盨 春秋 铸子𦣝	春秋 夆叔匜 春秋 齐侯敦	周中 長甶盉	周早 槅伯毁 周晚 叔向毁	春秋 邾公华钟 战国 中山王方壶	
	战国 盟书九二·三九 战国 简信阳				战国 盟书一五六·一九 一六五·二	战国 印陈簋 战国 尊古 战国 印郘	战国 待时 战国 方鉴 战国 故宫

[身召]	冎	骨	體	肉	肌
	一期 粹三〇六 一期 掇四三二			一期 甲一八二三	
			战国 中山王方壶		
战国 昔则 战国 衡斋 战国 印凝清 战国 铁云	战国 印集古	战国 印故宫 战国 燕陶 战国 简望山M1 战国 望山M2			战国 印衡斋

胃	亂	肯	炙	肝	肖 (1)	肖 (2)	肖 (3)
春秋 吉日壬午剑	周中 逨鼎 春秋 秦公簋	战国 盦肯鼎 战国 盦肯匜					
战国 简信阳		战国 印待时 战国 魏石	战国 印待时 战国 尊古	春秋 石鼓而师 肝 乡名 说文无 玉篇：	战国 金符 战国 尊古	战国 陶香录四二 战国 印鑒室	战国 盟书一五九：一九 一六：三六

胄	胎	胈	肯	胴	胡	胥
周早 小盂鼎 周晚 豦毁 周中 或作文母毁 战国 中山王方壶	战国 墜胎戈					
战国 盟书二〇〇、二六		战国 印、陈篮 说文无。玉篇：胈，肉也	战国 筒望山M2 说文无。玉篇：肯，大熏也	战国 印、北京 说文无。集韵：胴，头会也	战国 玺印 战国 铁云 战国 印存	战国 印、陈篮 战国 磊斋

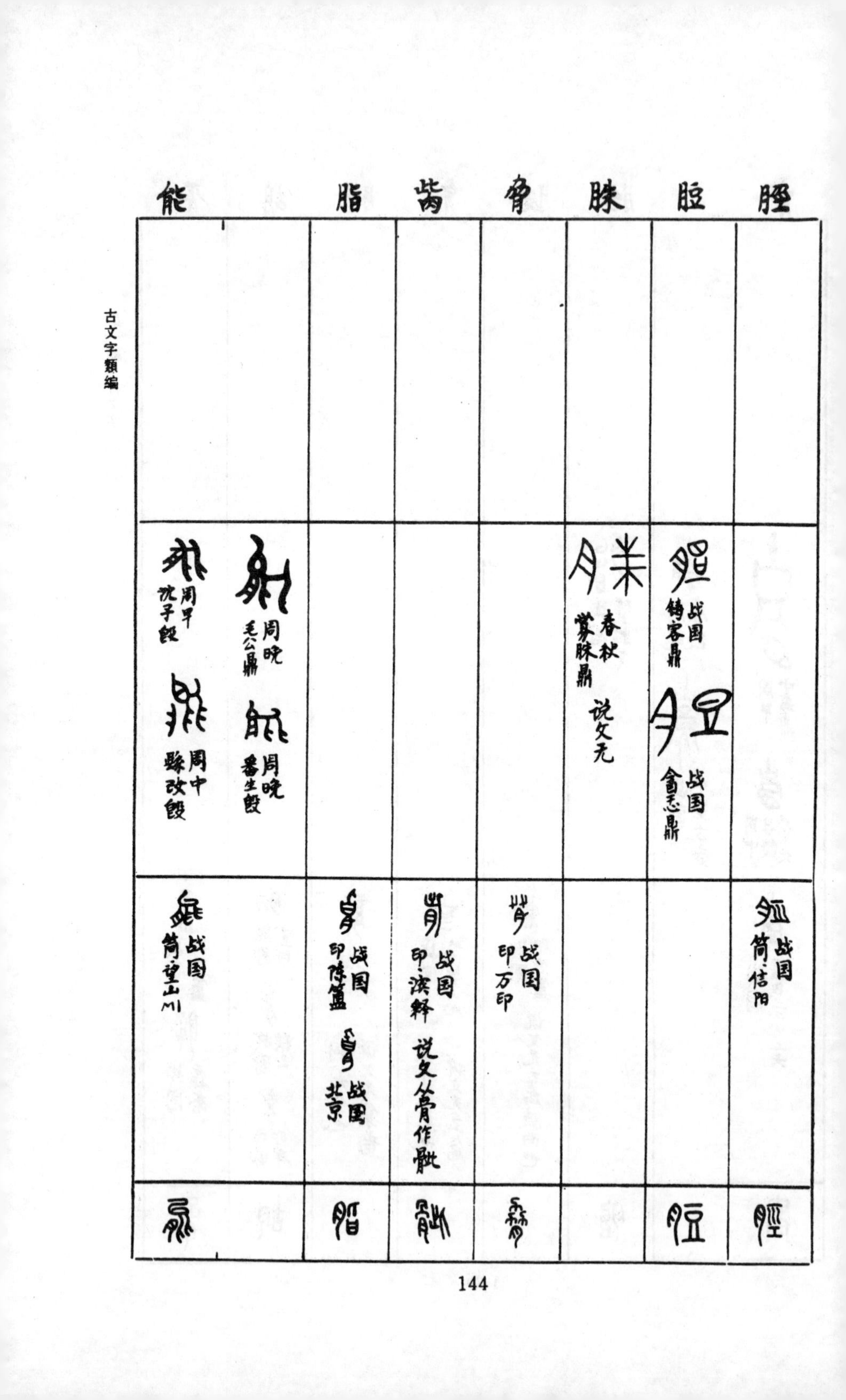

字頭	甲骨	金文	战国·说文	小篆
脛			战国 简信阳	
脰		战国 铸客鼎 战国 畬忎鼎		
脒		春秋 䵼脒鼎 说文无		
脋			战国 印万印	
胔			战国 印滨释 说文从骨作骴	
脂			战国 印陈簠 战国 北京	
能		周早 沈子殷 周中 縣改殷 周晚 毛公鼎 周晚 番生殷	战国 简望山M1	

豚		脽		膚	腎	脊	腋
三期 粹一五四○ 三期 前三·二三·六	三期 甲一九四五 先周 周甲一						
周早 臣辰卣 周中 豚卣		战国 脽公剑 战国 脽戈		战国 上官鼎 战国 大梁鼎 说文无			
		战国 鄂君启节 战国 陶香录 四一	战国 印北京 战国 撷华		战国 印字徵	战国 印璽室 战国 璽室 说文 新附	战国 印尊古 战国 续齐 说文无 篇：肘腋也 五

腴	臍	臂	膧	膳	膏	腹	
					一期 后下五·一；一期 前一·三九·四		
春秋 蔡太师腴鼎；腴 肥也 說文无·广韵	战国 陈侯因資敦	战国 中山王𠂤壶		春秋 齐侯匜			
	战国 印·待时；战国 赏古	战国 印·顧氏	战国 印·地山；膧 肥貌 說文无·集韵		战国 陶·香录四·一	一·究；天七；战国 印·燕陶	战国 盟书一·五三；三六
	臍	臂		膳	膏		腹

臚	脧	臠	心	必
			五期 摭续三三八；一期 甲三五〇；一期 前四·三〇·二	
周中 引尊；说文籀文臚作			周中 师望鼎；周晚 克鼎；周晚 散盘；春秋 王孙钟；春秋 蔡侯钟	周中 曶鼎；周晚 寰盘；周中 無叀鼎；周晚 休盘
	战国 印·芙墨；说文无	春秋 石鼓汧沔	春秋 石鼓马荐；战国 盟书一九五·一·二九；九八·一五；战国 简信阳；战国 望山M1；战国 印古印；战国 铁云	

第一编 古文字

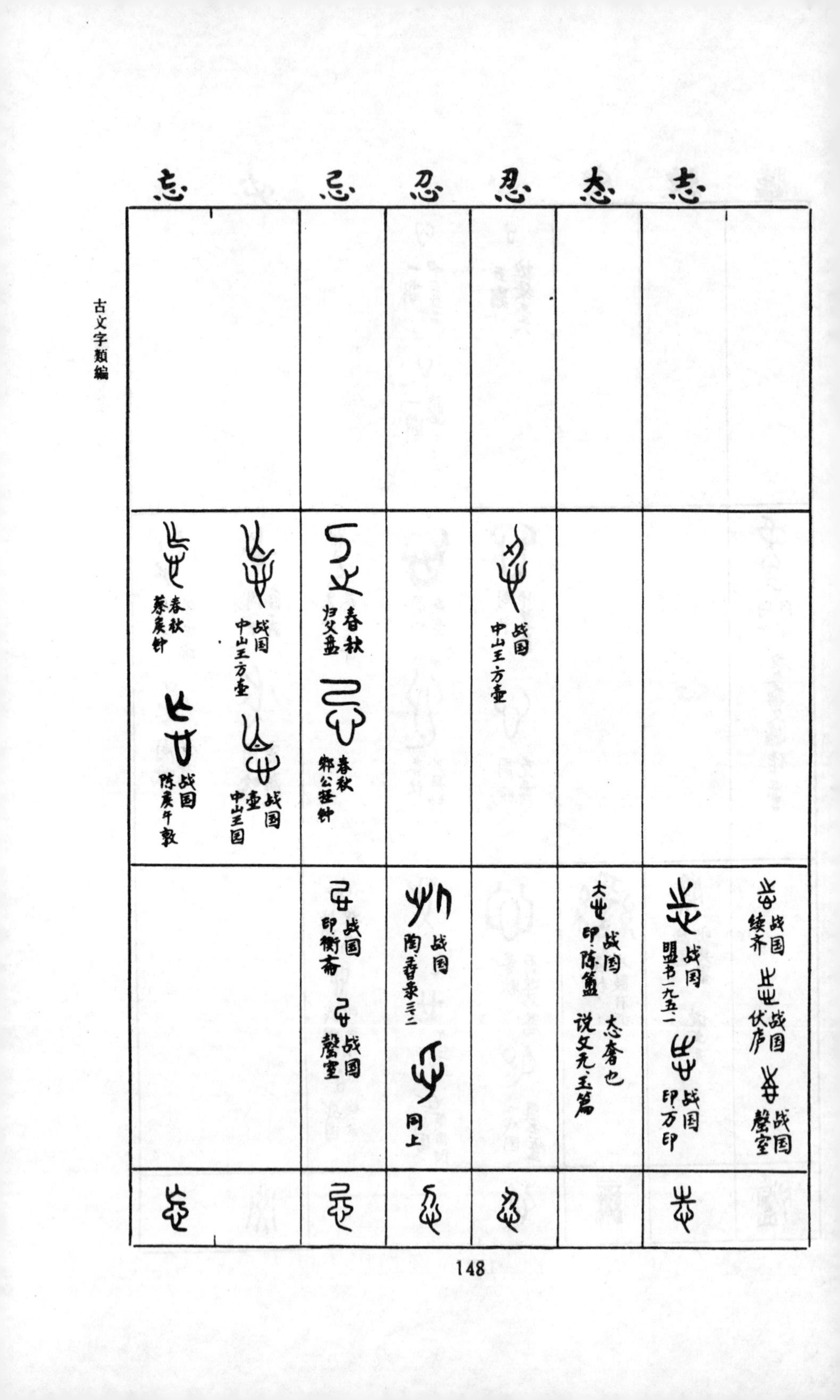

志	态	忽	忍	忌	忘
		战国 中山王方壶		春秋 归父盘 春秋 邾公牼钟	战国 中山王方壶 战国 中山王圆壶 春秋 蔡侯钟 战国 陈侯午敦
战国 续齐 战国 伏庐 战国 盤室 战国 盟书一九五：一 战国 印·方印	战国 印·陈簠 太态奢也 说文无，玉篇		战国 陶·香录三·二 同上	战国 印·衡斋 战国 盤室	

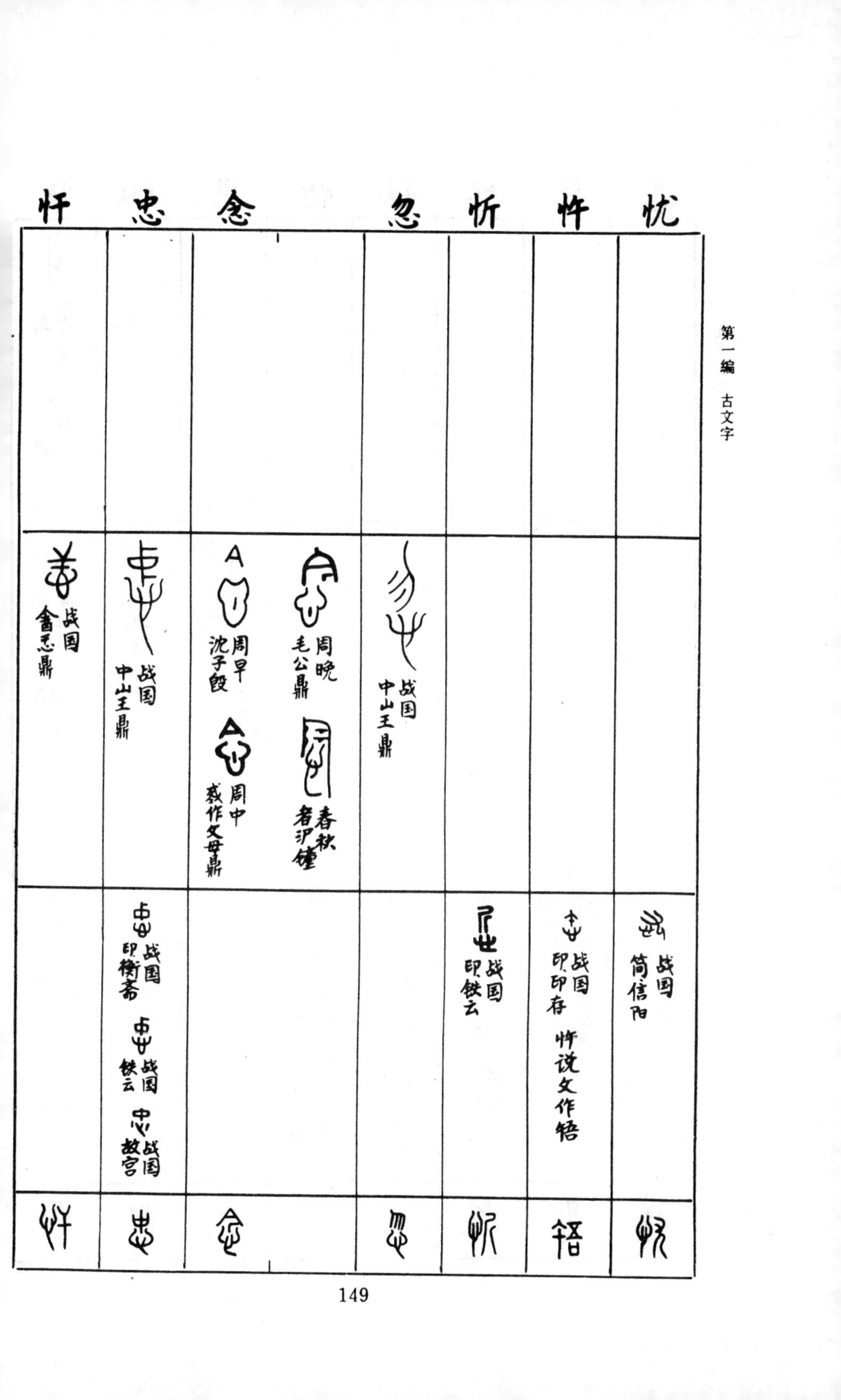

忓	忠	念		忽	忻	怍	忧
战国 盦忎鼎	战国 中山王鼎	周早 沈子段 周中 㝬作文母鼎	周晚 毛公鼎 春秋 者沪钟	战国 中山王鼎			
	战国 印衡斋 战国 铁云 战国 故宫				战国 印铁云	战国 印、印存 怍说文作锆	战国 简信阳

古文字類編

恆	恤	急	怚	怙	思	怒	忒
一期 后上九·一〇 一期 铁一九九·三							
周中 恆簋乙 周中 曶鼎	战国 中山王方壶	战国 中山王方壶					
战国 印天津 战国 訒庵	战国 盟书		战国 陶香录十三 韵怚慢也 说文元集	战国 陶香录十三 同上	战国 印燕陶 战国 待时	战国 诅楚湫渊	战国 盟书一·九四

恁	恐	息		恃	恂	恭	
春秋 王孙钟 战国 中山王方壶	周中 恐惕橋盘 战国 中山王方壶	战国 中山王方壶					
		战国 盟书三·二二 战国 印尊古	战国 鑒室 战国 欽云	战国 盟书一五六·四 战国 简信阳	战国 陶孴录十·二	战国 布货东亚上四 同上	战国 印方印 战国 故宫

第一编 古文字

忻	愸	𢗟	悉	悒	悊		
					周中 师望鼎 周晚 克鼎	春秋 曾伯匡 春秋 王孙钟	
战国 陶、香录十、三 忻悦也 说文无、玉篇：	战国 陶、香录十、三 愸同勑心 说文无 集韵：	战国 盟书一、四五 𢗟同慄 说文无、字彙	战国 诅楚巫咸	战国 印、凝清	战国 盟书一八五三 战国 印、梦庵	战国 师意 战国 印举 战国 故宫	战国 古匋 战国 古匋 战国 印揭

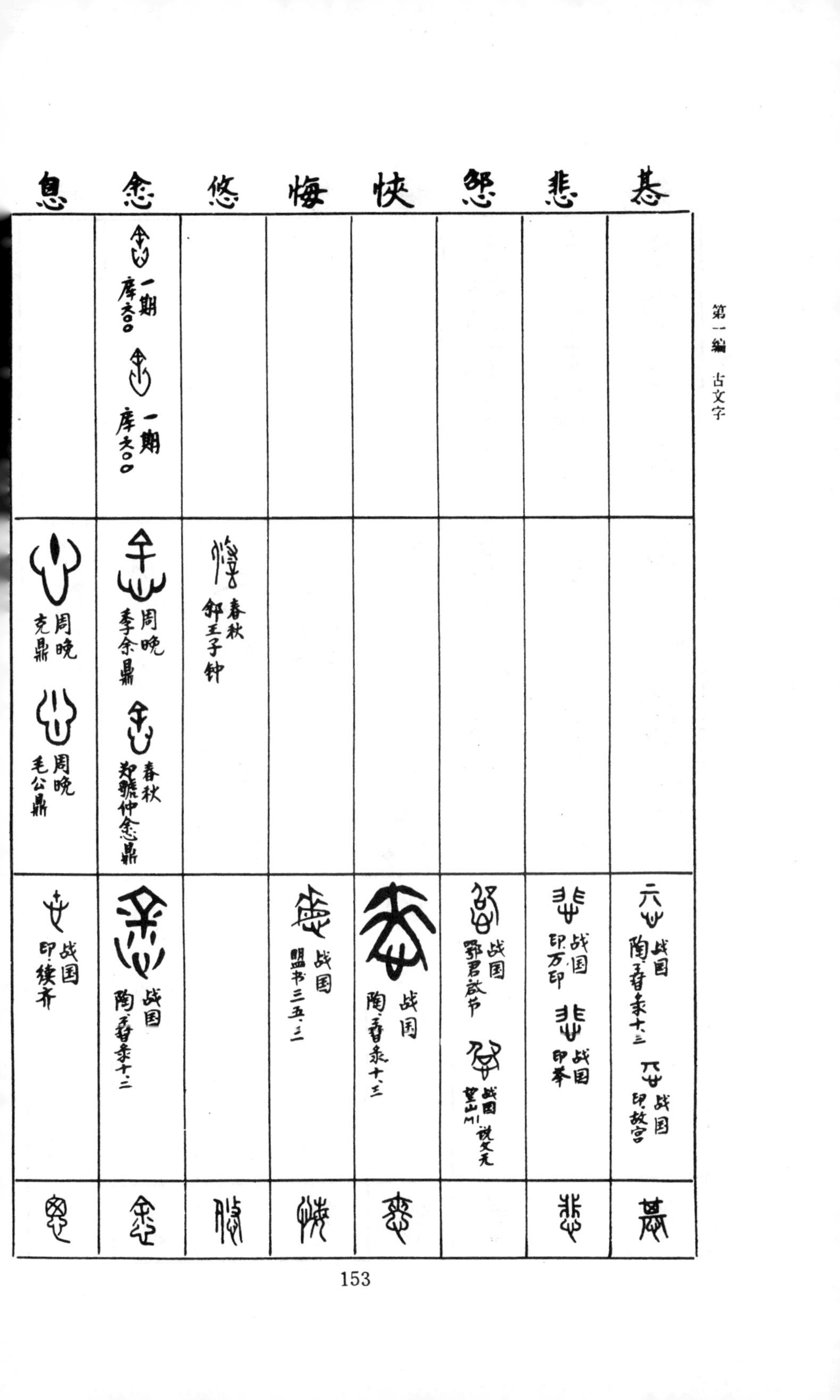

息	念	悠	悔	快	怨	悲	惎
	一期 库六〇〇 一期 库六〇〇						
周晚 克鼎 周晚 毛公鼎	周晚 季念鼎 春秋 郑虢仲念鼎	春秋 邻王子钟					
战国 印·缕齐	战国 陶·香录十·三		战国 盟书三五·三	战国 陶·香录十·三	战国 鄂君启节 战国 望山M1 说文无	战国 印·万印 战国 印举	战国 陶·香录十·三 战国 印·故宫

惟 惑 惄 惕 惠 叀

惟	惑	惄		惕	惠		叀
					五期 前一二八二 叀、惠古同字	四期 粹七九 四期 后上五、九	一期 后下七、七 三期 粹三一七
战国 陈侯因資敦	战国 中山王鼎	春秋 沇儿钟 春秋 王孙钟	春秋 鄀慶毁 春秋 邾公华钟	春秋 蔡侯尊 春秋 趙孟壺	周中 卫盉 春秋 邾太宰匿	周晚 克鼎 春秋 虢叔钟	周早 何尊 周中 彔伯毁
	战国 陶香录十二			战国 盟书一六三			
惟	惑	惄		惕	惠		叀

㥛		悷	㤧	㦗	㥣	惻	慼
战国 盟书一·七〇 一九四·五	七五·六	战国 印·故宫 战国 凝清	战国 印·凝清 战国 续齐 说文无	战国 印·铁云 说文无	战国 盟书二〇〇·二	战国 简 望山M1	战国 陶 孴录十·二

第一编 古文字

惷	𢝊	⿱重心	愆諐	愻	愈	慈	愚
	战国 中山王鼎	周中 意簋 战国 令瓜君壶	春秋 蔡侯钟 从侃作諐 说文籀文愆	春秋 者沪钟	春秋 鲁伯愈父鬲	战国 中山王方壶	战国 中山王鼎
战国 陶孴录十二			战国 盟书一八五·七 一九四·三				

愛	慎	愿	愯	慶		慕	悏
				五期 前四·四七·三；五期 存下九一五			
战国 中山王方壶；战国 中山王圆壶	春秋 邾公华钟；说文古文慎作	战国 中山王方壶	周早 愯作父乙爵	周晚 召伯段；周晚 真伯盨	春秋 秦公段；春秋 蔡侯钟	周中 墙盘；周中 禹鼎	战国 中山王圆壶；说文无，集韵：悏，懼也
战国 印·契斋				战国 陶·香录十·二；同上	战国 印·铁云；战国 澄秋；战国 铁云		

憚	㦗	憐	憙	憷	慬	惷	憂
战国 中山王鼎	战国 憚=㦗=中山王鼎					周中 禹鼎；周晚 毛公鼎	周中 𠑇匜；周晚 毛公鼎
	说文无，集韵：㦗，懼也	春秋 石鼓·吴人	战国 简·望山M1；战国 印·陈篮	战国 盟书八五：一五	战国 陶·香录十三；说文无，集韵：慬，憂也		

⿰忄桀	懌	懇	應	懋		憲	
				周中 史懋鼎 周中 名尊	周早 小臣遾殷 周早 宅殷	周晚 井人钟 春秋 秦公镈	周中 墙盘 周晚 扬殷
战国 印·澂秋 ⿰忄桀 娱也 说文无、集韵:	战国 陶·香录十·三 说文新附	战国 诅楚·湫渊 说文新附	战国 诅楚·巫咸				

訓	計	言		懤	懼	懿	
		二期 京津三五六一 四期 乙七六六	一期 甲四九九 一期 拾八·二				
周晚 毛公旅鼎 战国 中山王方壶			周早 伯矩鼎 周晚 鬲从盨	春秋 秦公镈 懤 心了黠貌 说文九、集韵	战国 中山王鼎	周中 匽侯 春秋 单伯钟	周早 沈子毁 周中 禹鼎
	战国 印·故宫 战国 陈簠	战国 印·周氏 战国 故宫 战国 简信阳	战国 盟书六七·二 六七·六				

訊	許	狤	訑	訟	訛 譌
五期 续三·三一·五					
周中 虢季子白盘 "执訊五十"；周晚 师寰簋；周晚 兮甲盘；周中 不嬰簋				周早 盂鼎；周中 𠑇匜；周中 𣪘簋；周晚 扬簋	战国 中山王方壶
	战国 印·铁云	战国 印·伏庐　狤同[犭+斤] 说文无，广韵	战国 印·魏石　訑 自矜也 说文无，玉篇		"沔水"訛言，亦作"譌言"，说文无，玉篇：訛同譌，说文引小雅

詛	詢	訬	訢	詻	詼	許	
			战国 中山王圆壶	战国 中山王圆壶	春秋 者沪钟 詼同謔 说文无、字彙	周晚 毛公鼎 战国 中山王鼎	周中 卫鼎 周中 㽙鼎
战国 诅楚、巫咸	战国 印 字徵三	战国 印 陈簠	战国 陶香录三一 战国 印符时				

詐	詒	詠	訶	詆	詋	詁	誀
 春秋 蔡侯盘  战国 中山王鼎	 战国 中山王鼎	 周早 詠尊 说文詠或从口作咏	 春秋 余义钟  春秋 蔡侯钟	 战国 中山王方壶			
			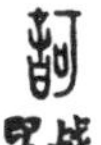 战国 印印郎  战国 共墨		 战国 印续齐 说文无、玉篇：詋，詛也	 战国 印万印  战国 印举	 战国 印嚳室 说文无、玉篇：誀，誘也
 詐	 詒	 詠	 訶	 詆		 詁	

古文字類編

註	詯	詈	䛊	訇	誅	諫	䛓
		战国 鄽王詈戈	春秋 孟䛊父壶 䛊 謀也 説文无 字彙補	周中 𣪕𣪕毁 周晚 訇毁	战国 中山王方壶	周中 墙盘	周早 史䛓毁二
战国 陶香录三·二	战国 印·着則	战国 印·二百 説文无					

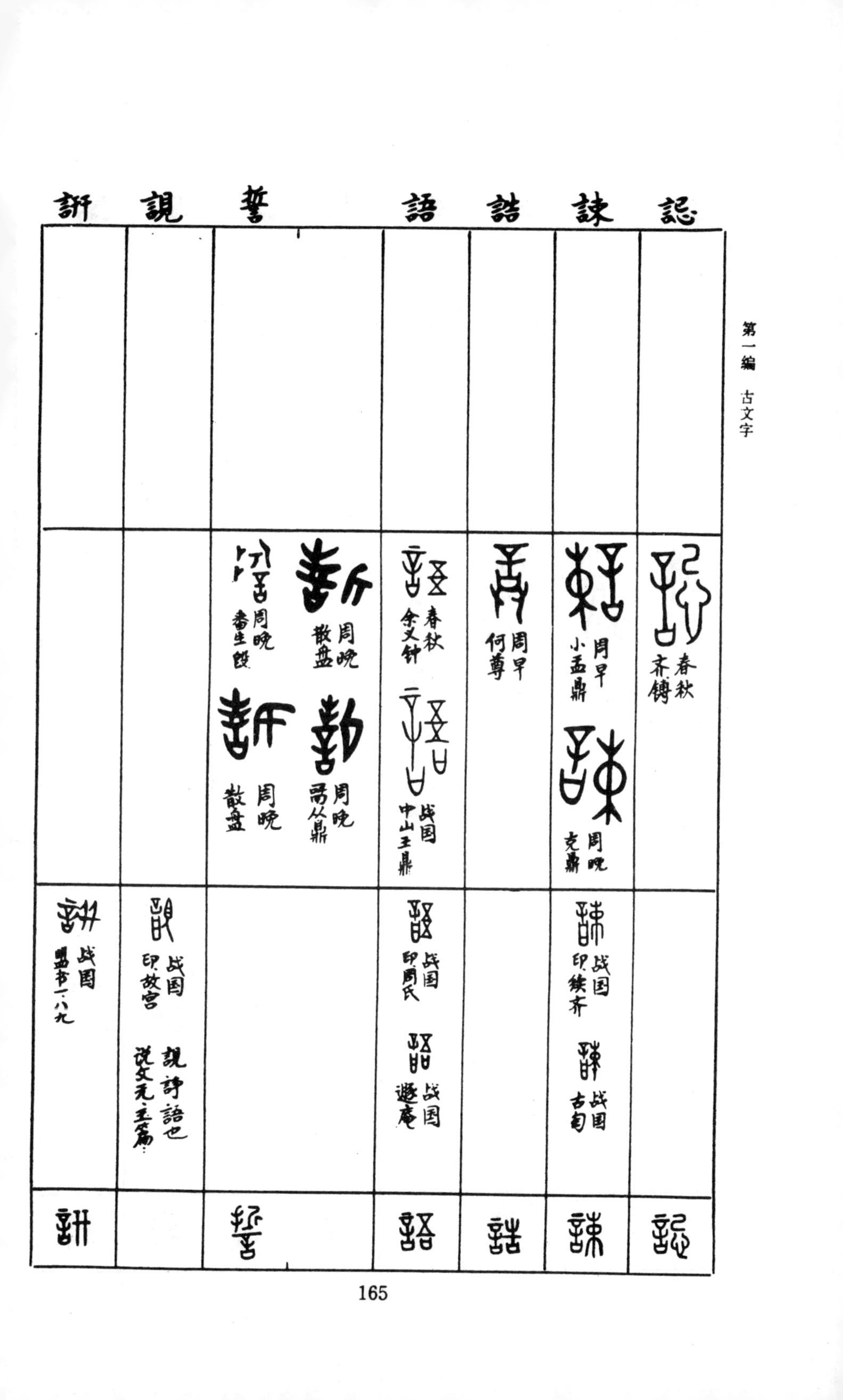

訢	誢	誓	語	誥	誎	誋
		周晚 散盘 周晚 番生段 周晚 散盘 周晚 鬲从鼎	春秋 余义钟 战国 中山王鼎	周早 何尊	周早 小盂鼎 周晚 克鼎	春秋 齐镈
战国 盟书一·八九	战国 印·故宫 说文无，玉篇：誢，諍語也		战国 印·周氏 战国 遯庵		战国 印·铁齐 战国 古匋	
訢		誓	語	誥	誎	誋

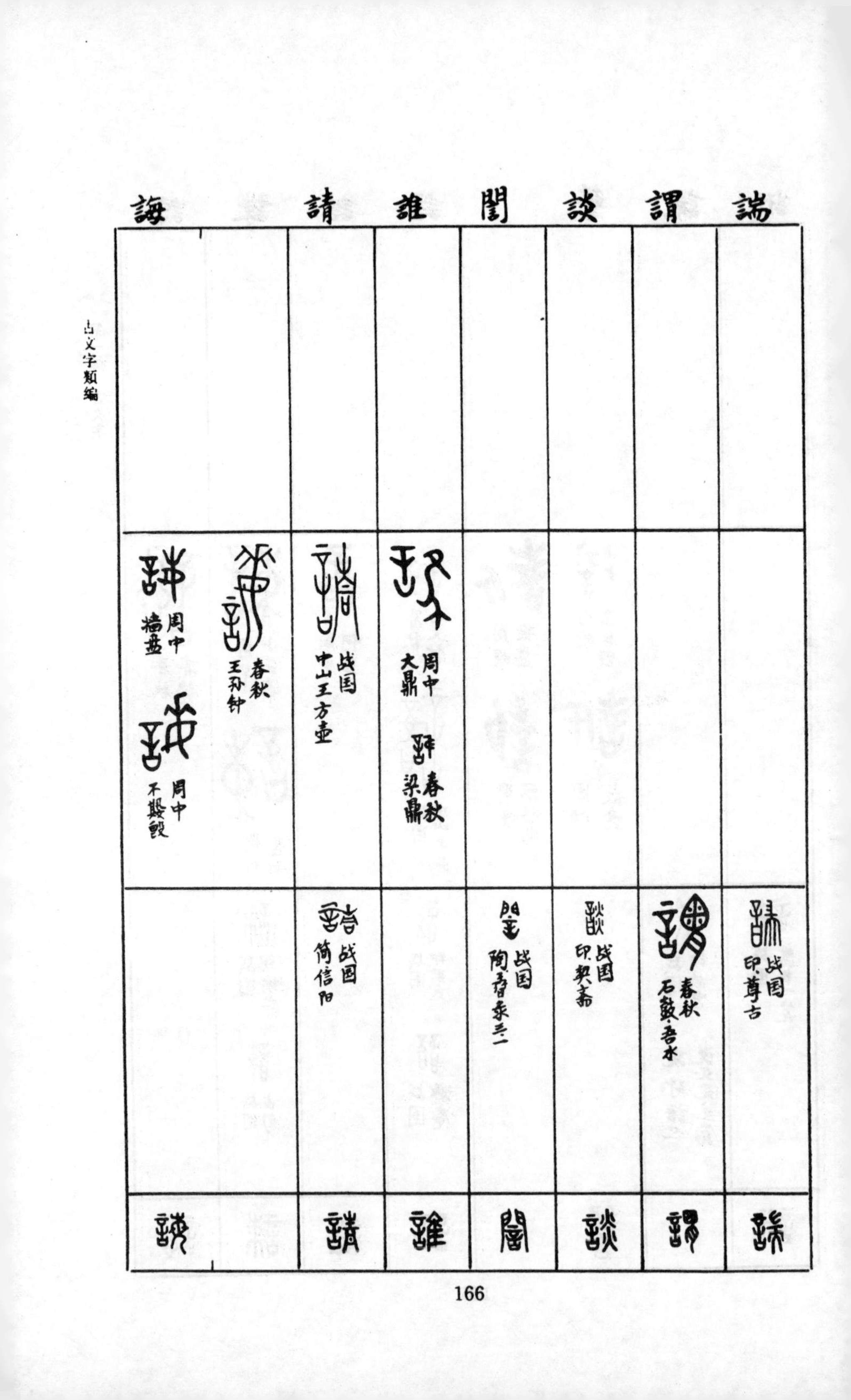

詤	謂	談	闇	誰	請	誨	
				周中 大鼎 春秋 梁鼎	战国 中山王方壶	春秋 王孙钟	周中 墙盘 周中 不嬰簋
战国 印、尊古	春秋 石鼓·吾水	战国 印、契斋	战国 陶孴录三·一		战国 简信阳		

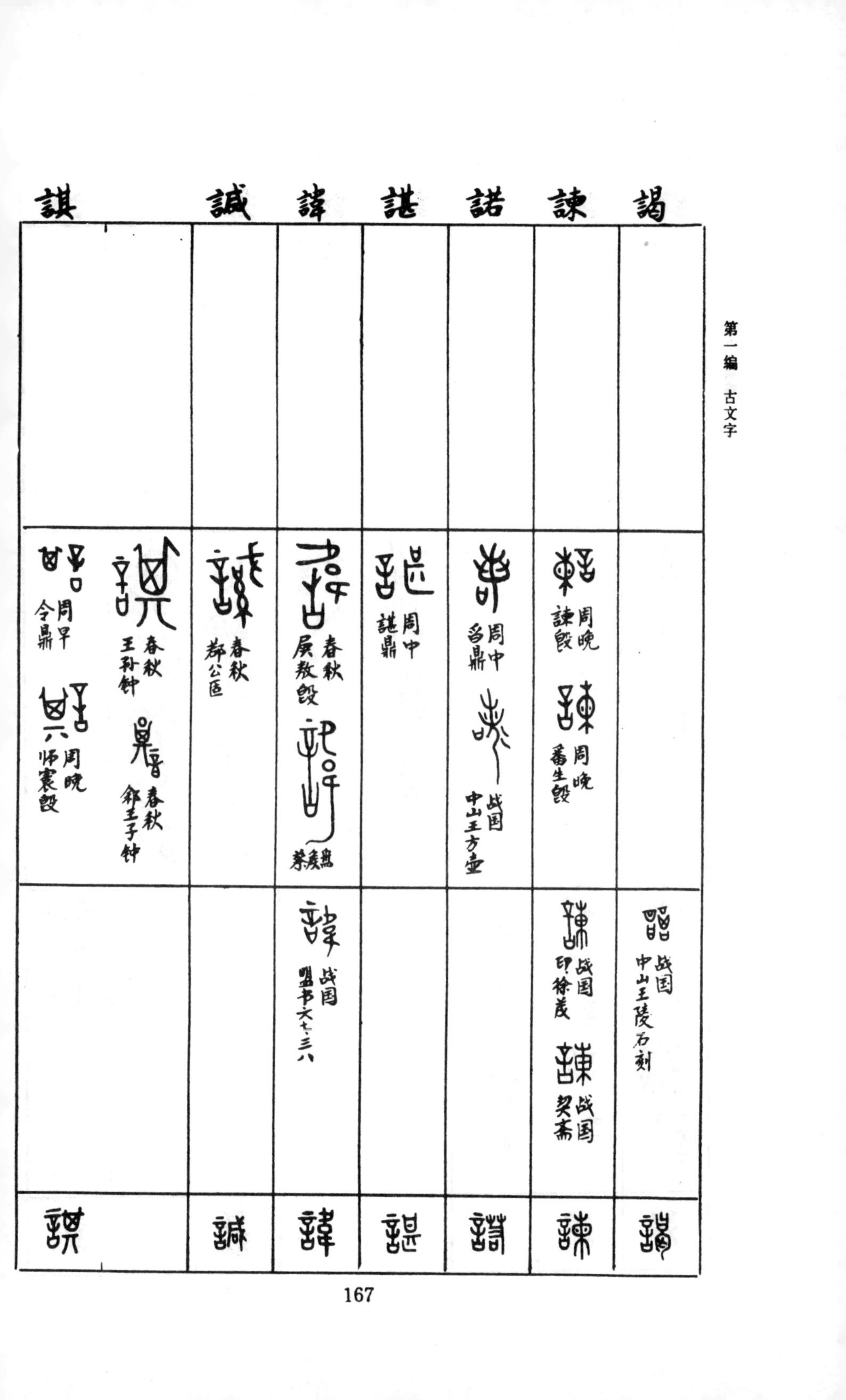

諆		諴	諱	諶	諾	諫	謁
周早 令鼎 周晚 师寰毁	春秋 王孙钟 春秋 郐王子钟	春秋 鄀公𠤳	春秋 屖敖毁 蔡侯盘	周中 諶鼎	周中 舀鼎 战国 中山王方壶	周晚 諫毁 周晚 番生毁	
			战国 盟书六七·三八			战国 印·徐茂 战国 契斋	战国 中山王陵石刻
諆		諴	諱	諶	諾	諫	謁

謀	諭		譁	謎	繇		謝
战国 中山王鼎			战国 中山王鼎 说文无	周早 謎簋 说文无	周中 彔伯簋 周中 懋史鼎	周晚 散盘 周晚 师寰簋	
战国 印·共墨 战国 陶·孴录三·一	战国 盟书一五六·二一 八六·二	五六·二五 战国 印·古鈢					战国 印·待时

謹	謙	識	䜌	警	[言尃]
		周中 格伯段	周中 頌鼎；周中 盘 虢季子白；春秋 秦公段；春秋 宋公䜌戈	战国 中山王方壺	战国 中山王方壺 说文无
陶、春录二、一 战国；战国 印、徵賞；战国 古鉥；战国 陈簋	战国 陶春录三二；謙 巧言也 说文无 集韵	战国 印、故宫	战国 陶春录三、二；战国 印、衡斋；战国 尊集；战国 稽庵		

第一编 古文字

音

春秋 鄦仲平钟

春秋 邻王子钟

战国 印，印揭

战国 盟书大七三一

战国 魏石

大七：三三

战国 陶香录

音

讕

周早 盂鼎

讕

謋

周晚 謋季獻盨

謋，狂言也。說文无，集韵：

⿰亻⿰言隹

周早 ⿰亻⿰言隹尊

周中 文父卣

周晚 鬲从盨

⿰亻⿰言隹

⿰言望

周早 榠伯𣪕

周中 师望鼎

周中 名卣

周晚 伯作⿰言望子𣪕

⿰言望

⿰音見	⿰巠見	⿰臣見	見	諻	韶
			一期 粹二七三；一期 粹四一；先周 周甲一〇二；一期 宁沪一·五九		
		周早 何尊	周晚 揚鼎；周早 沈子殷；周晚 㝬钟；周中 賢殷	春秋 卲王鼎；春秋 卲王殷；春秋 ⿰余阝王子钟	
战国 盟书六七·四；同韻	战国 盟书一五六·三；一五六·一九	战国 盟书三·三；一九五·二	战国 盟书一八五·三；一八五·八；战国 鄂君启节；战国 简 望山M1	说文无，玉篇：諻，乐声也	战国 盟书八〇·二；一七九·三

[illegible]	觀	[illegible]	[illegible]	親	寴	顯	
周中 [illegible]卣 俗[illegible]字非 说文无·類篇 [illegible]	战国 中山王壶	战国 中山王鼎 说文无		周晚 克钟 战国 中山王方壶	周中 史懋壶 春秋 噩侯鼎	周中 "孔顯又光" 虢季子白盘 周晚 井人钟	周中 "天子顯命" 頌簋
			战国 "明亟[illegible]之" 盟书一八五三 说文无·义犹[illegible]			说文无	
	觀			親	寴		

古文字類編

曹	曾	曶	朁	曰
五期 前二·五·五 五期 珠四四四				一期 前七·一七·四 五期 前二·二·六 二期 铁二四七·三 先周 周甲六
周中 趞曹鼎 战国 中山王方壶 春秋 曹公子戈	春秋 斿父鼎 周晚 易鼎 春秋 曾姬无卹壶 春秋 曾伯匿	周中 曶鼎 周晚 克钟 说文	周晚 番生殷	周早 盂鼎 周中 虢季子白盘 周中 曶鼎 春秋 者沪钟
战国 印·钎印 战国 陶·孴录五·二 战国 尊古 同上 战国 特时	战国 陶·孴录二·一			战国 简·信阳 战国 陶·孴录五·二 同上

示		社	礿	祀		祁	祧
一期 后上一·二 一期 乙三四〇〇 朱书	三期 佚四一三 五期 后上一·五 五期 前二·三八·二	四期 亳社,粹二〇 四期 粹三		一期 甲三三五三 一期 乙六八八一	一期 京津九四六 五期 佚五一八		
		战国 中山王鼎	商 我鼎	周早 天亡簋 周中 曶鼎	周中 师遽簋 春秋 秦公簋 战国 屭羌钟	周中 墙盘	春秋 齐镈
						战国 布货,考古文五四	
示		社	礿	祀		祁	祧

袂	祖	祝	祜	神
	一期 粹二二；二期 粹二四五；二期 铁四八·四；四期 粹二；五期 粹三四四	一期 前四·六·七；一期 掇二·三三；二期 前四·六·八；二期 续六·三·六；四期 粹五一九	三期 粹三三四；三期 粹二三三	
	周早 盂鼎；周中 曶鼎；周晚 散盘；春秋 齐镈；春秋 陈逆簋	周早 禽鼎；周早 小盂鼎；周早 禽簋；周中 長由盉	周中 瘐钟；春秋 曾子匠	周中 伯彧簋；周晚 克钟；周晚 㝬钟；战国 陈肪簋
战国 盟书一·六六；说文无		春秋 石鼓·吴人；战国 盟书二〇·五六；战国 简·望山M1；战国 印·故宫		战国 诅楚·亚驼；战国 简·望山M1

祭	祇	祜	祠	祏
四期 掇一·四六三；五期 甲二七〇〇；一期 乙六四三二；一期 佚三二八		一期 佚六六七；三期 戬三·九；四期 京津三三一〇；五期 前二·二七；先周 周甲一三〇	先周 周甲二〇	一期 铁三·二·一；二期 甲九四五
春秋 鄀侯段；战国 陈侯午敦；春秋 邾公华钟；春秋 义楚耑	春秋 蔡侯钟；战国 中山王方壶；周中 墙盘；周晚 召伯段	周中 "纯祐"颂鼎；周晚 小克鼎	春秋 吕邦王壶	
同前；战国 简望山川；战国 陶纪王城；战国 香录三	春秋 石鼓作原			
祭	祇	祜	祠	祏

	視	福	禍	禋	彔祿
甲骨文	五期 前二·七·二	一期 前四·二·八 二期 佚四○一 二期 佚三·六二 三期 甲二·六八四			一期 菁五·一 一期 佚·六五八 三期 粹五○一 四期 粹一三七六
金文		周早 [illegible]鼎 周早 爭卣 周中 戒者鼎 周中 召壺 周中 不嬰毁 春秋 国差𦉜	战国 中山王方壶	周中 墙盘 春秋 蔡侯盘	周早 大保毁 周中 彔伯毁 周中 彔卣 周中 頌鼎
战国					战国 印·故宫
小篆	視	福	禍	禋	彔 祿

稷	[礻喬]	祓	禦	禮	齋	卜
禝乃稷字古文			三期 河三二二 三期 鄴三下三七·八			一期 菁五·一 二期 粹三七七 三期 甲三八一 四期 粹三九八 五期 后上二〇、一三
战国 中山王方壶"社禝" 战国 子禾子釜	春秋 鄦庆毁	周早 保卣	商 我鼎 周早 御宗父聿觶	战国 中山王方壶"不用禮義"	春秋 蔡侯盘 战国 十七年相邦剑	周中 曶鼎 周晚 卜孟毁
战国 诅楚亚驼 战国 印周氏					战国 诅楚湫渊 战国 简望山M1	战国 盟书三〇三：一 战国 印、铁云 战国 侍时

卣		卤	卓	鬼		鬽	[illegible]
一期 乙七八三五 一期 粹七九五	三期 京津四三三四 三期 京津四三三四			一期 菁五·二 一期 甲三三四三	一期 前四·一八·六 一期 乙八〇〇〇	一期 乙五三九七 一期 拾四·二	
周早 盂鼎 周中 台壶	周晚 毛公鼎 春秋 虢叔钟	周中 免盘	春秋 卓林父毁	周早 小盂鼎 周中 鬼壶	战国 陈肪毁 战国 梁伯戈		周早 [illegible]尊 [illegible]·大视貌 说文无 篇海
春秋 石鼓甲車 战国 陶香 汞七二				战国 盟书三·一九 战国 七七三	战国 印馨室 战国 馨室 战国 凝清		

虩	力	加	劦	男	勁
	一期 庫二〇三；四期 甲二二		一期 粹八六六；五期 前一·七·六；一期 甲三〇七；三期 后上一九·六；四期 后下三六·四	一期 鉄一三三·二；一期 前八·七·二；一期 前八·七·二；二期 林二·二三·二三	
周早 作册虩卣	战国 屭羌钟；战国 中山王鼎	周早 加爵；周中 虢季子白盘	周中 肄簋	周早 矢方彝；周晚 师寰簋；春秋 寠庚匜；春秋 齐庚敦	
	战国 印·枫园；战国 魏石	战国 印·陈簠；战国 陈簠	战国 印·北京	战国 陶·香录十三·四；战国 印·凝清	战国 印·铁云

勑	勛	劳		勤	勪	⿱徼力
周晚 勑[illegible]鼎 勑,诫也 说文无,集韵	周早 天亡簋 战国 中山王方壶	周早 何尊 "有劳于天"	周中 彔伯𢦚簋 "有劳于周邦" 周晚 毛公鼎 "劳勤大命"	春秋 齐镈 "勤劳其政事" 战国 中山王鼎 "劳于邦家"	战国 中山王方壶	
	说文古文勳从員作				战国 盟书一五六:一九 一五六:二三 说文无,集韵:本作蹻	战国 印文

龠力	用	甬	甫
	五期 前一·三·四 五期 掇一·四九 三期 粹一三七五 四期 粹五五二 一期 铁二六·一 一期 前七·三二·四		一期 林二·四·六 二期 甲一〇五一 一期 前七·二〇·二 一期 前五·三〇·四
周晚 克鼎 踚金文中假借为樂 说文无、郭沫若谓同 周中 瘐钟 周中 麓伯毁	春秋 杍賜钟 战国 楚王酓璋戈 春秋 杞伯鼎 春秋 越王州句矛 周早 盂鼎 周中 虢季子白盘	周中 彔伯毁 春秋 曾姬无卹壶	春秋 穌甫人匜 春秋 中游父甫 商 宰甫毁 周早 孟卣
	春秋 石鼓吴人 战国 盟书一六·三 战国 陶·铁云	战国 盟书一五六·四	同上 战国 陶·孴录三·四 战国 布货东亚上四

葡	予	矛	欠	次	吹	放	欶
一期 铁二·四 一期 佚九六四			一期 前四·三三·六 三期 后下四二·五	三期 后下四二·六	一期 乙三七八反 三期 后下二四·四		
周晚 毛公鼎 周晚 番生毁		周中 戜作日庚毁 春秋 越王州句矛		周早 史次鼎 春秋 昱安次炉	周中 吹方鼎 春秋 虞司寇壶	周中 果毁 说文无	周中 师汤父鼎 周中 欶毁
	战国 印字徵 战国 古匋						

欲	歀	欺	歒	歇	歐	㱃	
			一期 佚九四二			一期 菁四·一	四期 甲二〇五
						春秋 沇兒钟 春秋 鲁元匜	春秋 余义钟 战国 中山王方壶
战国 印·故宫	战国 盟书三·二 战国 印·共墨 说文元	战国 印·澂秋		战国 印·续齐 战国 澂秋	战国 印·伏庐	战国 印·尊古 战国 尊古	

歡	生	產	臣	臤	臨
	一期 乙七三八九反 一期 粹二三一 三期 甲九一五 四期 粹三九六		一期 粹二六二 三期 前六·一七·六 四期 粹二四		
	周早 臣辰卣 周中 趞曹鼎 周晚 师嫠毁 春秋 齐镈		周早 臣辰卣 周中 静毁 周中 舀鼎 周晚 毛公鼎	商 引觚 周早 父癸毁	周早 盂鼎 周晚 毛公鼎
战国 印尊古	战国 盟书九三·一〇 战国 印印郜 战国 睡虎地 战国 金符 战国 简信阳	战国 盟书九二·六 战国 印特时	战国 盟书一五六·三 战国 印伏庐 战国 伏庐 战国 陶纪王城	战国 印普则 战国 镦云 战国 魏石	

入		内		全	兩		㒳
一期 铁一八五·二 一期 前四·二九·五	一期 佚六四一 三期 佚七二〇	一期 乙四六六七 一期 铁三三·二	一期 前四·二八·三				
周早 盂鼎 周中 颂鼎	周中 大鼎 战国 屬羌钟	周早 井侯簋 周晚 克鼎	周晚 散盘 战国 子禾子釜		周早 宅簋 周中 大鼎	周晚 函皇父簋 春秋 齐侯壶	周晚 㒳簋
战国 盟书一五六·二〇 一七九·二四		战国 盟书一六七·二 一七七·七	战国 鄂君启节 战国 印·耕连 战国 泉续	战国 印·古鉩 战国 賞古			战国 印文

牛	牝	牢	告
一期 乙三三二八；一期 后上二七·七；二期 后上五·八；四期 粹三九	一期 戬二三·一〇；一期 前六·四六·六；一期 后下五·一〇；一期 佚六六四；三期 甲二四〇；四期 粹三九六	一期 戬三三·一〇；一期 前一·三四·三；四期 宁沪一·五三；四期 粹五六一；五期 粹三五〇	一期 菁二；四期 粹四
商 牛鼎；周中 舀鼎；周中 卯毁；周晚 师寰毁	周早 盂鼎	商 牢爵；周早 貉子卣	周中 舀鼎；周晚 毛公鼎
战国 盟书一·四六；战国 鄂君启节；战国 印·铁云；战国 魏石；战国 简·望山M2			

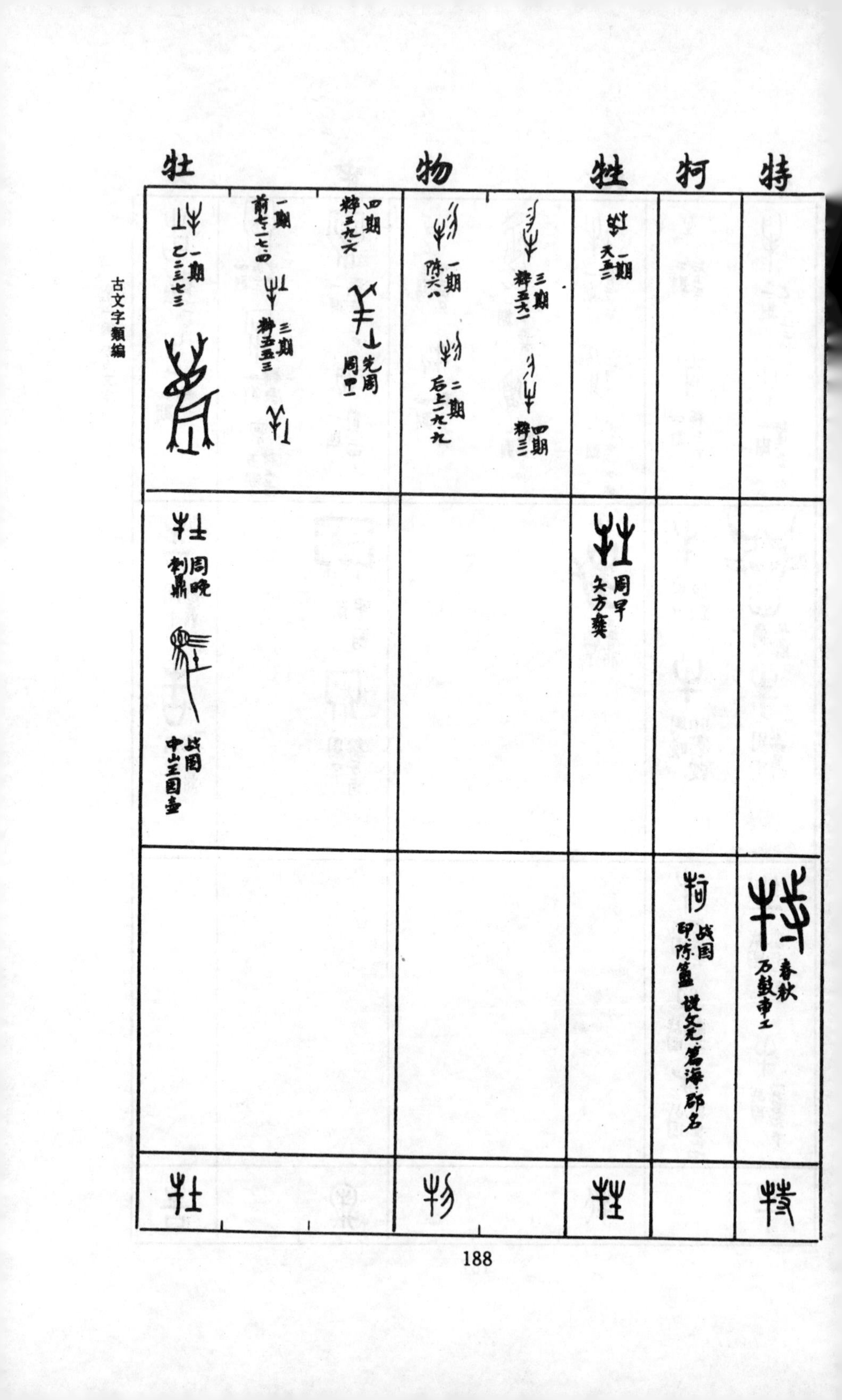

牡			物		牲	牁	特
一期 乙二三七三	一期 前七·一七·四 三期 粹五五三	四期 粹三九六 先周 周甲	一期 陳六八 二期 后上一九·九	三期 粹五九一 四期 粹三三	一期 天五三		
周晚 刺鼎 战国 中山王圓壺					周早 矢方彝		
						战国 印·陈簋 说文无，篇海：邑名	春秋 石鼓車工
牡			物		牲		特

牼	⿰牛辛	犀	⿱𦍌牛	犅		⿰牛戠	犨
			三期 甲二〇九一 四期 甲七七五	五期 前二·二七·八 五期 前二·二七·六		五期 前一·二二·四 五期 明四三七 说文无	
春秋 邾公牼钟		周中 犀伯鼎	周中 大作大仲𣪘	周早 犅刼尊 周中 静𣪘	周中 大作大仲𣪘 周中 大鼎		
	春秋 石鼓車工 ⿰牛辛 赤牛 说文无·玉篇	战国 印·凝清	战国 盟书一七九·八 战国 印·观自				战国 印·陈篮 战国 衡畜
牼		犀		犅			犨

羊		羋	羌		美	羞	
一期 佚四五〇 二期 铁二五二·二	三期 粹二八七 一期 河三八七	一期 前五四七二 一期 甲二六二	一期 后上二八三 一期 前七一二五	四期 粹四〇五 五期 前一四一二	三期 甲二六九 三期 甲六八六	一期 甲三九四 二期 前四三四·四	三期 簠文八四
商 羊鼎 周早 盂鼎	周早 盂卣 周中 吕鼎		周早 羌尊 春秋 郑羌伯鬲	战国 羼羌钟	周早 美爵	周早 羞鼎 周中 师旋毁	春秋 郳伯鬲 春秋 齐侯壶
战国 鄂君启节 战国 印·铁云	战国 璺室 战国 简望山M2		战国 印·尊古 战国 陶郑卅		战国 印·鉨经 战国 故宫		
羊		羋	羌		美	羞	

羔		羝	群		⿰羊豕	義	
一期 续二·四八八；一期 甲三三三〇	三期 佚七四；四期 甲六四九				一期 甲三六三四；⿰羊豕羊長尾 說文无，集韻：	一期 甲三四四五；三期 后下三·五	五期 掇二·四九
周早 索角；周中 卫鼎乙		周中 卫鼎乙	春秋 子璋钟；战国 陈侯午敦			周中 师旂鼎；周中 虢季子白盘	春秋 蔡侯盘
战国 印·铁云；战国 集古	战国 陈簠；战国 故宫		战国 盟书三三；三·二	公二；战国 印·集古；布货		战国 陶·春录十二	战国 印·铁云；战国 遇安

羴	義	馬	馭
一期 鐵一六二；一期 前四·三五·六		一期 菁三·二；三期 粹一二五六；三期 粹一三五四；四期 粹一三三五	一期 掇二·四五四；一期 菁三·一
商 羴鼎		周早 盂鼎；周中 虢季子白盘；周中 函鼎；春秋 鄀戾毁	周中 大鼎；周早 盂鼎；周晚 师寰毁；周中 禹鼎
战国 印字徵	战国 诅楚亚驼	春秋 石鼓车工；八五三四；战国 鄂君启节；九 战国 盟书一六五·一；战国 印 故宫；战国 万印；战国 侍时；战国 布货·文五四；六一 战国 陶香录	战国 魏石；春秋 石鼓霝雨；印 周氏；说文古文御从又马作馭

馵	[illegible]	駁	駒	駟	驅	駝
		五期 前四四七·三 五期 甲二九八				
			周中 师奎父鼎 周晚 盠驹尊 周晚 驹尊盖 周晚 兮甲盘	周晚 姬盘 春秋 庚壶	春秋 曾姬无卹壶 说文无	
战国 盟书九二·七	战国 盟书一·七五		战国 盟书八八·七			春秋 诅楚文·亚驼 骆驼也 说文无·玉篇

駕	駒	罵	駱	騅	騠	騝	⿰馬敫
			周晚 駒尊蓋 周晚 蓋駒尊	周晚 駒尊蓋			
春秋 石鼓吾水 战国 盟书一七七	春秋 石鼓車工 战国 印字徵	战国 盟书一八五：二 罵 詈也 说文无、玉篇			战国 印馨室 战国 稽庵	春秋 石鼓田車 騝 驪马黄脊 说文无、玉篇	春秋 石鼓来秋

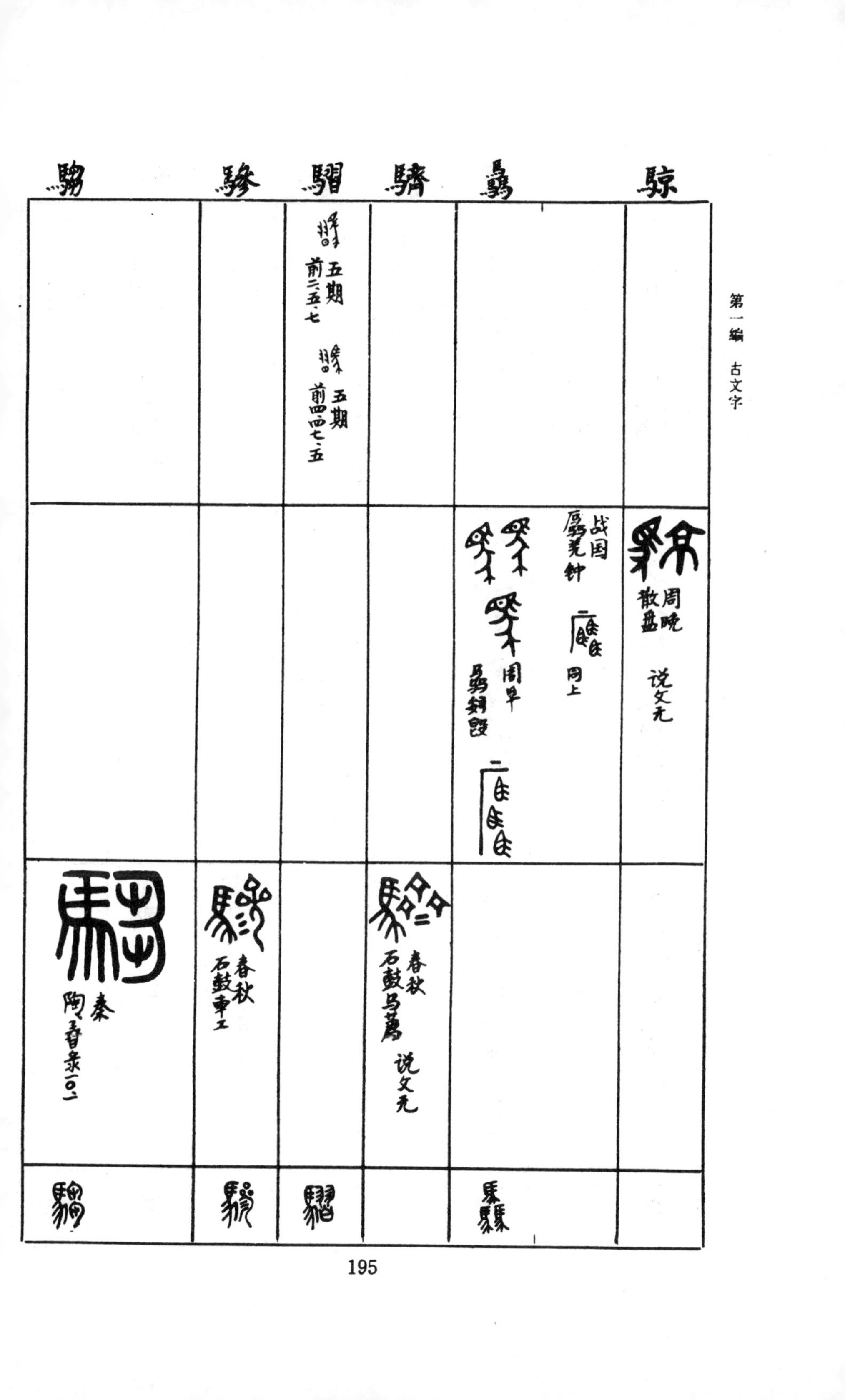

騊	驂	騮	驕	驫	駺
		五期 前二五·七 五期 前四四七·五			
				战国 驫羌钟 同上 周早 驫𨭠𣪘	周晚 散盘 说文无
秦 陶文香录一〇·二	春秋 石鼓車工		春秋 石鼓马薦 说文无		

豭	豩	豪	豙	𧰲	冢	豖	
一期 乙七九二九反 一期 粹九四八	一期 甲三六三四 一期 前一·三三·五			一期 前六·四七·七 一期 甲一〇八	一期 坊间四·二八二	四期 乙·六六七四 四期 粹一三〇	一期 粹九四七 四期 续一·四二·三
			周晚 番生殷 周晚 毛公鼎	说文无	周中 趞殷 周中 㠯壶		周中 肄殷 周晚 函皇父殷
	战国 印·陈簠	战国 陶·香录九·二			战国 盟书六七·一 六七·二九		战国 简·望山M2 同上

犾	爲	象	犬	犴
	三期 甲三五八四 四期 甲·六三〇 一期 京津一四六六 一期 乙七六四	一期 乙六八二九 四期 粹六四〇 一期 前三·三·三 一期 乙九六〇	四期 甲四〇二 先周 周甲二 一期 乙五六二 一期 铁七六·三	
周早 天亡段 周中 召卣		商 且辛鼎 周中 师汤父鼎	商 子自卣 周中 員鼎	
			战国 盟书一·五五	战国 印·尊古 战国 象续

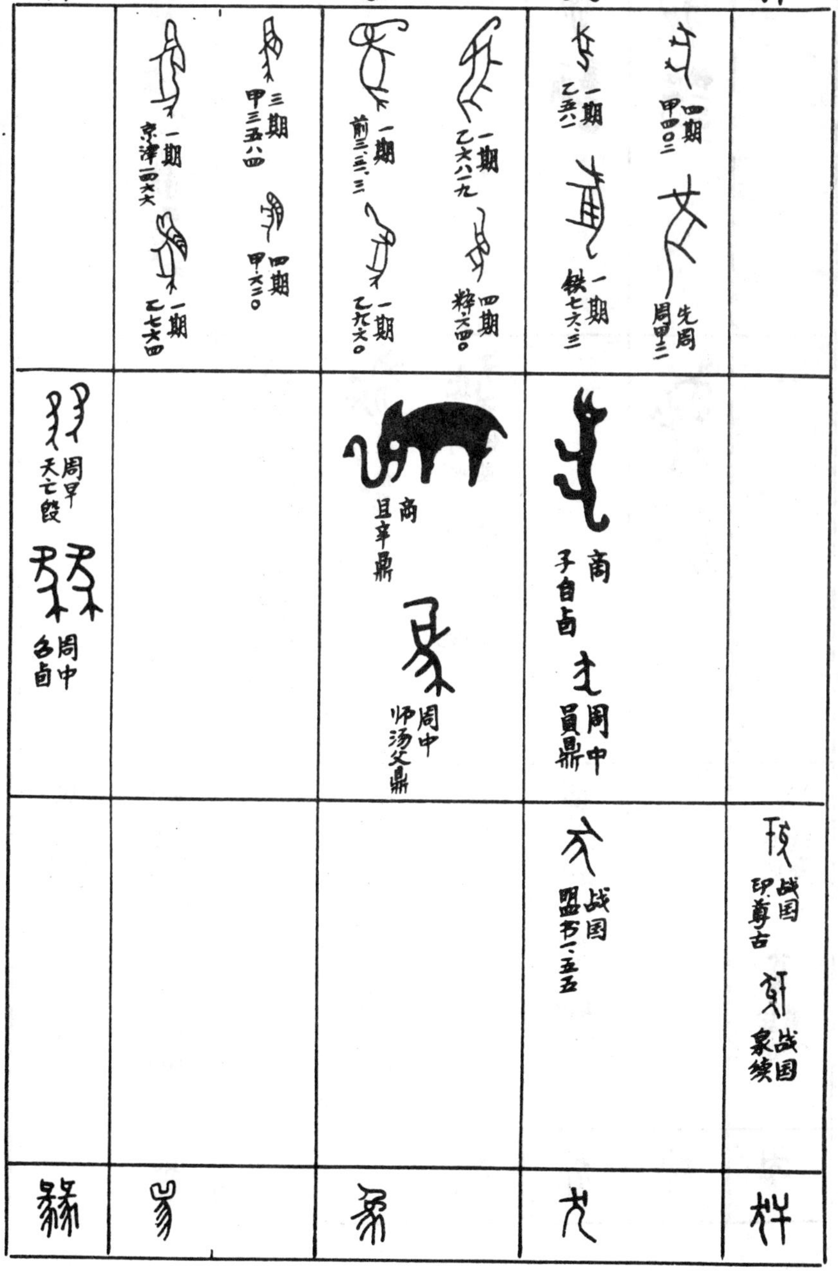

尨	犾	⿰犭斤	狄	⿰犭比	狂
	四期 鐵一〇四·二	一期 簠帝四			三期 后上四·八 三期 甲七一五
	周中 叔犾毁		周中 牆盤 周晚 𠭯狄钟 春秋 曾伯匿	周中 ⿰犭比伯卣 ⿰犭比 獸名似豕 说文无·集韵	
战国 印·鏧室 战国 尊古		战国 印·尊古 战国 尊古	战国 印·印举 战国 盟书九八·二五 三·八		战国 盟书一五三·二 战国 印·铁云 战国 集古 战国 吉金

狃	狗		狐	獲	狺	狽	狼
				一期 粹一三〇七 五期 佚四二六		一期 京都大七三 四期 粹一五五二	一期 前六四八四
			战国 令狐君壶 瓜孳乳为狐	酓忎鼎 战国 战获兵铜： 战国 上官登	周晚 狺父鬲 说文无，广韵：狺犬争也	周中 狽毁 说文无，玉篇：狼狽也	
战国 印澂秋	战国 盟书二〇〇：七〇 战国 印燕陶	战国 印举 战国 待时	战国 印伏庐				

㹳	猋	猗	猶			獄	獄
			三期 存下七三二				
战国 中山王鼎 㹳猿属 说文无、广韵	周早 王白尊		周中 墙盘 周晚 毛公鼎	春秋 王孙钟 战国 陈猷釜		周早 鲁侯獄鬲 周中 墙盘	周晚 名伯毁
		战国 印、铁云	春秋 石鼓作原 战国 盟书三、七	七九七 战国 印尊七	战国 澈秋 战国 凝清 战国 简信阳		

獿	獻	獸	嘼
	一期 前八一一二	一期 鉄三六三；三期 甲一六五六	四期 甲二九九；四期 粹一八九
	战国 陈曼匿；战国 陈侯午敦；周晚 多伯簋；周晚 子邦父甗；周中 虢季子白盘；周中 不嬰簋	商 宰甫簋；商 獸爵；周中 員鼎；周中 史獸鼎	周早 盂鼎；周早 小盂鼎；周晚 散盘；战国 令瓜君壶
战国 印衡斋	战国 简天星观M1；文七一；文七.四五；春秋 石鼓吴人；战国 盟书二 六七	春秋 石鼓车攻	獸嘼古通用

⿰犭西	⿰犭㝵	⿰犭易	⿰犭戔	⿰犭左	⿰犭戠	畎
		周中 ⿰犭易鼎 说文无	周早 ⿰犭戔卣 周早 ⿰犭戔尊 说文无	战国 中山王园壶 "或得贤⿰犭左＝" ⿰犭左在此当作佐	战国 中山王园壶	战国 中山王园壶
战国 印铁云 说文无	战国 印尊集 说文无	战国 印铁云 战国 印举 战国 磬室 战国 铁云				

豸	[豸朮]	貉		貘	貙	[豸肙]
一期 前四·五三·二 一期 乙四四二						
	周晚 季公[豸朮]敦 说文无 集韵同貅	周早 貉子卣 周中 伯貉卣	周晚 穌貉簋 貉或从犬作狢	商 父丁鼎 商 作册擊卣	周早 貙卣	周中 墙盘 周晚 叔向𣪘
		战国 陶孴录 九·二 战国 印待时		战国 印·印举 战国 印举		

鹿		麀	麃	麇	麋	麑	麗
一期 前四·八·一 二期 甲一三九五	三期 粹九五○ 五期 前二·二七·一			一期 前七·三六·四 五期 京津五三四	一期 餘三·三 三期 甲一九七○	一期 前四·四七·七 四期 甲二四一八	先周 周甲一二三
周早 貉子卣 周中 命毁			周中 卫鼎乙	周晚 师害毁			周中 师旋毁 周晚 取膚匜
春秋 石鼓田車	战国 陶香录十二 同上	春秋 石鼓田車			春秋 石鼓田车 战国 万印 印		

彪	虎		[illegible]	[illegible]	豦	[illegible]	麤
	一期 前四·四·五；三期 粹九八七	一期 前四·四五·一；一期 佚三七五	五期 续三·二九·四；五期 佚一七七	五期 前二·四·一；五期 燕六〇二	朱书 乙三三八〇；五期 后上九·四		一期 前八·一〇·一；一期 林二·二六·九
周晚 毛叔盘；春秋 鄀伯彪戈	周晚 师酉簋；周晚 散盘	周早 吴方彝；周中 师虎簋	周中 季[illegible]簋；说文无	周早 遣小子簋；说文无	周晚 [illegible]钟；春秋 [illegible]狄钟	周中 季[illegible]卣；周中 季[illegible]簋	
		战国 印·秋梦			今言遽々勳々 说文无·金文[illegible]々[illegible]々犹	春秋 石鼓汧沔；[illegible]獸似狸 说文无 玉篇	

虘	嘑	虖	虑	虐	虐	虔	虔
三期 鄴三下四三·四 三期 京津三四五一							
周早 小盂鼎 春秋 虘钟	春秋 余义钟 战国 中山王方壶	周早 沈子毁 周中 效卣		周晚 曩盨		春秋 者沪钟	周晚 毛公鼎 春秋 秦公毁
战国 印泉纂	九·四 九二·二三	战国 盟书七七·二 一九·一	战国 鉨印 愁貌 说文无玉篇虑	战国 诅楚亚驼 说文古文虐作	战国 印陆庵 战国 二日		战国 陶孴录五·二

處		虞	豦	虘攴		號
				一期 前五·三七·五 三期 甲三五八六	三期 甲八〇七	
周中 墙盘 周中 曶鼎	周晚 㝬钟 周晚 井人钟	周晚 散盘 春秋 虞司寇壶	周中 豦毁	周早 盂鼎 周早 沈子毁	周中 縣攺毁 春秋 王孙钟	周中 颂鼎 周晚 虢仲鼎
春秋 石鼓·汧沔 战国 印·方印	战国 滨二 战国 故宫		春秋 石鼓来秋	春秋 盟书一·七九	战国 印·陈簠 战国 陶春录三·三	
			战国 盟书九二·三七 战国 印·印举			

字	甲骨文	金文	战国文字	说文
[illegible]		春秋 栾书缶 周晚 兮甲盘 战国 中山王方壶 春秋 齐鎛	战国 布货·阳高 说文无，古文与吾字通 战国 盟书三二 一·六	
盧	三期 甲三六五三 四期 粹一〇九 一期 京津七二 一期 拾四·八	周中 趞曹鼎 春秋 曩次盧	战国 上四 布货·卢亚 战国 陶古鉩	盧
慮		战国 "谋慮" 中山王鼎		慮
膚		周早 引尊	战国 简信阳 作 [籀文] 说文籀文	膚
虣	一期 乙二六六一	周晚 曩盨	战国 诅楚亚驼 虣通作暴 说文无 集韵：	
虤	三期 后下三八 三期 存下五一七	周中 即簋		虤

虢	虡	䖒	贙	虒	虠	兔	鼁
				四期 明藏四三二 四期 京津三八七六		一期 甲二七〇 一期 京津二八〇八	一期 甲二五一 一期 林二·三·三
周晚 毛公鼎 春秋 秦公簋	春秋 邵钟 春秋 吉日壬午剑	周早 䖒爵 说文无	周晚 贙母鬲		周晚 延盨		
				春秋 盟书一九四：六		春秋 石鼓田车	战国 鄂君启节
虢	虡		贙	虒	虠	兔	鼁

虫	黿	鼉	鼂	鼄
一期 前二·二四·八；二期 戩二六·一○；一期 鉄四六·三；一期 乙八七一八	一期 佚九五九；一期 前七·五·二；一期 甲九○四；一期 乙五三二六九	一期 续五·二七·五		
周中 虫吕鼎；商 甲虫爵；战国 魚鼎匕	商 黿父丙鼎	春秋 邵钟	周晚 鼂簋；说文无	春秋 邾伯鬲；春秋 邾公华钟；春秋 邾有父鬲
虫它也三字同源，参见二一三页。虫即古它字，东周以后，它又作也。战国 印·魏石；战国 鉨印				
它	黿	鼉		鼄

古文字類編

虹	蚩	蚘	䖵		蚕蛴	蜀	
一期 菁四·一 一期 前七·四三·二			一期 林一·七·一六 一期 前四·五五·二	一期 后上·九·二 四期 粹七一		一期 乙六四二二 一期 续六·五三二	四期 乙九〇四四 先周 周甲六八
	战国 "蚩蚘"鱼鼎匕	战国 鱼鼎匕 蚘古诸侯号 说文无，集韵：蚩	战国 鱼鼎匕		战国 中山王圆壶	周早 班簋	
春秋 石鼓马荐					战国 印尊古 战国 续齐	春秋 石鼓田車	

蜚	蟁	[𡗗虫]	蟰	[坴虫]	蟺	蟬	蠶
						四期 粹一五三六	一期 铁一八五·三；二期 后上二八·六
			周中 瘐钟；春秋 邾公釛钟 "陆蟰之孙"	商 子癸[坴虫]觶；说文无	周早 蟺伯簋；周中 蟺姜鼎		
战国 印·故宫	战国 陶孴录十三·二；同上	战国 盟书二〇〇·六六	说文无，集韵：音容，倭蟰也				

蠪	蟲	它	也	乇	禹	禺
		一期 "乇它"前二·二四·八 一期 前二·二六·六		一期 乙二三三六 四期 粹二三九		
		周早 沈子它毁 周晚 "它邦"旂伯毁	春秋 "它它熙熙"齐侯敦	慎云："上古艸居患它，相问無它乎。"卷犹足踏蛇，说文以它代之，卜辞"乇卷"，许	春秋 秦公毁 周中 禹鼎 周晚 叔向毁	春秋 禺邗王壶
战国 印·陈蠪	战国 盟书九二·二〇	战国 "也"简·信阳 同上	古它、也同字，说文也字别体作		战国 印·万印	战国 盟书七九·二 战国 简·望山M2

⿱小魚

春秋 石鼓汧沔

说文无 玉篇：⿱小魚 魚名

魚

三期 佚二六六

五期 前一.三九.四

二期 佚八三

二期 前四.五五.七

一期 后上三一.一

一期 京津一五一三

周晚 番生毁

春秋 鮴冶妊鼎

周早 伯魚卣

周晚 毛公鼎

战国 印盘室

战国 印揭

战国 陶孴录十三

同上

战国 盟书一五六.三

战国 简望山M2

萬

一期 前三.三〇.五

一期 后下一九.八

一期 甲二八六

四期 佚一〇三

商 萬戈

商 萬爵

周中 [illegible]壶

周中 子白盘 虢季

春秋 王孙钟

春秋 栾书缶

春秋 邾公釛钟

战国 因資敦

战国 印昔则

战国 昔则

战国 凝清

战国 续齐

战国 万印

战国 故宫

魴	魰	漁	魯	鮮
	一期 前五.四五.四 一期 粹一五六五	一期 粹八七七 一期 前六.五〇.七	一期 乙七七八二 一期 甲三〇〇 一期 燕七二三 三期 佚六九三	
	周中 墙盘 同漁 说文无、集韵：魰	商 漁毁 周中 遹毁 周中 井鼎 春秋 戈、楚王孙渔	周早 井侯毁 周晚 颂鼎 周晚 井人钟 春秋 秦公毁	周晚 散盘 周晚 毕鲜毁 周晚 鲜父鼎 战国 中山王圆壶
战国 印、曈麓		春秋 石鼓汧沔	战国 印、待时 战国 古匋 战国 故宫 战国 待时 战国 尊古	春秋 石鼓汧沔 战国 印、撷华 战国 续齐

鱮	鱞	鰟	鮊	鰋	鯀	鯉	鮩
	周中 父辛卣 周晚 毛公鼎				周早 鯀还鼎		
春秋 石鼓汧沔		春秋 石鼓汧沔 鰟同魴	春秋 石鼓汧沔 鮊同鮊	春秋 石鼓汧沔	战国 陶.春录十三.三	春秋 石鼓汧沔	春秋 石鼓汧沔

貝	[illegible]	龕	龍	鱻
三期 甲七七七；一期 后下八·五；一期 佚八三五；一期 铁二四四；一期 前五·一〇·四	一期 佚三八六		一期 前四·五三·四；四期 粹四八三；一期 拾五·五；一期 乙七三六八	
周中 效卣；周晚 召伯毁；周早 睘卣；周中 师遽毁；商 卯卣二；周早 小臣謰毁		周中 墙盘；周晚 眉寿钟	春秋 王孙钟；春秋 邵钟；周早 龙母尊；周晚 昶仲无龙鬲	周早 公贸鼎
战国 上四 布货东亚；同上		说文各本作龕 段玉裁据九经字样改作龕	战国 印铁云；战国 待时	
貝	[illegible]	龕	龍	鱻

員	責	貨	貳	貣	負
四期 佚二；四期 掇一·三五；二期 后下一·二；四期 中大一〇七	一期 乙二五四五；一期 乙八八五五；一期 乙二三四				
周中 戜方鼎；周早 員父尊；周中 員鼎	春秋 秦公殷；周早 父戊鼎；周晚 兮甲盘		周晚 召伯殷二；战国 中山王方壶	春秋 蔡侯钟；春秋 邵大叔斧	
春秋 石鼓車工		战国 布货东亚上四		战国 印·陈篮；战国 玺印	战国 陶香录六·三；战国 印铁云

買	貯	貫	朐	貽
一期 佚四六二；三期 粹一五五二；一期 乙八七三八；三期 甲二七六	一期 乙六七五二；一期 乙六六九三；一期 铁二七三·一；三期 后下一八·八			
商 買車卣；周晚 買簋；周早 買王卣；春秋 吳買鼎	商 贮爵；周中 颂鼎；周早 涉簋；周中 颂簋	战国 中山王鼎；战国 中山王圆壶		
战国 盟书一九四·七；战国 印攈华；战国 陶香录六·三；战国 六七·三；战国 故宫；同上	战国 盟书三五·八；战国 季木七六·八；战国 陶香录六三	战国 印印谱；战国 铁云 说文所无	战国 陶香录六·三；朐案 給也 说文无，玉篇	战国 陶香录六·三；战国 铁云八〇·四

賏	賊	[illegible]	貴	貸	貿	費	賀
春秋 子賏戈	周晚 散盘	周中 师旂鼎 周晚 𠑇匜			周早 公貿鼎	周早 盂鼎二	战国 中山王方壶
			战国 印文	战国 陶香录六、三 同上			

賈		貟	賡	易	賜
				一期 甲三三六四 一期 粹六四四 三期 粹一〇三 四期 粹一八	五期 佚五一八背
		周晚 兮甲盘 周晚 师寰簋		周早 德鼎 周早 盂鼎 周晚 克鼎 春秋 齐鎛	周中 禹鼎 周晚 毛公鼎 春秋 玺矛 战国 中山王鼎
战国 陶香录七四 同上	战国 印陈篋 战国 万印 貼同賈 集韵		战国 鄂君启节 战国 陶云四·二 陶钦	战国 诅楚巫咸 战国 印万印	战国 古钵 古易賜同字

賢	質	賦	賚	賞
			五期 佚五一八	
周中 賢毁 战国 中山王方壶		周晚 毛公鼎	周中 多卣 周中 競卣 周早 攸毁 周早 復作父乙尊	战国 中山王方壶 周中 舀鼎 战国 屭羌钟
春秋 石鼓奉敕 战国 印·故宫	一九四二 六七·二五 战国 印·御製 战国 诅楚亚駝 战国 盟书三三	战国 诅楚亚駝		賞 战国 印·鉨印 战国 陶·季木四五·四 战国 陶·香录六·三 同上
賢	質	賦	賚	賞

賣	賹	賸	贅	⿱書貝
		周中 禹鼎 周晚 番匊生壶 春秋 齐侯盘 春秋 鄀子匜	周早 辛鼎 周晚 克鼎 周晚 师寰簋 克鼎、锡贅无疆 說文无、金文通作釐	周早 ⿱書貝父辛觶 周早 ⿱書貝父辛尊
战国 陶香录六三 說文賣作⿱𡇒貝 从貝𡇒声 𡇒古文睦	战国 陶香录六四 同上 同上 战国 东亚六 国货 說文无 集韵賹寄人物也		战国 陶香录六三 战国 同上	

鳥	贖	贔		賷	⿰貝方	⿰貝氏	贏
一期 乙六六六四 一期 乙七九九一							
商 鳥段 春秋 弄鳥尊	周中 舀鼎 同上				春秋 陳⿰貝方段 說文无	春秋 居段 說文无，集韵：⿰貝氏通作紙	周早 庚嬴卣
	鼎：賣之五夫用百寽，此当为贖字古体 說文賣字从貝𡏳声，与賣形近，名	战国 印续齐 說文无，玉篇：贔 負作力貌	战国 印方印 战国 印鉅	战国 陶香彔六三 同上			

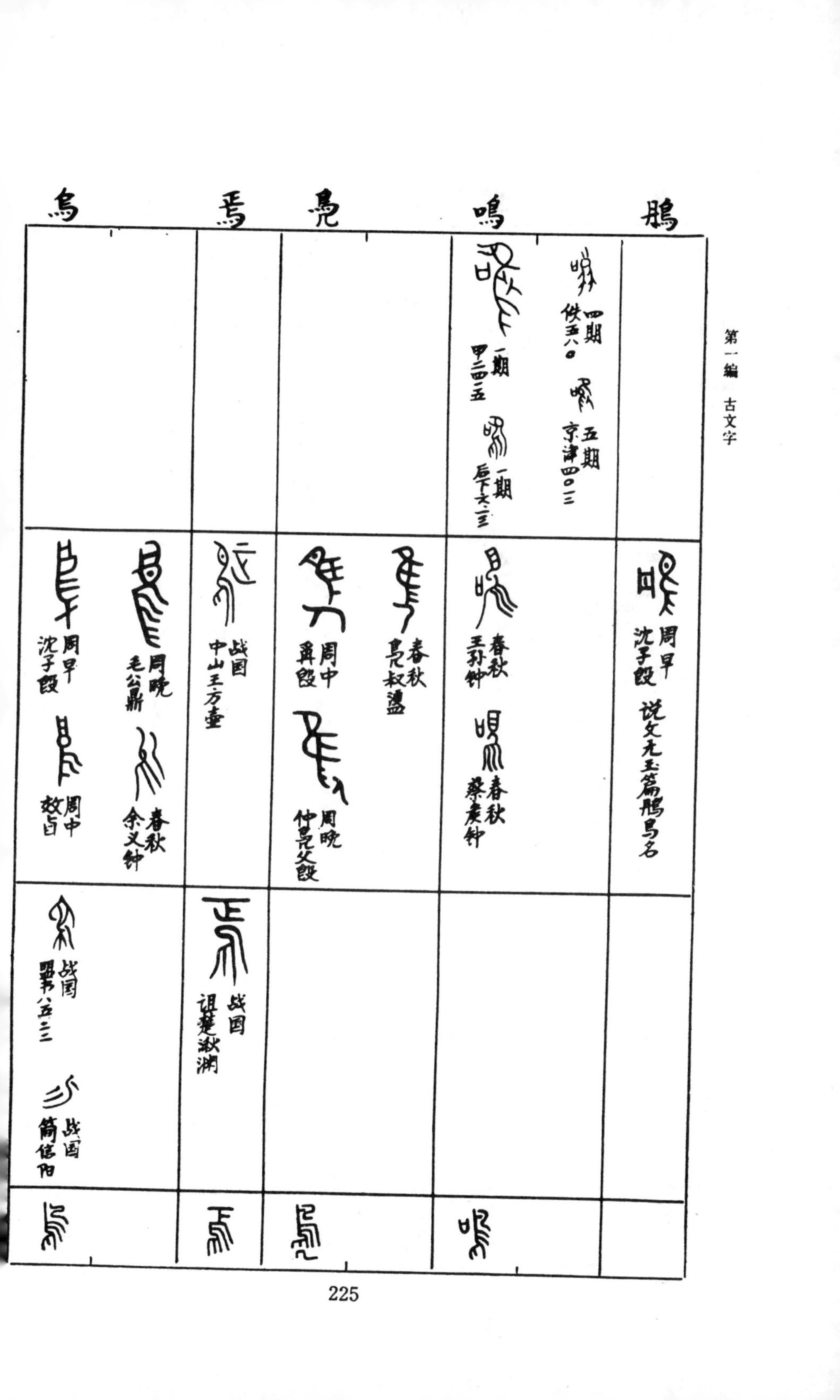

鴅	鳴	鳧	焉	烏
	一期 甲二四五 一期 后下六·三 四期 佚五八〇 五期 京津四〇二三			
周早 沈子簋 说文无玉篇鴅鸟名	春秋 王孙钟 春秋 蔡侯钟	春秋 鳧叔盨 周中 爯簋 周晚 仲鳧父簋	战国 中山王方壶	周晚 毛公鼎 春秋 余义钟 周早 沈子簋 周中 效卣
			战国 诅楚文湫渊	战国 盟书八五·二三 战国 信阳简

雂	雄	隹		鶾	鷀	鳶
一期 乙九五 一期 乙二〇七		四期 佚二七六 五期 甲三九四一 先周 周甲五五	一期 乙六六七二 四期 后下三六·六	一期 前六·三六·二		
	周中 仲雄鼎 说文无	周晚 㝬钟 战国 陈侯午敦	周早 天亡毁 周中 舀鼎		周中 叔[illegible]父毁	商 且辛卣 商 鳶觚
		战国 万印	春秋 石鼓吾水 战国 印[illegible]集			同字，说文作䳒，经传作鳶，古玺作鳶

雀	⿰工隹	集	雇	雎
一期 乙六六三七 三期 甲二五九〇 三期 粹一五五三 四期 戬四七·八	五期 后上九·三 五期 前二·二九·六	一期 前五·三七·七 一期 后下六·三 三期 粹一五九一	一期 佚五三四 一期 佚七五六 二期 前二·四·八 二期 后下三·二	
	周晚 散盘	商 父癸爵 商 集偖毁 商 母乙觯 周晚 毛公鼎		
				战国 故宫印 集韵同鵙

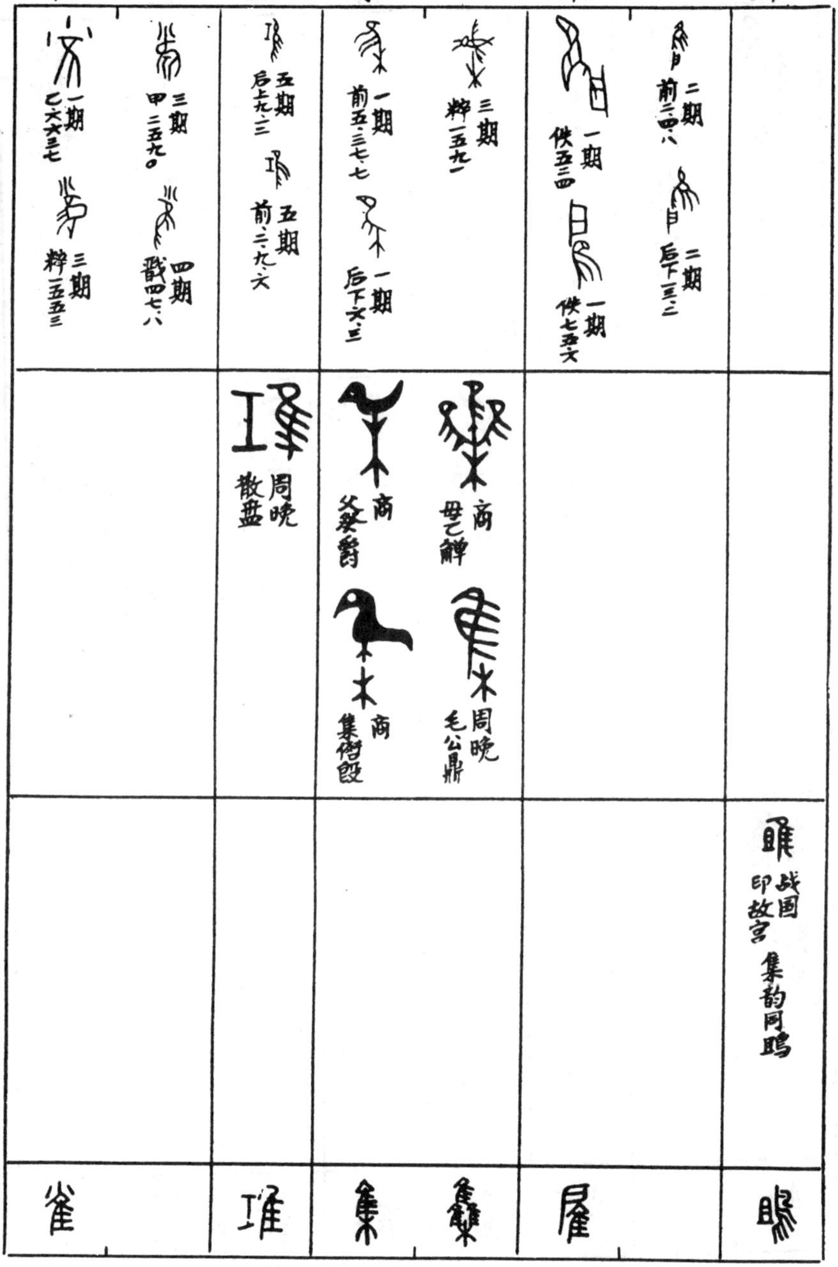

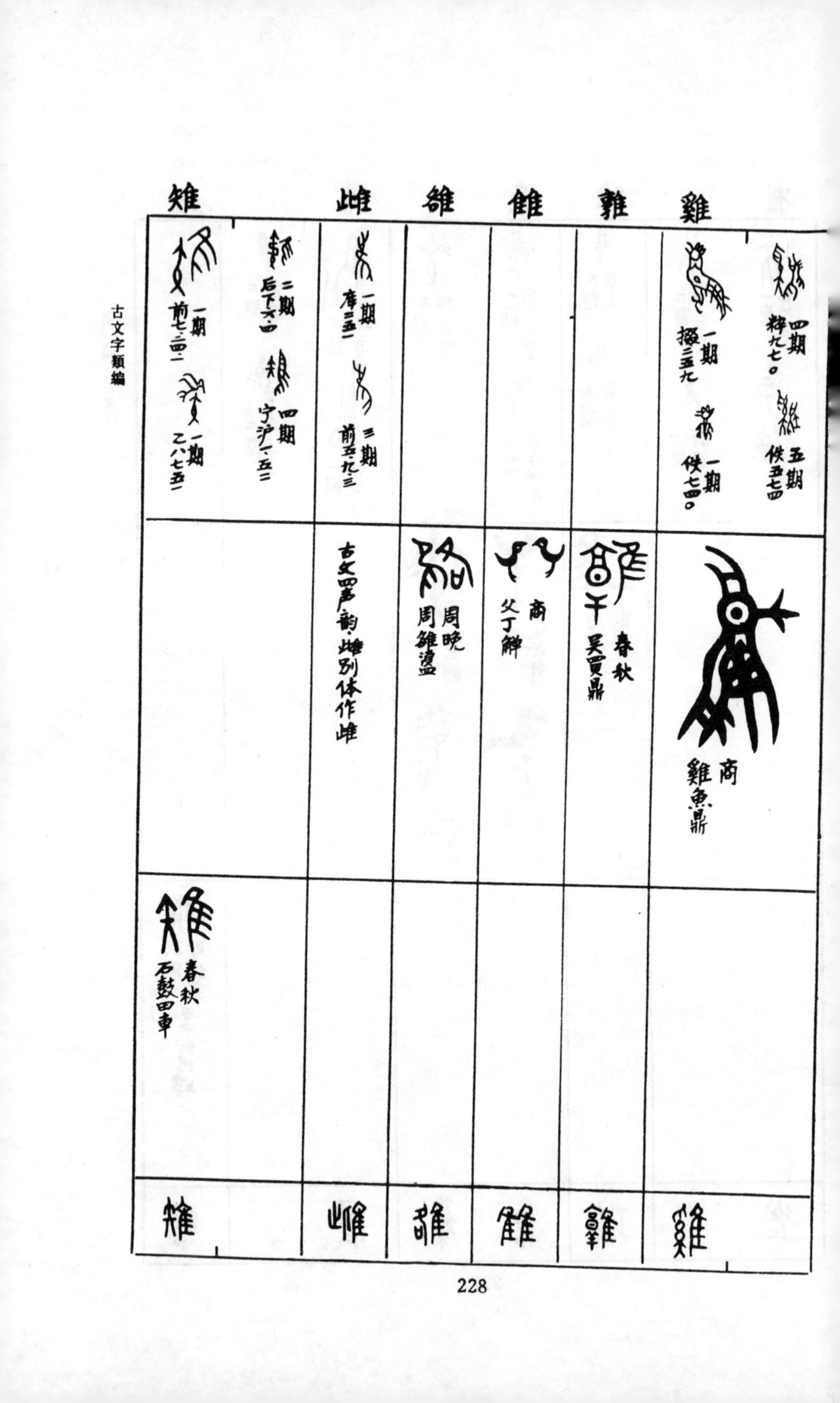

雞	雗	雂	雒	雌	雉
粹九七〇 四期 佚五七四 五期 掇二三九 一期 佚七四〇 一期				庫二五一 一期 前五·九·三 三期	后下六·四 二期 宁沪一·五二 四期 前七·二四·二 一期 乙八七五一 一期
商 雞魚鼎	春秋 吴買鼎	商 父丁觶	周晚 周雒盨	古文四声韵·雌别体作雌	
					春秋 石鼓田車
雞	雗	雂	雒	雌	雉

羾	羽	雥	離	雖	難	雝	
	一期 粹八六三 三期 粹一五九五	三期 续一·七·六				一期 佚二五二 二期 佚六八四	一期 前二·二八·七 一期 后下三·三
				春秋 秦公簋	春秋 歸父盘 战国 中山王鼎	周晚 毛公鼎 春秋 郐王鼎	周早 盂鼎 周中 录簋
战国 印铁云 说文新附	战国 简望山M2 战国 信阳		战国 布货 东亚上四 战国 印鏊室		战国 简信阳	战国 北京 战国 印邮	战国 盟书三·二五 战国 印陈簋
羾	羽	雥	離	雖	難	雝	

翣	翟	翼	翏	習
				甲九二〇 三期 粹一五五〇 三期 佚二二〇 三期
	周晚 史喜鼎	春秋 秦公鎛 战国 中山王方壶	周中 無叀鼎 周晚 翏生盨 春秋 玄翏戈	
战国 印待时 战国 魏石 战国 简信阳 战国 简望山M1	战国 简望山M2			战国 印、魏石 战国 耕连 战国 印举 战国 简望山M1

翱	[illegible]	翰	毛		毳	角	
						一期 菁二 一期 粹一三四	一期 乙二四六 四期 佚九一
			周早 班簋 周晚 毛公鼎	周晚 毛公旅鼎 周晚 名伯毛鬲	周中 毛毳簋 周中 守宫盘	商 戊父鼎 周中 伯角父盉	周晚 [illegible]角父簋 春秋 鄂侯鼎
战国 信阳简 战国 望山M2	战国 鄂君启节 战国 望山M1简 海熊羽害 说文无篇	春秋 石鼓吾水				春秋 石鼓車 战国 盟书二〇〇·二	战国 陶铁云 战国 印·安昌

韋	觿		觸	觴		解	斛
一期 甲三五五						一期 后下二·五	
周晚 韋鼎 春秋 俞父盘			战国 丞相觸戟 觸字玉篇古文作𧣾	周晚 觴姬簋 周晚 觴仲多壶	战国 中山王方壶	周中 解子甗 周中 解子鼎	秦 公朱左师鼎
战国 简望山M2	战国 盟书一五六:二 一五四:四	战国 磐室 战国 印文或从羊	战国 陶铁云 战国 印揽清	入部写作𩇚 觴从爵不从角. 汗简			

鞈	鞁	韓	[革襄]	革	靳
周中 卫盉		战国 屭羌钟 战国 韓八年戟	周中 卫鼎 说文无	周中 康鼎 周晚 革嗣殷	周中 彔伯𢦚殷 周晚 番生殷
	战国 简望山M1 说文无	战国 盟书一四五 一五二 战国 印尊古 战国 陈簠		战国 鄂君启节 战国 简信阳 战国 望山M2 战国 望山M2	
鞈		韓		革	靳

鞭	[革彖]	鞞	[革官]	鞄	勒		
周晚 倗匜；同上；鞭作 說文古文	周中 靜簋；周晚 番生簋	周中 靜簋；周晚 番生簋		春秋 齐镈；春秋 齐鞄氏钟	周中 𬀁庚鼎；周晚 毛公鼎	周中 頌鼎；周中 伊簋	周早 吴方彝；周中 㫚鼎
战国 陶 香录三·二；战国 印 待时	说文无"鞞[革彖]"，经传假遂为之		战国 印 续齐				春秋 石鼓田车
鞭	[革彖]		[革官]	鞄	勒		

轉	糸	系	紀	紆
	一期 簠典一〇〇 一期 乙三四 一期 乙六七三三 四期 京津四四八七	一期 前五·三六 文 一期 铁二·二 一期 前七·四二 一期 铁九三·三		
周晚 毛公鼎 周早 吴方彝 周晚 师兑簋 周中 录伯簋	商 糸父壬爵 周早 子糸爵	商 系爵 说文籀文系作 周早 小臣系卣	周早 紀侯貉子簋 春秋 紀华父鼎	
		战国 盟书九二·四五	战国 印 遯庵	战国 印·陈簠
轉	糸	系	紀	紆

紅	紡	紝		紛	紴	純	
						純 战国 陈猷釜 純 战国 中山王方壶	
紅 战国 信阳简 紅 战国 望山M2	紡 战国 信阳简 紡 战国 望山M2	紝 战国 信阳简 紝 同上	紝 战国 陶·香录十三·一 紝 战国 印·万印	紛 战国 信阳简	紴 战国 信阳简 紴绳履 说文无 廣韵	純 战国 信阳简 純 同上 純	战国 望山M2 純 同上 純 战国 長沙
紅	紡	紝		紛		純	

紉	絆	索	素	絅	絡
		商 索角		周晚 师酉毁	战国 畲忑盘
战国 陶吞录十三·一；同上	战国 诅楚湫渊；说文无，六书统絆同结	战国 印铁云	战国 简信阳		战国 陶吞录十三·；战国 同上；战国 简望山M2；战国 印凝清；战国 陈簋；战国 凝清

組	紽	紿	紑	絧	絅	紳	組
				粹四三〇 四期 掇二·四三 四期			
周晚 师袁簋 周晚 虢季子組簋	战国 大纯戈 紽，丝数也 说文无，玉篇。						
战国 简信阳 战国 望山M2 同上	战国 印文 战国 铁云 战国 续齐	战国 印尊集 战国 续齐	战国 印晋则	战国 印魏石 絧，補也 说文无，玉篇。	战国 简長沙 絅，缟练也 说文无，博雅。	战国 简望山M2	战国 简望山M2
組		紿	紑			紳	組

終	緟	絲		絡	結		紫
一期 終夕 菁二·二 一期 庫一八〇七 其雨終夕		一期 后下八·七 二期 通別二·五	二期 簋天三八 五期 燕一五一				
周早 井侯簋 帝無終命 周中 頌鼎 霝終		周中 舀鼎 周中 守宮盤	周晚 辛伯鼎	周中 牆盤 無叀鼎各作[illegible] 乃各字反书			
战国 简信阳 战国 長沙帛书	战国 简信阳 同緟	战国 简信阳 战国 望山M2	战国 望山M2 战国 印陶篇	战国 简天星观M1	战国 盟书一五六·一九 战国 二〇三·四	战国 陶孴录十三·一 战国 简信阳	战国 简信阳 战国 望山M2

第一编 古文字

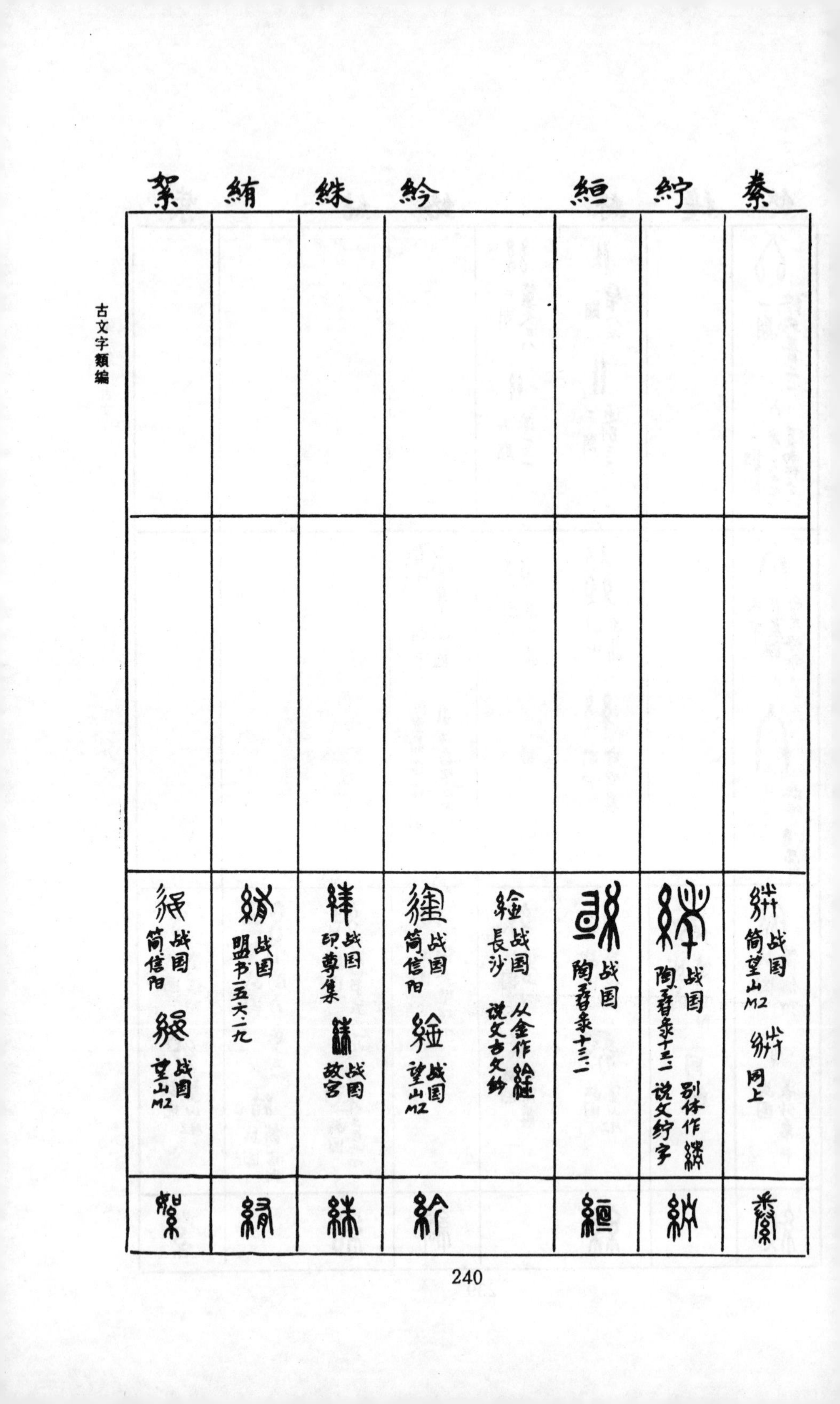

綦	紵	絙		紟	絑	緒	絮
战国 简望山M2; 同上	战国 陶香录十三·二; 别体作䌖 说文紵字	战国 陶香录十三·一	战国 長沙; 从金作鈐 说文古文紟	战国 简信阳; 战国 望山M2	战国 印·尊集; 战国 故宫	战国 盟书一五六·一九	战国 简信阳; 战国 望山M2

經	綏	緐	綕	総	綂		絍
周中 琱生季子白盘；春秋 陈曼匡	周晚 蔡姞簋	春秋 庚儿鼎					
战国 陶香录十三·一；M1 战国 简·天星观	战国 印·昔则；战国 简·長沙	战国 印·燕陶；战国 简·信阳	战国 印·待时；綕乃織字古文 说文无、玉篇：	战国 印·陈簋；博雅：総，鍼也 说文无，集韵引	战国 盟书三·二○；一五六·二七	一五六·二；綂，紬细也 说文无、玉篇：	战国 陶香录十三·一；同上

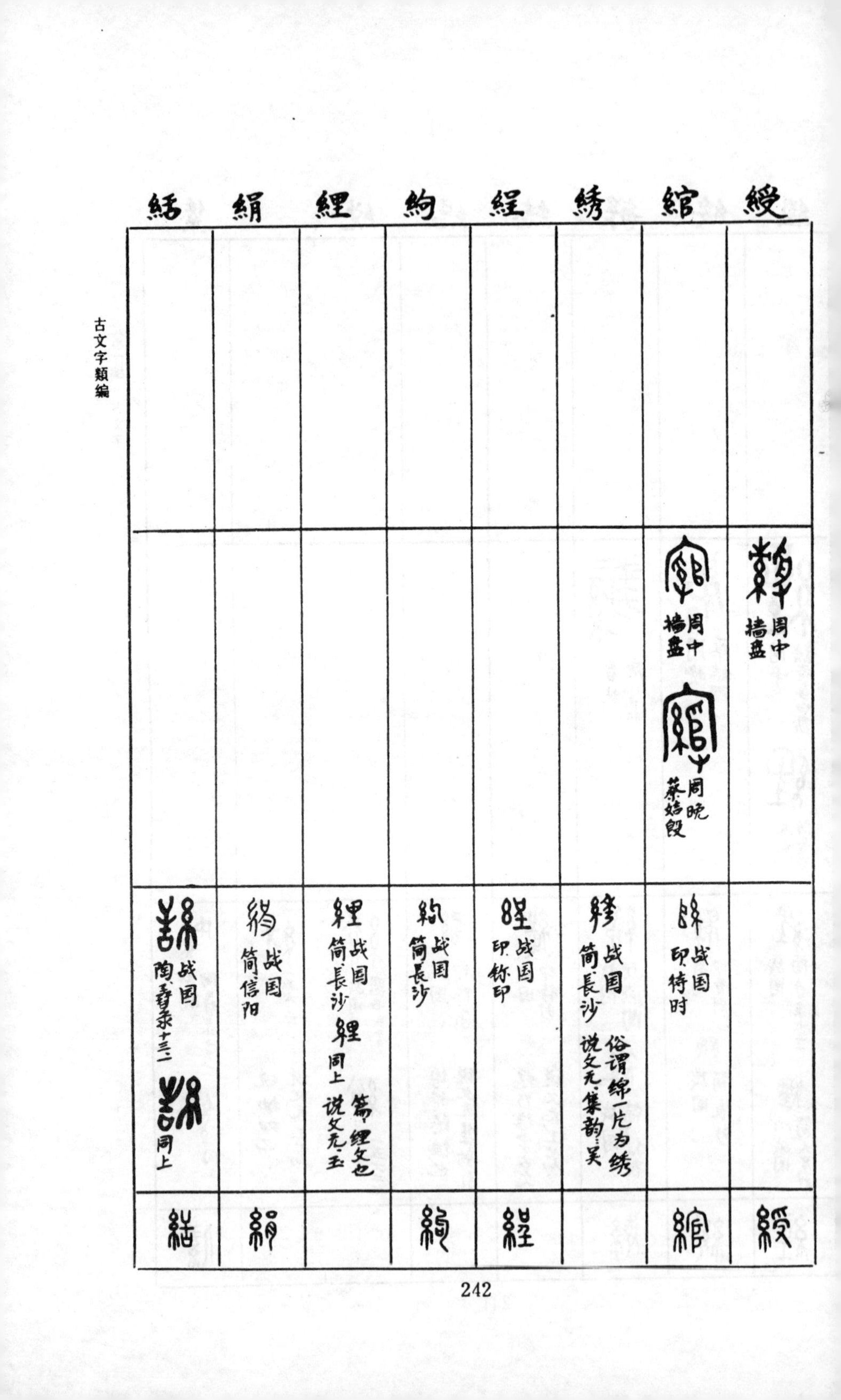

綬	綰	綉	綎	絇	緾	絹	絬
周中 墙盘	周中 墙盘 周晚 蔡姞毁						
	战国 印 侍时	战国 简長沙 说文无、集韵：俗谓绵一片为綉	战国 印 鉨印	战国 简長沙	战国 简長沙 同上 说文无、玉篇：緾文也	战国 简信阳	战国 陶、香录十三二 同上

綢	綿	綸	綽	率	縣	緣
		三期 粹二六一 三期 粹二五一		一期 宁沪三·二五四 五期 前二·四三·三 一期 甲三〇八 一期 粹二三		二期 河八〇
		春秋 齐镈 说文无	周晚 蔡姞段 说文綽也作	周早 盂鼎 周晚 毛公鼎	周中 縣妃段 春秋 邵钟	
战国 印陈簠 战国 陈簠	战国 简信阳 同上 同緜 玉篇	战国 印特时 战国 印文	战国 印遜庵 战国 钵印	战国 衡斋 战国 尊古 战国 诅楚亚驼 战国 印陈簠		

緊	緺	紨	緂	綦	絵	緅	維
戰國 印北京 戰國 印文	戰國 印燕陶 緺隅也 説文无玉篇	戰國 陶香录十三一	戰國 簡信陽	戰國 印徵文	戰國 印續齊 戰國 鉄云 或作絵 集韵纾	戰國 簡信陽	戰國 簡信陽 戰國 印郵
緊	緺	紨	緂	綦	絵	緅	維

緎	緟	⿰糸盈	緰	絴	⿰糸秋	緣
周晚 毛公鼎	周晚 毛公鼎；周中 播盘；周晚 克鼎；战国 陈侯因資敦	周早 沈子簋				
	春秋 石鼓吴人		战国 盟书八〇二；七九、三	战国 简、信阳；战国 望山Ⅱ 说文无，玉篇：絴，綊也	战国 简、信阳 玉篇：⿰糸秋同緧	战国 简、信阳 释名：繸，綏也 说文无，同繸，尔雅
緎	緟		緰		緧	

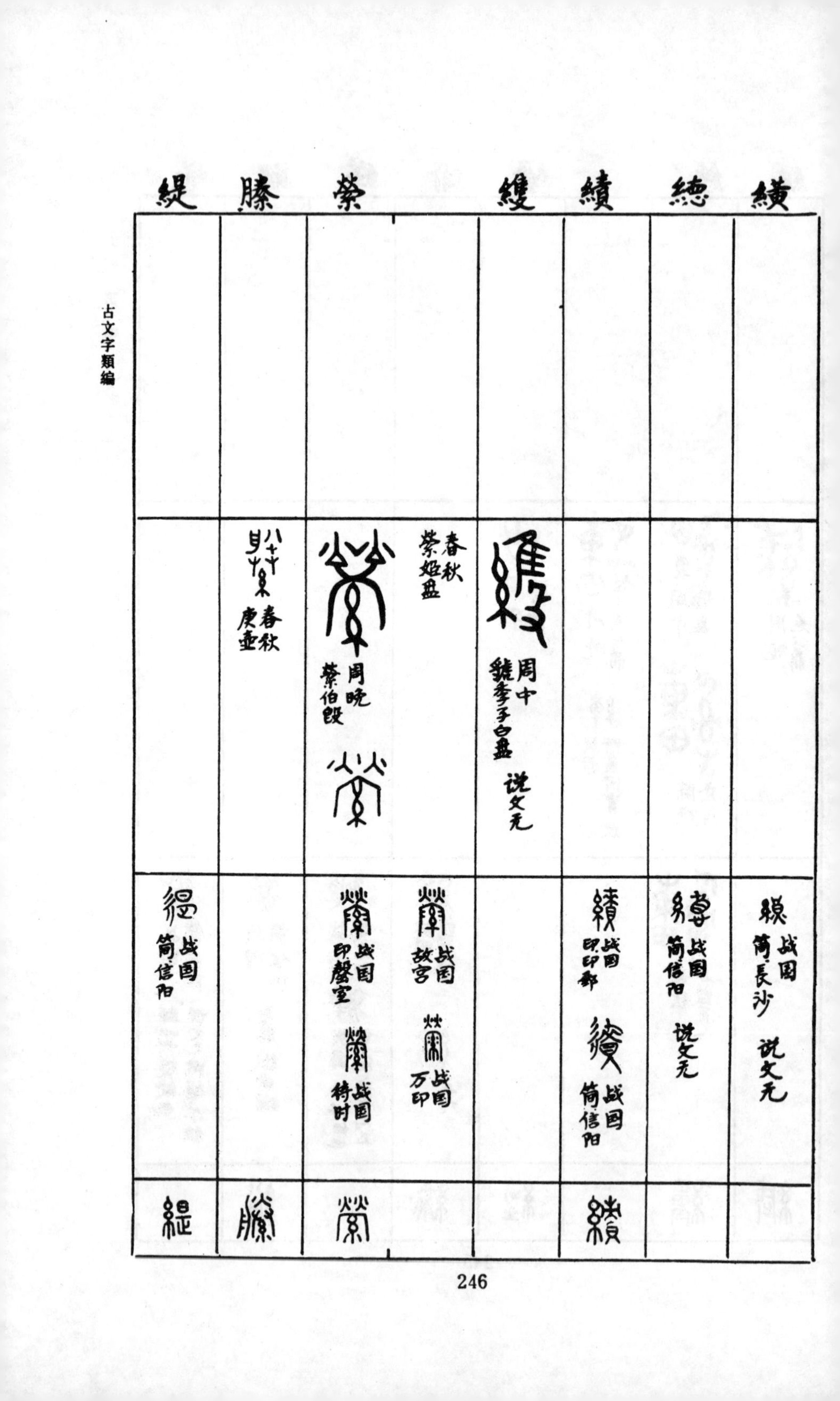

緹	縢	縈		⿰糸隻	績	総	⿰糸黄
	春秋 庚壺	周晚 縈伯毀	春秋 縈姬盘	周中 虢季子白盘 說文无			
战国 简信阳		战国 印馨室 战国 待时	战国 故宫 战国 万印		战国 印·印郵 战国 简信阳	战国 简信阳 說文无	战国 简·長沙 說文无

纁	⿰糸春	縞	⿰糸堇	繪	繰	䌈	繴
周晚 毛公鼎							周晚 毛公鼎 周晚 番生段
	战国 長沙简 說文无	战国 長沙简	战国 長沙简 說文无·類篇：織文緻密為⿰糸堇	战国 長沙简	战国 長沙简	战国 長沙简 說文无 博雅：䌈，繩索也	

繆		縷	縘	織	纏	繯	
战国 詛楚湫淵 战国 陶彙 十三·二	同上	战国 信陽 簡 战国 長沙	战国 望山 簡 縣絕索 說文无，玉篇：縘	战国 鄂君啟節	战国 明古飾 战国 长沙楚墓	战国 盟书四九·二 战国 印印举	战国 衡齋 战国 凝清

彝	繹	絶	繼	㡭
先周 周甲一 五期 后下七·四 二期 甲三九三 五期 前五·一·三 三期 簠帝四七				一期 京津二五六八 四期 粹三三五
春秋 曾姬無卹壶 周晚 克鼎 周早 矢方彝 战国 中山王方壶 周晚 鄀嫛盘 周中 頌毁		战国 中山王方壶	春秋 拍敦盖	说文无
战国 印方印	战国 陶香录十三·二 战国 盟书一五六·二四 战国 望山M2简 同上			春秋 石鼓来秋 战国 望山M2简

幽	幻	玄	幺	[illegible]	[illegible]	[illegible]
四期 粹五五〇 一期 乙七一三 三期 粹五四九						
周晚 召伯虎毁 周中 康鼎 周中 禹鼎 周晚 叔向毁	周晚 孟殘父毁 同上	春秋 壬午剑 玄鏐戈 战国	周早 吴方彝 周中 曶壶	周中 牆盘	周中 牆盘 说文充	周早 公貿鼎
战国 诅楚亚驼	战国 印魏石 战国 印文		幺与玄古同字			战国 印伏庐 战国 衡斋

𤔲	𤔏	𤔤	辭	𤔲	亂	𤔔
二期 师友二·八二						
周中 𤔲 司工丁；周晚 兮甲盘	春秋 蔡侯缶；说文无	周晚 毛公鼎；说文无	周中 𠑇匜；辭、𤔲同字	周早 盂鼎；周晚 散盘；周中 曶鼎；春秋 齐侯壶		周晚 番生𣪘；周晚 毛公鼎
说文无，金文又同司				春秋 石鼓作原；战国 陶香录垂二	战国 诅楚湫渊	

裣	表	衷	衬	哀	卒	衣	
	四期 餘五·三					五期 甲三三五 先周 周甲三	二期 粹三四 三期 甲三四八
周中 或方鼎				周早 沈子毁 周中 禹鼎	春秋 外卒鐸	周中 颂毁 周晚 袁盘	周早 天亡毁 周早 盂鼎
		战国 印文	战国 印·陈簠 衬 衫也 说文无，玉篇		战国 陶·春录八·三 同上		战国 简 信阳 战国 信阳 M2

衮	被	袗	袳	裕	裀	袍	裔
周早 吴方彝 周中 [illegible]庚鼎				周中 多壶 战国 十六年戟			春秋 陈逆簋
春秋 盟书六七·三六	战国 印·陈篚	战国 诅楚·湫渊	战国 印·盤室		战国 简·信阳 同上 衣身也 玉篇：说文无	战国 简·信阳	

第一编 古文字

裏		裘	求			[illegible]	裒
		一期 前七·六·三	一期 后下八·八			一期 后下二〇·二 一期 甲三五二〇	一期 前四·一〇·三 四期 戬四·七 五期 前二·二
周早 吴方彝 周中 录伯段	周晚 毛公鼎 周晚 师兑段	周中 卫盉 周中 又卣	周晚 不𡢁段 春秋 庚壶	周中 曶鼎 周晚 君夫段	周晚 番生段 春秋 齐镈	周晚 肇家鬲 周晚 [illegible]盨	开荒，見張政烺卜辞裒田及相关诸问题 说文无，尔雅释诂：裒多也，卜辞中裒田即
战国 简信阳 战国 望山M2	战国 陶香录八·三	古求裘同字		战国 印徐氏			

褢	裹	蓑	裨	襄
		二期 粹一三〇九 二期 河二三〇 二期 京津三六四三		
		春秋 齐镈 周晚 师寰簋 同上	周中 戒乍日庚簋	周晚 毛公鼎 周早 沈子簋 周晚 襄鼎 周中 墙盘
战国 魏石 战国 故宫 战国 印·铁云 战国 壓室	战国 陶彙录八三	战国 简天星观M1		战国 印·故宫 战国 伏庐

襄	褻	襮	襲	囊	黹	⿰黹虘
春秋 穌甫人匜	周晚 毛公鼎	周中 𢦏方鼎	周中 𢦏作日庚鼎		周中 卫鼎乙；周中 頌鼎；周中 頌簋；周晚 休盘	周中 师𩛥鼎；周中 墻盘
战国 鄂君啟节；战国 凉城四 布貨			战国 简天星观M1	战国 简信阳		

布	市	[巾金]	[吉卩帀]	巿	巾	[黹虎]
					一期 京津四三五 一期 前七·五·三	
周早 睘卣 周中 守宫盘	周晚 兮甲盘		周早 遣小子簋 [吉卩帀]古同帀	周早 盂鼎 周中 师奎父鼎 周中 颂壶 周晚 毛公鼎	周中 曶壶 周晚 师克簋	周中 [黹虎]簋 说文无
战国 简·信阳 战国 布货·四·五二 东亚	战国 印·亭市·观自 战国 陆庵	战国 曾侯乙墓衣箱刻辞 [巾金]古錦字		战国 简·望山M2		

帚	師	帝
一期 京津三〇一 一期 佚五二七 三期 后下八·七 四期 甲八六六		四期 粹一三 五期 前四·七·四 先周 周甲八二 一期 乙六五三 三期 乙一七三 一期 粹二三八 一期 前三·二一·三
商 妇好方彝 商 方彝 女帚 周早 女帚卣 周中 比𣪘	周中 颂𣪘 周中 彔伯𣪘 周中 师虎𣪘 周晚 毛公鼎 周晚 井人钟 春秋 秦公𣪘 春秋 晋公盦	春秋 戮狄钟 春秋 秦公𣪘 周晚 仲师父鼎 商 切卣 周早 井侯𣪘
	春秋 石鼓作原 战国 盟书一·六三	
帚	師	帝

常	⿰巾西	幃	幬	帛		⿰巾樂	冂
				五期 前二·二·四 先周 周甲三			
春秋 陳公子甗 战国 楚鄂陵君銅壺		周中 輔庚鼎	周中 彔伯毀 周中 輔庚鼎	周中 大毀 周晚 萬毀	春秋 者減鐘		周早 盂鼎 周早 復作父乙尊
战国 简信阳 战国 天星观M1	战国 简信阳 同上 說文无 玉篇㡟 幕也			春秋 石鼓汧沔 战国 印二百	战国 周氏 战国 擷华	春秋 石鼓汧沔 說文无	

	冓	彤	再	冉	丹
甲骨	四期 甲三八一 四期 后上二六·六 一期 铁七七二 三期 佚四八		一期 前七·一·三	三期 乙四五五八 一期 乙四五二五 三期 佚七三六	三期 京津三六四九 一期 乙六四五一 一期 乙三三八七
金文	周早 冓罍 春秋 厦叔多父盘	周中 虢季子白盘 周晚 休盘	战国 屭羌钟 战国 陈璋壶	春秋 南疆钲 春秋 庚壶 周晚 冉鼎 周晚 师寰簋	周早 庚嬴卣
战国		春秋 石鼓奉欶			战国 昔则 战国 简信阳 战国 东亚五 刀币 战国 盟书六五·七 战国 印·古印
篆	冓	彤	再	冉	丹

青	静	黄
		二期 甲一六四七 一期 前七.三二.三 一期 前一.五三.二 一期 粹一九八 一期 京津六三七
周中 吴尊 周中 墙盘	周晚 毛公鼎 春秋 国差罎 春秋 秦公殷 周晚 克鼎 周中 静殷 周中 免殷	周晚 毛公鼎 春秋 王壴 [illegible]邗 战国 因資敦 周中 师俞殷 周晚 買殷 周中 趞曹鼎 周中 免卣
战国 北京 战国 简信阳 战国 長沙帛书 战国 印.鉄云 战国 故宫		战国 印.尊古 战国 简天星观M1 战国 望山M2 战国 印.续齐 战国 長沙帛书
青	靜	黄

即	皀	艱	堇	𩒎
三期 粹一六；四期 粹四；一期 簠典九九；二期 后上一七、三	一期 前五、四八、二；四期 粹九九	二期 粹一三九五；二期 甲二二二五；一期 菁二；一期 鉄一五三；四期 京津二二三〇	一期 京津五一七；四期 粹五五一	
周晚 散盤；战国 中山王方壶；周早 盂鼎；周中 頌鼎		同上；周中 不嬰簋；周晚 毛公鼎	周晚 𤼈钟；春秋 陈曼簠；周中 頌鼎；周晚 召伯簋	春秋 叔家父簠；亡、孙子之𩒎，說文无，此作 折心往不
春秋 石鼓车工				
即	皀	艱	堇	

冟	既	𣪘	簋
二期 戬六·八	一期 乙六六七二 三期 粹四九三 二期 京津四〇二〇 先周 周甲三	二期 菁一〇·五 三期 甲一九七一 三期 粹九八七 四期 甲七五二	
周晚 毛公鼎 周早 吴方彝 周晚 师兑毁 周中 录伯毁	周晚 散盘 商 卬卣 战国 姝氏壶 周中 曶鼎	周早 令毁 周中 伯御毁 周早 沈子毁 周中 颂毁 周晚 函皇父毁 春秋 秦公毁	周中 舟毁 周中 屖毁
	三期 五六·二〇 春秋 石鼓車工 战国 盟书三·三	战国 简望山M1 毁、簋古同字	

鄉	食	飤	飴	餌
二期 前一·三六·三 三期 粹五四三 三期 拾六·八 四期 鄴三下四六·八	一期 乙一三五 一期 甲三八九 三期 佚四三 三期 粹七〇〇			
周早 天亡毁 周早 沈子毁 周晚 毛公鼎 春秋 邾公釛钟	周早 鼓奘毁 周晚 仲义昱毁	周早 父乙盉 春秋 芮公鼎 春秋 齐侯敦 春秋 蔡侯匜	周晚 茍毁 说文籀文飴作[glyph]	
战国 简信阳 战国 印陈簠 战国 古印		战国 鄂君启节 战国 印衡斋 战国 简天星观M1		战国 盟书一五三·四 说文古文作[glyph]

⿰食咸	⿰食呈	養	餗 鬻	⿰食奉
		三期 粹一五六九	佚八九五；一期 甲二九〇五；二期 铁一八〇三；三期 粹四七九；四期 粹四六六	
		商 父乎罍；商 父乙觶	商 引鼎；商 文癸鼎；商 龍母鼎；周早 母己鼎	周早 宁家簋；周中 伯康簋；周晚 散車父簋；春秋 陈曼簠
战国 信阳简 说文无	战国 盟书一五六:二 说文无. 集韵：⿰食呈，馈也	说文古文養字作	餗，说文别体作鬻	
		養	餗 鬻	⿰食奉

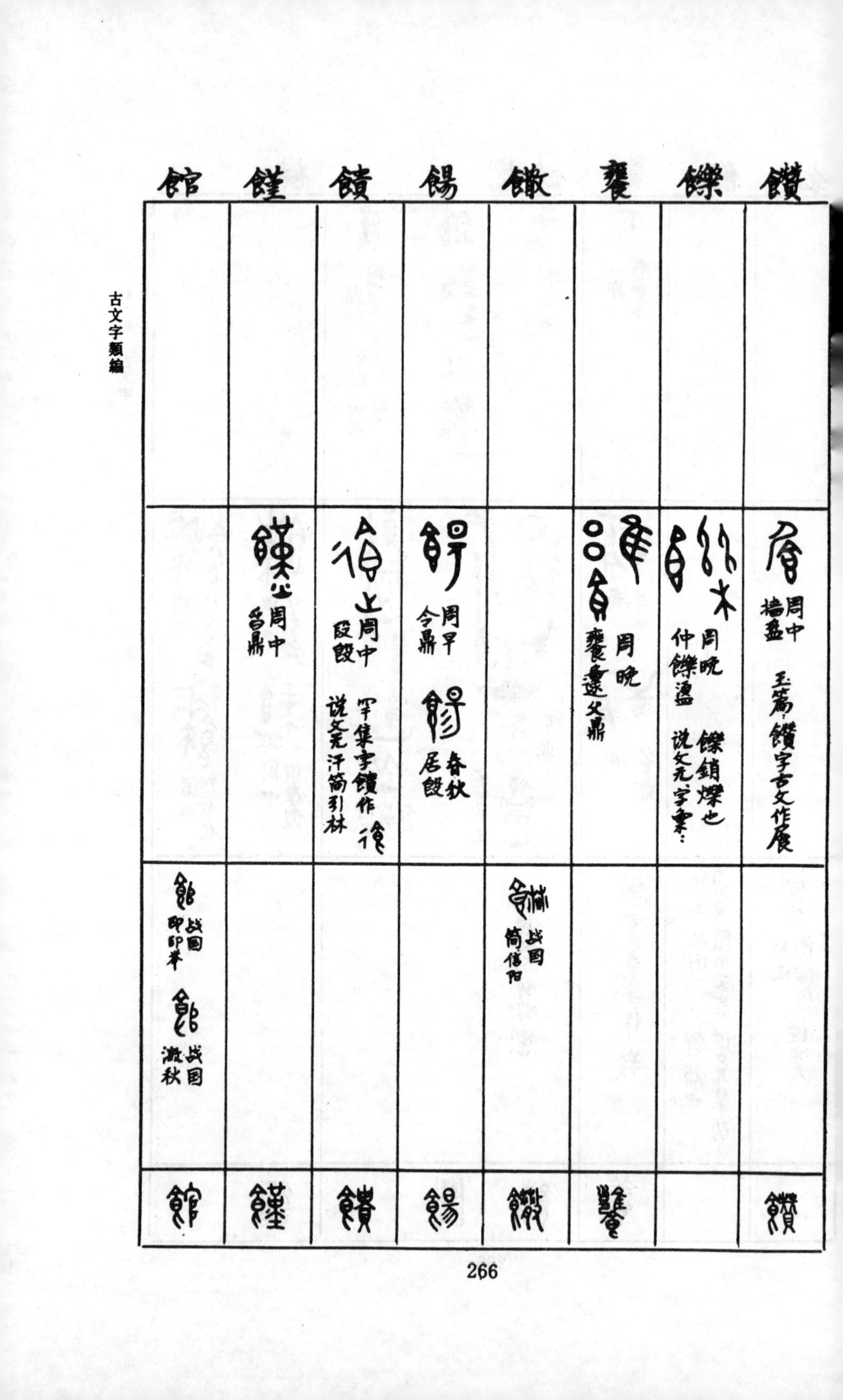

館	饉	饋	餳	饊	饔	鑠	饡
	周中 魯鼎	周中 段簋 罕集字饋作[古文字形] 說文无 汗簡引林	周早 令鼎 春秋 居簋		周晚 饔盨遂父鼎	周晚 仲鑠盨 鑠銷爍也 說文无 字彙：	周中 墻盤 玉篇：饡字古文作[古文字形]
戰國 印印半 戰國 微秋				戰國 簡信陽			

辛	𩰫	𩰪	𩰨
五期 粹一四七五；三期 粹九六二；一期 后上七·二；四期 粹三九六；二期 粹七三三			三期 粹九二三；一期 后上二·三；四期 前一·三五·五；一期 前一·九·七
战国 酓肯匜；周早 臣辰卣；商 辛爵；周中 彔毁；商 文辛鼎	周早 叔卣；春秋 孟𩰫父壶	周中 𩰪侯鼎；周早 吴方彝；周晚 毛公鼎；周中 𩰪壶	周中 彔伯毁；周早 孟鼎；周中 𩰪侯鼎；周早 𩰨卣
战国 潋秋；战国 陈簠；战国 印·铁云；战国 陶香录十四·三；战国 共墨；战国 铁云；同上	集韵：𩰫彭古作𩰫		
辛	𩰫	𩰪	𩰨

旨	辥	辤	辟
一期 乙二九八 一期 后下一·四 一期 甲三〇六五 一期 续三·二六·三	一期 铁二五五·四 一期 掇三四三 一期 佚四五五 一期 前六·四二		五期 戬三七·三 一期 甲一〇四六 一期 甲三三三八
春秋 国差𦉜 春秋 越王者旨矛 周早 匽侯旨鼎 春秋 季良父壶	周晚 郜𪓐盘 周晚 克鼎 周晚 毛公鼎	春秋 伯文辝鼎 辝作辭 说文籀文 春秋 齐镈 春秋 邾公牼钟	周晚 毛公鼎 周早 盂鼎 战国 𪉴羌钟 周中 师望鼎
战国 陶·孴录五·二 同上	战国 印·字徵		

米	良	嘗
四期 甲九〇三 一期 铁七三·三 四期 后下三三·五 四期 粹二三八	一期 乙三三三四 一期 乙二五一〇 一期 师友二·四 一期 乙七六七二	
	春秋 齐侯匜 周中 格伯簋 战国 中山王方壶 春秋 季良父壶	战国 酓肯盘 战国 酓肯鼎 春秋 蔡侯盘 战国 因育敦 周中 效卣 周晚 多伯簋
	战国 印·尊古 战国 简·信阳	嘗 楚文从示作禜 战国 简·望山M1

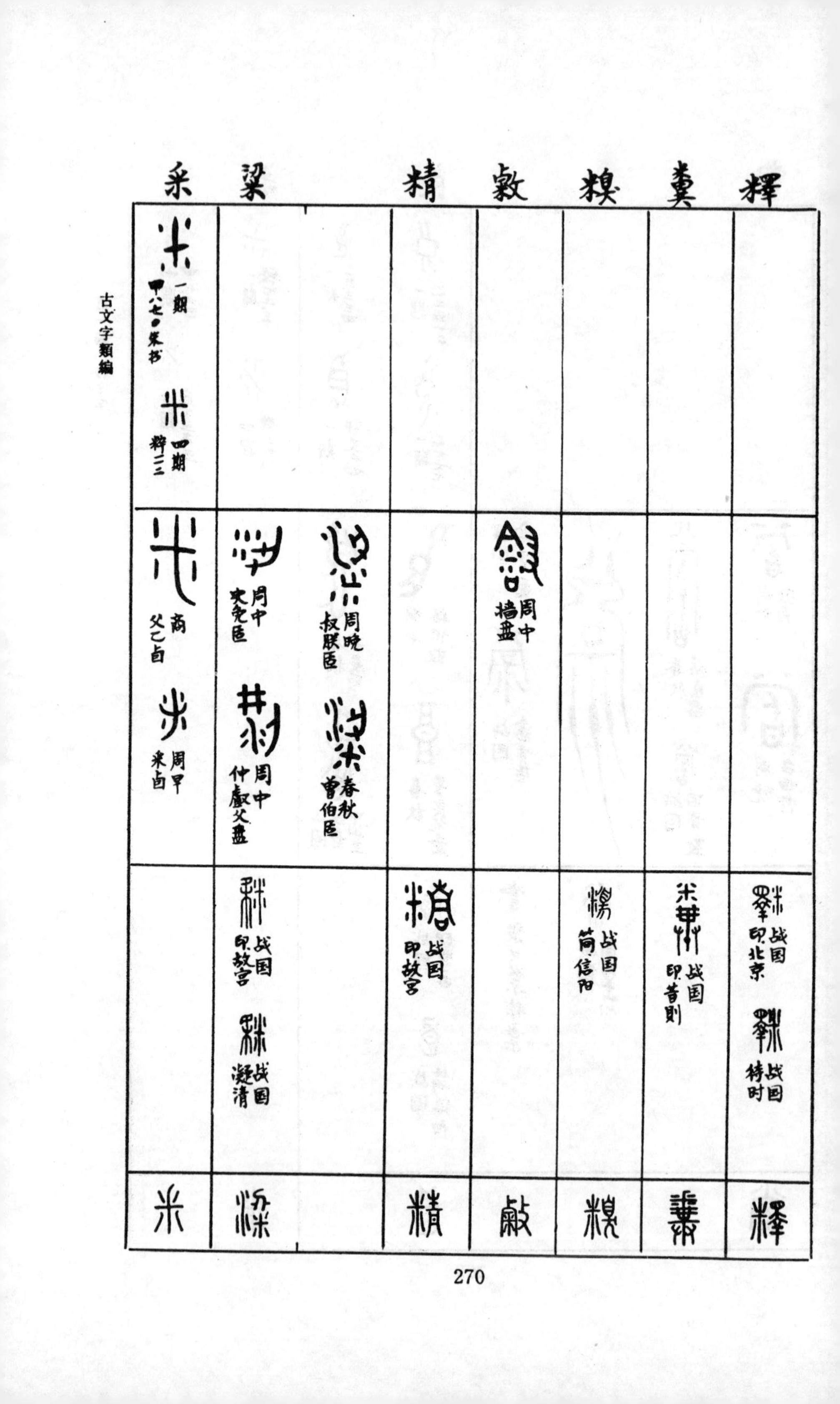

米	粱		精	糓	糗	糞	釋
一期 甲八七〇 粟於 四期 粹二二							
商 父乙卣 周早 米卣	周中 史免匿 周中 仲䱷父盘	周晚 叔朕匿 春秋 曾伯匿		周中 墙盘			
	战国 印 故宫 战国 凝清		战国 印 故宫		战国 简 信阳	战国 印 昔则	战国 印 北京 战国 待时
米	粱		精	糓	糗	糞	釋

䊮	禾	年	季
	四期 甲一九一 五期 粹八九六 三期 粹八 四期 粹九	三期 粹八五三 四期 京津五六八 一期 佚六七九 三期 甲二八三七 一期 粹八五六 一期 佚五四	一期 后上九·六 四期 甲三二三 一期 前五·四〇·三 一期 前七·四〇·二
	春秋 邾公钉钟 春秋 於賜钟 周中 曶鼎 周晚 禾簋	春秋 齐侯盘 战国 中山王圆壶 周晚 函皇父簋 春秋 邮壶 曾姬无 周中 召卣 周中 曶鼎	春秋 栾书缶 春秋 吴季子剑 周中 季鼎 周中 曶鼎
战国 印·铁云	战国 泉·续 战国 陶·集 战国 鄂君启节 战国 印·疑清	战国 香录七·二 战国 印·故宫 春秋 石鼓·田车 战国 陶·燕下都	战国 简·天星观M1 战国 陶·香录五·三 同上
䊮			

第一编 古文字

私	和			秋			稞
				一期 乙四七四一 三期 后下三三·一	四期 粹三五一 四期 五 掇二·四三		
	周晚 史孔盉 战国 陈肪毁						
战国 印·尊集 战国 故宫	战国 陶孴录二·一 战国 印·[illegible]庵	战国 番則 战国 待时	战国 待时 战国 陈簠 战国 尊古	战国 盟书三·三 战国 印·印举	战国 璧室 战国 昔则	战国 故宫 战国 疑清	战国 周氏

黍	秦	秝	秫	秭
一期 簠岁二四 二期 前三·三〇·三 一期 粹八八九 一期 乙六七二五	四期 宁沪一·一九二 四期 甲五七三 一期 后上三七·八 三期 京津三九三七	一期 林二·八·四 一期 金三九六	一期 乙三三九四 一期 乙五六五七	
周晚 仲叡父盘	战国 屭羌钟 战国 禽忎鼎 周中 史秦鬲 春秋 秦公𣪘		说文秫字别体省作	周中 曶鼎
战国 印尊集	战国 訒庵 战国 印揭 战国 陶燕下都 战国 印铁云 战国 诅楚湫渊 战国 简望山			

乘	粟	秸	稃
一期 粹二〇九；一期 乙九七一；一期 前七·三八·二；一期 佚八二五	三期 宁沪二·一〇六；三期 粹一五七四；三期 后上七·一〇；五期 后上一八·二		
周中 格伯簋；周中 虢季子白盘；周晚 克钟；春秋 匽公匜		春秋 余义钟；同上	周中 父甲簋；说文无
战国 陶香录五·五；战国 鄂君啟节；战国 简望山M2；同上；战国 印伏庐；战国 鉨印；战国 伏庐；战国 契斋；战国 古鉨	战国 印北京	战国 印陈簠；说文无 古為龢字别体	

稾	穌	穋
战国 陈猷釜 周早 罴卣 战国 子禾子釜 周晚 召伯殷	春秋 蘇公殷 周中 頌殷 春秋 滕侯盨 春秋 蘇冶妊鼎	春秋 蔡侯盘 周晚 邢人钟 周中 舀鼎 春秋 邾公华钟 春秋 秦公殷 周晚 克鼎
战国 陈簋 战国 印尊古 战国 五·四 陶孴录 战国 印文 战国 待时	战国 印文 战国 印尊集 战国 盟书一六、三三 战国 万印	
稾	穌	穋

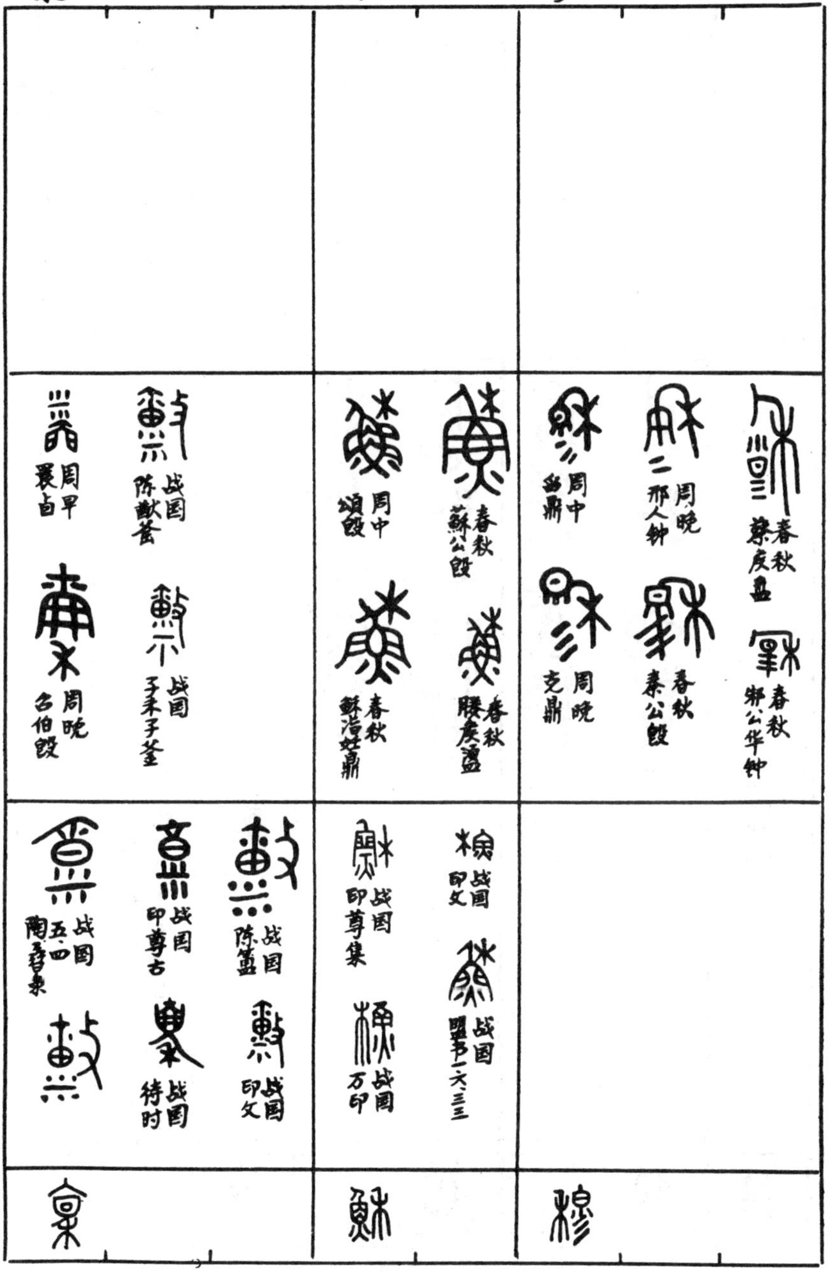

⿰禾兄	⿱亼秝	穀	稻	稽	種
五期 誠四·五五一 五期 前二·三二·五	三期 佚七四五 五期 京津四八二五				
说文无	说文无		春秋 曹子匿 春秋 陈公子甗 周中 卯毁 周中 旅嫼毁	周中 不嬰毁 周晚 师嫠毁 周早 井侯毁 周中 頌鼎	
	战国 陶·春录附二七	战国 印铁云			战国 印万印

龢	穖	木	末
一期 前二·四五·二 五期 京津四八三二 四期 宁沪一·七三		一期 库三二六 三期 京津二九七四 五期 后上三·八 二期 珠八九〇 四期 甲六〇〇	
周中 龢爵 春秋 鲁邍钟 周晚 井人钟 春秋 子璋钟	周中 段毁	周早 父丁爵 周中 格伯毁 周中 舀鼎 周晚 散盘	春秋 蔡侯钟 战国 末距悍
		战国 盟书一九四·二 战国 陶·孴录六·二 战国 简·信阳 战国 印·尊集 战国 鄂君启节 同上 战国 相高邑布 战国 尊集	

本	朱			未			求
	五期 珠三三			一期 后上七·二 二期 粹一三五五	三期 粹一四二一 四期 粹三三一	五期 前一·三三·八 先周 周甲一三	一期 乙八七二三 五期 林三·一八·一三
周早 本鼎	周早 吴方彝 周中 頌鼎	周中 彔伯毁 周晚 毛公鼎		周早 矢方彝 周中 守毁	春秋 郑公鼎 战国 陈侯因資敦		周中 求卣
	战国 盟书一九五·八 一五六·一九	战国 印·凝清 战国 哯自	战国 魏石 战国 磬室				

朽	朼	杞	𣏌	杜	杕	杙	李
		一期 乙八八九五 五期 前二·八·七	一期 后下三三·一〇 五期 后上二二·六	一期 七集六七			
周中 甾鼎		周中 杞妇卣 春秋 杞伯毁	今本说文无，唐写本木部残卷有此字	周中 师虎毁 周晚 杜伯鬲	战国 杕氏壶	周中 应侯毁	
	战国 简·信阳 朼匕也、说文无、集韵：			战国 印·北京 战国 古鉨			战国 印·吉金 战国 陶·篮

杏	杏	杠	束	束	余	杙	条
四期 甲三六二九 四期 甲八五〇	三期 后下三九·六 三期 宁沪二·一〇六		三期 甲二三八九 四期 珠四〇二	一期 乙九〇二 京津二七七九		杙 五期 前二·二九·五	一期 乙三三一七 说文无
		周早 杠觶	周中 不𡢁𣪘 周中 大𣪘	周早 孟卣 周中 㫚鼎	周早 大保𣪘 说文无		
	战国 陶春录六·二	战国 简望山M2		战国 陶春录文			
杏		杠		束		杙	

來	東	松
一期 菁五·一 五期 后上一八·六 三期 粹二四五 先周 周甲四	一期 菁四·一 三期 京津四三四五 一期 前六·三三·四 五期 佚九〇〇	
周早 康侯簋 周晚 𢾊钟 周中 长由盉 周中 曶鼎 春秋 邾来隹鬲 周晚 散盘	周早 保卣 周晚 散盘 周中 曶鼎 战国 东周左师壶	
春秋 石鼓車工 战国 陶彙三·五四 战国 布东亚二	战国 简望山M1 战国 陶彙三·六二 战国 尊集 战国 古印 战国 布货·阳高 战国 印·陈萲	战国 鄂君启节 战国 印·待时 战国 布东亚二
來	東	松

枅	枋	[木五]	析	林	果
			一期 乙二五六八；二期 河七二一；一期 乙二八二；一期 摭三五六	五期 明三七六；五期 前二八二；一期 粹七三六；二期 河六三一	一期 乙二〇八二；一期 乙九六〇
周晚 中枅父簋	战国 中山王圆壶		春秋 鄘庚簋；战国 中山王鼎；周中 格伯簋；周中 格伯簋	周晚 湯叔盘；周中 卫鼎乙；周晚 卓林父簋；周中 同簋	周中 果簋；春秋 果戈 蔡公子
	战国 印·万印	战国 印·万印；說文无	战国 印·璽室；战国 尊集	战国 盟书一五六·二；战国 陶香彔七三	战国 印·陈簠

枝	板	杯	柈	茉	采	枚
			一期 林二.六.一〇 柈.罢名 说文无.集韵:	一期 甲三五〇七 一期 前五.三.五	一期 粹一〇四三 一期 前四.四五.四 三期 粹八三八 四期 佚二七六	四期 粹一〇六〇
					周早 趞卣 周早 趞尊	周早 父乙鼎 周中 枚家卣
战国 印.陈簠	春秋 石鼓霝雨	战国 简望山M2 战国 信阳			战国 盟书三六.四 战国 印.特时 战国 陈簠 战国 陶.香录六.二	

柳	柏	葉			柞	某	枰
五期 簠游一○九	四期 佚一九五						
周中 柳鼎 周晚 散盘		周早 橋伯毁 春秋 齐镈	春秋 南彊钲 春秋 拴賜钟	春秋 栾书缶 战国 屬羌钟	周晚 柞钟	周早 禽毁	
春秋 石鼓汧沔 战国 盟书一四一	战国 印·徐茂	战国 印·碧葭			春秋 石鼓作原	战国 陶香录六·二 战国 盟书一六·三	战国 印·濱二

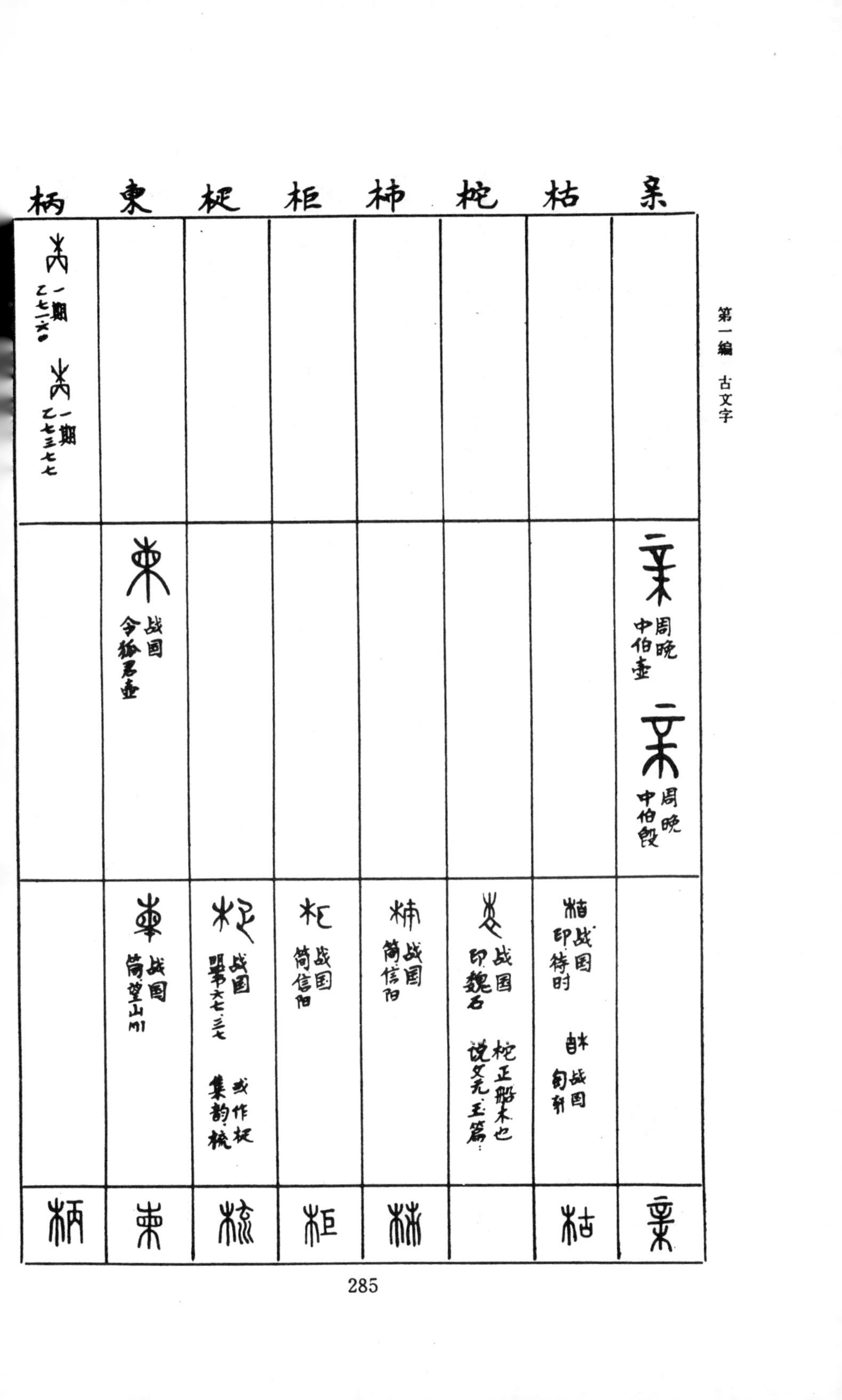

柄	柬	棖	柜	柿	柁	枯	亲
一期 乙七一六○ 一期 乙七三七七							
	战国 令狐君壶						周晚 中伯壶 周晚 中伯𣪕
	战国 简.望山M1	战国 睡简六七.三七 或作棖 集韵:棖	战国 简.信阳	战国 简.信阳	战国 印.魏石 柁正船木也 说文无,玉篇:	战国 印.待时 战国 匋.轩	
柄	柬	棖	柜	柿		枯	亲

第一编 古文字

栗		桑	臬	梠	栺	桐	集
一期 乙二七六二 一期 后下一六·一三	五期 前二·一九·三 五期 前二·一九·四	三期 前四·四一·四 五期 续三·三一·九	一期 前五·一三·六	一期 乙四二二 一期 佚七八七	先周 周甲一三一 栺 木名 说文无·玉篇		
				商 梠父乙壶 两楹间 或作梠 廣韵桭 说文无·類篇桭		周晚 翏生盨 周中 宦桐盂	周中 集尊
春秋 石鼓作原	战国 印尊集					战国 印磬室 战国 滨二	

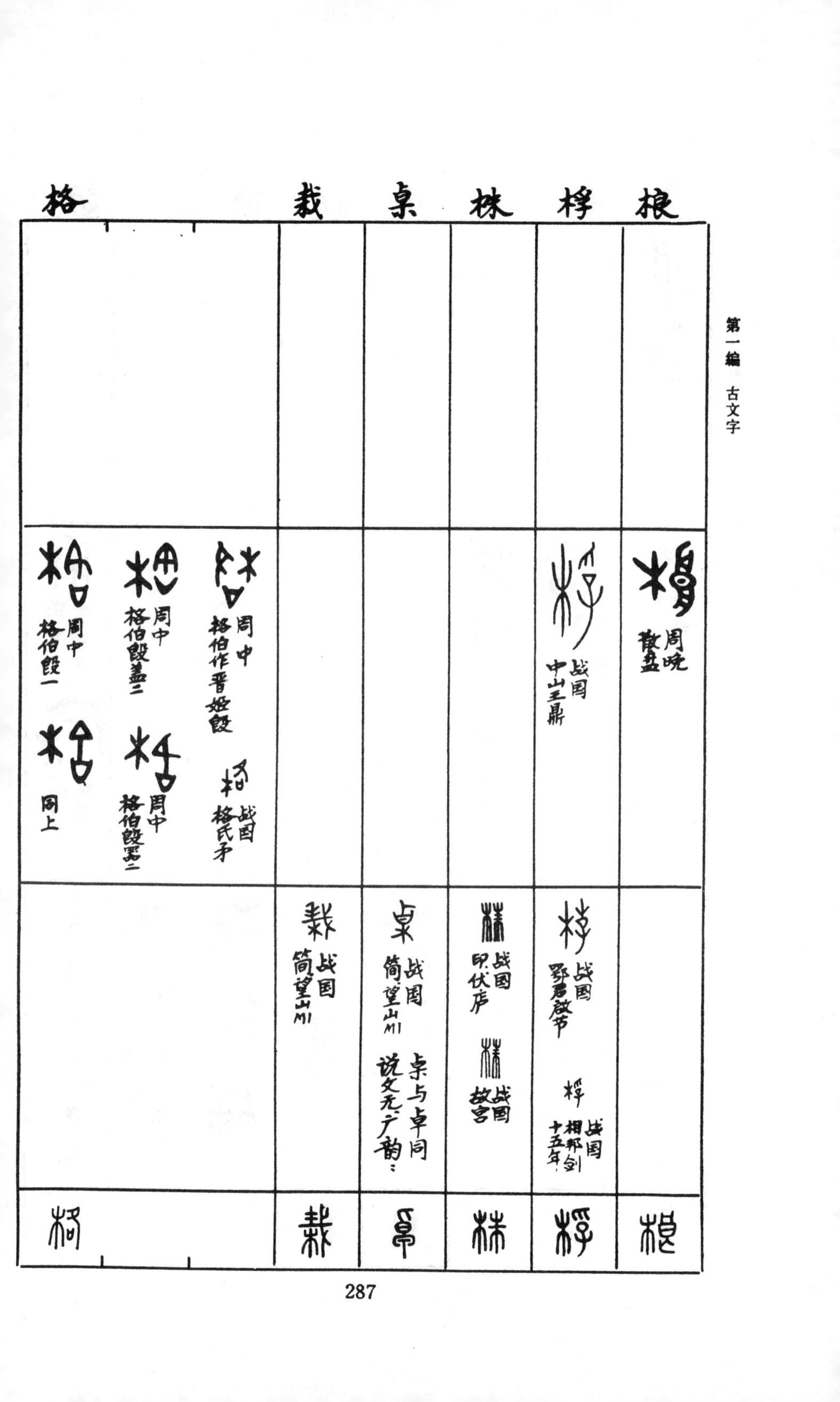

格	栽	桌	株	桴	根
周中 格伯𣪘一 周中 格伯𣪘盖二 周中 格伯作晋姬𣪘 周上 周中 格伯𣪘器二 战国 格氏矛				战国 中山王鼎	周晚 散盘
	战国 简·望山M1	战国 简·望山M1 桌与卓同 说文无，广韵：	战国 印·伏庐 战国 故宫	战国 鄂君启节 战国 十五年相邦剑	

析	⿰木甫	梩	植	桿	柖	東
						一期 掇二·一五八
周早 庚嬴卣 周晚 散盘				战国 子禾子釜 海，桿木也 说文无篇	春秋 中子化盘	战国 [illegible]料盘
旧释⿰木序 实从木斤声，当作析	战国 印·疑庵 ⿰木甫、木欂也 说文无、篇海 战国 陶·孴录六·二 同上	梩 战国 印续齐 战国 印文	战国 盟书七九·三			
		梩	植		柖	東

森	棊	棄	椃	棫	梏	棺	柖
金四七二 五期 后下三·二	一期 前二·二八·六	一期 后下二一·四 三期 后下七·三	五期 前四·四五·三 先周 周甲二三				
		周晚 散盘	商 宰椃角 周晚 伯椃殷	周晚 散盘	周中 日癸殷 周中 [illegible]壶		
		战国 印·铁云 战国 漱秋		春秋 石鼓作原		战国 诅楚湫渊 战国 印尊古	春秋 石鼓作原

字	甲骨文	金文	战国文字	小篆
提			战国 中山王兆域图；匕名，今作匙，说文无，玉篇？	
楼			战国 盟书一五六：二〇；战国 印安昌	
楢			战国 印尊集；战国 待时	
榆	一期 前三三·六；三期 甲九〇七		战国 印赫连	
棱			战国 印齐鲁；战国 尊集	
棱			战国 陶·春录六·三；同上	
椅			战国 印续齐	
棠			战国 陶·春录六·二；同上	

	樀	楨	極	楙	桑	楚
						三期 粹七三 四期 粹一三一五 三期 粹五四七 先周 周甲八三
			周早 姞亙母觶 周早 亙觶	周中 瘐钟 春秋 郑楙叔壶	周晚 叔桑父簋	周早 令鼎 周晚 毛公鼎 春秋 邻王义楚耑 春秋 余义钟 战国 楚王酓章戈 战国 酓肯鼎
	战国 印.续齐	战国 陶.香录六.二	说文古文極作亙		战国 盟书一.八五 战国 一八五.七	战国 陶.香录六.二 同上 战国 简.望山M1 战国 魏石

第一编 古文字

糟	槁	榜	榮	楊
一期 前七·二五·三；一期 前六·二七·六；一期 后上六·天	三期 拾五·三			
周早 令鼎；周中 弭伯毁		周中 智鼎	周早 盂鼎；周早 井侯毁；周中 康鼎；周中 己侯毁	
				春秋 石鼓 汧沔；战国 陶·香录六·二；战国 印·尊古
糟	槁	榜	榮	楊

榕	樂			樛	檠	榦	稟
	二期 京津三七二八	四期 后上一〇.五 五期 续三.二六.五					
	周晚 樂鼎 周晚 匜 名樂父	春秋 邾公釛钟 春秋 子璋钟	春秋 拾赐钟 战国 上樂鼎	战国 四年相邦戟		战国 中山王圆壶	周晚 散盘
战国 简信阳	春秋 石鼓而师	战国 盟书一:一四 战国 即.续齐	战国 鈢云 战国 陶六.一 香录 战国 简望山M1		战国 简信阳 檠.横居 說文无.玉篇:		战国 简信阳

橐	棘	樹	樸	檐	櫅	櫟	櫛
一期 甲二〇三 一期 林二·七·七	一期 后上二五·五						五期 林一·二二·七 五期 前四·一七·五
周晚 毛公鼎 周晚 散盘	周早 父癸爵				周中 牆盘 周中 𤼈钟	战国 四年相邦戟	
春秋 石鼓汧沔 战国 简信阳		春秋 石鼓吾水	春秋 石鼓田車	战国 龙节 战国 鄂君啟节	战国 陶·香录六·二		

檇	櫑	欒	櫝	麓	𣞘
				粹六六四 三期；甲七〇三 三期	前二.三三.一 五期；前二.二八.三 五期
檇伯毁 周早；[illegible]鼎 周中；周棘生毁 周中；檇仲毁 周中	𦉜皇父毁 周晚；父乙罍 周早；且甲罍 周早	宋公欒戈 春秋 省木		麓伯毁 周中	說文麓字別体从录
說文无	籀文作𦉪；𥂴或从缶作罍；說文櫑字別体作		诅楚湫渊 战国		
	櫑	欒	櫝	麓	𣞘

屮	屯	屯 (continued)	屯 (continued)	艸	芅	芃	芳
一期 佚八四 二期 京津四〇〇七	一期 甲二八一五 一期 后下二八·四	一期 乙四二二九 三期 摭一·三八五					四期 摭续一〇六 五期 续三·二八·五
商 屮盉 商 父戊段	周中 頌壺 周中 頌鼎	周中 頌段 周中 师望鼎	周晚 休盘 春秋 秦公段				周中 师旂鼎 周晚 散盘
	战国 鄂君啟节 战国 简信阳	战国 布貨·东亚四	战国 园钱东亚六 战国 印二百	战国 匋·孴录二·二 同上	战国 印·夢庵 大徐鈚芅唐韵音弋 从艸弋·尔雅释草	战国 印·古鉩	

芓	芊	芞	苙	芒	苩	芻	芭
战国 印·故宫 战国 简·望山M2	战国 印·铁云 战国 铁云 说文新附	战国 简·信阳	战国 印·陈簠	战国 印·待时	战国 印·印揭 集韵：苩同葩	战国 印·陈簠 战国 陈簠	战国 鄂君启节 说文所无

苛	芮	芇	芜	叒	若
				三期 佚九二七 四期 粹六八六 一期 甲二〇五 三期 佚七四五	一期 佚六八三 一期 乙七三三七 一期 甲九九〇 一期 乙六三四三
战国 酓忎鼎 战国 但匀	春秋 芮伯壶	周晚 克鼎 周晚 芇侯𣪘	周晚 番生𣪘	周中 彔伯𣪘 周晚 毛公鼎 周早 盂鼎 周中 曶鼎	说文"𠬞：择菜也"，后与"叒"字相混 周晚 散盘 同上
战国 简望山M1 战国 印续齐				说文籀文叒作[glyph]后假为若 战国 诅楚湫渊 战国 简信阳	

芑	苟	敬	荆
	一期 乙二六八〇 一期 前八·七·一 古苟敬同字		
	周早 盂鼎 周早 大保殷	周晚 师酉殷 周晚 克鼎 周晚 毛公鼎 春秋 秦公殷 春秋 邾公钎钟 春秋 楚季敬盘 春秋 蔡侯盘 春秋 吴王鉴	周早 才鼎止殷 周中 过伯殷 周中 师虎殷 周中 𫍚驭殷
战国 印·印揭	战国 印·周氏 战国 北京	春秋 石鼓吴人 战国 印·徐茂 战国 畏斋 战国 盦室 战国 昔则 战国 凝清 战国 清仪 战国 双虞	

萱	荅	茈	草	茲		荒	茅
				四期 粹一六三 五期 佚三五〇 先周 周甲五一	一期 粹七三〇 一期 乙一四五		
				春秋 者沪钟 战国 陈猷釜	用作兹彝 大保簋 周早 周晚 毛公鼎	战国 中山王方壶	战国 中山王圆壶
战国 印故宫 萱、萓美 說文天、玉篇	战国 印古纣 战国 印文	战国 印泉续	春秋 石鼓作原	战国 布亚四 兹氏布 战国 印印郾 作丝 兹、古	春秋 石鼓田车 战国 盟书一六、三		

茀	莆	芁	萛	莜	莊	莫
						佚八五一 三期 宁沪一·三七〇 三期 前四·九·二 一期 粹六八二 三期
					超亥鼎 春秋	晋公䀇 春秋 拴赐钟 春秋 父乙甗 周早 散盘 周晚
盟书一·九一 战国	盟书三四 战国 布货 东亚四 战国	石鼓马荐 春秋	印碧葭 战国 说文无。集韵：萛母，藥名	印秋母 战国	说文古文莊作	印谱 战国 简望山川 战国 印古印 战国 尊古 战国

第一编 古文字

古文字類編

華

春秋 仲姞鬲

春秋 华季盨

春秋 华母壶

春秋 邾公华钟

周中 命𣪘

周晚 克鼎

战国 印举

战国 陶春录 六三

同上

春秋 简 望山M2

战国 印钬云

春秋 石鼓 作原

春

三期 戬三三·二

三期 粹二五一

一期 菁一〇·七

一期 前六·三九·三

一期 拾七·五

一期 铁三七·三

春秋 於赐钟

春秋 栾书缶

春秋 蔡侯钟

战国 长沙帛书

战国 印上海

战国 印文

萑

一期 河五七六

一期 珠九〇五

一期 燕四八八

一期 存下五三七

蒂	蓨	葦	蒹	⿱艹栽	蔽	萃	萌
							二期 库一〇三五 三期 后下三六
						战国 郾王职戈 战国 郾王职戟	
战国 印·赫连 同蒂	战国 印·陈簠	战国 简·望山M2	战国 印·衡斋 蒹白蔹也 说文无，玉篇：	战国 鄂君启节 ⿱艹哉同栽 说文无，集韵	战国 印·尊古	战国 印·尊集 战国 尊古	

蒦		蕢		蒼		蓋	蒃
春秋 鄭叔蒦父鬲	春秋 鄭井叔鬲	春秋 鄦子蕢妻鼎	蕢同蕡 集韵。說文无。			春秋 秦刻文 秦公殷 战国 畲忎鼎	
战国 陶.香录一三 同上	战国 印.鈢云 战国 陈簠			战国 印.衡斋 战国 磬室	战国 磬室 战国 印丛	战国 印.待时	战国 契斋 战国 故宫 蒃 草名 玉篇。說文无。
蒦				蒼		蓋	

殺 蔡	蔖	薛	蕃	蓼
一期 菁二 有杀二；一期 前五.四〇.三；一期 戬三三.九；二期 粹三〇二 殺十牛二	五期 金四九三；五期 后上六.九			
周晚 蔡姞簋；春秋 蔡大师鼎；春秋 蔡侯䌛鼎；春秋 蔡侯戈；春秋 蔡侯产剑；春秋 蔡侯产剑二	同蘆、说文无、集韵蘆草名	周中 䝞薛尊；春秋 薛侯鼎；春秋 薛侯盘；春秋 薛侯匜	春秋 蔡侯盘	周晚 瞏土父鬲
战國 盟书一五六.二四；战国 一五六.二〇；同字、卜辞又假为祟；石经古文蔡作 、蔡殺古；说文古文殺作 魏三体				

藾	薰	藿	藹	蘭	藥	蕱	蘇
					周晚 藥鼎	战国 鱼鼎匕 说文无	春秋 寡兒鼎
战国 简望山M1 当為藾字古体	战国 简信阳	战国 印陈篮 战国 印揭	战国 璽室 战国 侍时 说文无	战国 布货东亚四			

䓿	蒐	蒿	蕙	薶	蔿
五期 佚九九五		二期 掇二·三四 五期 甲三九四〇 五期 菁五·一〇 先周 周甲二〇	一期 菁二·四	一期 前一·三二·六 一期 佚二〇·三 一期 前七·三三·三 四期 甲八九〇	
周早 井侯簋 长沙人谓之䓿 说文无，方言苏	战国 中山王圆壶	春秋 曾姬無卹壶 战国 中山王圆壶	周晚 毛公鼎		周晚 叔朕匿 春秋 鄦登伯鬲
	战国 盟书八五·一〇 六七·八	战国 印古鉩			春秋 石鼓乃蔿

舊	雚	㝱	夢	蔑
三期 甲二五二六；五期 前二·五·二；一期 前四·五·四；一期 后二·二·五	三期 后二·六·六；四期 后二·六·八	四期 甲六九〇；四期 后一·六·四	一期 后二·三·八；一期 前六·三三·二	三期 佚七七七；三期 佚八二八；一期 甲八八三；一期 前一·五二·三
春秋 邾公华钟；战国 中山王方壶；周晚 盠驹尊；周晚 兮甲盘	周早 王之觚；周中 御尊；周中 效卣；周早 雚女觶			周中 长由盉；周中 师餘毁；周早 保卣；周早 庚嬴卣
	战国 印·遇安；战国 续齐		战国 印·尊集	战国 印·演二

竹	竽	⿱竹介	筀	笱	笒	筍	筥
战国 中山王圆壶					周晚 社簋	周晚 伯筍父盨 春秋 郑筍父鬲	春秋 莒小子殷
	战国 简信阳 战国 陈盘	战国 简信阳 同芥	战国 简信阳	战国 简望山M2 同上			

箕	竺	[illegible]	篓	荼		節	
战国 菅箕鼎	说文无 尔雅释训·竺，厚也						战国 陈猷釜 战国 子禾子釜
战国 印北京 箕写作 竺 汗简引尚书	战国 盟书一·七 战国 印·陸庵	战国 简信阳 集韵[illegible]同箇	战国 简信阳	战国 北京 战国 鉩	战国 印·磐室 战国 续齐	战国 东亚六 齐刀货 同上	战国 鄂君启节 战国 陶五·二 香录

古文字類編

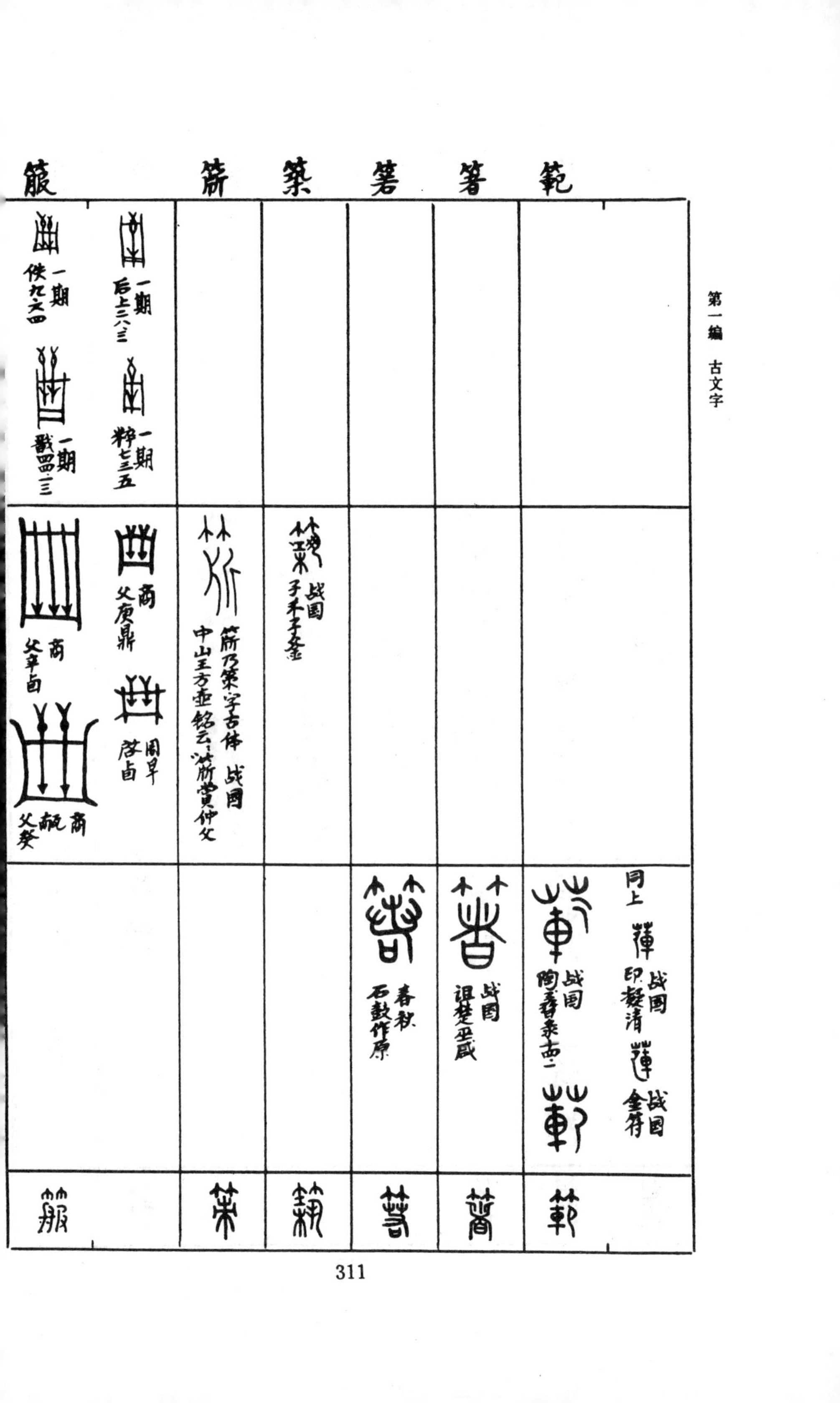

箙		⿱竹析	築	箸	箸	範	
一期 佚九六四 一期 戬四四·三	一期 后上三八·三 一期 粹七三五						
商 父辛卣 商 父癸觚	商 父庚鼎 周早 啓卣	战国 中山王方壶铭云："⿱竹析乃策字古体 ⿱竹析赏仲父"	战国 子禾子釜				
				春秋 石鼓作原	战国 诅楚巫咸	战国 陶彙三·二	同上 战国 印·疑清 战国 金符

篚	筮	簟	籓	簴	𥳑	笄	篜
战国 中山王方壶	周中 史懋壶 魏三体石经作	周晚 番生簋 周晚 毛公鼎	春秋 齐镈 说文无	春秋 中鼎 春秋 中子平钟	春秋 𥳑侯簋 莒，春秋国名 𥳑同筥，经传作		
	战国 鄂节三〇三·一 战国 一西三	战国 鄂节一·五七				战国 简天星观M1	战国 简信阳 说文无

盂	血	皿	盞	簡	簡
五期 甲三九三九 三期 粹七七九 五期 后上一八·六	二期 鐵五〇二 二期 前六·三三·二 四期 粹三	三期 前五·三·七 三期 甲二四七三			
春秋 王子申盞盂 周晚 虢叔盂 周早 盂鼎 周中 大鼎 春秋 鄦公鼎		战国 廿七年皿			
	战国 陶·春录五·三	战国 陶·春录五·二 战国 季木 八二·三	春秋 石鼓·汧沔 说文元	春秋 石鼓·田車	战国 信阳简 簡·音韋 说文元·集韵
盂	血	皿		簡	

孟	盆	㿽	盡	盉
商 父乙孟觚 周晚 香壶孟生 周中 不嬰簋 春秋 鄦公鼎	春秋 曾大保盆 春秋 𨟭子仲盆	战国 畲忎鼎	㿽亦写作盡	周晚 季良父盉 周中 免盉 周晚 伯庸父盉 周晚 員盉 周晚 伯𩠐盉
战国 盟书一·三二 战国 印谱 战国 印举 战国 印璧室		战国 陶香录五·三 战国 简望山二 战国 盟书五二 盟书六七 战国 简望山二	战国 信阳 战国 印尊集 战国 故宫	

盛	葐	益	盌	盄	⿱各皿
三期 后下二四三		二期 续五二九四 二期 粹五八九			
春秋 曾伯匿 春秋 盛季壶 周中 史免匿 春秋 季良父壶	周中 静卣 说文无	周晚 苏伯毁 春秋 益公钟 周晚 畢鲜毁 周晚 盠方彝	战国 右里盌	周晚 克鼎 战国 令瓜君壶	春秋 杞伯⿱各皿 ⿱各皿同盄 说文无、集韵：
战国 燕陶 战国 印 故宫 战国 待时		益字别体 战国 印 古鉨 战国 金 符	战国 陶 孴录五三	春秋 石鼓 霝雨	

監

一期 后下九·三 · 一期 京都四二一 · 三期 宁沪一·五〇〇 · 四期 佚九三二

春秋 鄧孟壺 · 春秋 攻吳王鑑 · 周早 应監甗 · 周中 頌鼎

战国 简信阳 · 战国 望山 · 战国 陶香录八·二

盡

一期 前一·四五·一 · 二期 前一·四五·三 · 一期 前一·四四·六 · 一期 前一·四四·七

战国 中山王方壶

战国 盟书三·二 · 三·一

盞

春秋 王子申盞 · 战国 大府鼎

战国 简·望山M2

説文无·广雅释器：盞，盂也

盟

四期 京津七五五 · 四期 粹七九 · 二期 后下三〇·一七 · 四期 宁沪一·一五·六

周中 师望鼎 · 春秋 蔡侯盘 · 周早 盟弘卣 · 周早 鲁侯爵

二〇〇·二 · 战国 诅楚·湫渊 · 战国 盟书七七·七 · 一九五·七

盜

春秋 秦公镈

盤	䑣	盥	盨
一期 戩四五·一		一期 拾三·二四 一期 后下四一·一〇 四期 前六·六二·八 四期 京津三〇八五	
周中 虢季子白盘 春秋 伯戾父盘 春秋 蔡侯盘 春秋 中子化盘 春秋 沇儿钟 战国 畬志盘	春秋 中子化盘 战国 袁成叔盤	春秋 齐侯匜 春秋 夆叔匜 春秋 蔡侯缶	周晚 杜伯盨 春秋 荀伯盨 春秋 白父盨 春秋 虢仲盨
战国 简 望山M2 同上	说文无		

盦	[蒀皿]	[𨑢皿]	[匚古]	盬
	春秋 晋公盦 说文无，亦作甗，方言：甂，秦旧都谓甗	春秋 秦公𣪘 说文无	周中 史免匠 春秋 𩞁叔匠	春秋 铸公匠 战国 大府匠 春秋 季宫父匠 春秋 鲁士匠 春秋 商丘叔匠 春秋 妹𧿹匠 周晚 伯公父匠 春秋 铸子匠
战国 盟书一五六:二〇 战国 印·碧落			战国 印·燕陶 战国 燕陶	匠，即说文之盬，盛稻粱器，经传作胡
盦			盬	

𥃀	𥁰 盧	蠱	𥁕	𥂋	盨	盡
		一期 乙九二六 一期 前六·四二·六				
周中 疾𥃀 敔伯 春秋 厚氏𥃀	周中 叔鼎 周中 鼎 季𥂋 周晚 仲𪓑父鬲 盧或作𥁰		春秋 㡿敖𣪘	周中 𥂋卣	周中 大鼎 周中 大𣪘	周早 父辛卣
		战国 盟书一〇五：二				

釜	匋	缶	𧇊	盩
		一期 后上九·七 一期 粹一二七五 一期 乙五一三 二期 前三·三三·四		
战国 陈猷釜 战国 子禾子釜	春秋 荀伯盨 春秋 印君壶 周中 番父盉 周中 蓋伯毁	春秋 蔡侯缶 春秋 栾书缶 周早 缶鼎 周中 倗缶毁	周中 觑鼎 说文无	周中 疾钟 说文无
战国 陶香录三·二 战国 印尊集	战国 周氏 战国 特时 战国 燕下都 战国 印尊集 战国 陶香录五·四 同上	战国 香录五·三 战国 简望山M2 战国 陶燕下都 战国 燕下都		

匠	匹	匡	匸	[钅霝]	[钅詹]	鎣	鉼
			一期 铁五九五 四期 粹三八六				
	春秋 匹君壶 说文无	周中 曶鼎 周中 禹鼎	周早 且乙鼎 周早 匸宁鼎	春秋 仲义父[钅霝]	春秋 国差[钅詹] 从瓦作甔 说文无，广韵	春秋 伯百父鎣	春秋 孟城鉼
战国 印衡斋		战国 印铁云 战国 周氏					

區

三期 宁沪一·三四〇

一期 甲五八四

一期 甲一〇五四

战国 子禾子釜

战国 香录十二·二

战国 盟书一·四六

战国 印北京

战国 陶香录十二·二

區

匽

商 匽爵

周早 乘鼎

匽

匹

周中 舀鼎

周晚 兮甲盘

匹

匬

一期 京津一五三三

匬

匜

春秋 楚嬴匜

春秋 蔡侯匜

春秋 甫人匜

春秋 鳥叔匜

周中 史頌匜

春秋 鄭伯匜

匜

匜	匵	医	⿷匚壬	⿷匚文	⿷匚四	⿷匚昌	⿷匚焉
		一期 天九六 五期 前二·二三·一					
战国 陶·香录 附三四 用、当作匜 古多它通	战国 曾侯乙匵 匵、古器也 说文无、玉篇	战国 印·枫园	战国 印·夢庵 说文无	战国 印·伏庐 说文无	战国 印·铁云 战国 凝清 说文无	战国 印·待时 说文无	战国 印·铁云 说文无

鼎 貞 眞 鼒

一期 甲二六五一
一期 前七.三九.二
一期 前七.三五.二
二期 后上一九.三
三期 后上四.一六
四期 乙九〇七三
四期 粹五〇五
五期 后上一五.三
先周 周甲十三
先周 周甲一二三
古貞鼎同字
三期 宁沪二
三期 粹三七二

商 鼎卣
周早 盂鼎
周中 頌鼎
周中 大鼎
周晚 圅皇父鼎
春秋 鄀討鼎
春秋 戓鼎 鄀伯御
春秋 蔡侯鼎
战国 會志鼎
战国 鼎 會肯
战国 右官鼎
战国 中子鼎
春秋 季眞鬲
周早 康季鼎

战国 印赫连
战国 七.五一 陶文编
战国 季木七〇.二
战国 简信阳
战国 陶香录三.四
战国 印尊古
战国 魏石

鼎 貞 眞 鼒

豆	鬳	鬵	𪕀	𪔂	鼏
四期 后上六、四；一期 乙七九七八；三期 甲一六三三	一期 乙三八〇三	一期 菁一〇、六；先周 周甲一；一期 簠文五〇；一期 京津二二三			
周晚 散盘；春秋 周生豆；商 宰甫簋；周中 豆闭簋	周中 釐鼎；周晚 趠鼎	周晚 鄧孳簋；春秋 曾仲遊父鼎；商 宰甫簋；周晚 克鼎	周中 茀[illegible]鼎	春秋 蔡侯𪔂	春秋 秦公簋；春秋 國差𦉜
战国 简信阳；战国 陶香录五·二；同上	说文无	说文无，玉篇𪔖鼎煮也	𪕀，礼书作蒸，或脀，又同𪔂。说文无，此字从鼎从蒸，当写作	礼中所用鼎之专名。说文无，𪔂乃大牢或少牢	
豆					鼏

豈	𧯛	登			豎		
	三期 宁沪一·三三二 三期 京津四四六二	一期 前五·三·二 一期 林二·五·九	一期 燕六六四 三期 掇一·三八五	一期 铁三八·四 四期 粹一六六			
		周晚 散盘 春秋 姬鼎	春秋 鄧公𣪘 战国 陈侯午敦	商 李父丁觶 春秋 鄧孟壶			
战国 印·尊集	战国 印·铁云	战国 盟书三·二五 战国 印文	战国 金符 战国 简·望山M1	战国 陶·香录二·二	战国 盟书一·九二 一五六·二七	二〇〇·三九 战国 印·印揭	战国 陈簋 战国 周氏
豈	𧯛	登			豎		

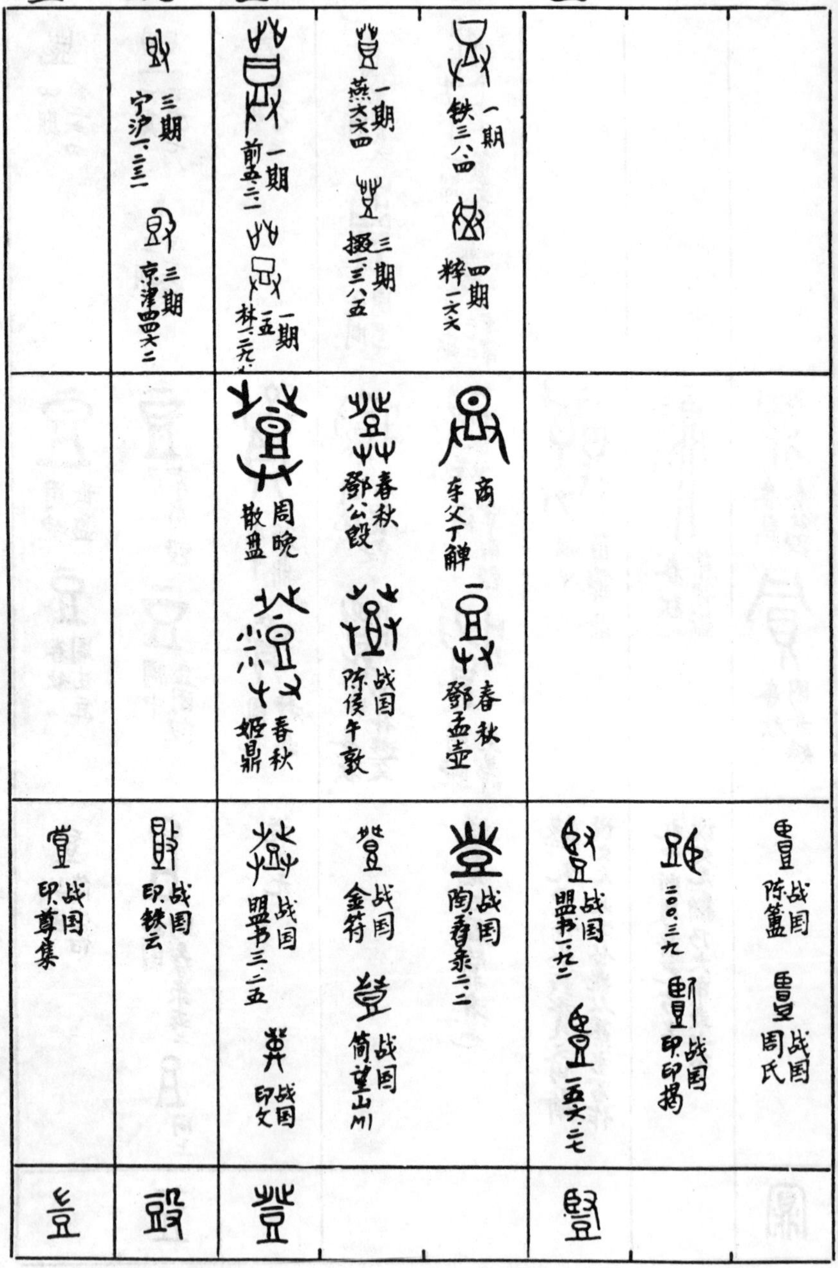

鬲

三期 粹五四三

五期 明藏六二五

一期 乙二五四四

三期 甲二三三二

春秋 制伯高

周晚 多仲高

周早 令段

春秋 季真高

春秋 邾伯高

周早 盂鼎

战国 布貨东垩

战国 陶咸阳

豐 豊

先周 周甲五一

四期 粹二三二

四期 甲二七四四

一期 宁沪三三四

三期 粹五四〇

周中 穆[illegible]簋 長由盉

周早 小臣豐卣

周早 天亡段

周中 瘐钟

周早 豐尊

周晚 散盘

古豐豊同字

战国 印徵·豊

战国 陶文编 五·三三

蒸

一期 甲九九四

五期 前四·二〇·七

一期 佚六六三

周中 大师虘豆

周早 盂鼎

周中 段段

同上

蒸之本字 甲骨金文均作奉米之形即 说文作 [glyph] 误米为釆谓豆属

字头	甲骨文	金文	说明
[illegible]		春秋 陈公子甗	说文无
[illegible]		春秋 邻王鼎	说文无
[illegible]		春秋 叔夜鼎	说文无
[illegible]		周晚 樊君鬲	说文无
[illegible]		周晚 毕麻家鬲	[illegible]鬲大鼎也 说文无,玉篇:
[illegible]		春秋 叔夜鼎	说文无
鬳	一期 前七.三七.二 三期 甲二○八二 一期 后下七.五 四期 后上二七.一○	商 鬳戈 春秋 王子寿甗 周早 见甗	

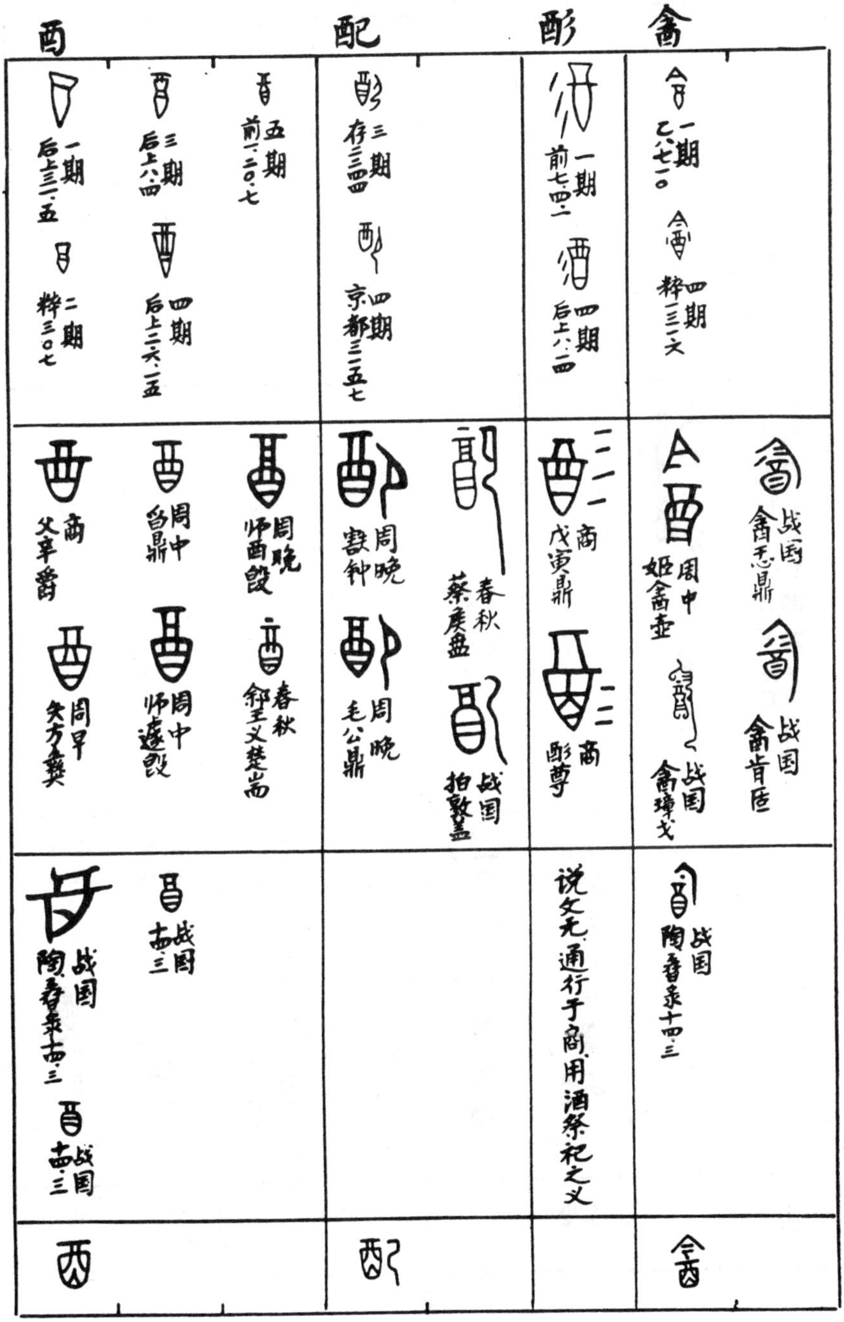

酉	配	酉彡	酓
一期 后上三·五；二期 粹三〇七；三期 后上八·四；四期 后上二六·一五；五期 前一·二〇·七	三期 存三·三四；四期 京都三三五七	一期 前七·四·二；四期 后上八·四	一期 乙八七一〇；四期 粹一三一六
商 父辛爵；周早 矢方彝；周中 曶鼎；周中 师遽殷；周晚 师酉殷；春秋 徐王义楚耑	周晚 㝬钟；周晚 毛公鼎；春秋 蔡侯盘；战国 拍敦盖	商 戊寅鼎；商 酉彡尊	周中 姬酓壶；战国 酓璋戈；战国 酓忑鼎；战国 酓肯匿
战国 陶香录十四·三；战国 十四·三；战国 十四·三		说文无，通行于商，用酒祭祀之义	战国 陶香录十四·三

酢	醒	酷	[illegible]	酓	[illegible]	醜
春秋 郐王義楚耑 战国 王子臸鼎	战国 中山王方壶 说文无					
		战国 陶孴录十四·三 战国 十四·三	战国 陶铁云 [illegible]即酒之别体	战国 陶孴录附三八 说文无	战国 陶孴录六·四 与从邑同 古鄭字从土	战国 盟书三二 五六·三 五三 九二·五
酢		酷				醜

酨	[illegible]	[illegible]	[illegible]	醴	[illegible]	醘
						一期 铁五九·三 一期 后下三三·六
商 驭八卣 酨：酒色 说文无、集韵	周晚 酌伯鬲 说文无	周早 盂鼎 又同擾 无敢[illegible]	春秋 鄦侯段 二 战国 中山王方壶	周晚 觴仲多壶 春秋 曾伯陭壶 周中 大鼎 周中 师遽方彝	周早 盂鼎 沛酒，又同酣 说文无、集韵：酤未	醘字古形，乃古之刑法
			说文无、广雅释器：[illegible]、[illegible]酒也			

壴		喜			彭		封
一期 甲二四〇七；一期 粹五三三	一期 乙四七七〇；四期 佚三三三；先周 周甲二〇	一期 粹四六六；一期 粹四六八	二期 前二·二三；二期 粹三三二		一期 前五·五二；一期 后上九·五	三期 佚二七八；三期 甲三三七	
春秋 王孙钟		周早 天亡簋；周晚 史喜鼎	春秋 𠭯叔盘；春秋 子璋钟		周早 彭史尊；周中 魚伯彭卣	周晚 揚鼎；周晚 彭姬壺	周晚 𩁹仲簋
战国 印北京		战国 盟书一〇五·五〇；一〇〇	战国 陶香录五·二；同上	战国 印·待时；战国 盤室；战国 秋萝	战国 鄂君启节；陶	战国 香录五·二	
壴		喜			彭		封

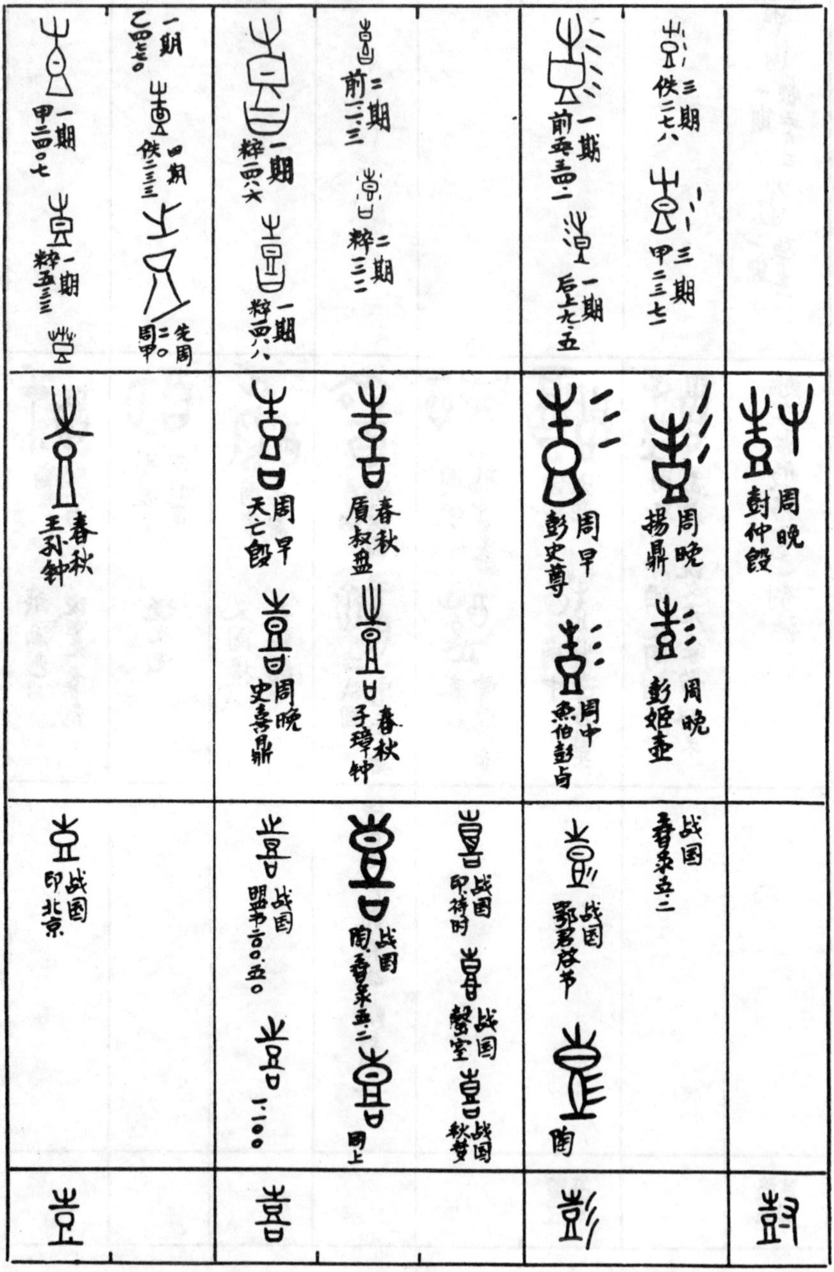

鼓	嘉	臼	臾	旨
一期 乙六三；三期 甲二五四；三期 甲二二八八；四期 佚一〇六	五期 前二.八.二；五期 京津五五五二；五期 前二.七.六；五期 粹三九六			一期 续二.六.四
商 鼓觶；春秋 齐侯壶；周晚 克鼎；春秋 沇兒钟	周晚 嘉壶；春秋 嘉宾钟；春秋 王子申盏盂；春秋 嘉姬鼎；春秋 沇兒钟			周晚 㝬钟
战国 信阳简	春秋 石鼓吾水；九五.一；九四.一；三六.三；九二.五；战国 盟书三.二	战国 陶.孴录七.二；战国 王陵出土 石刻.中山	战国 印.侍时；战国 故宫	

春	舄	舟	般
一期 簠采五二；三期 鄴三下四二·六		四期 粹一〇五九；一期 前七·二一·三；四期 粹九〇二	四期 甲五九〇；五期 前一·二五·四；一期 乙九六三；三期 甲三三〇六
周中 伯春盉	周中 师虎𣪘；周晚 师嫠𣪘；周中 [illegible]麦鼎；周中 师晨鼎；周早 盂鼎；周早 矢方彝	周中 舟𣪘；周中 洹秦𣪘；商 父丁卣；商 父壬尊	周晚 兮甲盘；春秋 齐侯壶；周中 般甗；周中 颂盘
		战国 陶香录八·三；春秋 石鼓霝雨；战国 鄂君启节	
春	舄	舟	般

古文字類編

𠬝服		船	舫	前	朕		
一期 粹四四七；四期 乙三五	五期 林二·三·五；古𠬝服同字				一期 佚文；一期 甲三四九	一期 乙八三六八；三期 粹一三四	四期 甲三二〇四
周早 盂鼎；周晚 㝬钟	周晚 毛公鼎；周晚 克鼎	春秋 南疆鉦		周中 追段；周晚 兮仲钟	周早 盂鼎；周中 頌鼎	周晚 师嫠段；周晚 噩侯段	春秋 秦公段；春秋 剑 吉日壬午
			春秋 石鼓霝雨				

䐗	賸	朝	彡	艅
			一期 甲八七〇 一期 鉄二四九·二 二期 佚二三 四期 粹一〇九 五期 佚五六八	
周晚 䐗伯毁 说文无	春秋 王中妫匜 春秋 伯庆父盘 春秋 賸鬲 郑伯作 春秋 陈伯元匜	周早 盂鼎 周晚 克盨 周晚 芇伯毁 战国 右库戈 朝訶 战国 因資敦	商 文父丁毁 商 艅尊 商 卯卣	
		春秋 石鼓吴人 战国 即·陈盖 战国 尊集 战国 简 天星观 M1		战国 鄂君启节 说文无

媵	滕	車
		一期 明二九〇六 一期 京津二六二二 一期 拾三.一六 一期 存七四三 一期 乙三三四 一期 甲一〇〇三 一期 菁三.一 一期 菁三
春秋 匹君壶 春秋 子盘 子氏叔	春秋 郑伯御戎鼎 春秋 滕虎毁 战国 滕侯耆戈 春秋 滕侯盨	商 車卣 周晚 克钟 周晚 铸公匿 战国 子禾子釜 周中 彔伯毁 周晚 扬鼎 商 车觚 周早 盂鼎
战国 印.铁云 说文媵同佚	经传作滕 滕说文无春秋国名	说文籀文車作𨏻 战国 鄂君启节 战国 简望山M2 战国 尃集 战国 印文 春秋 石鼓車工 战国 印.万印
		車

軍		庫		軒	斬	轂	
春秋 庚壺 战国 郾右軍矛	战国 郾庚矛 战国 中山王鼎	战国 朝诃右庫戈 战国 右庫戈	战国 郑九年矛 战国 郑卅三年剑			周早 吴方彝 周中 彔伯毁	周晚 毛公鼎 周晚 叏盨
战国 陶燕下都 战国 印陈簠	战国 陈簠 将军之钚 战国 昔则			战国 印陈簠 战国 字徵 战国 简望山M2	战国 印文		
軍		庫		軒	斬	轂	

軫	⿰車它	⿰車加	⿰車占	⿰車合	輅	⿰車名	輨
周晚 番生殷	战国 楚王酓璋戈 说文无，玉篇：⿰車它，車疾驰也						
		战国 盟书二〇三：七 战国 印.閒氏 说文无	战国 印.凝清 战国 尊集 说文无	战国 简.望山M2 说文无	战国 印.觀自 战国 陆庵 战国 印.举	战国 盟书一：六九 说文无	战国 印.鐵云

輸	[車隹]	輦	輔	載	軔
		商 姒癸卣	春秋 輔伯鼎；战国 中山王方壶；周晚 师嫠殷器；周晚 师嫠殷	春秋 夜君鼎；春秋 郾庚殷；春秋 郾庚矛；金文 庫同載	
战国 诅楚亚驼	战国 印·天津；战国 北京；雉字盛鞄 說文无 玉篇		战国 字徵 从攴作敎；战国 盟书 六一；战国 印·金符	战国 天星观M1；战国 鄂君启节；战国 简 望山M2	战国 印·陆庵；战国 续齐；軔，彩也 字彙補 說文无、
輸		輦	輔	載	

輿	轉	輟	轙	輘	輦
一期 佚九四五 一期 掇二·六二					
	周晚 克盨 周晚 轉盘		周晚 番生𣪘 周晚 师兑𣪘 周晚 毛公鼎	战国 右輘车饰 说文无	商 輦𣪘 说文无
	说文无 集韵：轉车下索也	战国 盟书一七九·五 说文无			

輕	刀	刅	分		㓝	削	
	一期 粹三八四 一期 粹二八		一期 前五·四五·七 一期 续六·二五·九	二期 铁三六·四		一期 前七·九·四 一期 前六·五五·五	一期 前六·三〇·二 一期 粹二五七
		商 刅觶 周中 刅壶	商 父甲觶 周早 巳侯貉子毁	周晚 鬲攸从鼎 春秋 邾公牼钟	周晚 散盘 战国 子禾子釜		
战国 简天星观M1			战国 东亚三 晋阳分布 战国 东亚三 兹氏分布	战国 陶.香录三·二 同上	战国 印.铁云 战国 尊集		
輕							

	列	制	利	则
		一期 乙二三六二 一期 乙四七六	一期 粹五〇五 二期 佚八七八 三期 菁一〇·六 三期 铁一〇·三 四期 粹六七三 五期 后下一六·八	
		周早 父辛卣 春秋 晋公簋	周中 师遽方彝 周中 利鼎 周中 利簋 周晚 㝬钟 春秋 厦叔多父盘	周中 曶鼎 周晚 散盘 春秋 曾子匿 周中 段簋 周晚 兮甲盘 春秋 齐侯壶
	战国 诅楚湫渊		战国 印尊古 战国 古鉨 战国 盟书一〇五·二 一〇五·二	春秋 石鼓吾水 战国 鄂君启节 战国 盟书一五六·一九 一六五·四 一五六·二五 战国 简信阳

剗	剛	刺	初
	四期 后上三三·四 四期 后下一八·三 一期 粹三三 三期 粹九一	二期 甲一七七九 三期 甲六二四	五期 后下三三·八 五期 京津四九〇二 五期 前五·三九·八
	周早 剛爵 周晚 散盘 周中 牆盘	春秋 秦公段 战国 驫羌钟 周中 师奎父鼎 周晚 鄀婴段	春秋 鄀公鼎 春秋 楚嬴匜 周中 虢季子白盘 周晚 师嫠段 周早 盂爵 周中 静卣
战国 诅楚湫渊 说文无 玉篇剗削也	战国 香录四·二 说文古文 剛作 战国 简信阳 战国 陶 纪王城	战国 简天星观M1	

割	⿰臬刂	刞	⿰糸刂	⿰宜刂	剝	剮
	一期 乙三三九九 一期 前四·三三·八	一期 前六·三七·六 五期 乙八六八八	一期 乙七三九 一期 佚三四四	四期 甲七二八 四期 宁沪一·七八	一期 甲三一五三 说文剝别体作	一期 乙七六八
同上 周中 無叀鼎 战国 曾侯乙钟 周晚 㠱伯盨	周早 辛鼎	说文无、集韵 刞 耕土器	说文无、字汇 ⿰糸刂 出罪也	周早 ⿰宜刂鼎		

劑	辧		罰	劃	剳	刹	㓞
						一期 宁沪三·七六	甲二七〇
	周早 作册虢卣 周早 辧毁	周晚 散盘 战国 中山王圆壶	周早 盂鼎 周中 曶鼎	春秋 富奠剑	周晚 散盘 说文无		
战国 诅楚巫咸			战国 简·信阳				

剢	劍	弋	戈
			一期 续四五六；一期 乙七一〇八；三期 粹三二；五期 后上一〇二
周中 静𣪘；说文无，金文同隶	春秋 越王剑；春秋 蔡侯产剑；春秋 富奠剑；战国 郾王职剑；春秋 郘𪓐尹钲；春秋 吴子逞剑	周早 褱卣；周晚 召伯𣪘	商 戈宁𣪘；周早 宅𣪘；春秋 宋公栾戈；春秋 王子于戈；战国 陈胎戈；战国 成阳戈
		战国 印·故宫	战国 东亚四布货；战国 简·信阳；同上；战国 印·尊集

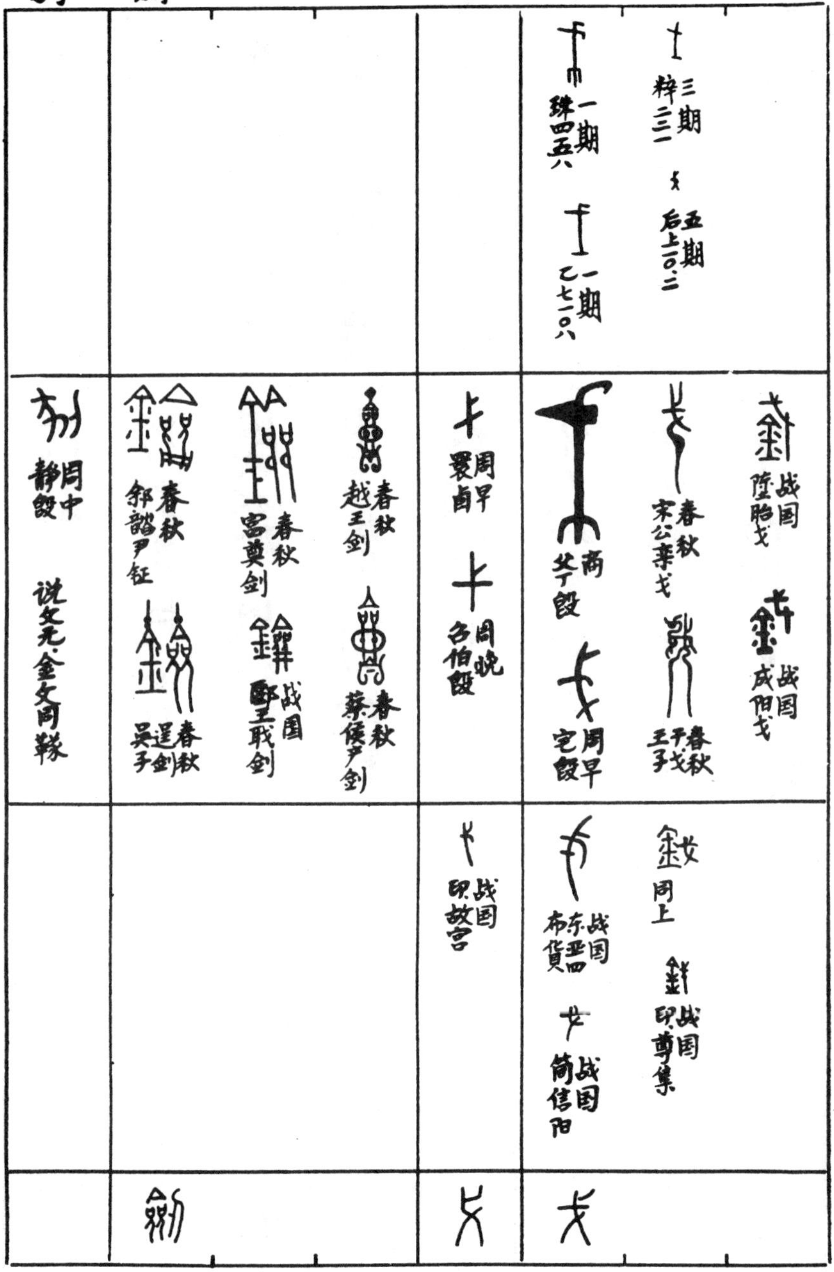

戉	戊	戍
一期 甲二·六·一 一期 前四·三七·四 一期 粹一三〇 五期 陈九二	三期 粹二四八 四期 佚二三三 五期 前三·六·二 一期 粹八七〇 二期 粹三四	五期 前三·六·二 先周 周甲一 三期 粹三三二 四期 粹三三五 一期 纂四·六·二 二期 粹三·六·六
商 癸㪤戊父 周中 子白盘 虢季 春秋 者沪钟 春秋 越王者旨於赐矛 春秋 於赐钟 春秋 越王州勾矛	商 父戊尊 周早 吴方彝 周中 不嬰簋 战国 酓肯匿	春秋 郑虢仲簋 春秋 孙叔师父壶 周中 师虎簋 周晚 休盘 周中 颂鼎 周中 康鼎
	战国 印魏石	战国 印待时

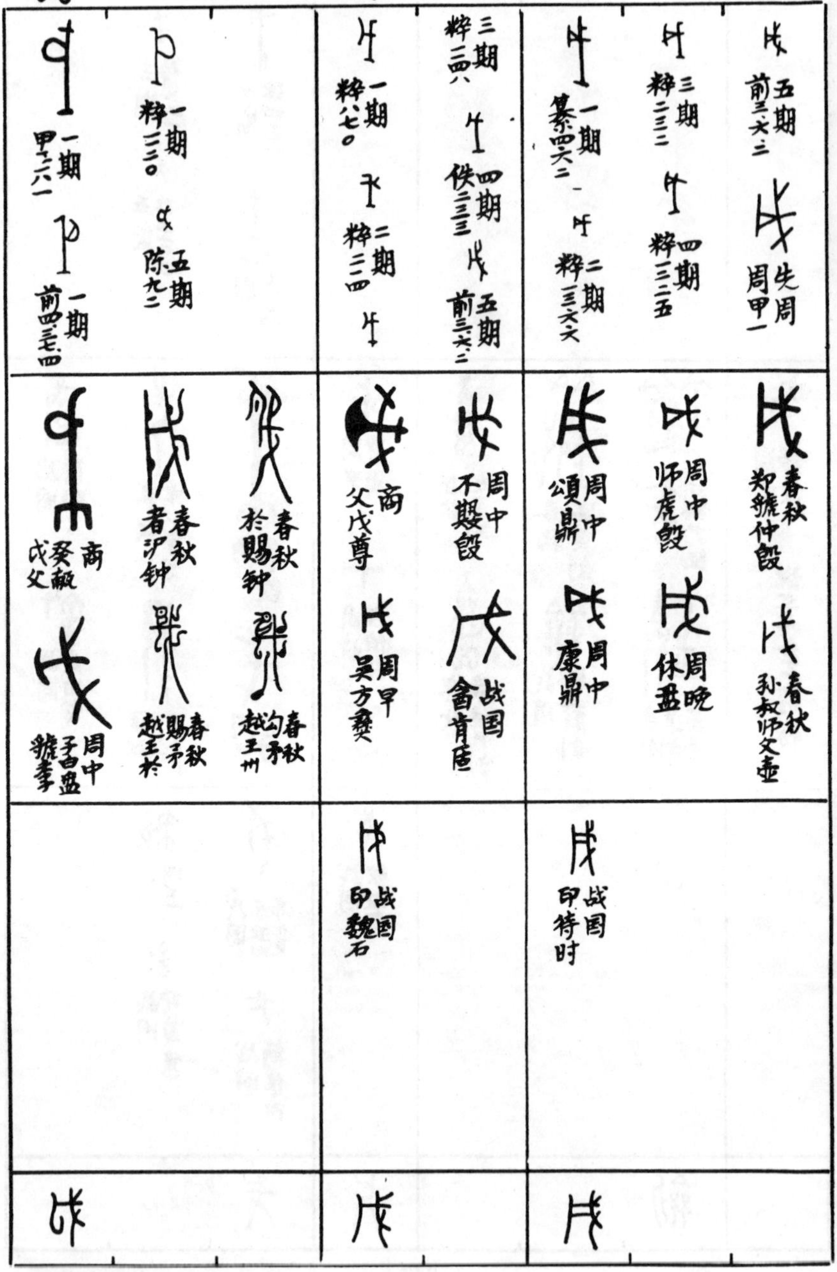

我		成		𢦔	或		𢦏
前八·二·三 一期 京津四〇〇〇 五期		续六·三·七 一期 摭续一 一期	前五·一〇·五 五期		前二·六·五 一期 京津四三九五 一期	粹二·六四 三期	
盂鼎 周早 不娶簋 周中	虢季子白盘 周中 嘉宾钟 春秋	臣辰卣 周早 颂鼎 周中	吏鼎 周晚 沇儿钟 春秋	[illegible]君鉼 战国	明公簋 周早 舀鼎 周中	毛公鼎 周晚 齐镈 春秋	
石鼓田车 春秋	陶香录十二·三 战国 同上	布货东亚二 春秋 印印谱 战国	铁云 战国 陶香录十四·二 战国 同上	简信阳 战国 说文无，义同二	盟书一·七 战国 一六·二	天·三八 九二·二	简信阳 战国 说文无

𢦔		戍		我			
一期 乙七七九五	一期 甲二九四八 四期 粹三九	三期 粹二四七 三期 粹二四九	三期 粹二五三 三期 粹二五五	一期 菁三 一期 粹八七八	一期 粹八七四 三期 粹三九八	四期 粹三四七 四期 佚三八三	五期 甲二七五二
周中 禹鼎 周晚 鬲从盨	春秋 𢦔叔鼎 战国 魚鼎匕	周早 令簋 周中 彔戜卣	周中 善鼎 周中 競卣	周早 盂鼎 周中 曶鼎	周晚 毛公鼎 周晚 叔向簋	春秋 邾公釛钟 春秋 姑口句鑃	春秋 沇兒钟 春秋 栾书缶
				春秋 石鼓作原 春秋 诅楚湫渊			
𢦔		戍		我			

咸	哉	戚	[illegible]	戋
四期 佚三八三；一期 粹四二五；四期 甲二九〇七；一期 乙二九八八；一期 后下六·九			一期 乙三三六〇；四期 甲八六八	一期 乙二七七四；一期 京津一二七
春秋 国差𦉜；春秋 晋公𥂴；周中 史懋壶；春秋 秦公殷；商 咸父乙殷；周早 盂鼎	战国 中山王方壶；战国 中山王鼎；春秋 邾公华钟；春秋 者沪钟	周中 戚姬殷		
战国 印帚；战国 简信阳；印 金符；春秋 诅楚巫咸；战国 陶咸阳				战国 简信阳

古文字類編

戠	截	幾	武
二期 佚七三九			先周 周甲一；先周 周甲八二；五期 甲三三三九；五期 坊间四四七；五期 甲三九四六；五期 粹三五九；一期 乙二九九八；二期 铁六七二四
周晚 寰盘；周晚 休盘	战国 [illegible]鼎；战国 酓肯鼎；战国 酓忎鼎	周晚 幾父壶；周晚 𦬁伯殷	周早 盂鼎 珷王二；战国 楚王酓璋戈；周中 虢季子白盘；战国 屬羌钟；商 卯卣；周中 格伯殷；周晚 毛公鼎
说文无，舊释戠	战国 信阳；战国 印.万印；战国 鄂君启节；战国 简.望山	战国 诅楚亚驼	战国 简.信阳；战国 陶.香录 十三.二；战国 澄秋；战国 印谱；战国 印.北京；战国 古鉨；战国 东亚三 武平布；战国 东亚三 武安布

⿰里戈	戠	⿰木戈	⿰弓戈	⿰女戈	⿰各戈	戟
	四期 后上二九·六 五期 前四·四四·四					
周早 班毁 周早 ⿰里戈者尊 周早 ⿰里戈伯鼎 春秋 叔夷钟	周中 豆闭毁 周中 免毁	周中 伯⿰木戈鼎 说文无	周中 彔伯㦰毁 周中 彔卣	春秋 蔡侯盘	战国 滕侯戟 汗简 ⿰各戈释格	周早 戟毁 说文无
	战国 印待时 战国 待时		说文无			

戮	歲			戟	賦	𢧵	𧙈
	五期 林二·二九 五期 佚三〇九	四期 粹一八八 四期 甲六三五	一期 餘三 一期 前五·四·七				
战国 中山王鼎	战国 陈猷釜 战国 子禾子釜	春秋 甫人盨 春秋 公孙造壶	周中 番鼎 周晚 毛公鼎	战国 曾侯乙戟			
战国 诅楚湫渊 战国 简信阳		战国 尊古 战国 金符	战国 印魏石 战国 印揭	战国 印尊古	战国 印璽室 战国 徵文 说文无	战国 印徵文 说文无	战国 诅楚巫咸

[目戈]	戕	載		戲		戰	戴
一期 甲三八三	四期 粹三一九						二期 佚六八〇 二期 河七〇八
		周中 师𡘆父簋 周中 趞簋	周中 趞曹鼎 周中 免卣	周中 师虎簋 周晚 戲伯鬲	周中 戲卣 周中 豆闭簋	战国 中山王圆壶 战国 酓忎鼎	周晚 旅仲簋 说文籀文作[籀文]
		说文无		战国 待时 战国 金符	战国 印尊古 战国 陈簋	战国 印契斋	

第一编 古文字

古文字類編

弓	弓	引	引	弗	弗	弜	弜
一期 后下三〇.四 三期 甲二五〇一	三期 后下三六.七 一期 前五.八.三	一期 鉄五九.二 一期 宁沪二.二〇六	三期 佚六三 五期 佚五四七	一期 佚六 一期 前五.三〇.一	三期 粹九五二 三期 甲三九一九	三期 粹三 三期 粹三六	四期 粹一三〇 四期 佚五三五
商 父癸觶 周中 趞曹鼎	周中 师湯父鼎 周中 虢季子白盘	周早 書引觶 周中 頌鼎	周晚 毛公鼎 春秋 秦公段	周中 师旂鼎 周中 不嬰段	周中 曶鼎 周晚 毛公鼎	商 父丁觶 商 父乙爵	周中 肄段
春秋 石鼓田车	战国 陶香录十二.三 战国 印.钛云			战国 盟书六七.三〇 六七二	六七.三二 战国 印.陈簋		

弛	弓口	弟			弢	弩	
		一期 乙四八四 一期 库四五三	四期 乙六八八		三期 粹五九三 三期 金三五		
	周早 盟弓口卣 周早 亳父乙鼎	周早 沈子殷 春秋 质叔多父盘	春秋 季良父壶 春秋 齐镈		周中 弢殷 春秋 中子平钟		
战国 陶·纪王城 战国 香录十三·三	说文无	战国 盟书一五六·一九 六七·三八	六七·一三 战国 印鉴	战国 碧落 战国 伏庐 战国 磬室		战国 印·待时 战国 周氏	战国 衡斋 战国 观自
弛		弟			弢	弩	

弭	弹	弨	弳	張		彌	
周中 师湯父鼎 周晚 弭叔盨						周晚 番生毁 周晚 毛公鼎	春秋 者沪钟
	战国 鄂君启节 说文无	战国 盟书五六八 说文无	战国 盟书七五八 一九五八	战国 印萃集 战国 铁云	战国 印揭 战国 北京 战国 简望山		

發	⿰弓喬	彈	彊	疆
一期 铁二·六·一；二期 前五·二四·八		一期 前五·八·四；一期 铁一·六二·二	二期 后下二·二·七	
春秋 工𫊸太子剑		说文彈字别体作	周早 盂鼎；周晚 散盘；周中 颂殷；春秋 齐侯敦	春秋 杕赐钟；春秋 南疆钲；春秋 王孙寿甗；春秋 吴王光鉴
战国 盟书一五六·二三；战国 周氏；战国 印待时；战国 陈簠	战国 印天津；⿰弓喬 引也 说文无 玉篇		战国 印尊集；战国 故宫	战国 印观自

彌	矢	矦	函
	一期 甲三一一七 二期 河三三之 一期 京津二四五 一期 鉄三三·二	一期 乙四四五五倒书 一期 甲二三九二 三期 粹一三七三 一期 后下三七五 一期 鉄一五七三	一期 后下三二·六 三期 粹一五六四
周晚 蔡姞簋 春秋 齐镈 周中 長由盉 周中 牆盘	周中 师湯父鼎 周中 虢季子白盘 周早 小盂鼎 周中 趞曹鼎	春秋 蔡侯產剑二 战国 陈侯午敦 周中 遇甗 春秋 國差罎 周早 盂鼎 周早 員侯父戊	周中 不嬰簋 周晚 毛公鼎
	战国 春录五·四 战国 印·鉄云 战国 故宫 春秋 石鼓奉敕	战国 共墨 战国 盘室 战国 印·鉄云 战国 鉄云 战国 盟书二〇〇·二五 战国 东亚二 布貨	战国 印·周氏

䠶		𥎦	臭	𥏭		𥎸	𥐖
一期 菁七二 三期 粹一〇〇七	三期 佚二八五 四期 粹一三〇			一期 前四·五一·三 一期 乙三四〇〇	一期 乙二八九 三期 前四·五三·五	一期 乙七六四二 一期 后下三〇·六	
商 䠶爵 周中 静𣪘	周中 趞𣪘 周晚 鬲攸从鼎	商 𥎦父戊觚 周早 父癸觶	春秋 鄦臭鼎 说文无	周中 卫盉		说文无	
春秋 石鼓田車		说文无		战国 盟书一四〇 战国 印·待时	战国 布货东亚四		战国 印文

矣	疑		斤	斧	斨	听	斯
一期 前六·三六·八 一期 粹一三四〇	一期 前七·元·二 二期 戬二七·一	二期 前六·二·二 二期 后下一三·二	一期 前八·七·一 一期 坊间四·二四	一期 簠文六七			
说文无，集韵：族古作矣	周早 疑觯 周早 齐史疑觯	周中 伯疑父段	周中 天君鼎 春秋 仕斤戈	春秋 居段 春秋 邵大叔斧	春秋 子璋钟	战国 平安君鼎	春秋 余义钟

新			斷	所		[illegible]	[illegible]
一期 林二·七·七 一期 后下九·一	三期 京津四二三一 四期 佚五八〇						一期 甲三六六二 一期 佚二五
周早 駇尊 周中 公頌鼎	周晚 散盘 春秋 卲大叔斧	战国 新弨戈 战国 中山王方壶	周早 量侯𣪘 断说文古文作	春秋 庚壶 春秋 口所鼎	战国 不易戈 战国 鱼鼎匕	周晚 师寰𣪘 说文无	说文无
战国 盟书一五六·一九 一七九·三	战国 印·阶篮 战国 遯庵	战国 辰平四·六 新城布 战国 简望山川		春秋 石鼓作原 战国 盟书一五六·三	一五六·二七 战国 印·铁云		

博	干	差	矩 巨
	四期 鄴三下三九·二		
周中 虢季子白盘	周晚 毛公鼎；春秋 干氏叔子盘；周中 豦簋；周晚 趞盨	春秋 𨸏右楚王·蔡侯钟；春秋 国差鑰；春秋 吴王夫差剑；战国 𦉜志鼎	周早 伯矩鼎；周中 矩叔壶；周早 伯矩卣；周早 矩尊；春秋 篙鄐偁簋
博经传作薄，乃博之本字			巨矩古同字；战国 印·续齐；战国 陶·咸阳一三；战国 陶文编五·三一

于 平

于	平
一期 前八·四·七 三期 甲四三六 四期 佚三七六 一期 乙六六九〇 三期 粹一〇一九 五期 甲三九四一	
周早 天亡簋 周中 曶鼎 春秋 禺邗王壶 周早 令簋 周晚 毛公鼎 春秋 王子于戈	春秋 鄀公鼎 战国 陈侯午敦 战国 屬羌钟 战国 拍敦盖 战国 平阿右戈 战国 平鼎
战国 盟书三一 战国 印·铁云	春秋 石鼓吾水 战国 陶·香录五·二 同上 战国 东亚三 平州布 战国 滹虹 战国 盟书三·六 同上 战国 东亚三 平周布 战国 印·鏊室 战国 印·举

	旁	方	乎	兮
甲骨	一期 后下三七·二；四期 拾五·一〇	五期 前二·五·二；先周 周甲八四；一期 佚二九六；三期 佚二三四；一期 前七·二·三；一期 粹二〇六	三期 甲六二；三期 粹四九五；一期 菁六二；一期 乙七三六〇	四期 甲六九〇；四期 后下三一六；一期 前八·一〇·一；三期 甲二五四二
金文	周中 旁鼎；周中 妣嫠母殷	周晚 毛公鼎；春秋 秦公殷；周中 不嬰殷；周中 多卣；周早 天亡殷；周早 盂鼎	周中 大殷；周晚 克鼎；周中 頌鼎；周中 豆閉殷	周晚 兮仲殷；周晚 兮仲鐘；周早 盂卣；周晚 兮甲盘
战国		战国 楓固；战国 吉金；战国 望山川；战国 印、方印；春秋 石鼓霝雨；战国 简信阳		
篆	旁	方	乎	兮

㫃	於烏	旂	旋
一期 簠杂七 三期 前五·五·七	於烏古同字	一期 佚九五三 一期 存下五三三 二期 粹一〇〇 三期 戬四七·九	
商 㫃爵 周晚 休盘	春秋 余义钟 春秋 越王矛 春秋 於賜钟 战国 中山王方壶	周中 颂簋 春秋 齐侯匜 周早 盂鼎 春秋 邾公牼钟 周晚 卓林父簋 春秋 王孙钟 周中 颂鼎 春秋 栾书缶	周中 师遽簋
战国 印·鉨印	战国 鄂君启节 战国 望山M1 战国 简·信阳 战国 印·陈簠	战国 印·陈簠 战国 万印	

旋

一期 佚六九七

三期 后下二六·二

一期 佚五四三

一期 后下三五·五

周早 麥盉

周中 召卣

族

三期 粹二四九

四期 京津四三八七

一期 粹一三九一

一期 京津二〇二

周晚 毛公鼎

春秋 不易戈

周早 明公簋

周晚 师酉簋

战国 盟书八五·三

旅

春秋 曾太保盆

春秋 陈公子甗

四期 粹一〇

周中 免簋

周晚 攸从鼎

二期 粹二二

三期 甲二六四七

周早 旅尊

周早 明公簋

一期 佚七三五

二期 京津三三三

商 父辛卣

战国 印碧葭

战国 璽室

㫷	⿸㫃申	旗		旟	旛	⿸㫃寅	旜
战国 中山王方壶 文义如故 说文无						周中 卫盉 说文无	周晚 番生簋
	春秋 石鼓 田车 说文无	战国 印 铁云 战国 凝清	战国 北京 战国 魏石 战国 陶香录 七二	战国 印 待时 战国 陈簠	春秋 石鼓 田车		
		旗		旟	旛		旜

	乃	爻	旜	旸	[illegible]	𣄚	旅
三期 粹八四五 四期 后下三.六.二	一期 菁三.二 一期 前四.四五.二						
周晚 毛公鼎 春秋 者沪钟	周早 盂鼎 周中 舀鼎	商 父乙角 周中 [illegible]庚鼎	周晚 鬲从盨 说文无	春秋 王孙钟 战国 楚王戈	周早 吴方彝 说文无	周晚 叔樊鼎 说文无	周中 格伯毁 周中 格伯毁
	战国 信阳简			说文无			说文无

辰	晨	農	蓐
五期 粹四七五 三期 粹七七〇 四期 粹七五六 一期 后上三·六·五 二期 粹一七一	一期 前四·一〇·三	一期 乙五三二九 二期 后上七·二 一期 佚八五五 一期 乙二八二	一期 乙八五〇三 一期 甲二七四
周中 豆闭毁 周晚 散盘 周早 盂鼎 周中 彔伯毁 商 切卣 周早 辰父辛尊	同上 春秋 鄀公鼎 周中 距庚鼎 周中 师晨鼎	周晚 散盘 春秋 汈其钟 周早 令鼎 周早 農卣	
	战国 印鉨云 战国 北京	農 說文古文作	

廿	十	八	非
四期 粹八三 三期 甲八七〇 四期 粹四〇二	一期 甲八七〇朱书 一期 前一·五·五	一期 菁四·二 一期 粹六七	
春秋 秦公毁 周早 盂鼎 战国 东周左师壶 周中 不嬰毁	周晚 散盘 周早 盂鼎 春秋 秦公毁 周中 不嬰毁	春秋 寬兒鼎 周早 小臣謎毁 春秋 [illegible]庚毁 周晚 函皇父毁	春秋 蔡侯钟 周中 曶鼎 战国 中山王方壶 周晚 毛公鼎
战国 陶·香录三·一 战国 季木六一·八	战国 盟书一六·三 战国 鄂君启节	战国 陶·香录三·三 同上	战国 陶·香录十三·三 战国 印·畏斋 战国 盟书一九五·二 三·二

字	甲骨文	金文	战国文字
午	五期 粹一四七五 三期 粹九七五 四期 粹一五八六 一期 前七·四〇·二 二期 粹三四	春秋 曾伯簠 战国 子禾子釜 周中 召卣 周中 效卣 商 切卣 周早 睘卣	战国 疑清 战国 陈簠 同上 战国 印·印谱 战国 盟书一·九六 战国 十四·三 陶香录
千	四期 粹一五八六 一期 铁三三·四 四期 粹四三三	周晚 散盘 周晚 翏生盨 周早 盂鼎 周中 禹鼎	战国 续齐 战国 印璺室 战国 印邹
卌	一期 乙四六九六 一期 前四·八·四	周中 舀鼎 名今本说文夺佚 广韵引说文谓数	
卅	四期 粹四三〇 四期 粹五八六 四期 粹四〇二	周晚 毛公鼎 春秋 徭公壶 周早 矢簋 周中 舀鼎	

字头	甲骨文	金文	战国文字	小篆
博		周晚 师寰𣪘；周晚 师寰𣪘	战国 印·印谱	博
并	一期 乙三二六二；五期 甲二九八		战国 印·汉释；战国 简·望山M2	并
井	一期 甲三〇八；四期 粹二六三；一期 甲二九三；一期 后上八五	周中 曶鼎；周晚 井人钟；周早 盂鼎；周中 录伯𣪘		井
丰	五期 后上八二；五期 佚四二六	周早 康侯丰鼎	战国 盟书二〇〇.四五；战国 印·印帚	丰
半		春秋 秦公𣪘	战国 鑒室；战国 续齐；战国 东亚四 共半釿布；战国 印·铁云；战国 盟书二；战国 东亚三 晋阳半布	半

南	桼	⿰桼丸	斗	料
一期 后上三三·六 四期 甲二九〇七 二期 京津五三〇 五期 粹九〇七	一期 粹一五 三期 后上二二·四 一期 佚三三 四期 粹二四		一期 京津二五三三 一期 甲三三四九 一期 乙二二七 二期 存下七二九	
周早 盂鼎 春秋 射南匜 周晚 散盘 春秋 南彊钲	周早 献侯鼎 周中 彔伯𣪘 周早 矢方彝 周晚 毛公鼎	周中 虢季子白盘 周晚 兮甲盘	春秋 秦公𣪘 战国 安邑下官锺 春秋 眉脒鼎	战国 司料盆盖
战国 陶香录六·二 战国 印衡斋 同上 战国 尊古	春秋 石鼓銮敕		战国 印续斋	
南	桼	⿰桼丸	斗	料

業	彰	章	章	升	升	斞	料
				三期 粹三三七 五期 前二·二六·二	一期 乙七七二三 三期 甲五五〇		
战国 郾王聀剑 战国 中山王方壶		周中 頌毁 周中 大鼎	周早 乙亥毁 周中 趩卣	战国 安邑下官鍾	周晚 友毁 春秋 秦公毁	战国 斞斗小量	战国 子禾子釜
	战国 陶香录九·二	战国 师意	战国 印字徵 战国 周氏		战国 简天星观M1		
業	彰	章			升	斞	料

⿱⿰業業去	士	壬	壺
		一期 粹七三五 二期 粹一三六一 三期 粹七七〇 四期 粹一〇三八 五期 粹一二三	一期 乙二九四 一期 燕八五 一期 前五.五.五 三期 存一二三九
周中 𤼈钟 春秋 秦公段	周早 臣辰卣 周晚 走钟 周晚 师寰段 春秋 秦公段	周早 宅段 周中 趞曹鼎 周晚 鬲攸从鼎 春秋 吉日壬午剑	周中 颂壶 周晚 𩰫皇父段 春秋 杞伯壶 春秋 㠱仲壶 春秋 曾姬無卹壶 战国 中山王方壶
说文无	战国 印.铁云 战国 印举	战国 陶.孴录十四.二 同上 战国 印.续齐 战国 故宫	战国 陶.孴录十.一

畫	⿱聿皿	書	⿱聿又	聿
		二期 存下七二四	一期 前七·四〇·二	一期 乙八四〇七 三期 京津二五六六 三期 京津二〇九一
周晚 师芝毁 战国 上官登 周早 宅毁 周早 矢方彝	周中 痶壶 说文无，释名：⿱聿皿挂也	周中 颂鼎 春秋 栾书缶 周中 师旂鼎 周中 格伯毁	周中 舜毁 周中 师望鼎	商 聿戈 周早 聿壶 周早 文帝卣 春秋 者沪钟
战国 殁庵 战国 印·续齐 战国 陈簋		战国 契斋 战国 印文 战国 盟书一六·三 战国 印·凝清	说文无	战国 盟书一〇六·四 战国 印·京津 战国 铁云 战国 陶·铁云 十二·三

肁	畫	肈	肇	𦘫	肄
周早 臣尊 肁同肇	周晚 “畫夜不雖” 㝬毁	周中 長由盉；周中 牆盘；周晚 毛公鼎；春秋 蔡侯尊	周早 沈子毁；周中 叔[illegible]鼎	周早 盂鼎；周晚 克鼎；周中 𦘫毁；周晚 毛公鼎	战国 曾侯乙钟 “割肄”文献作“姑洗” 说文无。十二律：
	说文籀文写作			战国 印征	战国 曾侯乙磬

肅	网	岡	⿱罒弋	罟	⿱罒各	⿱罒要	⿱罒畐
	一期 乙三九四七 一期 后下八·三						
周中 肅哲墙盘 春秋 王孙钟	周早 伯罳卣 周中 仲网父簋	商 岡鼎	春秋 林氏壶 说文无			商 畲卣	周晚 兮甲盘 说文无
				春秋 石鼓作原 战国 印尊古	战国 陶孴录七四		

罹	羅	宀	宁	审	宇	字
	一期 乙四五〇二 一期 乙五三九五	一期 乙五八四九 三期 京津四三四五	一期 前四·三五·七 三期 甲二六九二			
			商 宁鼎 周中 宁未盉	春秋 审鼎 不确，莒国人名 审从宀中声 旧释安	周中 牆盘	周早 字父乙觶 周晚 汈其簋 春秋 余义钟
战国 陶文 同上	战国 印 北京					战国 印文

守

安

安

五期 后上九·三

先周 周甲三七

一期 佚八四七

三期 鄴三下四八

一期 乙七五四七

一期 拾一〇·一七

春秋 国差𦉜

战国 陈猷釜

周早 睘卣

周中 格伯𣪕

战国 东亚三 武安布

战国 东亚四 安阳布

战国 陶孖录七·三

战国 同上

战国 凝清

战国 陈簠

一九八·三

战国 印魏石

春秋 石鼓田车

战国 盟书二〇〇·三

守

商 守觚

周中 守宫卣

周中 大鼎

周中 守𣪕

战国 印枳国

战国 魏石

战国 印揭

一·五五

二〇〇·六

战国 盟书一·三〇

一·六

宖

- 周中 牆盘

定

- 五期 前六·三四·六
- 一期 珠五〇三
- 五期 佚七九二
- 周早 伯定盉
- 周中 卫盉
- 同上
- 春秋 蔡侯钟
- 战国 盟书一·五
- 一九八·三
- 二〇〇·二六
- 一六五

定

- 一期 拾三·二
- 四期 粹六〇
- 说文无

宋

- 一期 京津二〇九四
- 四期 京都三一七
- 三期 佚一〇六
- 三期 甲二〇八
- 周晚 北子宋盘
- 春秋 宋公栾戈
- 春秋 赵亥鼎
- 战国 不易戈
- 战国 盟书九二·三
- 同上
- 战国 印陈盖
- 战国 陶七·三 孖彔
- 战国 宋布东亚二
- 战国 铁云

宕

- 一期 宁沪一·三九六
- 一期 前一·三〇·七
- 周中 不嬰殷
- 周晚 名伯殷

空	宙	宗	宮
	一期 乙七六三	五期 前四·三八·四；先周 周甲一；四期 后上五·五；五期 佚八六二；一期 前一·四五·五；三期 粹一六	三期 京津四八四五；二期 菁一〇·三；一期 后下四·六；一期 乙四八三二
战国 十一年鼎		春秋 曾姬無卹壶；战国 驫羌钟；周晚 㝬钟；春秋 秦公段；周早 盂鼎；周中 史頌段	周晚 师嫠段；战国 上官登；周中 頌鼎；周中 师至父鼎
战国 印待时；战国 湲二		战国 故宫；战国 万印；战国 东亚二 宗布；一·四；战国 印·故宫；战国 盟书六七·六；战国 五五·七	战国 安官·印·鄀；战国 安官·梦庵；战国 万印；战国 陈簠；战国 印澂秋；战国 衡斋

宜 俎	究	宅	宣
一期 前七·二七·四；一期 菁三·二；一期 铁一六·三；二期 前五·三七·二；四期 粹文八；古宜俎同字		一期 菁七；一期 乙七四四四；一期 前四·二四·七；先周 周甲八	一期 后上二四·七；三期 戬四九·九
商 切卣二；周早 天亡簋；周早 矢簋；周早 貉子卣；春秋 秦公簋；战国 秦子戈	周中 师望鼎；周早 麦盉；周晚 师酉簋；周中 曶鼎；周晚 盨 公甲	周早 何尊；周早 小臣宅簋；周晚 公父宅匜；春秋 秦公簋	周中 虢季子白盘；春秋 曾子仲鼎
战国 盟书二〇〇·三；战国 简 望山；战国 印 铁云；战国 续齐；战国 铁云；战国 澂秋		战国 东亚四 宅阳布；战国 简 信阳；战国 东亚四 宅阳布	春秋 石鼓 奉敕

室

一期 乙四六九九

一期 甲四九一

二期 铁二六六·二

三期 粹一三五一

周早 天亡𣪘

周中 頌鼎

周晚 揚𣪘

春秋 曾姬無卹壺

战国 铸客豆

战国 畲忎鼎

战国 盟书六七·五

战国 大七·六

战国 印 印举

战国 衡斋

战国 陶七·二 香录

战国 东亚二 室布

宫

一期 菁四·五·三

三期 京津三八三〇

三期 粹九九〇

四期 粹九六六

五期 前四·一五·二

周早 矢方彝

周中 㫚鼎

周中 頌壺

周晚 散盘

战国 曾侯乙钟

战国 右宫矛

春秋 石鼓田車

战国 盟书一五六·二

九三·一

战国 鄂君启节

战国 简 望山M1

战国 陶 下都 燕

战国 印徐芪

战国 淡释

客

周中 师遽𣪘

春秋 曾伯陭壶

春秋 𨙵王鼎

战国 铸客鼎

战国 简 望山M1

战国 印 待时

战国 尊古

战国 尊集

宴	宥	宰	害	官
		五期 乙八六八八 四期 鄴三下三九六 五期 佚五一八 五期 佚四三六		
周晚 宴毁 春秋 郢庆鼎 春秋 邾公华钟 春秋 邾王钟	周中 隷毁	周晚 散盘 商 宰椃角 春秋 鲁原父毁 周中 颂鼎	周晚 毛公鼎 周晚 师害毁 春秋 真伯須皿 周晚 害叔毁	周晚 仲宦父鼎
		战国 印陈簋		
宴	宥	宰	害	官

宀我	宿	家	寅
一期 福三 先周 周甲三七	三期 粹二九九 三期 宁沪一·三八四	四期 粹一九七 一期 乙二四九三 三期 甲二七七九 一期 前七·四·二 一期 乙七五四九	五期 粹一四七五 三期 粹四四七 四期 粹一四一 一期 林二·五·二 二期 粹三
说文无	周中 宿父尊	战国 令瓜君壶 战国 杕氏壶 周中 颂鼎 周晚 毛公鼎 商 家戈爵 周早 令殷	战国 璋戈 楚王酓 战国 酓肯簠 周晚 克钟 战国 陈猷釜 周早 臣辰盉 周中 静殷
	战国 陶·香录七·三	战国 印·方印 战国 燕陶	战国 一天·三 战国 印·燕陶 战国 盟书八五·三一 一〇五·三

塞	宵	容	室	[illegible]	密	[illegible]	[illegible]
三期 粹九四五				先周 周甲一三六		一期 福五 一期 铁三三八二	
春秋 悎文匜 春秋 寞簋	周早 宵殷	战国 公朱左师鼎	周早 令殷 周早 井室鼎	周中 曶鼎 说文无 同密	周中 趞殷 战国 高密戈	商 卯卣 周晚 虘钟	周中 叔[illegible]殷 周晚 克鼎
	战国 印凝清	战国 印续齐 战国 铁云 战国 望山	说文无			战国 印燕酌 又同賓字 甲骨、金文	说文无

冠　寢　寑　富

富：战国 富奠剑；战国 上官登；战国 盟书一九五·四；八五·二五；战国 简信阳；战国 印凝清；战国 鉨云

寑：战国 简信阳 今作寑

寢：一期 前一三〇·五；二期 后下三·三；商 寝孟卣；周早 寝敖簋；四期 戬二五·三；五期 佚四三六；周中 师遽方彝；周晚 名伯簋

冠：战国 郑九年矛；战国 陆庵；战国 尊集；战国 碧葭；周晚 父簋 司寇良；战国 壶 虞司寇；二〇三·三；战国 印上海；周中 㝬鼎；周晚 扬簋；战国 盟书一九五·七；一五六·三

寰	㝢	寓	窻	寏	寍
周晚 师寰毁；战国 中山王方壶	周中 牆盘	周早 晋毁；周中 寓鼎；周中 寓卣		周晚 师寏父毁；周晚 史寏毁	周晚 毛公鼎；春秋 蔡侯钟；春秋 国差𦉜；战国 中山王圆壶
说文无	战国 印·故宫；籀文作□ 说文宇字	战国 印·尊集；战国 石鼓吴人；战国 盟书一五六：二〇	战国 盟书一〇五：三		春秋 石鼓吾水；战国 盟书九三：四

		賓	寧	寴	康	寒	寐
二期 戩三八 五期 林二一七二	一期 乙三三七四 一期 乙三三九七	一期 林二二三 一期 续三四七	四期 粹八三七 五期 粹一三〇五	一期 燕一七六四 三期 佚六二四			一期 乙九〇七〇 一期 前六二九二
春秋 於賜钟 春秋 王孙钟	周中 頌殷 春秋 邻王鼎	周早 保卣 周中 大殷	周早 盂爵 周早 寧殷		周晚 克鼎 周晚 敔殷	周晚 克鼎	
		战国 印·待时 战国 梦庵					

[illegible]	寮		審	實	寫	寡	
	二期 京津三三二六 五期 续三·六·七	一期 珠五三七 二期 粹三三三					
周中 [illegible]盘 说文无	周晚 番生簋 周晚 毛公鼎	周早 令簋 周早 矢方彝	周中 卫鼎	周晚 散盘 春秋 国差𦉜		战国 妹氏壶 战国 中山王方壶	周早 寡子卣 周晚 毛公鼎
			战国 盟书一·六三		春秋 石鼓雨师		

[illegible]	寵	寶
	一期 乙二〇〇五 四期 粹三二四	一期 甲三三三〇 一期 后上六·三 一期 粹四六九 一期 师友二·三四
战国 林氏壶 算字繁体	春秋 沕其钟	商 且己鼎 周早 盂鼎 周中 伯盂 周中 白盘 虢季子 春秋 齐镈 春秋 齐萦姬盘 周早 小臣缶簋 周早 鼎 姞舀母 周中 录伯簋 周晚 师鍪簋 周晚 宰毛匜 春秋 栾书缶
	战国 印.遯庵	战国 显节一七四 战国 东亚三 宝布 同上 战国 山MZ 信望 战国 二四 陶香录附 同上

宰	寴	寴	[illegible]	[illegible]	宥	寊	宁
		三期 粹四五三 三期 粹四六				三期 粹三七九	一期 前四·二·七 三期 粹九八七
春秋 郘侯簋 说文无	周晚 史懋壶 周晚 𢑀侯鼎 说文无	战国 中山王方壶"賢人寴="	战国 𨼈羌钟 说文无	周晚 散盘 说文无	周早 又宥簋 说文无	周早 寊簋 说文无	周早 宁尊 说文无
		寴又如親 说文无，壶铭					

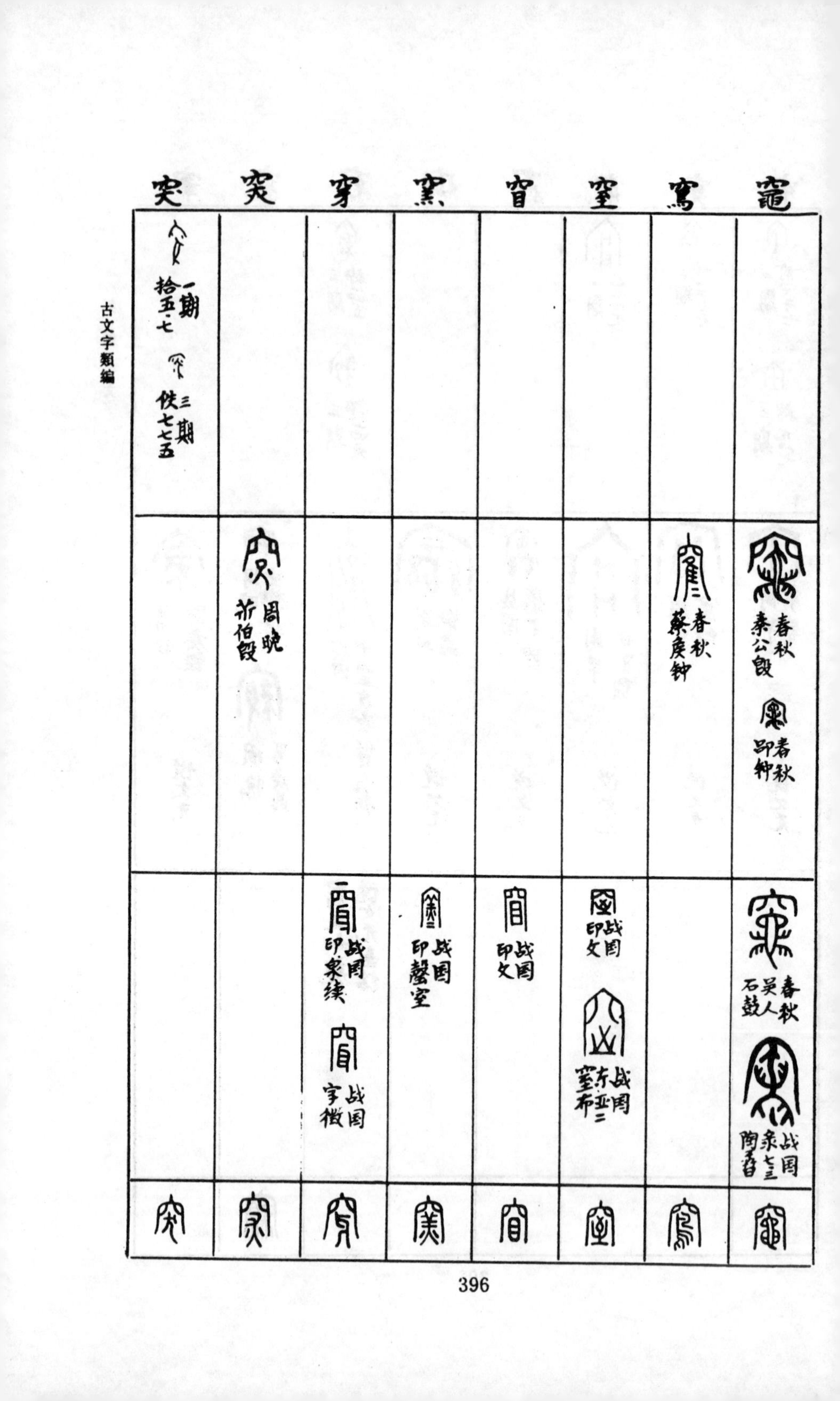

宊	窔	穿	窯	窅	窒	窵	竈
一期 拾五·七 三期 佚七七五							
	周晚 祈伯𣪘					春秋 蔡侯钟	春秋 秦公𣪘 春秋 邵钟
		战国 印.彔续 战国 字徵	战国 印 鑿室	战国 印文	战国 印文 战国 东亚三 室布		春秋 吴人 石鼓 战国 彔七三 陶孴

广	庆	底	庚	唐
			一期 前七·二·三 二期 粹一三五四 三期 粹四四七 四期 粹六○○ 五期 粹一四六七	一期 前四·二九·六 二期 林一·二·七 三期 甲一五五六 先周 周甲一
周晚 散盘			商 父庚卣 周早 庚嬴卣 周中 彔伯𣪘 周晚 克钟 周晚 庚姬鬲 春秋 沇儿钟	商 祖乙爵
	战国 印·故宫	战国 诅楚·湫渊	战国 鄂君启节 陶 战国 壶·二 春彔 战国 印·万印 战国 凝清 战国 故宫	战国 布文东亚四

庶		庸	康		庲	[广齐]	麻
一期 前六·三一·二 珠九七九	一期 前四·三○·二 先周 周甲一五三		五期 京津五○五二 五期 后上二○·五	說文穅或省作康			
周早 盂鼎 周晚 毛公鼎	春秋 沇儿钟 战国 中山王方壶	战国 中山王鼎	周早 矢方彝 周晚 毛公鼎	春秋 蔡侯盘 战国 令狐君壶	战国 上乐鼎	春秋 陈公子甗	春秋 师麻匡
春秋 石鼓田车 战国 印·古鑑			春秋 石鼓吾水 战国 印·万印	战国 凝清 战国 古饰			战国 盟书一·三○ 一五六·二

雁	鴈	廬	廟	廣	廣	廙	廥
周早 雁公觶；周晚 毛公鼎		周早 伯廬敵；说文无	周中 虢季子白盘；义同榭 说文无	周晚 士父钟；春秋 晋公盦	周中 㾓钟；周中 不嬰毁	商 觚且丁卣；同上	周晚 毛公鼎；说文无、玉篇：廥地名
	战国 印陸鴈；战国 字徵 鴈，鴈也 广雅；说文无。				战国 陶孴录九·二		
雁					廣	廙	

廬	廏	府 ⿸广貝	廟
周中 師湯父鼎	春秋 郘王殷 周早 令殷 周晚 毛公旅鼎	战国 鑄客鼎 战国 少府小器 战国 大府銅牛 战国 大府匿 战国 尊集 战国 觀自 府或从貝作⿸广貝 战国 鄂君啟节 战国 楊尔岩銀节约椎	周晚 克鼎 战国 中山王方壺 周晚 師酉殷 周晚 盠方彝 周早 吳方彝 周中 虢季子白盤
廬	廏	府	廟

厂	⿸厂立	厚	原	厤
		四期 佚二二		
周早 父乙觥 周早 遣卣	周早 睘卣 周中 長由盉 周中 曶鼎 周晚 揚毁	周中 墙盘 周晚 井人钟 春秋 魯伯盘 战国 令瓜君壶	周晚 克鼎 周晚 雍伯原鼎 周晚 散盘 周晚 散盘	周晚 毛公鼎
说文厂籀文作 𠩂	战国 居布东亚二		战国 陶孴录十·二	
厂	⿸厂立	厚	原	厤

厇	厲		厭	猒	[illegible]	廏	
春秋 口厇戟 说文无	周晚 散伯簋 春秋 子仲匜	周中 卫鼎 周晚 散伯簋	周晚 毛公鼎 古猒厭同用	周早 商猒簋 周早 沈子簋		周晚 士父钟 周晚 兮甲盘	周中 虢季子白盘 周中 不𡢁簋
		战国 印字徵			战国 简望山M2 说文无		

㕟	𠩺	㕩	㕨	歴	厯
				一期 前·三三·一 四期 京津四三八七	
周早 鄜伯㕟段 說文无	周中 师鼎 周晚 召伯段	春秋 㕩叔多父盘 說文无	周晚 寰段 周中 寰段	周中 禹鼎	周中 封段 春秋 秦公鼎 周中 長由盉 周晚 友段 周早 小臣逋段 周早 保卣
	說文无		說文无		
				歷	曆

	京	⿸厂負	⿸厂羍	原	⿸厂香	⿸厂敢	⿸厂民
甲骨文	四期 佚三七四；五期 佚一八四；一期 掇三三；二期 鈇九三·四						
金文	春秋 芮公鬲；战国 屭羌钟；周早 矢方彝；周中 静段						
战国文字	战国 印陆庵；战国 观自	战国 印待时；说文无	战国 印印羍；说文无	战国 印凝清；说文无	战国 印伏庐；说文无	战国 印鈇云；说文无	战国 印鈇云；战国 周氏；说文无
说文							

亳	亭	高	亯
四期 粹二一 五期 前二·二·四 三期 佚九二八 四期 粹三〇		四期 粹四〇二 一期 后上·六·七 五期 林二·二五·六 三期 甲五八五	四期 粹一三一五 一期 京津一〇四六 五期 佚一〇〇 一期 鐵三五·三
商 亳觚 周早 亳父乙鼎		春秋 秦公殷 商 毓且丁卣 战国 陈侯因資敦 周中 不嬰殷	春秋 蔡侯盘 周早 孟鼎 春秋 匠楚亯甗 周晚 虢文公鼎
战国 春录五·四 战国 陶 郑州一 战国 亳布 东亚二 战国 郑州二	战国 陶 武安三·七	战国 印 印揚 同上 战国 鄂君啟节 战国 尊集 战国 高都布 东亚四 战国 陶 春录五·四	战国 印 周氏 战国 简 信阳

匕	亳	鄗	𩫏	享
四期 粹七四〇；五期 佚五三；先周 周甲二；一期 乙七八八七；三期 甲二六九五		一期 戩四二·四；四期 粹七一六；一期 前八·一〇·二；一期 戩四〇·一三	三期 甲九〇七；五期 前二·二五·一	一期 粹一二四六；二期 佚四七〇
周晚 𢽾钟；春秋 杞伯𣪘；周早 天亡𣪘；周中 师望𣪘	周晚 师兑𣪘；周晚 散盘；商 子亳鼎；周晚 师𠭰𣪘	春秋 国差𦉜；战国 拍敦盖；周晚 毛公鼎；周晚 召伯𣪘	春秋 齐侯敦；战国 陈侯午敦	周中 不𡢁𣪘；周晚 𢽾钟
战国 印璽室；战国 凝清；战国 印揭；战国 盟书六七·二；六七·三	说文元	春秋 石鼓吴人		战国 印字徵

亢	六	文	亥
一期 乙六八一九；一期 佚九五四	一期 菁一二；三期 拾一三；四期 戳三四·二；五期 佚五一八	一期 掇二·六六；一期 簠杂五七；三期 甲九六一；四期 甲八〇六	一期 粹一四三三；二期 粹一三七；三期 粹四四五；四期 粹四二六；五期 前一·二〇·七
周中 趞毁；周晚 盝方彝	周早 保卣；春秋 曾姬無卹壶；周晚 克钟；战国 陈侯因脊敦	周早 文斯；春秋 文君匜；春秋 晶文仲匜	周早 天亡毁；周中 督鼎；周中 虢季子白盘；周晚 师兑毁；春秋 沇儿钟；春秋 拾赐钟
	春秋 石鼓奉敕；战国 简信阳	战国 简望山M2；战国 印衡斋；战国 铁云	战国 盟书一九四五；战国 印字徵；战国 陶香录吉四

閈	門	齊
	四期 粹七三三 二期 佚四六八 三期 甲二八〇 一期 菁四·六·一 一期 续五·八二	五期 后上一五·三 一期 前七·四二 四期 粹七三 一期 乙八三六七 一期 前二·二五·三
周晚 毛公鼎 战国 中山王鼎	周晚 散盘 周晚 师酉毁 周晚 师兑毁 周早 祖丁毁 周中 刍鼎	战国 驫羌钟 上博藏战国 三年相邦剑 春秋 陈喜壶 战国 陈侯午敦 春秋 齐巫姜毁 春秋 齐侯匜 周早 且辛爵 周晚 师寰毁
	战国 陶孴录十二·二 同上 战国 尊集 战国 盤室 战国 印衡斋 战国 尊集	战国 周氏 战国 昔则 战国鄐 伏庐邑作 戉从 战国 印盤室 战国 有什 战国 简信阳 战国 东亚大齐刀货 战国 陶孴录七·二 同上
閈	門	齊

閔		閒		閑	閏	問	閉
四期 金一八九	三期 后下四一·三；三期 粹一九二					一期 后下九·一；一期 明八二三	
		说文古文间作	周晚 𢼸钟；春秋 曾姬无卹壶	周中 同毁		朝问诸侯。战国 陈侯因資敦；汗简问作 米芆	周中 豆闭毁；战国 子禾子釜
战国 东亚四 闵布；战国 印举；战国 尊集；战国 印.陈簠	战国 中山王兆域图；战国 故宫	战国 印.铷经；战国 故宫			战国 印.陈簠；说文无，玉篇：闰直开也	战国 印.昔则；战国 续齐	

字	甲骨文	金文	古陶·簡帛·璽印等	說文
闌		商 宰椃角；春秋 罗侯鼎		闌
閼	三期 甲二〇二二	商 如閼觚；說文元，玉篇：閼，门也		
閑	一期 乙七六四七；五期 粹一五七二	說文元		
閥		周中 閥卣；說文元		
閭		春秋 閭丘戈	戰国 陶五·[illegible]	閭
閞			戰国 盟书五六·二；五·三；說文元	
閏			戰国 長沙帛书	閏
閔			戰国 印·印举；戰国 尊古	閔

闇	關	闢	閔	闌
	战国 左关鉌 战国 陈猷釜 战国 子禾子釜	周中 伯闢簋 周早 盂鼎 战国 中山王方壶 周中 彔伯簋		
战国 印.铁云	战国 殁庵 战国 鄂君启节 战国 印.万印 战国 万印 战国 陶.香录十三.一 十三.三	战国 印.故宫 说文闢亦作閞 战国 陶.香录十三.二 战国 东亚六 刀货 节墨	战国 陶.香录十三.二 同上 无 说文	战国 印.吉金 无 说文

户	戹		启	房	肁		序
三期 甲五八九 四期 后下三六·三			一期 前五·二二·三 一期 乙八三五				
战国 陈胎戈 说文古文户作	周中 彔伯簋 周晚 番生簋	周晚 毛公鼎 春秋 齐镈			周早 宰簋 周中 旁鼎	周中 滕虎簋 周中 肁簋	春秋 鲁序父匜 同上
				战国 简信阳			说文无

爿	壯	⿱由爿	⿰爿酋	⿰爿呈	臧	牆
一期 乙二七七八 四期 掇二·三三						
说文有片无爿，段注据六书故补	战国 中山王鼎	周中 虢季子白盘 周晚 毛公鼎	战国 中山王方壶 说文古文醬作 ⿰爿酋		春秋 𨚕伯𤼈 春秋 臧孙钟	周中 牆盘 周晚 师寰𣪕
	战国 简 望山M1	战国 印文	战国 印 万印 战国 待时	战国 印 安昌 说文无	战国 陶 香录五·三 同上 战国 印 万印 战国 有竹 战国 故宫	
爿			⿰爿酋		臧	牆

古文字類編

囡	旧	囚	牒	牓	牖	牍
一期 存四四九 囡同囚 说文无、集韵：; 三期 粹一三〇〇; 四期 粹一三六四; 五期 粹四五五	一期 菁五·三; 二期 佚三四四	一期 佚七五三; 一期 甲三三六七				
	说文无。卜辞"亡旧"，如言无咎; 周早 明公簋			春秋 陈侯匿; 春秋 王中媯匿	春秋 辅伯牖父鼎	周晚 牧师父簋
			战国 简信阳			
		㐅	牒			

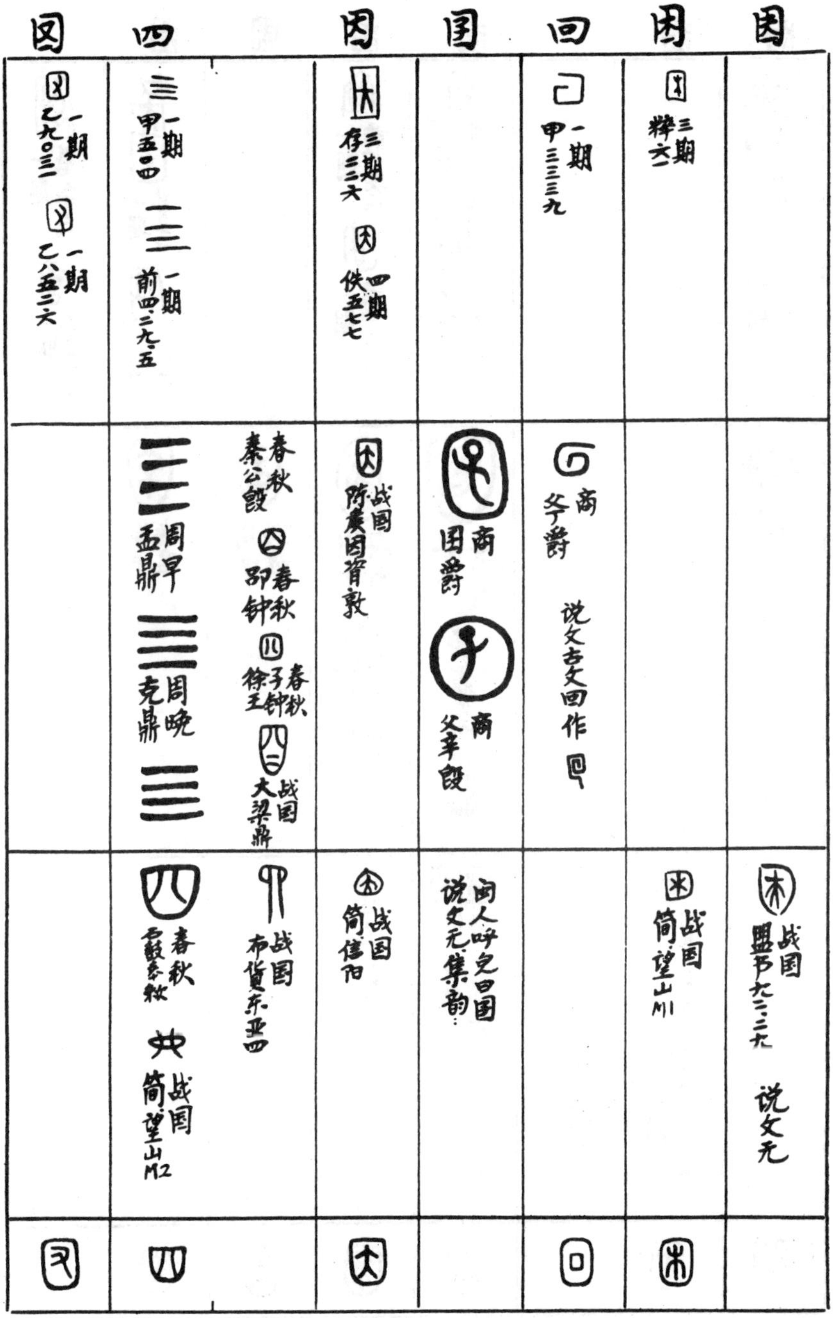

囟	四		因	囯	回	囷	困
一期 乙九〇三一 一期 乙八五三六	一期 甲五〇四 一期 前四·二九·五		三期 存二三六 四期 佚五七七		一期 甲三三三九	三期 粹六一	
	周早 盂鼎 周晚 克鼎	春秋 秦公殷 春秋 邵钟 春秋 徐王子钟 战国 大梁鼎	战国 陈侯因資敦	商 囯爵 商 父辛殷	商 夂亍爵 说文古文回作		
	春秋 石鼓秦穀 战国 简望山M2	战国 布货东亚四	战国 简信阳	闽人呼儿曰囯 说文元·集韵		战国 简望山M1	战国 盟书九二:二九 说文元

囧	固		囿	圂	圃	圉	
一期 京津二四五三；四期 戬三七·四			一期 前四·一二·三；一期 前七·二〇·一	一期 前四·一六·八；一期 前四·一六·七		一期 菁三；一期 乙七四三	一期 簠杂七八；一期 乙二三七三
商 父辛鼎			春秋 秦公毁；说文籀文囿作	周中 疾钟；周晚 毛公鼎	周早 御尊	周中 墙盘	
	战国 盟书二〇〇·三；战国 简 望山M1	战国 印 凝清；战国 续齐	春秋 石鼓 吴人	战国 印 北京			

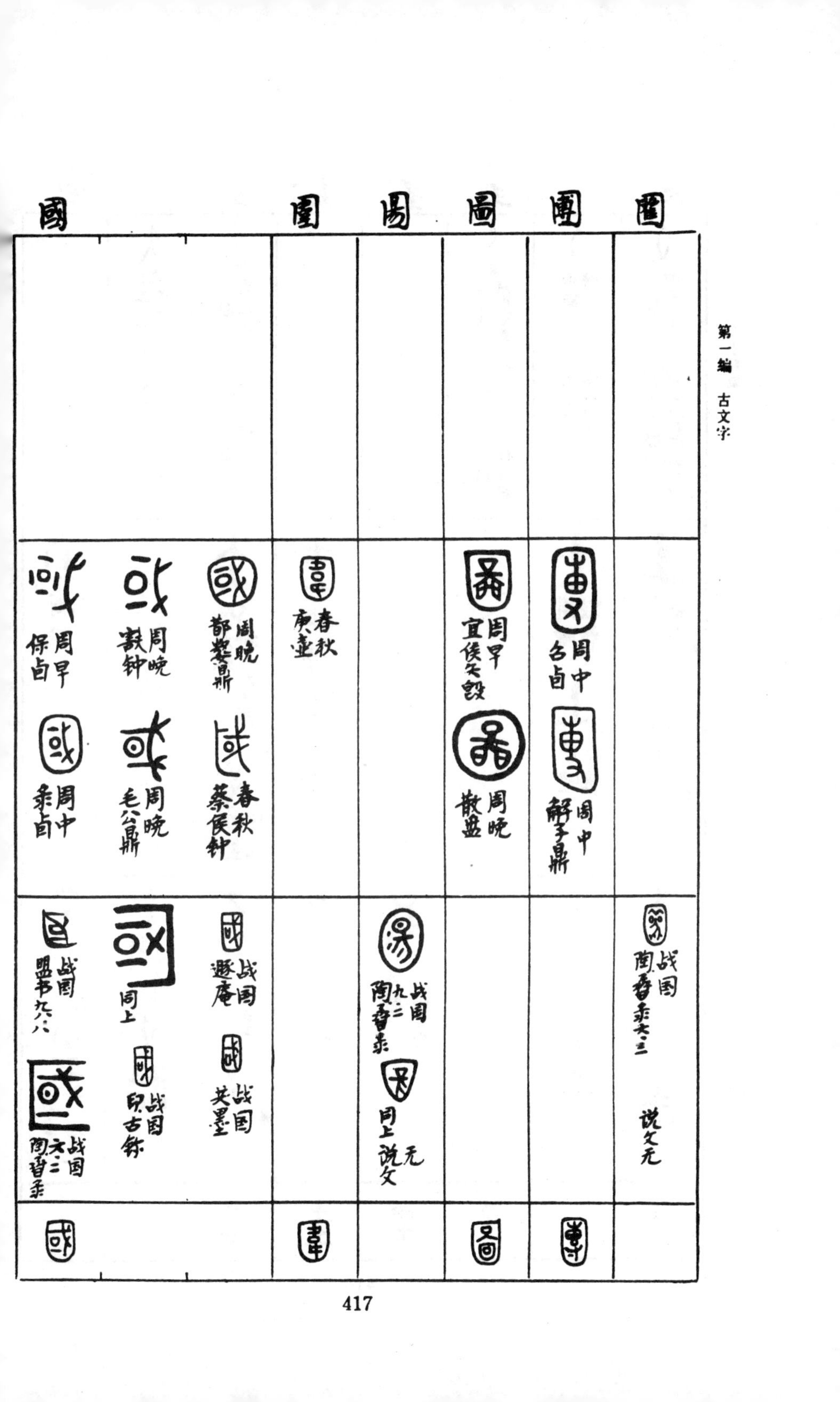

[illegible]	團	圖	[illegible]	圍	國
	周中 名卣 周中 解子鼎	周早 宜侯夨簋 周晚 散盘		春秋 庚壶	周早 保卣 周中 彔卣 周晚 㝬钟 周晚 毛公鼎 周晚 鄀㸒鼎 春秋 蔡侯钟
战国 陶香录六·三 说文无			战国 陶香录九·二 同上 说文无		战国 盟书九八·八 战国 陶香录六·二 同上 战国 印古钵 战国 遯庵 战国 共墨

⿵冂土	去	去	圭	圣	壬	土	土
	三期 甲二三八七 三期 佚二一七	一期 前七·九·三 三期 佚二一七			一期 前六·五五·七 一期 珠五三四	四期 粹一七 五期 粹九〇七	一期 甲二三四一 一期 前七·三六·二
周晚 湯叔盘		春秋 鄉去魯鼎 战国 中山王圆壶	周晚 名伯毀 周晚 毛公鼎			周晚 㝬钟 周晚 散盘	周早 盂鼎 周中 留壶
战国 陶孴录十三·四 同上 说文 无	战国 印待时 战国 待时	战国 陶孴录五·三 同上	战国 陶孴录十三·三	战国 陶孴录十五·三		战国 印文 战国 印文	战国 陶孴录十三·二 同上

才		在	至			臸	坊
一期 菁三·一 一期 佚六三	三期 粹九三五 五期 林一·三三·一六		一期 乙七七九五 五期 佚七七七	四期 佚七六 五期 后上二〇·七	先周 周甲三		
周早 盂鼎 周中 舀鼎	周晚 散盘 春秋 曾姬无卹壶	周早 盂鼎 战国 林氏壶	周早 盂鼎 周中 禹鼎	周晚 克鼎 周晚 散盘	春秋 邾公牼钟 春秋 齐镈	周中 师汤父鼎	
古在写作才、才在同字		战国 印凝清 战国 续齐	战国 简信阳				战国 陶、舂录十三·四 说文新附

古文字類編

坏		垔	坒	均		坄	坋
周中 趠卣	春秋 秦公毁 春秋 罗庚鼎	战國 拍敦蓋 垔 塞也 说文无，集韵	周中 坒卣 周中 王作臣坒毁	春秋 蔡侯钟			
				战国 印.周氏 战国 凝清	战国 印谱 战国 陈簋 战国 觀自	战国 印文	战国 陶.孴录十三.三
坏			坒	均		坄	坋

圣	塊	均	坡	坤	垔	垪	垣
战国 畲志盘 战国 治勺 说文无					春秋 云梦		
	战国 印文	战国 印·万印 玉篇均同垢	战国 印·印举 战国 侍时 战国 陈簋	战国 印·续齐 战国 铁云		战国 侍信陶 说文无。垪当同鼄。于从瓦符之瓶	战国 中山王兆域图 战国 东亚四穀距布
	塊	垢	坡	坤	垔		垣

垔	城				垂	坙	堆
春秋 邾大宰匿	周早 班毁 周晚 师兑毁	周晚 散盘 春秋 城虢遣生毁	春秋 郐䢼尹钲 战国 屭羌钟	战国 中山王方壶			
战国 简信阳 战国 望山M1	战国 陶香录十三·三 同上	同上 同上	战国 鄂君启节 战国 简信阳 战国 印魏石	战国 衡斋 战国 印举	战国 印·滨二 战国 故宫	战国 印文 战国 东亚四 坙丘布 于隰 坙同	战国 简·望山M2 说文无。集韵：堆，聚土也
垔	城				垂		

域	坮	埜		基	堋	堂	
		一期 后下三·一 一期 前四·三三·五	一期 乙三六〇 三期 鄴三下三八·四	一期 戬四四·五 一期 拾四·七			
周晚 师寰簋 集韵：域，邦也 同域 说文无		周晚 克鼎 战国 冶盘匀	战国 盦忎鼎	春秋 手璋钟	春秋 南疆钲		
战国 长沙帛书	战国 印溪二 坮 战国 印文 坮同堆 说文无 玉篇	战国 印尊集 战国 徐茂	说文古文野作	战国 陶铁云		战国 鄂君启节 战国 中山王兆域图	战国 东亚五 布货 战国 印徐茂
		野		基	堋	堂	

字	甲骨文	金文	戰國文字	篆文
塤			陶孴录十三；同壎 集韵 同上	
塙			战国 陶孴录十三·二；战国 印文	
墥			战国 印北京；墥 地壙也 说文无 广韵	
場			战国 印万印；战国 续齐	
埍			战国 印万印；战国 待时	
堵		春秋 邵钟		
堨		周中 史颂𣪘		
堯	二期 后下三二·六；堯作 说文古文			

鉢

战国 陈簠

战国 印揭

战国 遇安

战国 赫连

战国 印鄃

战国 燕陶

战国 尊集

战国 衡斋

战国 铁云

战国 疑清

战国 疑清

战国 滨虹

战国 衡斋

战国 印滨虹

战国 印郵

杜

同上

同上

同上

战国 陶香录 十三·三

同上

坂	坙	陉	坪		墨	壞	壇
			楚国流传之别体 乘坙即坪字，乃南方				
战国 曾侯乙钟			战国 坪夜君鼎 战国 秦王钟	战国 平安君鼎 战国 大梁鼎			
	战国 陶香录十三·四 说文无	战国 陶香录十三·四 同上 说文无	战国 曾侯乙石磬 战国 长沙帛书	战国 印·铁云 战国 万印	战国 印·万印 战国 东亚六 節墨刀货	战国 附三之 陶香录 战国 东亚四 壞阴布	战国 印·蒋时 战国 印谱 说文无
			坪		墨	壞	

幸	報	教	田	卤
一期 甲三四七七 一期 后下三八·七	一期 前六·二九·五 一期 后下二三·九 三期 京津四四四 明藏六二	一期 前六·二二·一 一期 掇二·二二三	一期 菁二·二 三期 拾六·二 四期 粹一五四五 四期 粹一二二三 四期 拾五·一四 先周 周甲三	
上博藏战国十七年相邦剑	周早 令簋 周早 令簋 周晚 召伯簋 周晚 召伯簋二	说文无，集韵：教同捷	商 卯卣 周早 令鼎 周早 田農簋 周中 舀鼎 周晚 克鼎 周晚 散盘 周晚 鬲从盨	春秋 匀者君盘 说文无
战国 盟书一〇〇·五 战国 双虎·印 战国 魏石			战国 印·万印 战国 尊古 战国 陶·钗二八·四	

甲	申	畏
一期 后上五·二；二期 粹五〇九；三期 粹八五；四期 粹八九九；五期 粹二四七六；一期 佚五八五；四期 甲二六六七	一期 前四·四·二；一期 前七·三五·一；二期 粹三〇六；三期 粹九六四；三期 甲二六四七；四期 粹七四；五期 粹四四	一期 乙六六九；一期 餘三；二期 鉄二四六二
商 且甲卣；周早 矢方彝；周中 頌鼎；周中 𢦏作文母𣪘；周晚 兮甲盘；周晚 𩛥叔𣪘	商 宰椃角；周早 矢方彝；周中 不𡢁𣪘；周晚 克鼎；周晚 杜伯盨；春秋 䣄兒鼎	周早 盂鼎；周晚 毛公鼎；春秋 王孫钟；春秋 沇兒钟
战国 盟书一六三	春秋 石鼓吾水；战国 印续齐；战国 侍时；战国 印谱；战国 陶香录一四·三	战国 诅楚湫渊

略	留	番	番	畕	畜	畯	畯
				二期 库四九二	四期 宁沪一·五二	一期 乙四二八 一期 拾九·七	一期 前六·二二·二 一期 乙四五四四
	周晚 留钟	周晚 番君鬲 春秋 鲁侯鬲	周晚 番匊生壶 周晚 番生毁	周晚 淉伯友鼎	春秋 秦公毁 春秋 栾书缶		
战国 诅楚巫咸	战国 东亚四 屯留布 战国 东亚三 留布	战国 古玺 战国 畏斋	战国 简信阳 战国 印尊古	战国 陶孴录十三·四		战国 铁云 战国 伏庐 战国 北京	战国 陶孴录三·四 战国 印衡斋
略	留	番		畕	畜	畯	

畢		畯		晦		[illegible]	
一期 前四·八·二 一期 纂·三二	倒形 一期 明藏五〇二 先周 周甲四五	一期 京津五八二 一期 前四·二六·五	一期 燕·六八六 一期 后下四·七				
周早 史䠬毁 周中 召卣	周中 段毁 春秋 邾公华钟	周早 盂鼎 周中 颂鼎	周晚 㝬钟 春秋 秦公毁	周中 贤毁 周中 贤毁	周晚 师嫠毁 周晚 兮甲盘	周早 [illegible]卣 周早 [illegible]卣	周中 伯[illegible]盨 周中 余[illegible]毁
战国 东亚六 畢阴钱						说文无	
畢		畯		晦			

量	重	里	畴	牆
一期 京津二六九○ 一期 京都二二八九 一期 簠文七○			一期 甲二二二四 二期 续六·二·五	
战国 大梁鼎 周晚 克鼎 春秋 量侯毁	战国 官锺 安邑下 战国 旻成侯锺 周早 井侯毁 春秋 外卒铎	周中 𩍂侯鼎 周中 颂毁 周早 矢方彝 周中 大毁	说文畴字别体作	周晚 散盘 说文无
	战国 印·续齐 战国 昔则 战国 陈簠 战国 盟书三·二九 五六·三	战国 印·磬室 战国 续齐 战国 铁云 四战国 郑州陶文 战国 咸阳陶文		

童	釐	邑	儿阝	九阝
	佚四七 三期；粹五七七 三期；后下三三·一 三期；𠩺通作釐	菁二 一期；京津一六五五 三期；甲二三二 四期；前四·五三·二 五期；甲四三		
牆盘 周中；番生殷 周晚；毛公鼎 周晚	康鼎 周中；克鼎 周晚；秦公殷 春秋；陈財殷 春秋	矢殷 周早；舀鼎 周中；散盘 周晚；齐侯盘 春秋		
简望山M1 战国；望山M2 战国；印续齐 战国；齐鲁 战国		陶香录六·四 战国；魏石印 战国；尊集 战国；东亚四 阳邑布 战国	印·万印 战国	盟书一四六 战国；説文无

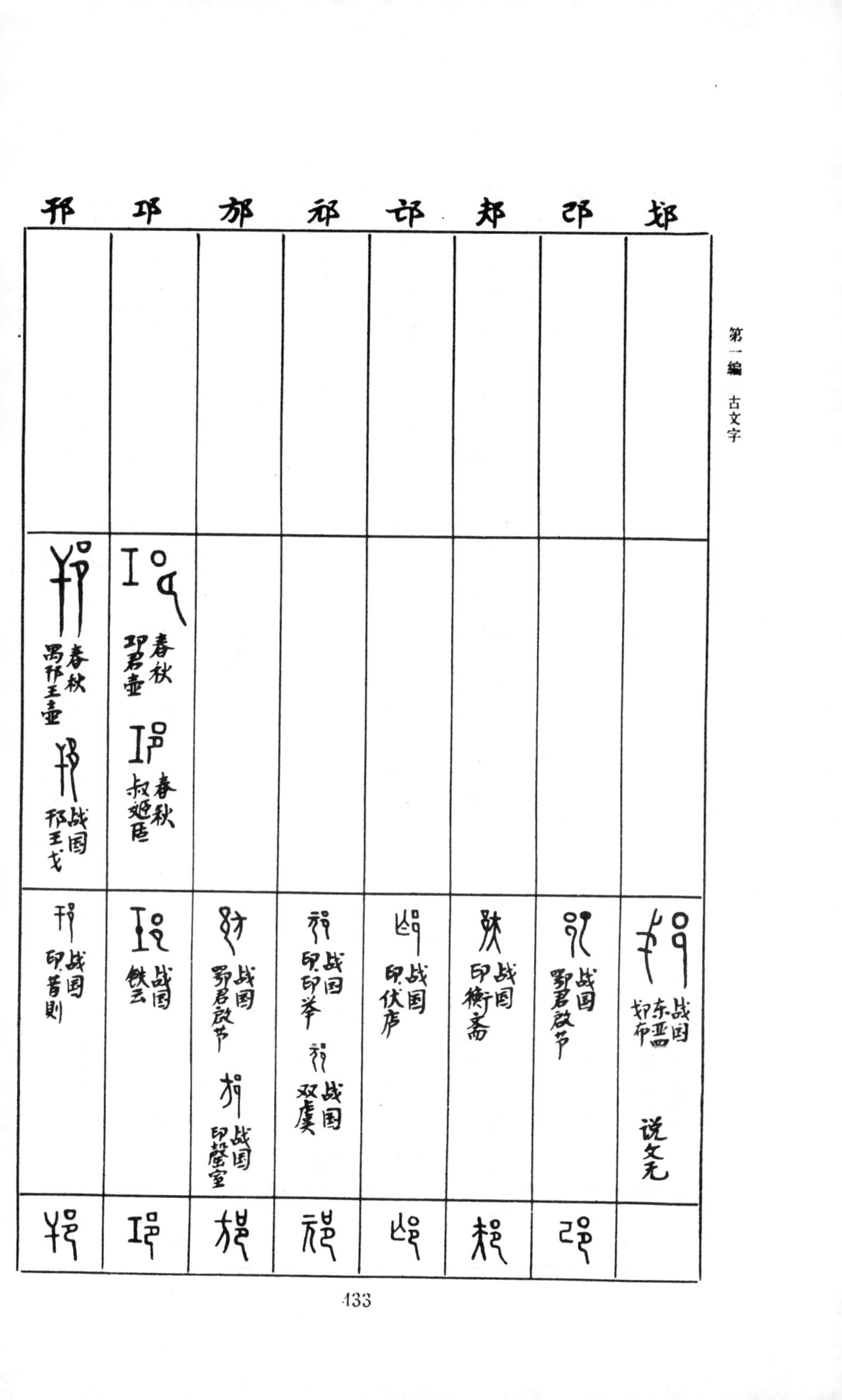

邗	邛	邡	祁	邙	邞	邔	[illegible]
春秋 禺邗王壶 战国 邗王戈	春秋 邛君壶 春秋 叔姬匜						
战国 印·菁则	战国 铁云	战国 鄂君启节 战国 印·罄室	战国 印·印举 战国 双虞	战国 印·伏庐	战国 印·衡斋	战国 鄂君启节	战国 东亚四 [illegible]布 说文无

⿰丁阝	⿰禾阝	邦			鄭 邢	井	邢 郱
		一期 前四·一七·三 一期 乙六九七八	一期 前四·五五·七 一期 后上·五·二	说文古文邦作		一期 甲三〇八 一期 粹二六三	邢古写作井 邢郱古同字
		周早 班簋 周早 盂鼎	周中 静簋 周晚 毛公鼎 周晚 散盘	春秋 国差罐 春秋 蔡侯钟	春秋 鄭孝子鼎 鄭或从井作邢	周早 盂鼎 周晚 克鼎	周晚 散盘 周晚 井人钟
战国 印 鑒室 邛 鄉名 说文无·玉篇·	战国 印 铁云 邗·地名 说文无·集韵·	战国 盟书三·二 五六三	战国 印 待时 战国 陈簋 战国 印文	战国 印文 战国 节墨刀货 背文东亚大	战国 盟书一五六·二 战国 印 故宫	战国 印 铁云 战国 待时	战国 印 莽 战国 遇安

邪	邸	⿰命阝	邯	⿰圧阝	⿰白阝	⿰戉阝	郘
						春秋 越王剑 春秋 越王句践剑	春秋 郘钟 春秋 郘大叔斧
战国 邪山布 战国 邪布	战国 盟书一五六：二九 战国 印·双虎	战国 陶·铁云 战国 印·待时 战国 尊集	战国 盟书一五六：三 七 战国 武安陶 战国 印·续齐	战国 印·伏庐 战国 伏庐 说文无	战国 印·铁云 说文无	说文无·同越国之越	战国 印·故宫 说文无·集韵 郘亭名

邦	戴	陷 鄱	巷	邔	鄉
邦公鈔钟 春秋；邦大司马戟 春秋	陈侯因資敦 战国	中山王鼎 "邻邦难亲" 战国；邻易壶 战国			
陈璽 战国；衡斋 战国；陶香录六四 战国；印北京 战国	陶香录六四 战国；同上		印 賨古 战国	印 待时 战国；字徵 战国	五六·一九 战国；印 陈奋 战国；氏邑 鲁孝 玉篇 说文无；明 三·二一 战国；一五六·三 战国

邿	䣄	郢	[illegible]	[illegible]
邿季𣪘 春秋 邿造鼎 春秋 邿伯祀鼎 春秋 邿遣𣪘 春秋	沇兒钟 春秋 䣄諧尹鉦 春秋 南疆鉦 春秋 䣄王义楚耑 春秋	郢铎 春秋 郢戾戈 春秋	齐侯壶 春秋	
印文 战国 印文 战国	印·伏庐 战国 故宫 战国 印文 战国 陶·香录 六·四 战国	鄂君启节 战国 印·遯庵 战国 待时 战国 鉨印 战国		印古印 战国

郱	郖	⿰巠阝		⿰豸阝	郡	郊	⿰里阝
战国 盟书八五八 说文无	战国 印、鉨印	战国 印、赫连 战国 天津	战国 铁云 邳、鄉名，说文无，玉篇：	战国 印、故宫	战国 陶、孴录六四	战国 印、北京	战国 印、上海 战国 印文

郲	𨙨	[illegible]	[illegible]	𨛶	猠	郱	𨞚
战国 印·印郵 战国 印揭	战国 印·北京 战国 续齐	战国 鄂君啟节 说文无	战国 陶彙三·一 说文无	战国 陶彙三·大皿 说文无	战国 印·畏斋 战国 魏石 玉篇：鄧 地名 狎即鄧	战国 印·馨室	战国 咸阳陶文 说文无

郳	耶	𨞚	𨛫	郗	都		
春秋 郳伯鬲	春秋 耶盧匜	周晚 𨞚嬰盘 周晚 𨞚嬰毁	周早 令毁	春秋 新郗戈 说文无	周晚 𡩜钟 春秋 齐镈	春秋 仲都戈 春秋 新都戈	
战国 印·鉨印	战国 印·陈簠	说文无 广韵：𨞚乡名	战国 印·演二		战国 [illegible]三·三 一五·六 二·元 一五·六 二·五	战国 印·陈簠 战国 疑清 战国 印·演二	战国 高都布 东亚四 战国 中都布 东亚四

镸阝	鄈	虒阝	咅阝	金阝	重阝	鄱
战国 盟书一五六·三 战国 东亚四 長子布 说文无	战国 东亚四 鄈氏布 说文无，集韵：鄈同郗，乡名	战国 盟书四九·二 说文无，集韵：虒阝，地名	战国 印·共墨 说文无	战国 陶·孴录六五 郐即陶字	战国 盟书三·二 一五六·一 说文无	战国 印·古鉨 说文无，乃郘字之繁体

郾		匽	鄂	鄙	堲	鄆	鄀
				一期 菁二·二 一期 前七·三二·一			
战国 郾王脮戈 战国 郾王詈戈	春秋 沇兒钟 战国 郾王職戈	周早 匽侯盂 周晚 克鼎	周晚 鄂侯𣪕	春秋 齐镈	周中 格伯𣪕 说文无	春秋 鄆戈	春秋 鄀公𣪕 春秋 鄀公鼎
战国 擷华 战国 陈簋	战国 盟书一·二 战国 古鉨	战国 印待时 战国 象续	战国 鄂君启节	战国 鄂君启节			说文无，集韵：鄀国名

郲	鄵	郛	鄱	杯	溯	鄥	鄄
战国 东亚四 郲布	战国 野君啟节 韵·鄵地名 说文无·集	战国 东亚四 郛布 说文无	战国 印·古印	战国 东亚四 杯布 同上 说文无	战国 野君啟节 说文无	战国 东亚四 鄥布 同上	战国 印·陆庵

古文字類編

鄶	鄹	[illegible]	[illegible]	鄷	鄃	郛	郃
春秋 鄶妘鬲	战国 大鄹鼎	春秋 曹公子戈	春秋 铸叔匿	周早 宅簋			
战国 陶·香录·之五	战国 东亚四 鄹布 同梁 同上	战国 印·衡斋 同曹	战国 东亚四 铸布 同铸	战国 印·续齐	战国 东亚四 鄃布 同上 说文无	战国 印·尊古 郛：郛地名 说文无·集	战国 东亚四 郃布 说文无

鄭	鄲	鄦	鄧
鄭古亦写作奠；春秋 郑虢仲鼎；春秋 郑伯筍父甗；周晚 叔向毁；春秋 郑同媿鼎；周早 矢毁；周晚 克鼎	战国 鄲戈 山東省博物館藏；說文元	周早 無盂仲孳；周晚 無盂姬鬲；春秋 蔡太师鼎；春秋 鄦子固	春秋 鄧伯氏鼎；春秋 鄧公毁
战国 尊集；战国 尊集；战国 待时；战国 燕陶；战国 陶香录六·四；战国 印衡斋；战国 铁云；战国 陶香录五·二；同上		鄦经传作許	

[illegible]	[illegible]	[illegible]	[illegible]	鄺?	[illegible]	鄓	[illegible]
					春秋 申鼎 说文无	春秋 鄓子鼎 说文无	春秋 曾伯匿 说文无
战国 印·凝清 说文无	战国 印·待时 说文无	战国 印·待时 说文无	战国 陶·孴录六·五 说文无	春秋 石鼓奉敕 说文无			

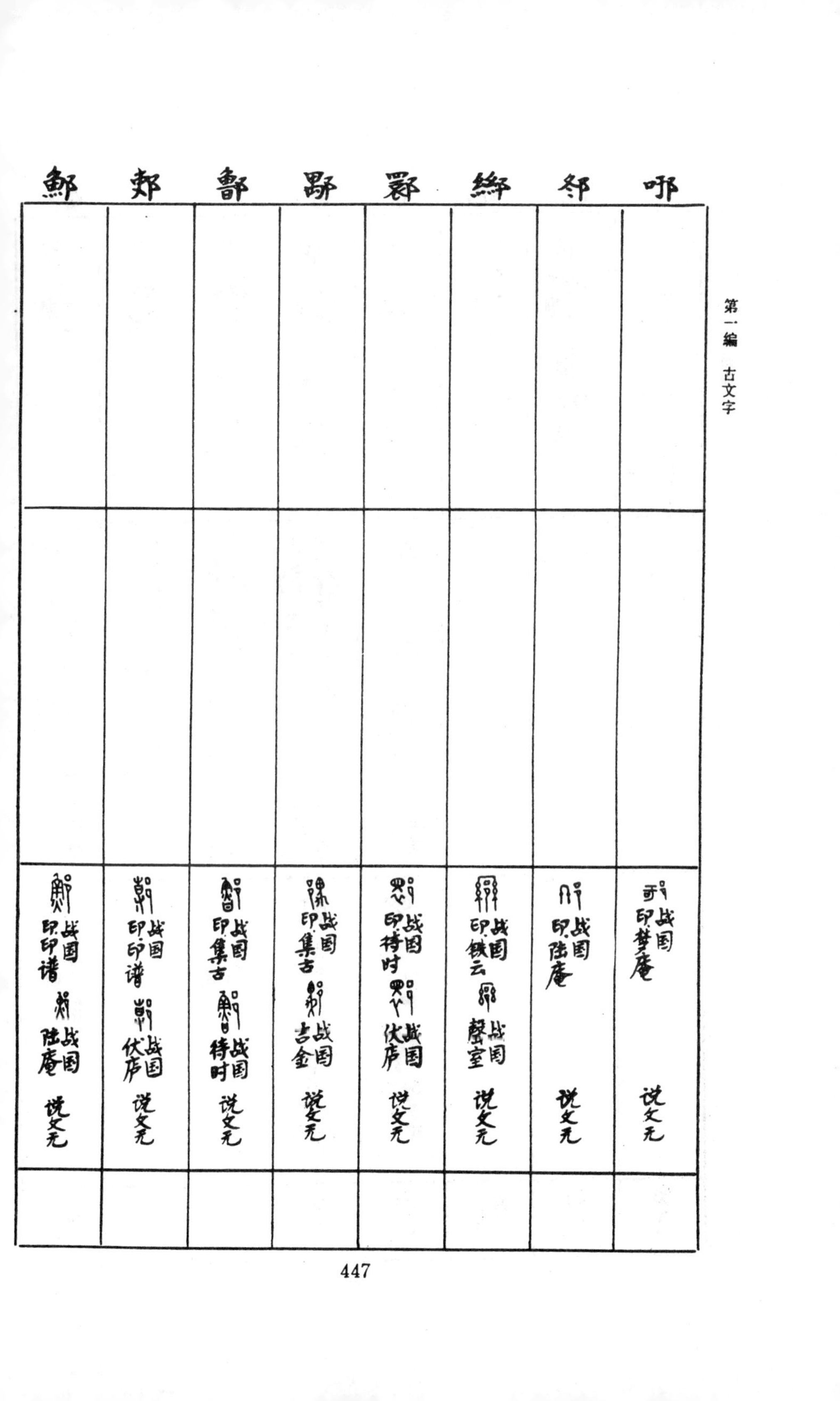

鄦	郏	鄶	[illegible]	[illegible]	[illegible]	[illegible]	哪
战国 印印谱 战国 陆庵 说文无	战国 印印谱 战国 伏庐 说文无	战国 印集古 战国 待时 说文无	战国 印集古 战国 吉金 说文无	战国 印待时 战国 伏庐 说文无	战国 印铁云 战国 磐室 说文无	战国 印陆庵 说文无	战国 印梦庵 说文无

卹	卯			印	夗	卪卪	卩
一期 佚六三二	五期 粹四七五	三期 粹一三八三 四期 粹一九六	一期 粹四八 二期 戬三·八	一期 乙一〇〇 一期 乙二二	一期 乙一七九九	三期 京津四五三九 三期 粹三八〇	一期 燕三七七 一期 京津三一〇八
周晚 师寰𣪕 春秋 邾公釛钟	周晚 番匊生壶 周晚 散盘	周中 名卣 周中 免𣪕	商 亚中卯鼎 周中 师旂鼎	周晚 毛公鼎 春秋 曾伯𠤳			
战国 盟书一〇五：二		战国 魏石	战国 盟书九八：三 战国 印、魏石	战国 简信阳 战国 印方印			

卲			卷		却	卻	卭
							一期 甲二五八九 三期 粹八四五
周早 井侯毁 周中 頌鼎	周晚 毛公鼎 春秋 秦公毁	战国 楚王酓璋戈 战国 屬羌钟	周早 何尊		周早 却父毁	周中 朐毁	商 卭甗 商 卭卣
战国 诅楚亚驼 战国 鄂君启节	战国 盟书一五六:一九 一五六:三	一六五:二	战国 盟书九:二 八五:三五	战国 印·待时 战国 印文			

字	甲骨文	金文	其他
書	一期 乙二八八二；一期 后下二三·三	周早 小臣遾毁；周早 太保毁	古文書通作遣
餗	三期 宁沪一·三三一；五期 前二·五·六；五期 燕三〇九	商 宰甫毁；周早 乙亥鼎	說文无
師	先周 周甲五〇	周早 令鼎；周晚 毛公鼎；周中 豆闭毁；春秋 南疆钲	战国 印铁云
帀	二期 甲七五二；二期 后下三〇·八；古币師同字	周晚 师寰毁；春秋 蔡太师鼎；春秋 国差𦉜；战国 畬志鼎	战国 鄂君启节；战国 考二 陶香录；战国 印阿盦；战国 瞿氏
𠂤	一期 铁二〇七·二；一期 佚九；三期 粹九二；五期 前二·三·三	周早 盂鼎；周中 舀鼎；周晚 克鼎；战国 东周左师鼎	

阜	阢	阱	防	阽	阦	阪
一期 菁三·二 一期 佚六七 四期 甲三三七二 四期 甲三三二七						
	战国 鄂君啟节 阢地名 同阢 集韵	战国 盟书一五六：一九 一五六：二三 战国 陆庵印	战国 燕陶印 战国 字徵	战国 盟书一六：一〇 说文无	春秋 石鼓田车 说文无	春秋 石鼓作原

阿	陀	附	限	降		墜	
				一期 乙六九六〇 一期 后下二二·四	四期 粹九〇一 四期 甲二三八三		
战国 阿武戈	战国 中山王方壺	战国 中山王方壺 庶民附:	周中 曶鼎 周晚 鬲从盨	周早 天亡簋 周中 禹鼎	周晚 散盤 周晚 叔向簋		
战国 印·故宫 战国 季古				战国 长沙帛书		战国 盟书一五六·二三 一九四·二	战国 印·璽室 战国 陶香录 十三·四 同升 孟篇

陟		陵		⿰阝寺	⿰阝呈	⿰阝婁	除
一期 粹一六七 一期 京津一〇六七	四期 摭续一三〇 四期 宁沪一·三五三						
周早 沈子殷 周中 疐钟	周晚 散盘 春秋 蔡侯盘	周晚 散盘 周晚 陵叔鼎	战国 陈猷釜 战国 长陵盉				
		战国 陶·孴录一四·二 同上	战国 印·[illegible] 战国 印举	战国 玺·[illegible] 三二 [illegible]	战国 陶·孴录一四·五 同野	春秋 石鼓·田车 同隮 说文 元·玉篇 升也	春秋 石鼓·作原
陟		陵					除

陽	陳	陣	敶
一期 前五·四二·五			
周中 虢季子白盘；春秋 𠭯伯盨；周早 瞏卣；周晚 柳鼎	陈字金文亦作陞，乃齐陈专用字；战国 酓忎鼎；战国 山博藏 陈贻戈；战国 陈猷釜；战国 子禾子釜；春秋 陈肪毁；战国 陈侯午敦	春秋陈国之陈亦作敶，说文陣字作敶	春秋 陈公子甗；春秋 王仲妫匜；春秋 陈侯鼎
战国 咸阳陶；战国 侍时印·四；春秋 石鼓霝雨；战国 七 古币一九五；战国 市东垩 季阳	战国 铁云；战国 尊集；战国 万印；战国 天津；战国 魏石；同上；同上；战国 印·稽安；战国 陶·吾求西二		战国 陳 印·侍时
陽	陳		敶

陯	陰	陭	陶	陸	陮
			一期 珠四四三 一期 前六.三四		四期 后下三.五 四期 粹一〇三四
周中 陯伯卣 ⿰谷侖即陯字 阜谷二符古通用	春秋 㠱伯盨 春秋 㠱伯盨 战国 屭羌钟 战国 上官鼎	春秋 曾伯陭壶	周中 伯陶鼎 周中 不嬰簋	商 父乙甬 春秋 邾公釛钟	
	春秋 石鼓霝雨 战国 印陈盖 战国 待时 战国 铁云 战国 滨虹 战国 东亚四 陰晋布 战国 东亚三 大陰布			战国 印魏石 战国 待时	

地	墜	隊	彖	隥	隕	陲	陴
說文籀文地作墬 时代墜又通作地实 墜古作彖或隊 东周			一期 乙七六七四				五期 前二·八·三 五期 前二·八·四
	周中 匀段	周中 录伯段 周中 趞段	周早 井侯段 周中 墙盘	周早 班段	战国 中山王鼎	春秋 曾姬无卹壶	陴字說文籀文作
战国 天星观M1 地、战国 印续齐	战国 印续齐 战国 侍时 战国 简望山M1	三五六·二 战国 十三·四 陶香录	战国 盟书三五·六 一九五·一	二五、战国 盟书一五六· 一五六·二		战国 鄂君启节 战国 简望山M1	

陸	隮 尊	陵	陣
一期 甲三四七 一期 粹五〇〇	一期 前五·四·四 二期 前五·四·五 三期 戩三六·三 三期 粹五三九 一期 續二·七·五 一期 京津九七八 四期 粹二三二 四期 鄴上二七·五		
	商 妇闆卣 周中 旂鼎 周中 坒卣 周中 静卣 周晚 师寰鼎 商 癸卣 書冊兄 春秋 蔡侯缶 周早 父辛鼎 春秋 曾姬無卹壺	周晚 陵仲殷 周晚 陵仲鼎	周晚 克鼎 说文无
战国 盟书九八·二九	从阜符作隮 尊字金文多	说文无	
墜			

阾	陵	陜	陪	陑	[illegible]	[illegible]	[illegible]
一期 菁三 三、四期 前七·六·	一期 甲二六九一 一期 乙一九·五						
说文无	周晚 陵仲盨 说文无、玉篇：陵地名	周早 小臣遣簋 周中 陜簋 说文无	周晚 伯陪簋 说文无	周晚 子陑簋 说文无	周晚 散盘 说文无		
						战国 印·待时 陖山地名 说文无、玉篇	战国 印·铁云 韵同墙 说文无、集

嵩	耑	嶅	[畯山]	[阿山]	[山朱]	山	
春秋 邵钟 棠无嵩，实为同字异体。嵩，说文新附字，许书有		春秋 须嶅生鼎	周晚 克鼎 同峻	战国 平阿右戈 同阿	春秋 [山朱]匜 说文无	周晚 克鼎 春秋 召叔山父匜	商 父戊尊 商 𣪕且丁卣
战国 印.印邮 战国 万印 战国 吉金	战国 陶香录七.二					战国 长沙帛书	战国 印.万印 战国 东亚 邪山布

	求	休	辰	辰	永	永	水	水
[甲骨]		一期 佚六一六		永辰古同字	四期 佚四六○ 五期 前二·三八·五	一期 粹一五二四 甲六一七	三期 前二·四·三 五期 乙八六九七	一期 前四·一三·五 三期 粹四八
[金文]	春秋 邾君求钟 古同裘		周早 吴方彝 周中 大鼎	春秋 匽公匜 春秋 楚公钟	周中 舀鼎 周晚 函皇父𣪘	周早 宅𣪘 周中 各卣	战国 鱼鼎匕	周早 沈子𣪘 周中 同𣪘
[战国]	春秋 石鼓车工 说文古文作裘			一六五·四 一九四·三	五六·三 一九五·八	春秋 石鼓吾水 战国 盟书三二	战国 印瞻麓 战国 印文	春秋 石鼓吾水 战国 简望山1

汝	汙	汜	汏	江	沱 池
一期 京津二〇〇七 一期 拾九·二	一期 甲一五九 一期 乙七八七	一期 前四·三·六	一期 乙二〇三五 一期 京津二〇六九		
				春秋 江小中鼎 春秋 工𫊸太子姑发剑	周晚 𥙚伯鼎 周中 静簋 春秋 曾公子沱戈 周中 遹簋 春秋 王壶 吕邗
				战国 鄂君启节 战国 𢑼白 战国 印钱云 战国 续齐	战国 印尊古 战国 盘室 战国 伏庐 战国 待时

淋	沚	沖	沈		沙
一期 序二六七	一期 前五·三三·二 一期 后下二〇·九	明藏五二〇 三期 后下三六·六	一期 后下四·三 一期 前四一·三 一期 佚五三三	四期 粹九 四期 粹五八七 三期 甲一八八五 三期 后上二〇·一〇 三期 甲三五五五	
		战國 沖子鼎	周早 沈子殷	卜辞中一、四期之沈字是将牲物沈于水中为会意字，三期为形声字入周以后前者废后者流传致今	周晚 無叀鼎 周晚 休盘 周中 师旋鼎 周晚 寰盘
		战国 印续齐	战国 诅楚湫渊		
淋	沚	沖	沈		沙

沆	汸	汪	沅	污	洵	波
春秋 沆儿钟	战国 中山王圆壶	周早 汪伯卣				
		战国 印·萝古 战国 撷华	战国 鄂君启节	春秋 石鼓·汧沔	战国 印·陈箕 战国 万印 洵水声 玉篇：说文无。	战国 简·天星观 战国 印·铁云 战国 侍时 战国 陶·香录十二

河	沫	泃	沽	泊
一期 菁四·一；林二·二〇·一三；三期 粹四一；四期 粹三九	一期 宁沪二·五三；四期 后下三·五			
周中 同毁；战国 中山王圆壶	春秋 筍伯盨	战国 中山王鼎	周晚 散盘	
战国 纪王城陶文；战国 陶铁云；战国 孴录十一·二；战国 印燕陶	说文沫洗面也，实盥字本义，后盥为器物名辞，乃有形声字沫		战国 鄂君启节；战国 舆节九二·九；战国 陶孴录十二·一；同上；战国 印续齐；战国 铁云；战国 铁云	战国 简·信阳 说文无。集韵：泊 止也，又小波也
河	沫	泃	沽	

沮	洎	泉	滓	沾	洛	泣	泪
一期 拾一·四	一期 中大三六 一期 存下六	一期 前七·四 一期 明三五七 四期 甲九三三					
			战国 曾侯乙钟				
	春秋 石鼓霝雨		疑印清商 滓字通清字·曾侯乙钟 滓商	战国 陶·香录十二	战国 陶文	战国 印·衡斋	战国 印·尊集 泪滴波 说文无·集韵

汾
- 春秋 汾其钟
- 春秋 陈公子甗
- 周晚 伯汾父𣪘
- 春秋 汾其𣪘

洛
- 五期 甲三四六
- 周中 虢季子白盘
- 春秋 太师虘豆

洹
- 二期 珠三九三
- 三期 粹一〇六一
- 春秋 洹子孟姜壶
- 一期 簠地四七
- 一期 掇二·四七六
- 周中 洹秦𣪘
- 周晚 白者父𣪘

洚
- 四期 佚六七八

淯
- 二期 餘一五·四
- 三期 佚二四二

洋
- 一期 林二·四二
- 二期 明一九七

湢	浴	涓	汅	酒	涇	[illegible]	汧
五期 前二·二〇·三 五期 存下九八三	一期 前一·五二·一	一期 金四 一期 乙二三三一	一期 乙一七四五	一期 甲二三一 三期 京都一九三三			
		周早 啟尊 说文无 集韵 涓水文也 又与盤同	春秋 者沪钟 说文无	周早 盂鼎 周晚 散车父壶	周晚 克钟		
	战国 信阳简 战国 长沙帛书			战国 陶香录十四·三		春秋 石鼓汧沔	春秋 石鼓霝雨

羨	海	浮	涉	涿	涂	沁
			三期 粹九三四 四期 粹一一七八 一期 前一·五三·三 一期 佚六九九	二期 粹四四七 二期 戩六·四	一期 续二·二·五 一期 续五·四·三	一期 甲二七五 一期 京都三一六六
春秋 鄴孝匜 春秋 陈逆𣪘	周早 小臣遴𣪘 周早 小臣遴𣪘	周晚 公父宅匜	周晚 散盘 周晚 散盘 周中 格伯𣪘 周中 格伯𣪘		春秋 涂鼎	
		战国 印印谱 战国 衡斋	战国 印钦云 战国 長沙帛书 春秋 石鼓霝雨 战国 简天星观M1	战国 涿布 阳高二·五三	战国 简信阳 战国 陶香录十二·一	

流	深	渒	淢	涱	清	涅	浩
战国 中山王圆壶	战国 中山王方壶	周晚 克鼎	周中 長由盉				
春秋 石鼓霝雨	春秋 石鼓霝雨			战国 盟书九三:一五 篇 涱同漲 说文无·玉	战国 印·铁云	战国 印·泉续 篇 涅泥也 说文无·玉	战国 印·鑒室 战国 故宫

沠	淺	滔	涵	淵	淮	淮	況
			二期 甲四四 三期 京津四四六六	二期 后上一五·三 説文古文淵作	五期 前二·六·二 五期 续三·三〇·六	一期 前五·三六·三 二期 佚九一二	四期 佚九五七
春秋 昊生钟 沠同泜 説文无，玉篇：	春秋 越王句践剑			周早 沈子毁 战国 中山王鼎	春秋 虢仲盨 春秋 曾伯𠤳	周中 彔卣 周晚 敔盨	
	战国 简·信阳 战国 长沙帛书	春秋 石鼓霝雨 战国 印·故宫		春秋 石鼓汧沔			

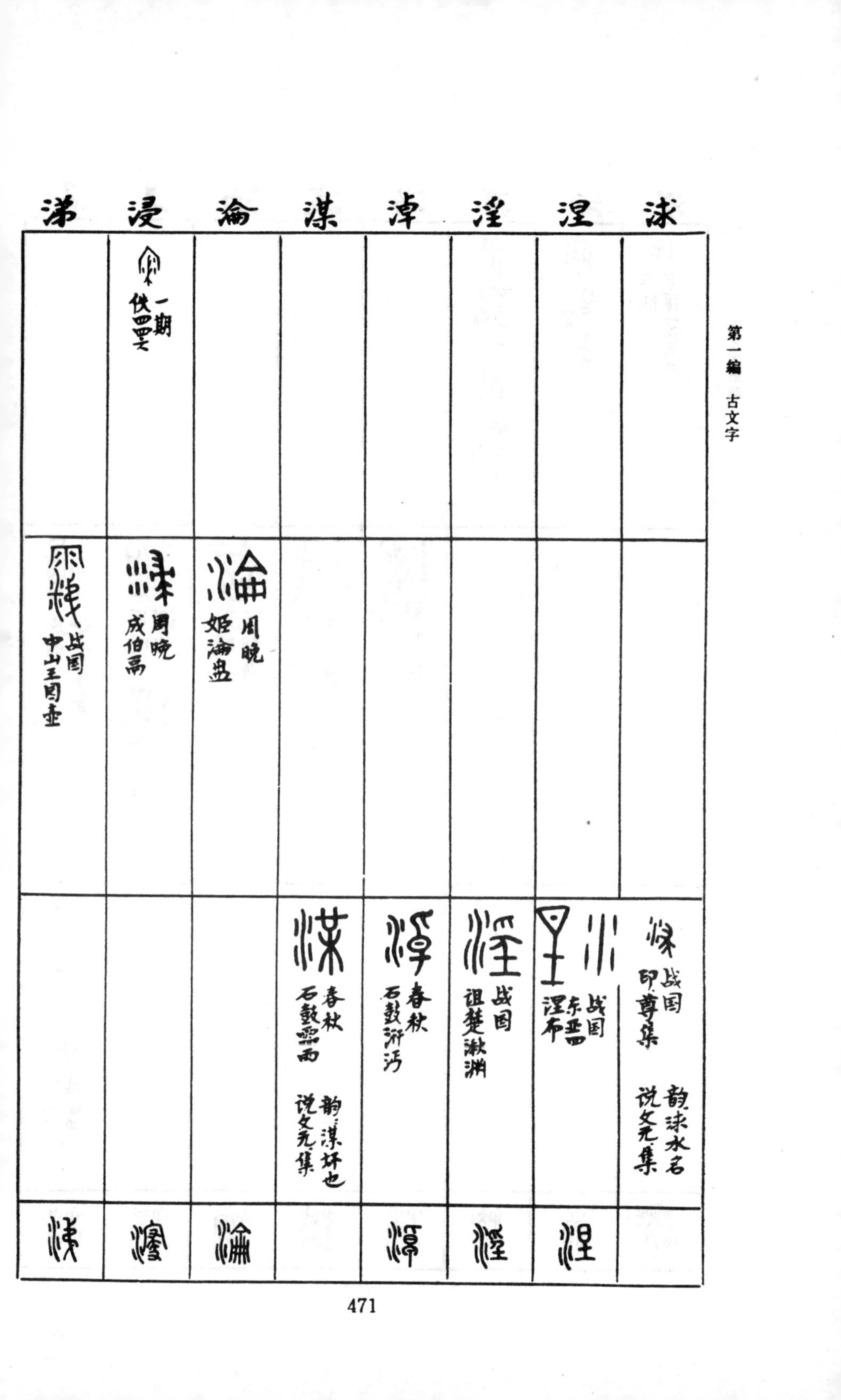

浗	涅	淫	淖	[氵某]	淪	浸	涕
						一期 佚四罒七	
					周晚 姬淪盘	周晚 成伯高	战国 中山王圆壶
战国 印尊集 韻：浗水名 說文无集	战国 东亚四 涅布	战国 诅楚湫渊	春秋 石鼓汧沔	春秋 石鼓霝雨 韻：[氵某]坏也 說文无集			

湀	滋	湄	湡	滅	湎	湛	渴
五期 京津一五五六	一期 后下四〇·一六	三期 甲五七三 三期 甲七二五					
			周早 [illegible]鼎	春秋 者減鐘	周晚 毛公鼎	周晚 𠑇匜 周晚 毛公鼎	战国 中山王方壶
							战国 印印举 战国 陈簠

滂	溤	渝	潼	湘	湯
					周中 师湯父鼎 周晚 湯叔盘 周晚 中枏父毁 春秋 曾伯匿
春秋 石鼓霝雨	战国 印 契斋 溤 水也 说文无 玉篇	战国 印文	战国 印 万印	战国 鄂君启节	春秋 石鼓霝雨 战国 简 信阳 战国 陶 孴录十一 同上 战国 印 陈盘 战国 铁云 战国 天津

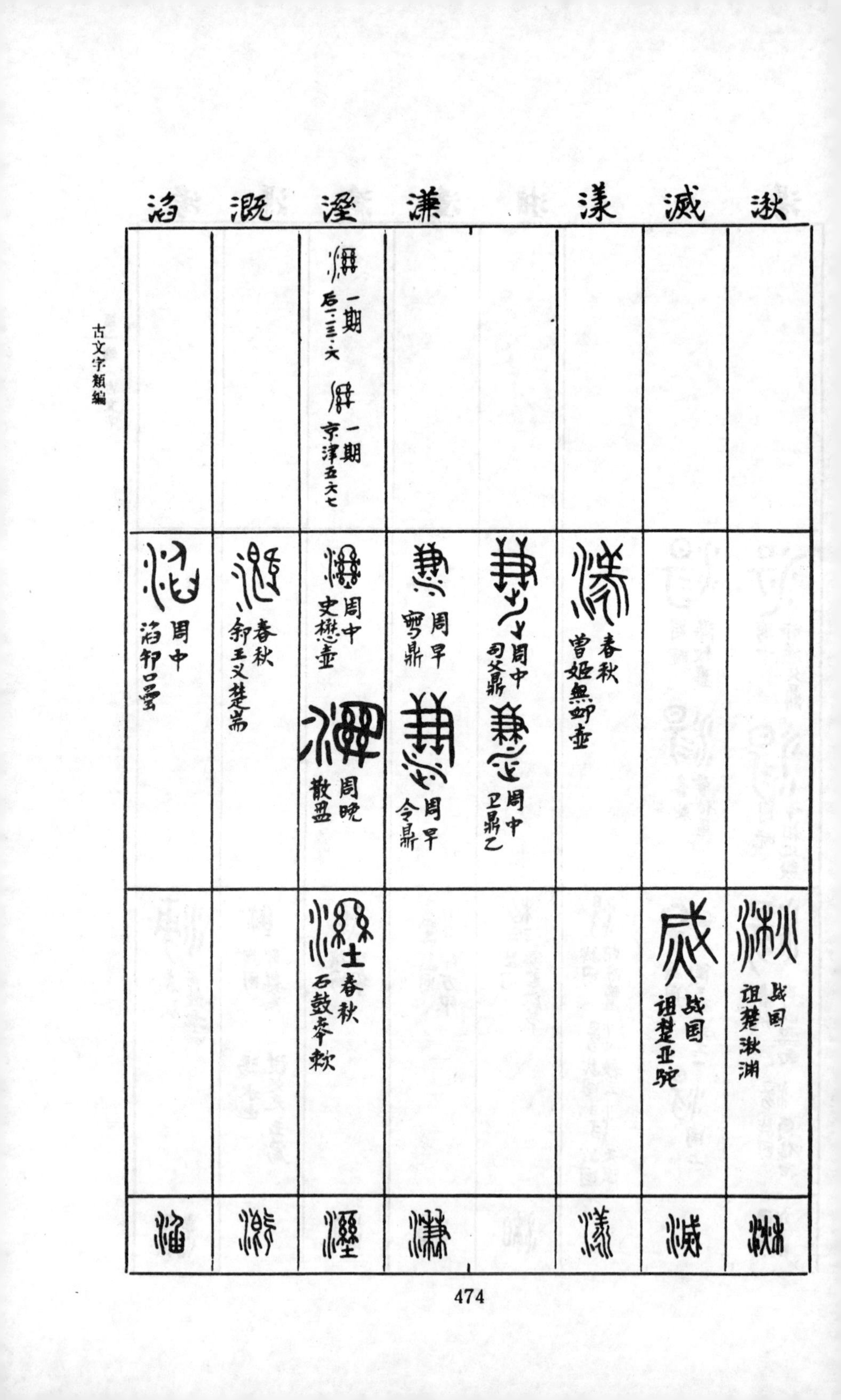

湫	滅	漾	溓		溼	溉	滔
					一期 后二·三·六 一期 京津五六七		
		春秋 曾姬無卹壶	周中 司父鼎 周中 卫鼎乙	周早 [illegible]鼎 周早 令鼎	周中 史懋壶 周晚 散盘	春秋 䣄王义楚耑	周中 滔郘口罍
战国 诅楚湫渊	战国 诅楚亚驼				春秋 石鼓夲敇		

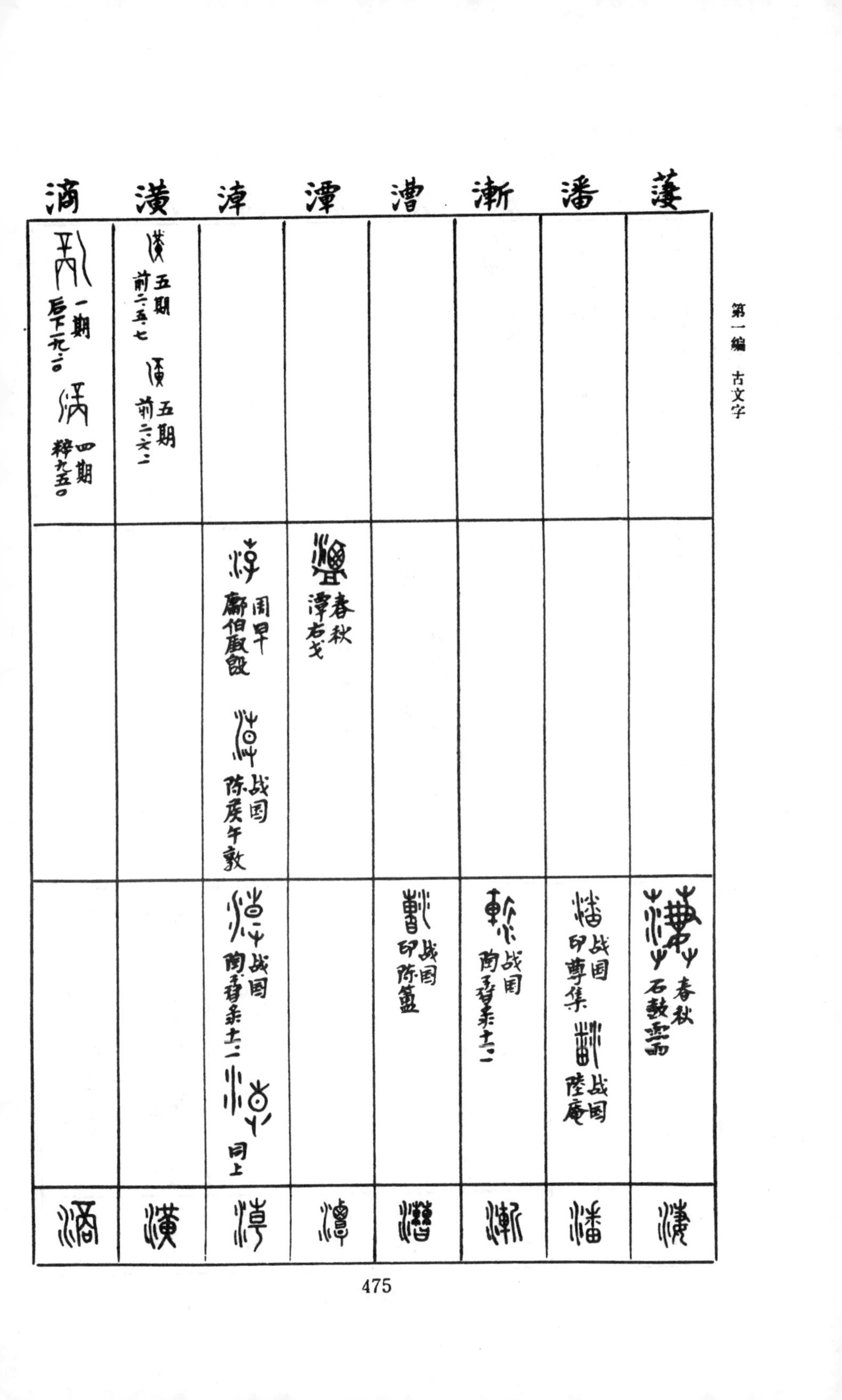

滴	漢	淳	潭	漕	漸	潘	蔆
一期 后下一九·二〇 四期 粹九五〇	五期 前二·五·七 五期 前二·六·二						
		周早 鄘伯馭毁 战国 陈侯午敦	春秋 潭右戈				
		战国 陶孴录十一·一 同上		战国 印陈簠	战国 陶孴录十一·二	战国 印尊集 战国 陸庵	春秋 石鼓霝雨

澤	澮	濟	潸	潦	濿
				河六八〇	一期 前五.三一.三 一期 乙二九 二期 前五.三一.五 五期 前二.二.五
		战国 中山王方壶	战国 中山王圆壶 潸潸流涕		乃砅字之别体 萬.散伯簋作濿 濿即說文濿
战国 葬古 战国 待时 战国 伏庐 战国 印陈盦 战国 凝清	战国 鄂君啟节	战国 印.璽室			春秋 石鼓汧沔 战国 长沙帛书
澤	澮	濟	潸	潦	濿

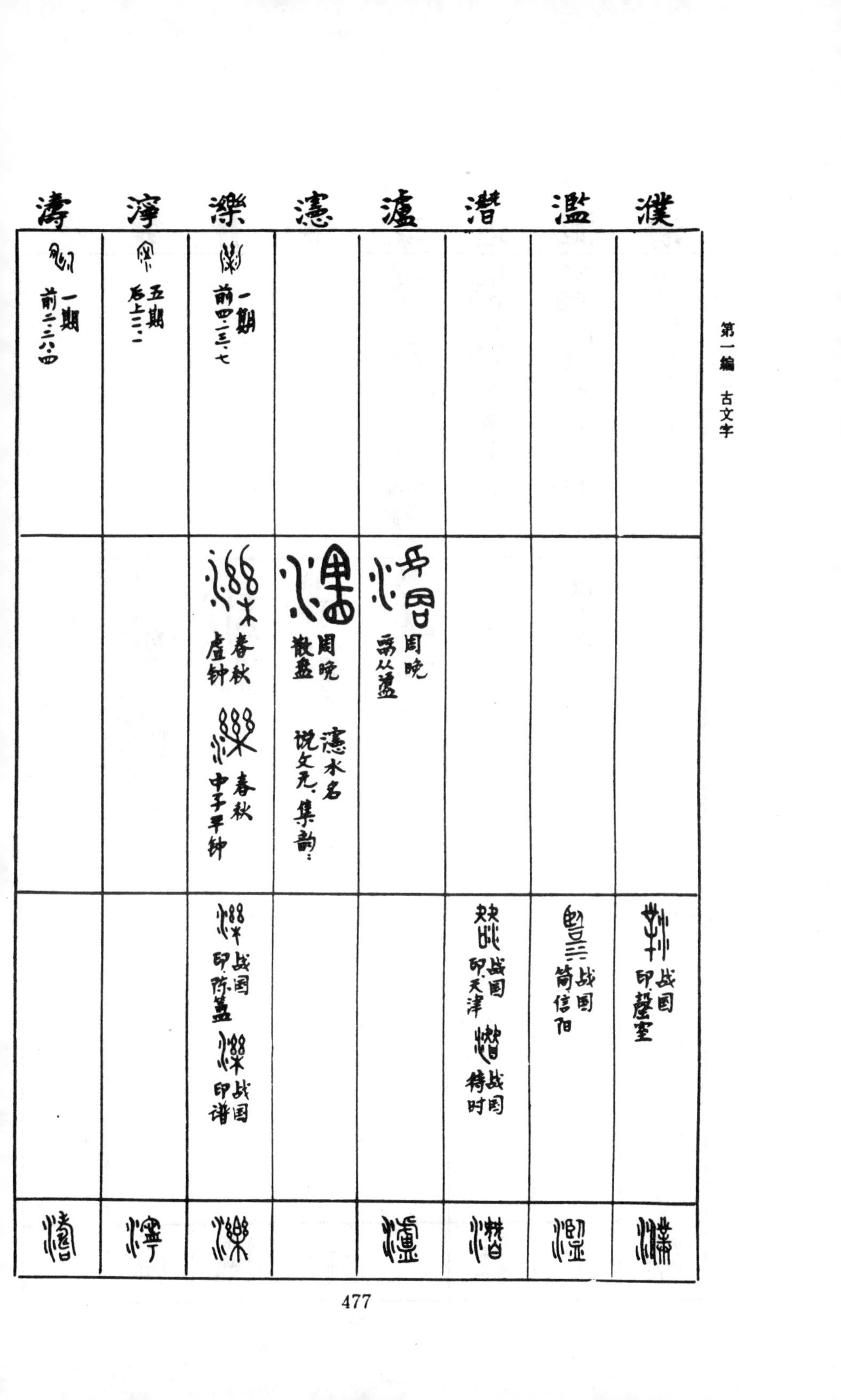

濮	濫	潛	瀘	濾	濼	濘	濤
					一期 前四·一三·七	五期 后上三·一	一期 前二·二八·四
			周晚 鬲从盨	周晚 散盘 濾水名 说文无，集韵：	春秋 虘钟 春秋 中子平钟		
战国 印·壁室	战国 简·信阳	战国 印·天津 战国 待时			战国 印·陈簋 战国 印谱		

字	甲骨文	金文
燙		战国 中山王圆壶 说文无
瀨		商 豹殷 周晚 㝬殷
瀞		春秋 国差𦉜
濯		春秋 右濯戈
[氵臬]	一期 簠游三五 五期 前二·四·七	说文无
[氵亞]	一期 乙六二〇七 集韵同洼	
[氵黿]	一期 前七·二·四 一期 京津二六九四	说文无
灂	五期 粹一四五六	

濁	灘	澧	灅	泆	沴	灋 法
				周晚 泆伯寺𣪘	春秋 王孙钟 滲同沴	周早 盂鼎 周晚 克鼎 周晚 师酉𣪘 周晚 师㝨𣪘
战国 曾侯石磬 战国 曾侯磬	战国 鄂君启节	战国 鄂君启节	战国 鄂君启节			战国 简信阳 灋省作法 战国 印陈簠 战国 待时

州	一期 前四·三·四；一期 鋪仁二四；一期 乙五三三七；一期 粹二六二	周晚 散盘；春秋 越王州句矛；周早 井侯毁；周晚 鬲从盨；說文古文州字作	战国 待时；战国 伏庐；战国 东亚四 平州布；战国 印续齐；战国 筒信阳；战国 东亚四 平州布	
川	一期 佚七二七；一期 前四·三·三	周早 矢毁；周中 卫鼎	战国 長沙帛书	
淬	一期 乙二○三五；淬 擊擾 說文无，集韵			
泧	五期 金五七四；泧 水流貌 說文无，集韵			
[氵冊]	一期 乙二六二八；一期 甲三五四○	无舟渡河曰[氵冊] 說文无，字彙補		
[氵皀]	二期 河九四；[氵皀] 搖也 說文无，集韵			

巢	順	邕	巠	巟	巛
先周 周甲二〇					一期 前一五二一 三期 粹九三一 五期 甲二八九 五期 佚元七 五期 存下五八五
周早 班殷	周早 何尊 春秋 於賜鈡	周中 邕子甗	周晚 克盨 周早 盂鼎 周晚 毛公鼎 周晚 克鼎	周中 巟伯殷	
巢	順	邕	巠	巟	巛

冰	冶		冬		冫	亂	⿰川免
			四期 宁沪一·五四	一期 菁三 一期 乙三六八	一期 续三·五六·七		
春秋 陈逆𣪘	战国 三十四年戈 战国 京博藏 四年矛 战国 郑九年矛 战国 郑三十三年剑	周中 禹鼎 战国 酓忎鼎 战国 八年戟	周晚 井人钟 战国 陈璋壶	周中 颂壶 周中 遣盨	商 冫卣	周中 𤔔季鼎 周晚 师寰𣪘	周早 啟卣 說文无
			二字古同 說文古文冬作 終作	战国 长沙帛书	战国 陶香录十二		

電	雲	翌	雩	雨
	一期 续二·四·二 一期 乙二〇八 一期 菁四·一 一期 前七·四三·二		三期 前五·三九·六 四期 佚一六〇 一期 乙九七一 一期 后下三·九	五期 后上二〇·二 五期 前二·三五·三 一期 粹七三〇 三期 粹七八二
周晚 番生簋	说文古文雲作 春秋 姑发剑	战国 曾侯乙钟 体作 与说文别	周中 静簋 周晚 毛公鼎 周早 小臣謎簋 周早 盂鼎	周早 子雨卣 战国 中山王圆壶 商 亚止雨鼎 商 子雨鼎
	战国 印·徐茂 战国 万印		战国 故宫 战国 周氏 战国 陶·香录十三 战国 印·衡斋	春秋 石鼓·霝雨 战国 陶·香录十二·二

霖	雺	⿱雨豹	霍		[illegible]	⿱雨各	
一期 前四·九·八 一期 前四·四七·二			五期 前二·二五·七 五期 珠四九三	一期 乙七七四六 一期 菁一〇·五	三期 京津三二五 四期 后下一·三		五期 河六七七
				周中 霍鼎 周晚 叔男父匜			
	战国 盟书八五·三五 说文无	春秋 石鼓吾水 说文无				战国 印·续齐 战国 故宫	战国 东亚四 ⿱雨各布 同上

霋	霝	霸	靁	霾	霽
五期 续四·二〇·三	一期 甲八〇六；一期 前四·二四·一；一期 前四·二四·四；一期 续五·二四·四		一期 后下一·二	一期 甲二八四〇；一期 前七·二·三	一期 宁沪三·三；一期 乙二四三六
	周早 沈子簋；周晚 克鼎；春秋 庚壶；春秋 蔡侯盘	周中 多鼎；周早 令簋；春秋 郑虢仲鼎；周中 师奎父鼎	周晚 盠驹尊；周晚 驹尊盖		
	春秋 石鼓霝雨；战国 陶春录十二·二；战国 印铁云；战国 待时；战国 简望山M2		战国 陶春录十二·二；战国 简信阳		
霋	霝	霸	靁	霾	霽

冊	丈	鳳	卂	凡
三期 粹二六五 三期 粹一六二 一期 乙一七三 一期 粹一〇九七		一期 鐵五五·二 四期 粹八三〇 四期 粹八三九 一期 菁五·二		三期 粹一〇一七 四期 京津一〇二九 一期 拾七·二 一期 后下三五·二
周中 頌鼎 周晚 师酉段 周早 作册大鼎 周早 令段		卜辞鳳通作風 説文古文鳳作	周中 卂伯段	周晚 散盘 周晚 鬲从盨 周早 天亡段 周中 舀鼎
	战国 中山王兆域图			

典	曹	珊	小	少
四期 河七六〇 五期 后上一〇·九 四期 佚九三一 五期 前二·四〇·七	一期 前四·四五·二 一期 燕一七〇五 一期 后上二三·二 先周 周甲八四	三期 坊间二·二八七 三期 明藏四四四	四期 甲六三〇 五期 佚四二六	一期 甲二九四
商 犅父丁觯 周晚 召伯殷 周中 格伯殷 战国 陈侯因资敦		说文无	周早 盂鼎 周晚 散盘	春秋 壬午剑 春秋 鄘侯殷 战国 中山王鼎 战国 舍志盘
战国 印·陈簋				战国 盟书九八·二 战国 少府 准格尔出土银节约 战国 准格尔出土虎豕金牌

玉		玗	珂	班		琱	
一期 乙七八〇八 一期 乙七七九九	三期 佚七八三						
周早 乙亥殷 周晚 毛公鼎	春秋 齐侯壶 战国 鱼鼎匕	周早 虘栗卣		周早 班殷 周晚 弭叔盨	春秋 邾公孙班镈	周中 师大王[illegible]鼎 周晚 召伯殷	周晚 休盘 周晚 寰盘
战国 盟书九二:四七 战国 简信阳			战国 印、金符				
王		玗	珂	班		琱	

古文字類編

[illegible]	琦	奎	瑁	璜	璋		璧
		周中 守宫盘	周中 师遽方彝 汗简 瑁作	周中 县妃毁 周晚 多伯毁	周中 大毁 周中 颂鼎	春秋 子璋钟 战国 楚王酓璋戈	周晚 多伯毁 春秋 齐侯壶
战国 盟书一五六·二六 说文无	战国 简·信阳 琦 玉名 说文无·广韵				战国 印·铁云 战国 尊集	战国 季木四三·一	战国 盟书一六·二三
		奎	瑁	璜	璋		璧

環	環	環	曰	曰	旦	旦	昊
			一期 菁二 三期 粹四一	五期 前二·八·六 五期 佚五一八	二期 佚四六八 三期 粹七〇〇	三期 甲二九四四	
周中 免簋 周中 豆闭簋	周早 睘卣 周晚 番生簋	周中 师遽彝 周晚 毛公鼎	商 艅尊 周中 曶鼎	春秋 郐䣄尹钲 春秋 於賜钟	周早 旲方彝 周中 颂鼎	周晚 揚簋 周晚 走鼎	
战国 望山M1 战国 天星观M1			战国 印尊集 战国 丂印		战国 盟书一七九·三 战国 印.鈢六	战国 古印	春秋 石鼓車 説文无·玉篇：旲日光也

昕	昏	昃	昌	昊
二期 京津三三六一 三期 京都三二三	三期 佚二九二 三期 粹七一五	一期 前四·九·二 二期 前四·八·七 一期 菁四·一 一期 京津四六天		
		战国 滕侯昃戟	春秋 蔡侯𪔅盘 "子孙蕃昌"	
		战国 陶香录七一 战国 印举 战国 万印 战国 印待时	战国 印铁云 战国 凝清 战国 陶香录七二 战国 燕下都 战国 陶附编二四 陶香录 战国 齐刀背文 齐亚之	战国 简信阳 战国 印印郮

昆	皆	昔		者			䄊
		一期 菁六.二 一期 甲二九二三	一期 京津一六八五 一期 鄴初下四五.五				
	周晚 皆壺	周中 舀鼎 周晚 师嫠毁	春秋 徐王鼎 战国 中山王鼎	周早 者姛爵 周中 [illegible]毁	周晚 兮甲盘 春秋 邾公钟	春秋 於賜矛 战国 陈侯午敦	周晚 䄊仲鬲 春秋 䄊伯匜
战国 印.魏石	战国 简.望山M2 战国 信阳	战国 简.信阳		战国 盟书一五六.二 九八.三	二〇〇.三八 一五六.七	二〇〇.一〇	說文新附

易	昱	翊	星	昧	晶
一期 前七·四二 一期 乙六六八四	四期 粹六七九 五期 粹二一	一期 粹二三九 三期 佚二六六	一期 前七·二六·三 一期 乙六三八六 一期 乙六六七二 一期 乙六·六六四		一期 佚五〇六 三期 甲六七五
周早 路子卣 春秋 嘉子易伯匿 春秋 易叔盨 春秋 沇兒钟	周早 盂鼎	商 卯卣 商 宰椃角	周中 星父段	周中 免段	
战国 印·陈盖 战国 万印 战国 故宫 战国 陶香录九·二 同上		古翊昱同字	战国 印·鐁经 战国 待时	战国 印文	战国 简·信阳
易	昱	翊	星	昧	晶

時	曼	晉	智
		一期 拾三·一	
戰國 中山王方壺；說文古文時作 旹	春秋 曼龏父盨；春秋 曼龏父盨	周中 格伯作晉姬簋；春秋 晉公𥂴；春秋 晉公𥂴；戰國 屭羌鐘	周早 盂鼎；周晚 毛公鼎；春秋 智君子鑑；戰國 魚鼎匕
春秋 石鼓車工；戰國 陶𠂤 東亞七二；戰國 印 待时；戰國 印文		戰國 盟书一八五·七；一五六·二；戰國 鄂君啟節；戰國 東亞四 晉阳布；戰國 東亞四 晉阳布；戰國 印 晉則；戰國 漢二	戰國 簡 信阳；戰國 東亞二 智布

昢	曑 参	晦	暈	晵
		一期 甲五七三；四期 粹六五一	一期 前四·八·五；一期 乙二〇七；一期 粹八二三	四期 粹六四八；四期 粹六四九；四期 粹六五一；四期 粹六四七
	战国 中山王鼎；战国 鱼鼎匕；周晚 盠方彝；周晚 克鼎；周早 文乙盉；周中 舀鼎			
战国 陶孴录七·三；说文无，集韵：昢，光也	战国 陶孴录七·三；同上；战国 印举；战国 陸庵；战国 印·凝清；战国 待时			

胡

- 战国 盟书九二·三
- 说文古

朔

- 春秋 石鼓 汧沔
- 说文古

明

- 一期 乙六一五〇
- 战国 屬羌钟
- 战国 璽室
- 战国 东亚五 明刀货
- 同上
- 一期 前七·三三·四
- 一期 乙六六四
- 周晚 毛公鼎
- 春秋 沇儿钟
- 战国 印方印
- 战国 後希
- 一期 前四·一〇·四
- 一期 乙六六六四
- 周早 盂鼎
- 周晚 克鼎
- 战国 盟书一五六·一
- 一五六·一七

月

- 先周 周甲二
- 先周 周甲五五
- 春秋 吴王光鑑
- 战国 畲忑鼎
- 三期 粹六五九
- 五期 前二·二三·六
- 周中 虢季子白盘
- 春秋 拾赐钟
- 战国 陶香录七三
- 同上
- 一期 菁五·二
- 二期 粹二〇一
- 商 卯卣
- 周早 盂鼎
- 战国 盟书一六·三
- 战国 长沙帛书

期	朢	朋	朏
	一期 甲三三二 一期 粹三三 一期 佚六四五 一期 宁沪三八	三期 后下八·五 一期 前五·四·七 四期 粹四〇一 一期 乙六七三六	
春秋 沇儿钟 春秋 夆叔匜 春秋 吴王光鑑 春秋 齐侯敦	周中 师望鼎 周早 保卣 周晚 无叀鼎 周早 庚嬴卣	周早 㺇刲尊 商 敃尊 周早 敔叔𣪘 商 且癸鼎	周中 曶鼎 周早 吴方彝 周中 卫鼎乙
战国 周氏 战国 印·待时 战国 铁云 战国 陈簋	战国 印·铁云	為之、后假朋党之朋為之 金文象形、说文无、假鳳字古文 朋原為貝之数量称谓、甲骨	战国 盟书一六·三

凤	多	外	夕
一期 乙二一七〇 二期 后下二·五 一期 存下五三〇 一期 前六·二六·三	一期 甲八一五 二期 粹五八 四期 粹四四四 五期 前二·二五·五	作卜 前一·九·二 外内作卜内 河二七 卜辭外字省夕作卜 如外壬	一期 菁二 二期 粹一三七 四期 粹一三〇 五期 前二·一三·三
春秋 於賜鐘 战国 中山王方壶 周早 盂鼎 周中 师望鼎	周早 麥鼎 周中 名尊 周中 舀壶 战国 林氏壶	战国 中山王方壶 战国 子禾子釜 周中 静毁 周晚 毛公鼎	周晚 訢伯毁 周晚 毛公鼎 周早 盂鼎 周晚 克盨
說文古文凤作	春秋 石鼓奉敕	战国 故宫 战国 陶孴录七三 战国 简 天星观M1 战国 印 尊古	春秋 石鼓吴人 战国 印 畏斋

	勿	匀	旬	夤	夢	夜
	二期 粹二五三；一期 乙五七九〇；二期 佚八五九；二期 粹三〇一		一期 菁五·二；四期 粹一四五二；五期 粹一四之一			
	周晚 毛公鼎；周早 盂鼎；春秋 齐鎛；周晚 克鼎	周早 𣪕鼎；周早 匀簋	春秋 王孙钟	春秋 秦公簋	周晚 周夢壶；同上	周中 效卣；周晚 克鼎；周晚 师𧺝簋；战国 夜君鼎；战国 中山王壶
	战国 陶·季晋杂九二；春秋 石鼓田车；战国 印·殷庵；战国 盟书八五·三五	战国 印·铁云；战国 侍时				战国 印·魏石；战国 陶·季晋杂七二；战国 衡斋；同上

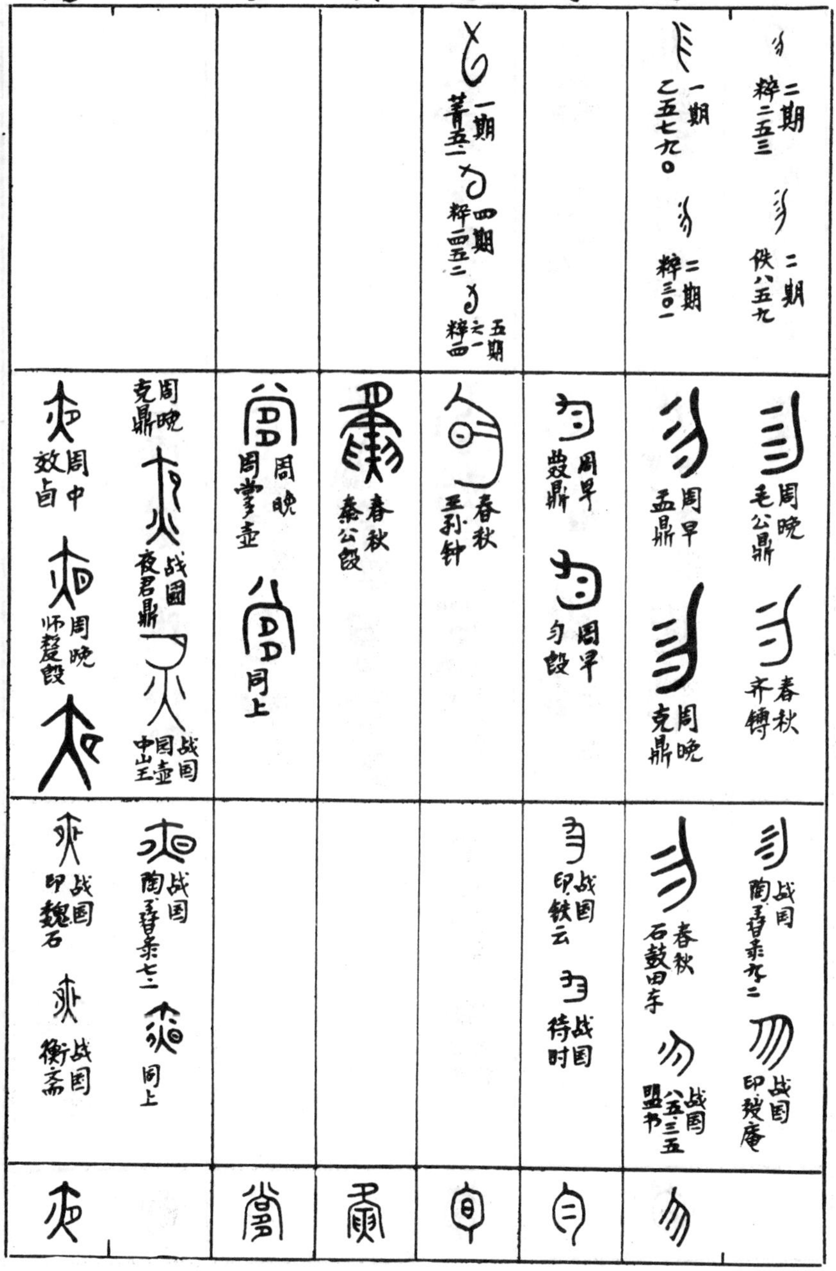

呴	[illegible]	句	句	句	旬	旬	[illegible]
				一期 摭續二五·五；前八·六·八	一期 前四·六·七；一期 佚一〇	一期 佚三七九；一期 粹一三六〇	一期 前七·三五·二；三期 粹四二四
	周早 令簋；周晚 毛公䞣鼎	春秋 姑口句鑃；戰國 鄂客鼎	春秋 越王州句矛；春秋 越王句踐劍	周晚 秦公盨；周晚 師𩛥父鼎	周晚 蔡姞簋；春秋 蒙良父壺	周中 師遽方彝；周中 多鼎	說文无
戰國 信陽；呴吐也 說文无，見玉篇				戰國 印彙；戰國 北京			

古文字類編

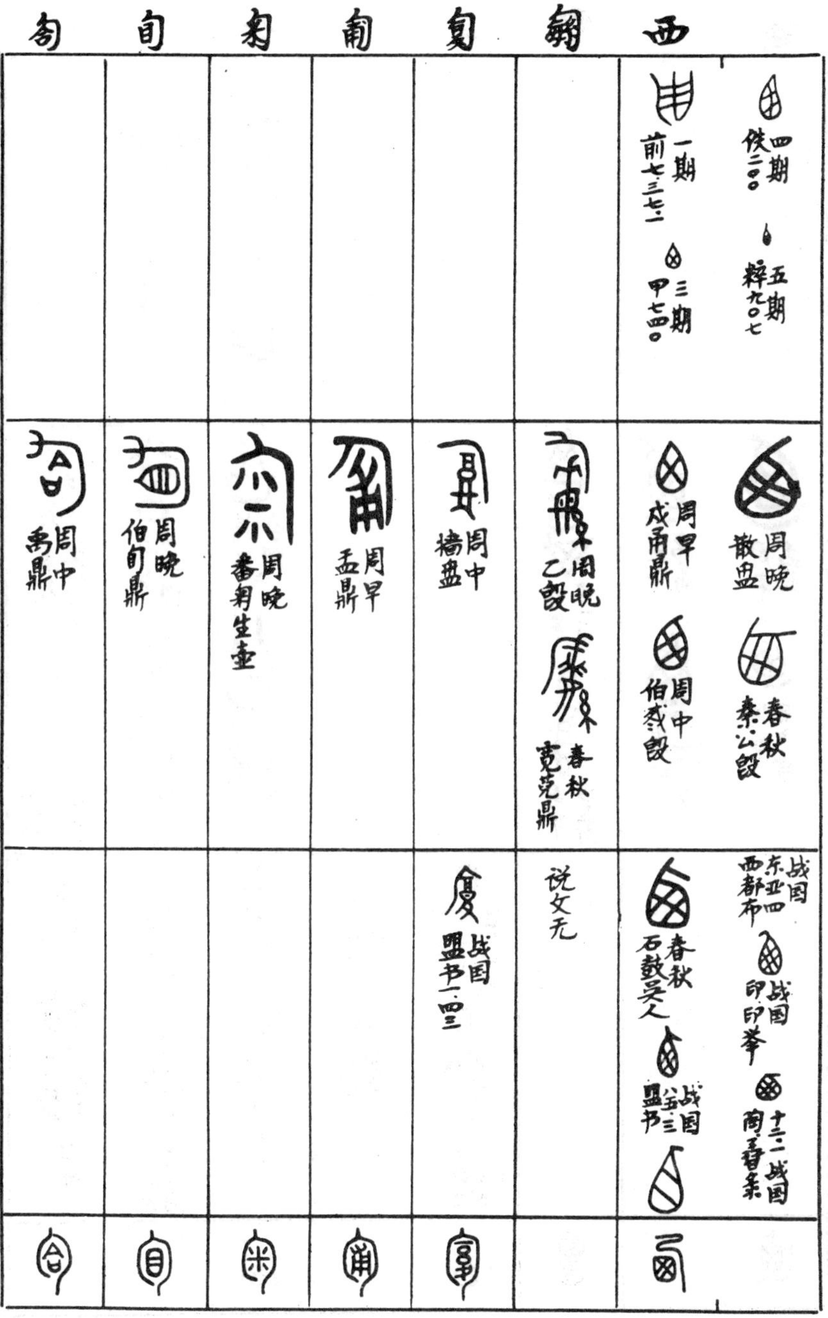

西	翮	[illegible]	匍	匊	旬	匌
四期 佚二〇〇；五期 粹九〇七；一期 前七·三七·二；三期 甲七四〇						
周晚 散盘；周早 戌甬鼎；春秋 秦公簋；周中 伯㦰簋	周晚 乙簋；春秋 克芫鼎	周中 墙盘	周早 盂鼎	周晚 番匊生壶	周晚 伯旬鼎	周中 禹鼎
战国 东亚四 西都布；春秋 石鼓吴人；战国 印·印举；战国 盟书六五·三；战国 十三·二 陶·香录	说文无	战国 盟书一·四三				

公	公	公	厶	厶	覃	迺	迺
	四期 粹四五 五期 菁一〇二	二期 京津二三六 三期 甲二五四六					
春秋 宋公欒戈 春秋 蔡公子果戈	春秋 鮇公毁 春秋 邾公华钟	周早 令毁 周晚 毛公鼎			周早 父己卣 周早 爷爵	周中 禹鼎 周晚 毛公鼎	周早 盂鼎 周早 吴方彝
战国 续齐 战国 陶香录 二·二 同上	战国 简信阳 战国 印.印揭 战国 印谱	战国 盟书六七:一 一六:三	战国 续齐 战国 铁云	战国 印.续齐 正行亡私∴ 战国 万印 战国 昔则			

礲	硪	石		台		以	
	一期 菁三·一	一期 乙六六九〇；一期 乙四六七八	一期 铁一四四·三；一期 乙五四〇五			古㠯与台同為今之以字	
春秋 从鼎；春秋 从鼎		春秋 郑子石鼎	周早 乙亥貉子毁；春秋 钟伯鼎	春秋 余义钟；春秋 中子平钟	春秋 邾公牼钟；春秋 於賜钟	春秋 秦公毁；战国 酓忎鼎	周早 矢方彝；周晚 毛公鼎
说文无		战国 契斋；战国 鄗东石亚四布	战国 盟书一九四·一；战国 印铁云	战国 鄂君啟节；战国 印待时	战国 盟书一·二九；五六·二	一·六五；战国 简信阳	春秋 石鼓車工；战国 盟书一九四

烖	炤	炅	炎	赤		火	
一期 诚明二；一期 后下八·六			一期 后上九·四；五期 粹二九〇	三期 铁一〇二；五期 菁九·五	一期 乙二九〇八；三期 后下一八·八	二期 明藏五九九；四期 甲二三一六；一期 粹七二	一期 后下九·二；一期 甲一〇七四
说文烖字别体作灾 古文作𢦏	周中 墙盘		周早 令毁；周中 召尊	周中 师虎毁；周晚 师嫠毁；春秋 邾公华钟	周早 麦鼎；周中 颂鼎		
	战国 陶·孴录十一	战国 印天津；战国 铁云	战国 长沙帛书	战国 待时；战国 简信阳；战国 园钱 共屯	战国 印铁云；战国 魏石		战国 陶铁云

烄	焱	焚	焂	然
一期 粹六五三；一期 前五·三三·二；三期 粹六五四；三期 京津三八七四	一期 乙八六九一；一期 乙八八五三	一期 [illegible]；一期 京津四五一七；二期 摩四·五；三期 鐵八·七二		
			周早 焂簋；周晚 散盤	春秋 者減鐘；戰國 中山王鼎；然 汗簡作 𩞄
		戰國 野展改甲	說文无 集韵：焂 光动貌	戰國 簡望山M1；戰國 天星觀M1；戰國 信阳 不从火
烄	焱	焚		然

烝	焯	煬	黑		熏		熬
		战国 中山王鼎 说文无 集韵：煬，乾也	周早 鄘伯𩑛𣪘 春秋 𠤳匿 铸子黑	春秋 𠤳匿 铸子黑	周早 吴方彝 周晚 番生𣪘	周晚 师兌𣪘 周晚 毛公鼎	周晚 兮熬壺
春秋 石鼓汧沔	战国 纪王城陶		战国 盟书九八：三 战国 印待时	战国 徐戕 战国 万印	战国 简望山M2		

焦	熙	炭	⿱炎廾	⿰火叟	尞	熹	熊
				 一期 甲二九四一 说文无	 一期 后上二四·一〇  一期 后上二四·七  先周 周甲四	 一期 后上四·七  四期 宁沪一·三二五	
 春秋 鄦侯段	 春秋 齐侯敦	 春秋 南疆钲	 周中 卫鼎  周中 尹姞鼎		 周早 鄘伯馭段		
 战国 印铁云							 战国 诅楚亚驼

[illegible]		[illegible]	熾	[illegible]	[illegible]	炘	炆
				一期 前五·三五·一	一期 后下三·一六 㶴火乾也 說文无·集韵	一期 佚七〇八 炘同焮炙也 說文无·玉篇	四期 后上三·五 四期 粹一〇
	周中 衛盉 周中 善鼎	周中 趞毀 周中 靜毀	周中 墻盤 周中 瘐鍾				說文无·集韵炆熅也
春秋 石鼓車工 說文无							

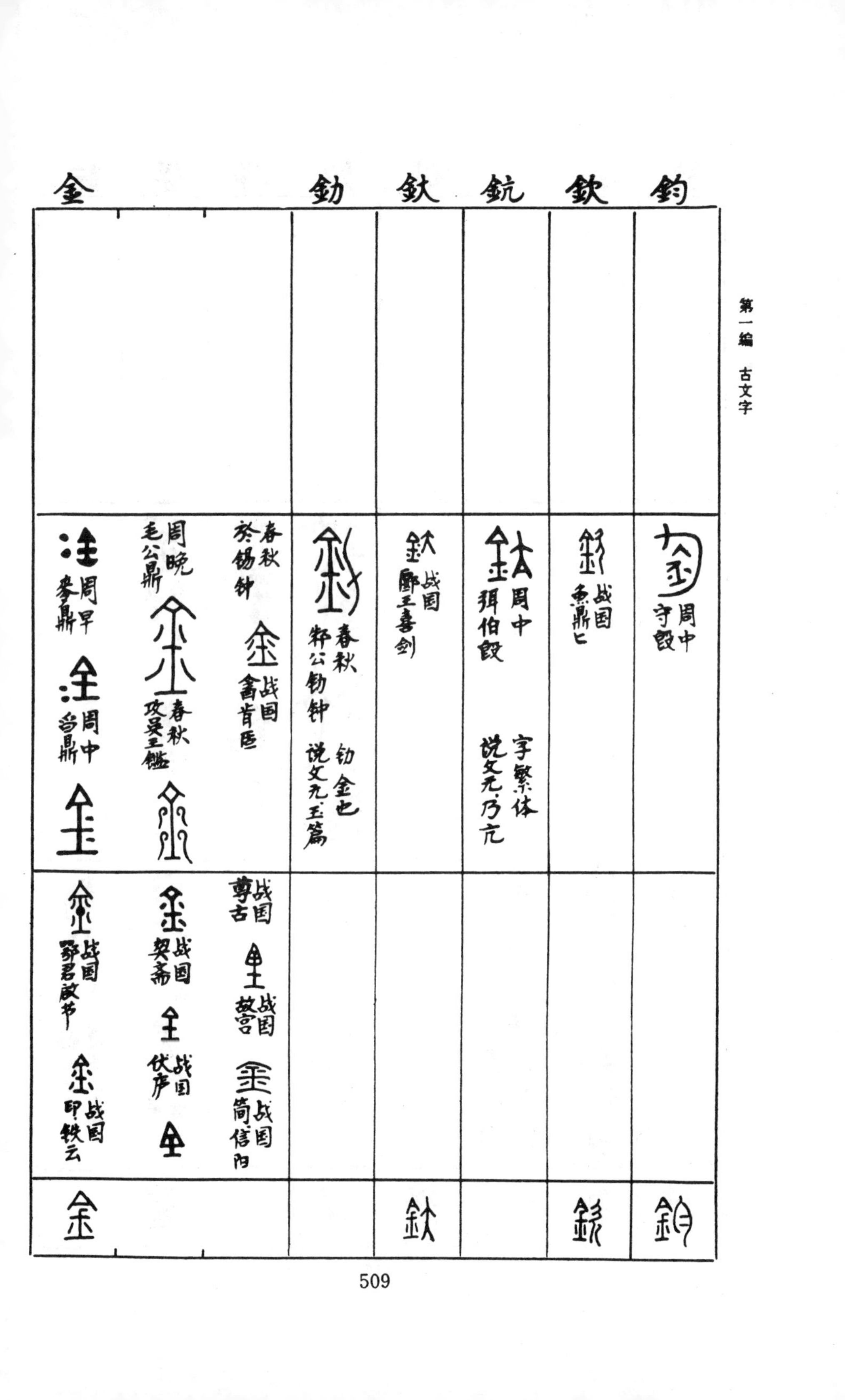

金			釛	釱	鈧	欽	鈞
周早 麦鼎 周中 曶鼎	周晚 毛公鼎 春秋 攻吴王鑑	春秋 [illegible]锡钟 战国 酓肯匿	春秋 邾公釛钟 釛金也 说文无玉篇	战国 郾王喜剑	周中 𤕌伯𣪕 字繁体 说文无，乃亢	战国 魚鼎匕	周中 守𣪕
战国 鄂君启节 战国 印铁云	战国 契斋 战国 伏庐	战国 尊古 战国 故宫 战国 简信阳					

鈍	釿		鈔	鉈	鉘	銎	鉤
				周中 史頌匜 战国 鉈鼎 畬肯	战国 郾侯脮戈 鉘 饰也 説文无 玉篇	战国 右里銎 銎同盌	
战国 印 印郵	战国 盟书八五:一三 九二:三	战国 印集古 战国 遯庵 战国 东亚四 梁布	战国 简信阳	战国 简信阳 战国 望山M2		战国 陶香录 十三 战国 简信阳	战国 简信阳 鉤 铁曲也 説文无 玉篇
鈍	釿		鈔	鉈		銎	

銡	銅	銘	鉄	銑	鉦	鈴
	銅 战国 畬忎鼎 銅 战国 长陵盉	銘 战国 屭羌钟 銘 战国 中山王鼎	鉄 战国 上官登 说文无	銑 春秋 吴王光鑑 说文无	鉦 春秋 南疆鉦	鈴 周晚 毛公鼎 鈴 周晚 师寰簋 鈴 春秋 邾君求钟 鈴 周晚 番生簋
銡 战国 望山M2简 说文无	銅 战国 信阳简	说文新附				
	銅	銘			鉦	鈴

字	甲骨	金文	战国等	说文
銀			战国 简望山M2	銀
錢			战国 印·印鄄	錢
鋚		周中 彔伯毁；春秋 曾伯陭壶	春秋 石鼓田車	鋚
鉼		春秋 蔡侯鉼；春秋 表芝冒鉼；春秋 君鉼叚宣		鉼
鋁		春秋 余义钟；说文无 玉篇 鋁同鑢	战国 陶 舂彔十四·二	鑢
鋪		春秋 吉日壬午剑	战国 简 信阳	鋪
鉤		战国 子禾子釜；钧 鉤同字 说文古文钧作		

鍴	錞	鋸	鍨	鍚	鉌	鍺	鍋
郐王义楚鍴 春秋 鍴 鑽也 说文无 玉篇	公克錞 战国 陈侯午敦 战国	郾王戠戈 战国	郾王詈戈 战国 鍨 安也 说文无 集韵	曾伯匿 春秋 曾伯匿 春秋	子禾子釜 战国 左关鉌 战国	邾公牼钟 春秋 说文无 义同堵	中平钟 春秋 鍋 磨也 说文无 玉篇
					说文无 义同盉		
	錞	鋸		鍚			

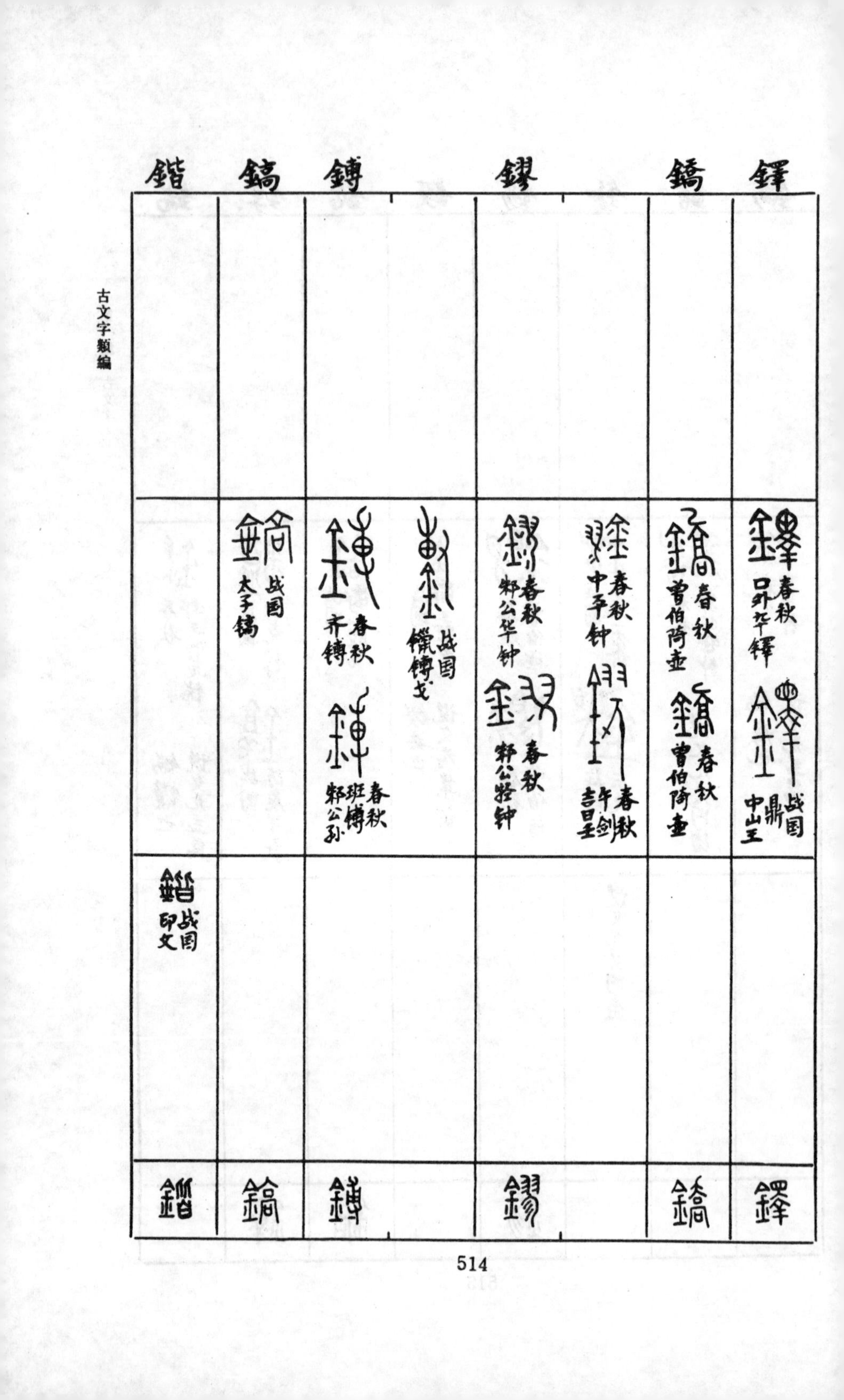

鐸	鐈	鏐	鏐	鎛	鎛	鎬	鍇
春秋 吕外卒鐸 战国 中山王鼎	春秋 曾伯陭壺 春秋 曾伯陭壺	春秋 中乎钟 春秋 吉日壬午剑	春秋 邾公华钟 春秋 邾公牼钟	战国 鑞鎛戈	春秋 齐鎛 春秋 邾公孙班鎛	战国 太子鎬	
							战国 印文
鐸	鐈	鏐		鎛		鎬	鍇

鐶	⿰金會	鑊	鍾
		一期 乙二七六二 一期 乙二六二八 一期 乙八一六五 一期 后下四·三 一期 前六·四五·八	
	春秋 陈肪簋 战国 犀氏会	商 彡鼎 春秋 [illegible]侯之孙鼎 春秋 鄀公鼎 春秋 蔡侯[illegible]鼎 战国 哀成叔鼎 洛博藏	春秋 邾公牼钟 春秋 楚公钟 春秋 中子平钟 战国 屬羌钟
战国 信阳简 说文无，集韵：鐶，金鐶	说文无，经传作会 食具		
		鑊	鍾

鐘	鑄
	五期 金五二
周晚 克钟 周晚 师嫠殷 春秋 鲁原钟 春秋 沇兒钟	战国 中山王方壶 战国 上官鼎 战国 畲忎鼎 鼎 战国 铸客盥 战国 令瓜君壶 战国 公朱左师壶 春秋 余义钟 春秋 中子平钟 周中 守殷 周晚 铸公匿 周早 作册大鼎
战国 简 信阳	战国 鄂君啟節 五 战国 璽第一六 一五四 战国 铸布 阳高
鐘	鑄

鑺	鑵	鑾	⿰金虡	鈓	⿰金車	鏵	鐎
春秋 姑口句鑃 鑺 烧器 说文无，集韵	周晚 中鑵盖 鑵 汲器 说文无，集韵	周晚 尹少叔鼎	春秋 郘钟 大虡谓之業 通⿰金虡 说文无，尔雅释器				
		春秋 石鼓孝敕		战国 陶·香录十四·一 说文无	战国 印·訒庵 战国 字徵 说文无	战国 印·待时 说文无	战国 陶·香录十四·一
		鑾					鐎

[金堇]	鐵	鑑	鑪	鑿	鐈
				一期 前五·七·七 乃鑿字古体 作山中鑿玉之形 一期 前七·三·四 一期 簠人三一	
	战國 鐵鑄戈 鐵 錫，鐵也 说文无，玉篇	春秋 吴王光鑑 春秋 智君子鑑	春秋 邾公华钟 春秋 曾伯匿		春秋 虢叔钟 春秋 楚公钟 周晚 克鼎 周晚 兮仲钟
战国 简，天星观M1 说文无				战国 盟书一五六·二五 一九六·六 一五六·二九 一五六·二七	战国 印，凝清 说文无，左传襄公十九年季武子作林钟 此字即林之本字

第二編　合體文字

甲骨文	銅器銘文	盟書及其它刻辭
受年 甲三五八七		
受佑 明藏七六五 受佑 粹三三〇		
引吉 甲三八六 引吉 前五·二六·三		
玆用 安阳二·二 玆用 明藏四七八		
用吉 京都三三〇 用吉 粹六五二		
至吉 甲二〇五四		
大吉 甲一七八六 大吉 甲四〇六		

上下卷 甲五六二	又卷(有卷) 戩三三·一三　又卷 后上三一·六	又田(有田) 京津四七四一　又田 甲一六八〇	亡尤 明藏三五六	亡𡿧 甲一五七二　亡𡿧 甲二〇三四	亡𢦔 甲三五七　亡𢦔 粹九六六	亡田(𡆥) 师友二·一三　亡田 甲三六三三	亡卷 甲五四五　亡卷 粹七三三

刀方 粹二八文	人方 甲二七九	小方 乙八五〇五　小方 鄴三下三七·一〇	小淮 續三·三三·一〇	小魚 乙五三八〇	用豕 乙五三八〇	岁牛 乙四五四九	黄牛 庫三·一〇　黄牛 明六四五

之日 前四·五·七
之日 林二·三〇·二

亞束 乙八六五一
亞束 乙八六五二

少配 存二二四

小歸 存下一六

小燮 福三五
小燮 甲三二六

三封 后上一八·二

娄隶 师友一·二〇〇

淮餗 明藏八〇六

一月 甲二九九四
一月 前七.三九.二
一月 同卣
一月 麓伯毁

正月 河七三五
正月 河一八七

生月 粹六五八
生月 明藏四三九

翌日 清暉一九五
翌日 粹一〇一六

今夕 甲二二〇
今夕 佚二三四

今日 甲一六五
含 甲二三四

下上 乙〇五一
下上 佚六

上下 甲三六五九
上下 乙二〇六五
上下 井矦毁
上下 克鼎

九月	八月	七月	六月	五月	四月	三月	二月
九月 乙六六九七 九月 前四・六・八	八月 鐵一〇六・二 八月 甲二八四六	七月 甲三三四 七月 甲二八四六	六月 甲二五九 六月 戩一七・七	五月 甲三二七七 五月 后下一三・二	四月 寧滬一・三五〇 四月 佚九二四	三月 鐵六五・三 三月 戩三五・五	二月 甲七〇九 二月 甲一三四一
				五月 利鼎	四月 小臣邑斝 四月 大保殷		二月 召卣 二月 趩殷
	八月 陶香录二二						

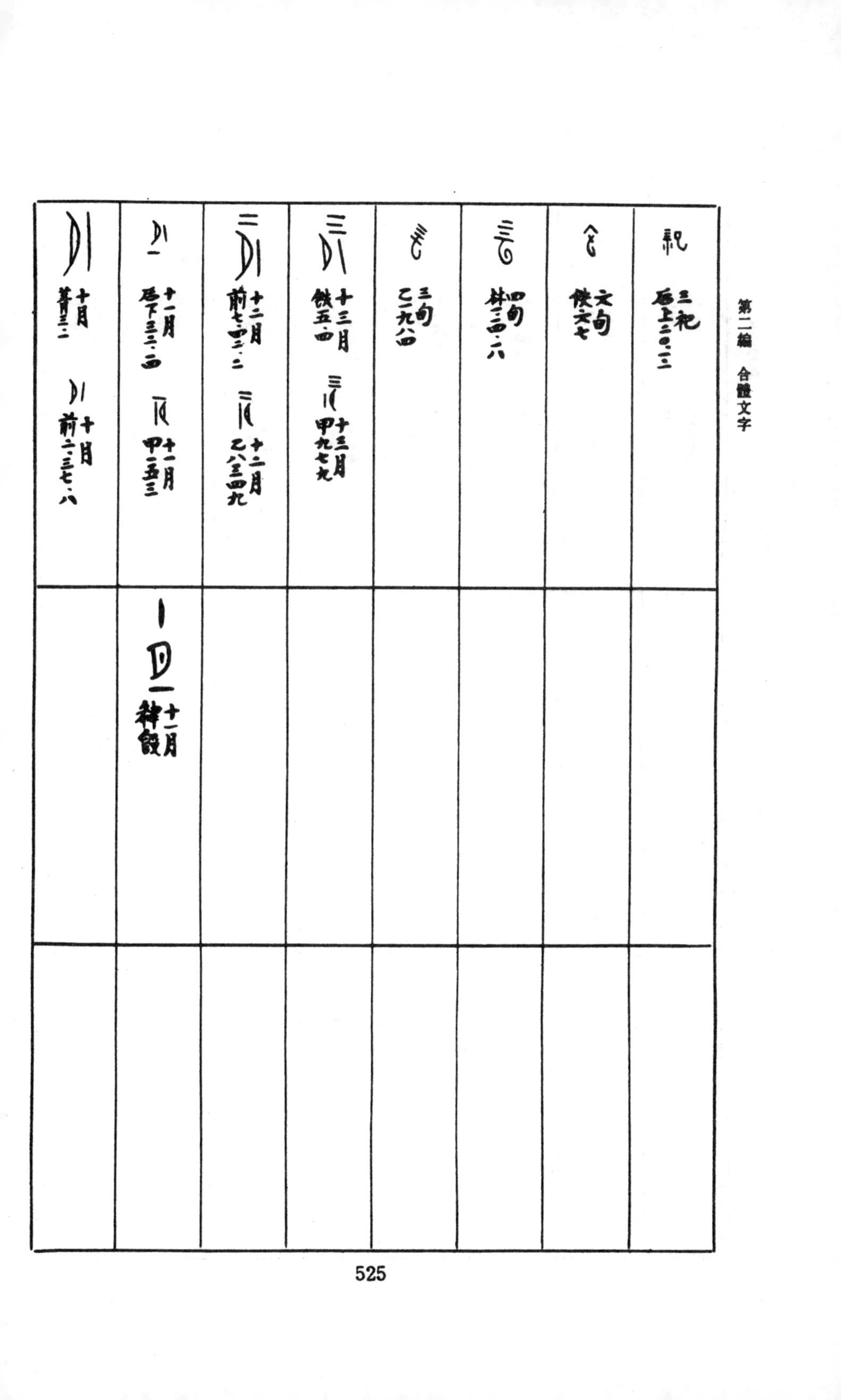

三祀 后上二〇·三	六旬 佚六七	四旬 林二·四·六	三旬 乙二九八四	十三月 鐵五·四 十三月 甲九七九	十二月 前七·四二·二 十二月 乙八三四九	十一月 后下三二·四 十一月 甲一五三	十月 菁三·一 十月 前二·三七·八
						十一月 神𣪘	

四告 存四三〇	三告 京都一〇四 三告 林一·八·三	二告 鐵二七·三 二告 乙二〇二	一告 甲二四七五 一告 乙二〇七四	九示 甲二六七 九示 乙八〇四	六示 摩二四四	三示 佚九七	二示 粹三一 二示 后上一〇·一六

小牢 乙四五一八

十牢 誠二七四

十牢 存下九六

大牢 京津八五四

五牢 後上二六·三

五牢 鐵二二九

四牢 甲九〇二

四牢 粹二五〇

三牢 戩八·一六

三牢 甲七四七

二牢 福三一

二牢 粹五六五

一牢 甲三·六七〇

一牢 甲五七一

十牛 乙五六九〇；十牛 佚二四三	九牛 乙一七八一；九牛 甲七八五	六牛 京津七四一	五牛 河三三一；五牛 明藏四七〇	四牛 后上二三・三；四牛 掇一・九四	三牛 乙四〇二九；三牛 乙四五一八	二牛 京都一三四九；二牛 前五・四六・二	一牛 甲一九六；一牛 乙七二八四

二豕 乙四五四四 二豕 乙三〇九四	一豕 甲二八五 一豕 京都二二九八	十羊 續二·五二·四 十羊 乙四七三三	四羊 粹九〇	二羊 乙三〇九四 二羊 續二·二二·五	一羊 甲一九七 一羊 存上二四二	卅牛 明藏七三 卅牛 粹五八六	廿牛 明藏七二

六牡 甲二〇六九

四牡 乙三二一六

三牡 粹二三五

三牡 東津一二二

二牡 乙四五四四

一牝 粹三五二

一牝 甲二四八

二犬 乙二六三九

二犬 后下四·二

四豕 粹九〇

三豕 零一

二豕 簠帝六〇

二人 乙四〇七 二人 佚二八	一人 存三三八 一人 甲二八六三	卅羌 明藏七〇三	十羌 后上二·六·一〇	三羌 存一七九四 三羌 存一八八二	二羌 乙二六三九	一羌 佚八九七 羌 存一八八一	北牡 前一·三三·七

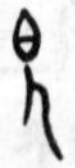

白人（百人）明七二七

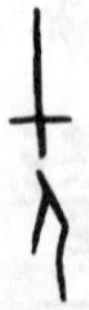

七十人 菁二

卅人 乙五三一七

十人 甲七九二

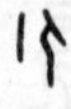

十人 明五七九

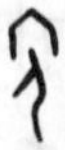

六人 后下四三·九

五人 佚二〇一

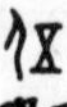

五人 明藏七二

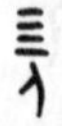

四人 京津四五八七

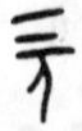

三人 簠帝七〇

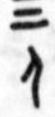

三人 佚二八

二伐 佚七八　十五伐 佚七八	三卣 甲二三九	一卣 后下七五	十鬯 鐵四二·四	二鬯 明七五七	一鬯 明七五七	三南 續二·一九·五	二南 明一七五　二南 乙六二七

二朋 乙七六四五

二朋 坊間三・八一

十朋 佚文二三

十朋 粹一三一〇

二四 穆公鼎

百朋 宗段

五十朋 效卣

卅朋 刺鼎

卅朋 呂鼎

廿朋 德鼎

廿朋 匽侯鼎

十朋 令段

十朋 孟卣

五朋 卯卣

五朋 小子省卣

二朋 庚鼎

二朋 季受尊

八十	七十	六十	五十	十五	十三	十四	三四
八十 明藏七八七 八十 存下九二五	七十 京津二二八二 七十 坊間一二	六十 明藏四三二 六十 佚九三四	五十 鐵三三一 五十 京都二三八九	十五 前三二三六 十五 甲七三二	十三 佚七四二		
			五十 盂鼎 五十 盄 虢季子白			十四 卯毁	三四 吳方彝 三四 彔伯毁

九百	八百	六百	五百	四百	三百	二百	九十
九百 庫一五六	八百 粹一〇七九	六百 后下四三·九	五百 前七·九·二 五百 乙四五一九	四百 乙五三三九 四百 存二九五	三百 佚五四二 三百 乙七五一	二百 乙七一五三 二百 佚九三四	九十 文物七七·一二
		六百 矢毁 六百 盂鼎	五百 虢季子白盤			二百 矢毁 二百 师旂鼎	

上甲 粹二 上甲 佚三一八	三萬 粹二七一	八千 粹二九	六千 佚四八三	五千 珠二八三 五千 后下三九・二	四千 鐵二五八・二	三千 乙六五八一 三千 前七・二・三	二千 后下四三・九
						三千 盂鼎二	

大丁	甲二三八二；大丁 粹一七八
大乙	佚九八六；大乙 甲二五八一
示癸	鄴三下四·三；示癸 粹二三三
示壬	河二六二；示壬 前一·二·二
三报	粹一二八；三报，匚乙匚丙匚丁合称 粹五四〇
报丁	戩一八·二；报丁 簠帝一六
报丙	后上一八·四；报丙 甲二六九三
报乙	簠帝一七；报乙 后上八·一二

中丁 甲三八二　中丁 續一·二三·四	大戊 後下三四·六　大戊 掇二·四四	雍己 戩二·一　雍己 粹二〇	小甲 林一·二二·九　小甲 前一·三·二	大庚 甲五八一　大庚 前一·六·三	大甲 河二七二　大甲 甲一五三一	祖壬 乙五三二七	外丙 河二七一　外丙 珠四九

咾甲(陽甲) 甲二三五六 咾甲 佚八九〇	南庚 乙六八七 南庚 林一·二三·九	祖丁 甲九四〇 祖丁 河二九九	羌甲(沃甲) 前一·四二·三 羌甲 簠帝一五〇	祖辛 簠帝七〇 祖辛 甲二七七一	祖乙 乙五七八三 祖乙 甲六四三	羌甲(河亶甲) 前四·二二·三 羌甲 珠二四三	外壬 前一·九·三 外壬 前一·九·二

武乙 前二·二五·五 / 武乙 前一·二二·五	康丁 后上四·四 / 康祖丁 前一·二四·一	祖甲 甲七二九 / 祖甲 清暉一七〇	祖庚 粹三二〇 / 祖庚 前一·二九·四	武丁 前一·二七·五 / 武丁 前一·二七·四	小乙 甲七五四 / 小乙 甲三七九	小辛 粹二七六 / 小辛 前一·二六·七	般庚 乙八六六〇 / 般庚 前一·二五·八

三祖庚 前一九三	祖亥 鄴三下三七二	祖丙 存下八七三 祖丙 前一二二八	祖戊 前一二三二	祖乙 甲四九五 祖乙 前一三三六	四祖丁 佚四一九 四祖丁 粹三〇三	三祖丁 佚二〇六 三祖丁 掇一四五七	文武丁 前一一八二

父黃 后上六·二	父黃 河三七三
父辛 乙四〇五二	父辛 京津一八三
父庚 存下七六一	父庚 乙七五九四
父己 粹三一七	父己 前一·二七·一
父戊 粹三七七	父戊 乙五三二一
父丁 摭續二	父丁 戩三·八
父乙 乙七四八	父乙 乙六二〇二
父甲 甲一二九二	父甲 佚二六六

兄癸 後上七·一〇	兄壬 河三三四	兄辛 後上七·一〇	兄庚 河三三三	兄己 甲三三二二	兄戊 甲二四一三	兄丁 甲三二五四	兄丙 粹三七九
兄癸 明藏六四四	兄壬 後上七·二	兄辛 存一八一八	兄庚 佚五六八	兄己 乙四五四四	兄戊 乙四〇九	兄丁 中大三	兄丙 甲六八〇

妣乙 乙九二一 妣乙 后上三〇・四	妣甲 乙四四七六 妣甲 前三・三・一	小子 乙四五九〇 小子 粹二六二	中子 后上八・一〇 中子 河三三九	大子 明藏五六九 大子 后下三四・八	子癸 明二一 子癸 粹三四〇	子庚 乙五三九九 子庚 存二四五六	子丁 河三七七 子丁 乙九〇四三
妣乙 剌妣乙爵		小子 师望毁 小子 散盘					

妣癸	妣壬	妣辛	妣庚	妣己	妣戊	妣丁	妣丙
妣癸 甲二七九九 妣癸 前一·八·二	妣壬 前一·三七·五 妣壬 粹二〇九	妣辛 前一·三六·六 妣辛 甲二五〇二	妣庚 甲二七九九 妣庚 前八·一二·六	妣己 甲二六四七 妣己 后上三·一〇	妣戊 佚三二六 妣戊 后上四·二	妣丁 簠帝四九 妣丁 前一·七·二	妣丙 拾九·八 妣丙 甲三四八
		妣辛 妣辛爵		妣己 妣己觶 妣己 妣己爵	妣戊 戊辰設		妣丙 卯卣

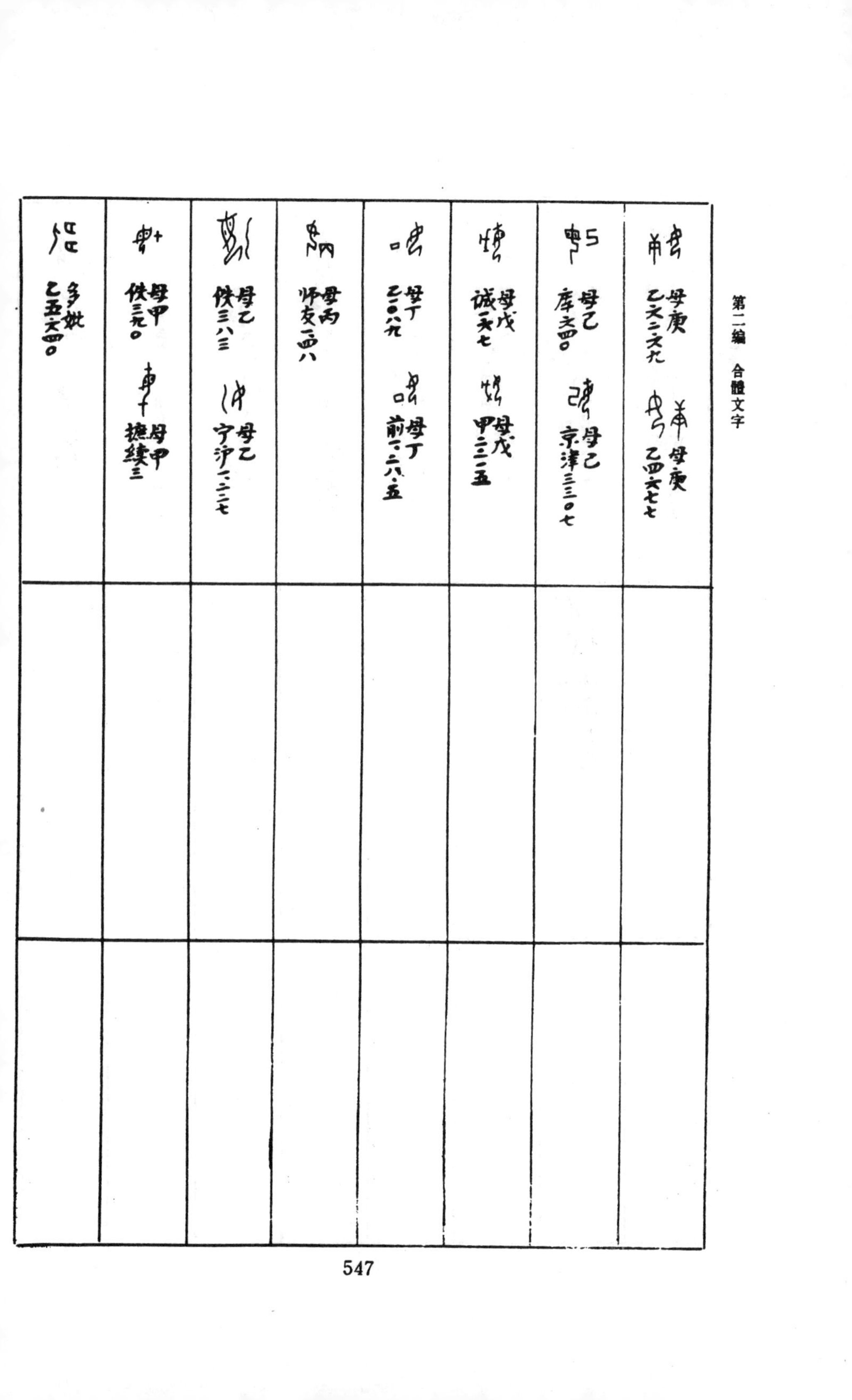

母庚 乙六二六九 母庚 乙四六七七	母己 庫六四〇 母己 京津三三〇七	母戊 诚一六七 母戊 甲二二一五	母丁 乙二〇八九 母丁 前一·二八·五	母丙 师友一四八	母乙 佚三八三 母乙 宁沪一·二二七	母甲 佚三九〇 母甲 摭续三	多妣 乙五六四〇

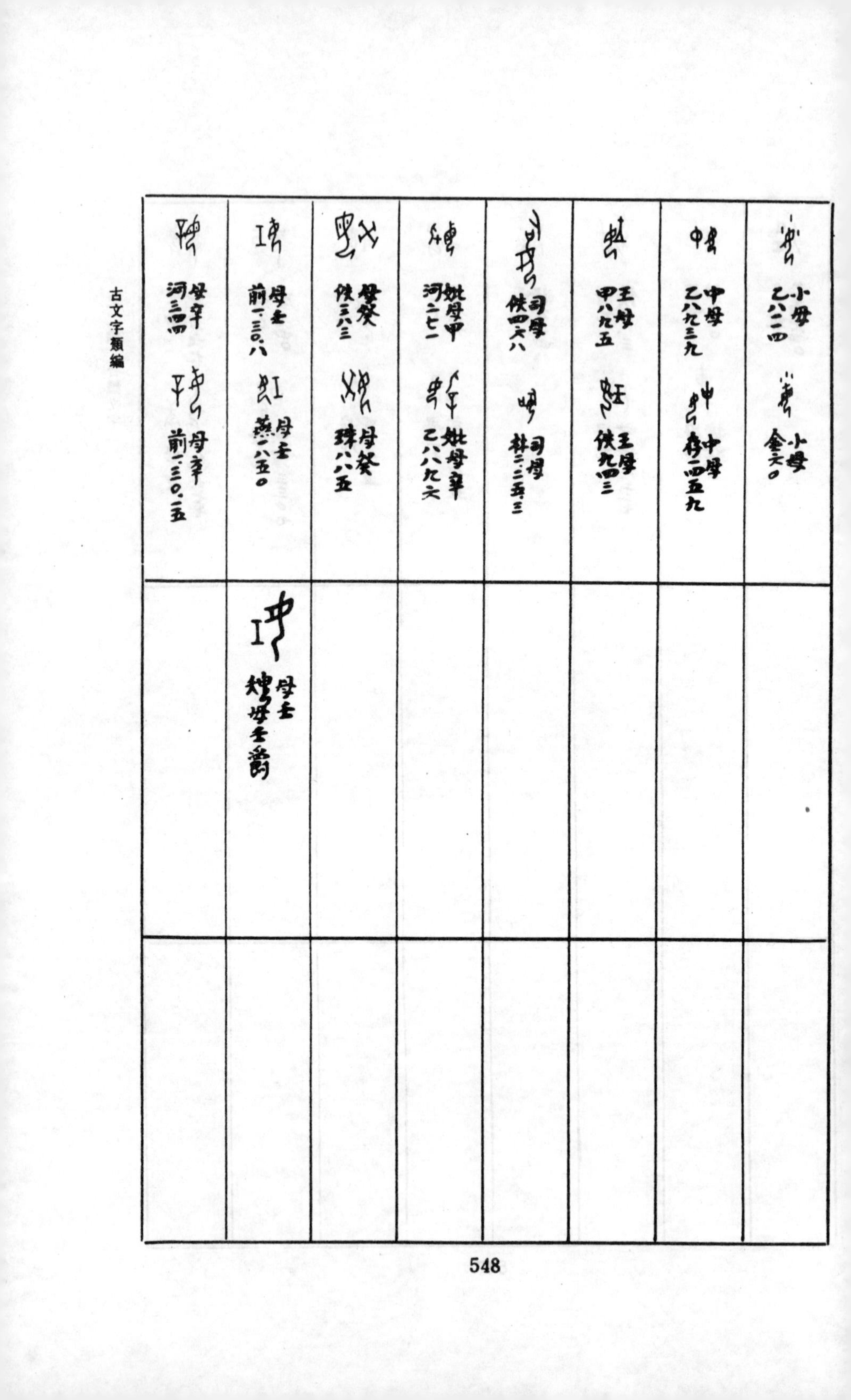

甲骨文	金文
小母 乙八二四 小母 金六〇	
中母 乙八九三九 中母 存一四五九	
王母 甲八九五 王母 佚九四三	
司母 佚四六八 司母 粹二、二五三	
妣母甲 河二七一 妣母辛 乙八八九六	
母癸 佚三八三 母癸 珠八八五	
母壬 前一、三〇、八 母壬 燕一八五〇	母壬 [illegible]母壬爵
母辛 河三四 母辛 前一、三〇、五	

小凡 乙二九四	小告 佚三四 小告 甲二五	小父 明藏六三三 小父 明藏六三三	小臣 乙二四五一 小臣 前七七二	小王 鐵九〇二 小王 明藏六三一	小帝 摭續九〇 小帝 京都二二九八	小示 寧滬一五三 小示 甲七二二	多母 乙八七一七
			小臣 小臣邀毀 小臣 餘尊				

不雨 佚九八八

不雨 掇二·八六

亡雨 粹六八〇

風雨(鳳雨) 乙五六九七

凡雨(鳳雨) 林一·三〇·二

征雨 河二二

其雨 佚九八八

茲雨 粹七七六

久雨 乙二四九〇

久雨 掇二·八

小雨 明藏四四〇

小雨 甲四二五

壬午 甲三三五六 壬午 乙八九二四	乙亥 京津三一二五 乙亥 粹八二	丙寅 甲四三九 丙寅 乙一〇〇三	乙丑 乙三九一	不疾 乙四二一九	不用 明藏文六八 不用 掇二·三三	小采 乙一六三	亡凡(亡風) 京都一五三八

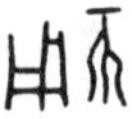

甲寅 甲二三三八	庚戌 乙四六九二 庚戌 乙四六九二	戊申 乙五二六八	乙巳 粹六二九	庚子 京都三三五二 庚子 甲六五二	乙未 甲六五二	辛卯 京都三〇九七 辛卯 乙八五二五	庚寅 京都三一三八
						辛卯 寓卣	

乙卯 明藏五二二	丁巳 中大四	戊午 京都三一六 戊午 河三	癸亥 甲二三五五				
				上帝 切卣 上帝 㝬鐘	公子 公子裹徵壺	孝孫 鄦侯毀	子子孫孫 季[illegible]
					公子 曾公子弋		

大夫 蔡侯鐘	帛貝 芾伯簋	至于 令瓜君壺	八白 盠方彝	小大 趞簋 小大 毛公鼎	隮簋 天亡簋	無疆 邿伯祀鼎	
大夫 盟书一六:三		至于 盟书一八五:九					子孙 盟书一五四 子孙 三:一

小牛 矢方彝 小牛 矢尊	彤弓 甗侯鼎	彤矢 矢簋 彤矢 甗侯鼎	日甲 傳卣	內門 無叀鼎	鄧伯 孟爵	寶尊 寶尊彝卣	寶用 合樂父乙匜 永寶用 郝伯祀鼎

之鉨 陶.集彔 三.三 之鉨 三.三	之所 盟书 五六.二〇 之所 五六.二三	工师 新郑七 三二年戈 工师 新郑九 九年矛	邯郸 盟书 五六.二三 邯郸 盟书 五六.二九	司马 印.凝清 司马 清仪	司工 印.印郵	續齐 印.公乘	公區 陶.集彔三一

第三編 徽號文字

甲骨文			甲二四〇六 燕三七八背				
銅器銘文	三代二·二三 丁大鼎 三代二·五二 大[illegible]鼎	三代二·二七 父辛鼎	錄遺五四八 大戈	三代一五·三一 箙大爵	據古二之一·二 大爵		錄遺二九七 [illegible]觚

					乙三三四四反
三代五二 甗	三代一三、四九 田單	續殷下三九 觚	三代二二 鼎	三代五五 父庚甗 / 攈古一之一、一三 鬲	三代一一、二 父癸尊

后下四.三

三代四.一三 觚

三代六.一五 父乙㱿

三代四.五〇 父乙觶

三代一五.三三 爵

小校七.四三 𢦏馭㱿

三代三.五七 卣

同上

三代一一.九 父乙尊

錄遺三〇二  觚

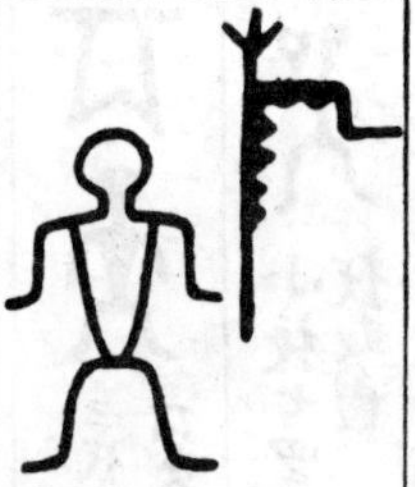

三代一三.四六 且乙卣

三代一三.四九 斝

錄遺三四九 父辛觚

三代四二 壺

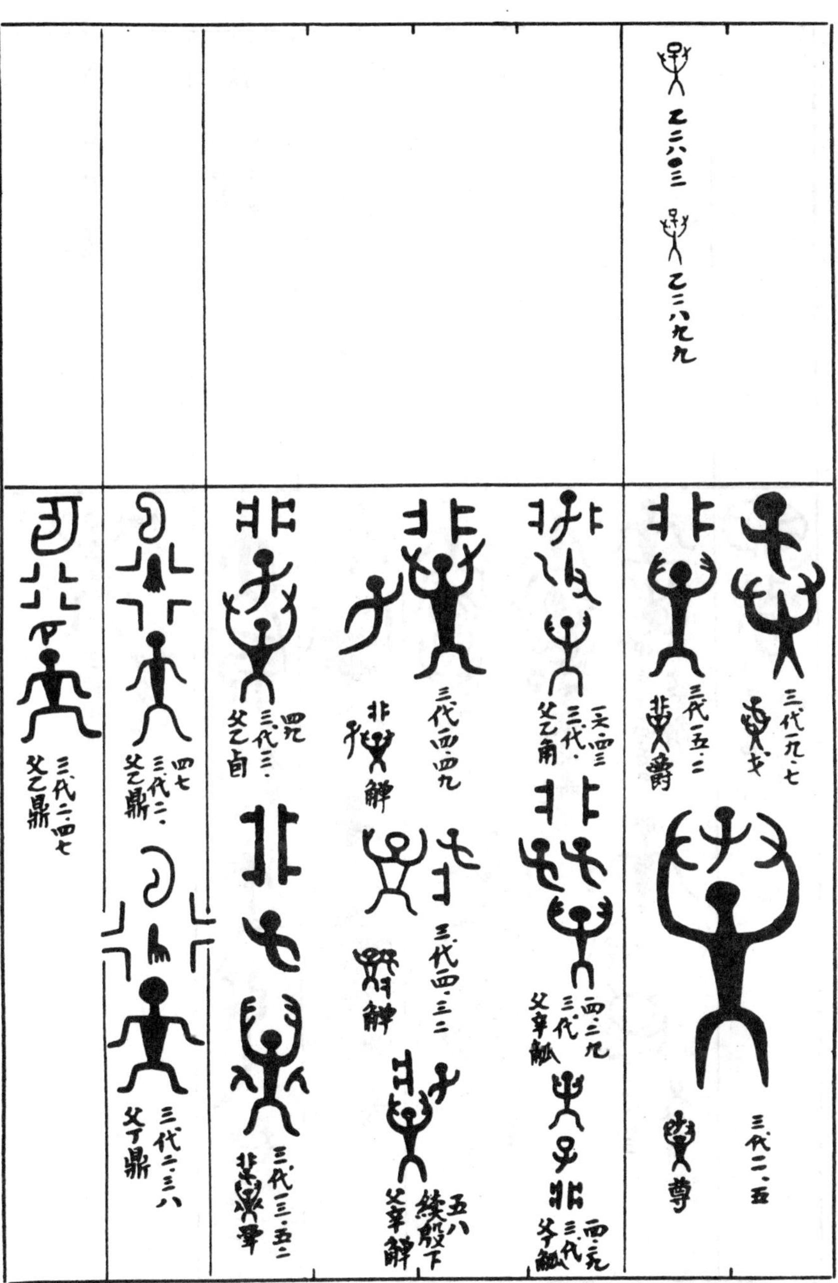
乙二八〇三
乙二八九九
三代一九·七
戈
三代一五·二
爵
三代二·五
尊
三代一六·四三
父乙角
三代四·三九
父辛觚
三代四·三九
父乙觚
三代四·四九
觶
三代四·三二
觶
續殷下五八
父辛觶
三代三·四九
父乙卣
三代三·五二
三代二·四七
父乙鼎
三代二·三八
父丁鼎
三代二·四七
父乙鼎

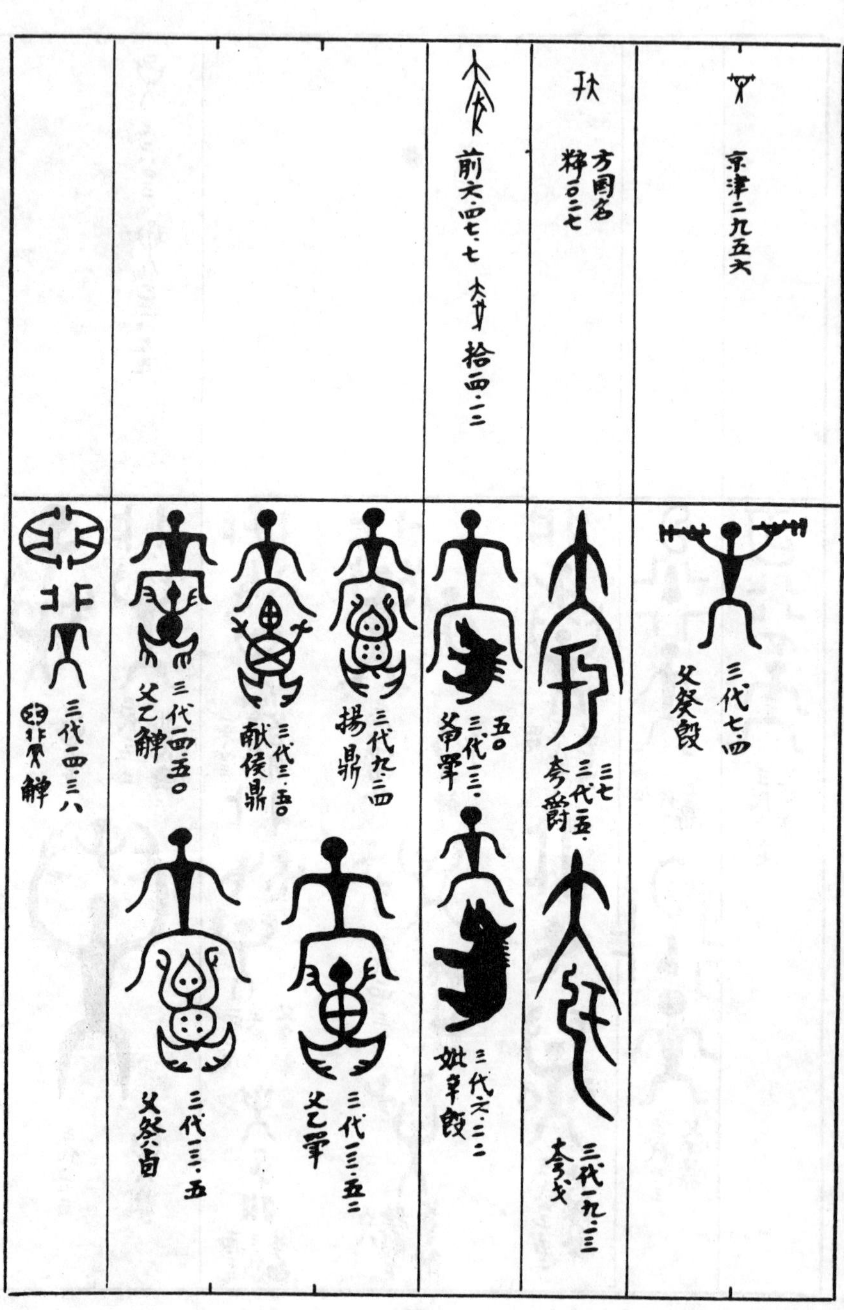

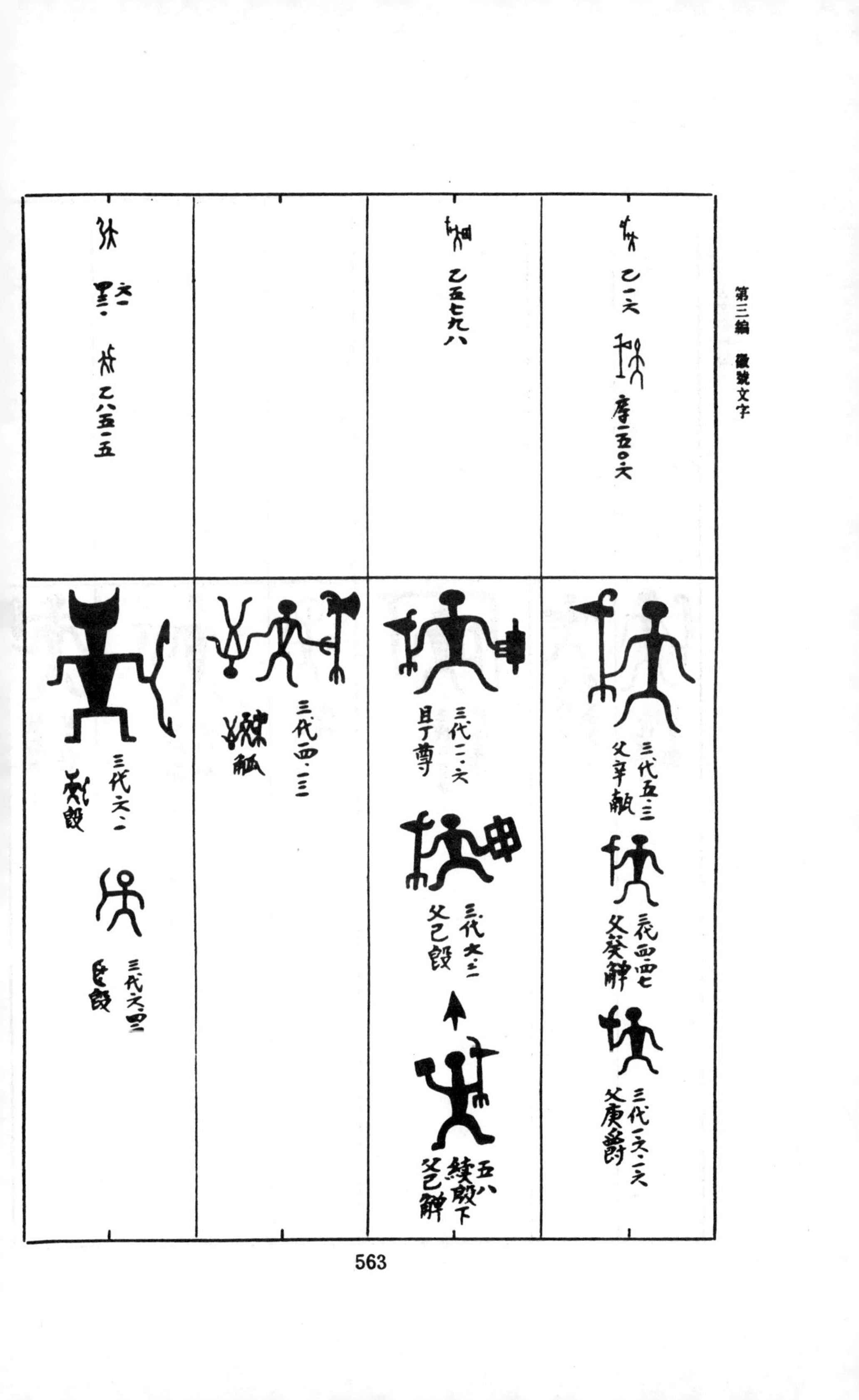

乙一六
庫一五〇六
乙五七九八
黑六一
乙八五一五

三代五.三 父辛觚
三代十四.四七 父癸觶
三代一六.一六 父庚爵
三代一一.一六 且丁尊
三代六.二一 父己殷
五八 續殷下 父己觶
三代十四.一三 觚
三代六.一 殷
三代六.四 臣殷

續殷上三六 父乙段

三代四·四 父乙觚

三代六·三〇 比段

三代二·三〇 父癸鼎

三代五·四 爵

三代六·二六 父辛段

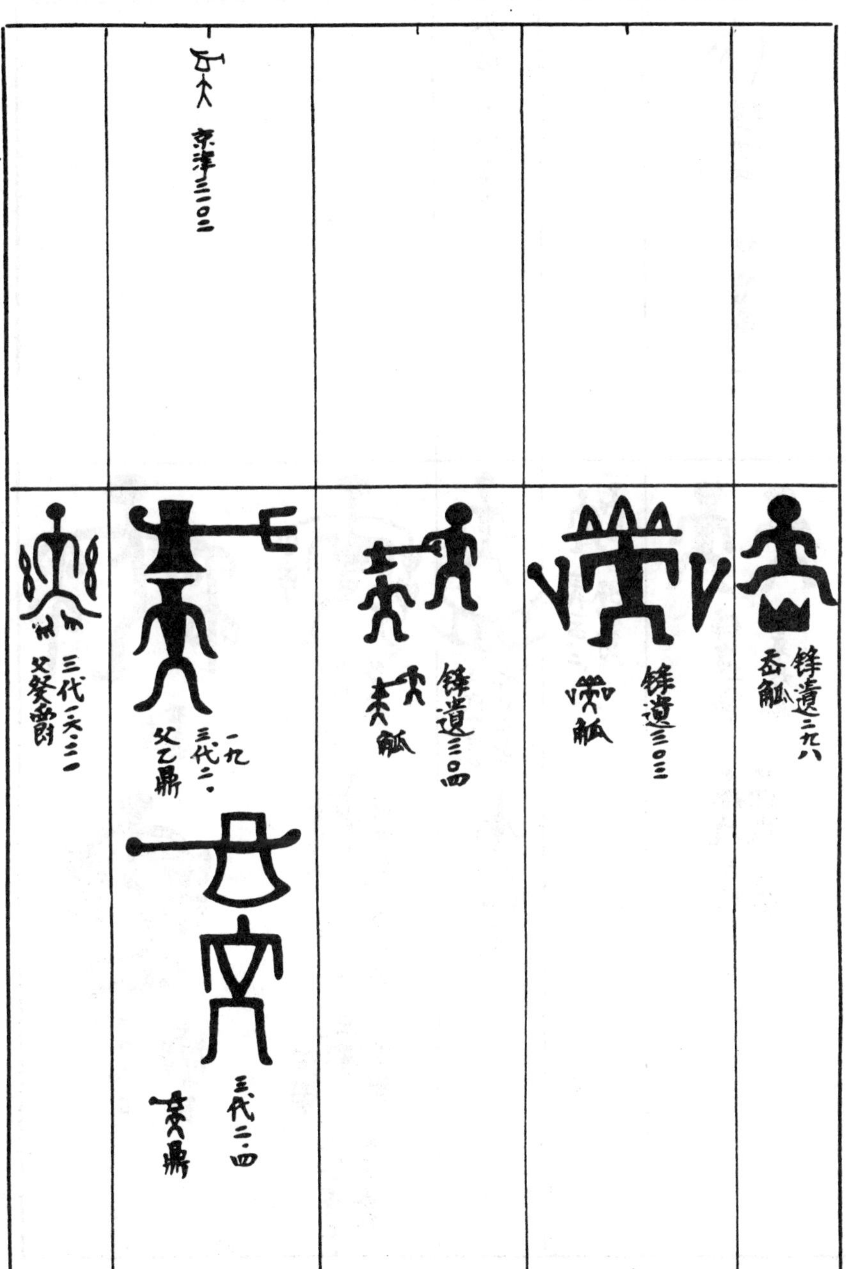

前六·三三·四

掇二·四六

林 簠帝二五

三代一二·二 亞壺

三代一四·三三 鱓

三代一四·四 子盉

三代一六·四三 且癸爵

三代一六·一七 父辛爵

三代一三·一〇 作父乙卣

同上

三代一五·二 爵

錄遺三四八 父辛𡘥觚

三代一五·二七 乙爵

		攈續一九〇 寧滬一·五〇〇		
三代一三·一二 父癸卣	三代四·三一 肰且己甗	錄遺三四 □鼎	錄遺三二四 □甗	三代五·一三 父乙鬲

前五.三九.二 乙四九二五		京津二八四八		乙五六二七 鐵四五.三	佚四三 乙六八一七	
錄遺三六○ 艮觶	三代一七.二三 父戊匜 三代一二.四六 且辛卣	三代五.三八 癸爵	三代二.二 [illegible]鼎	三代三.四七 九斝	錄遺四○八 冉爵	三代三.二四 尸作父己卣

						乙八八五九	前八、四、三
三代一六、三一 父口爵	三代一五、三七 己[illegible]爵	三代二、二八 父辛尊	三代二、二 作父丁尊	續殷上六 作[illegible]鼎	三代二、四 [illegible]鼎	三代四、二五 父戊觚	三代四、二八 父乙[illegible]莫觚

乙九〇七三 前二·四七·三	后下四·二 后下四二·四		前七·五·四 粹一七		存下七八三 存下七八三	
三代六·八 戊𣪘 三代一三·五 父癸卣	三代三·四二 乙卣	三代二·四一 父乙罍	三代五·二 獻戈 錄遺三·二 伐觚	續殷上七·一 且己𣪘	三代一三·五〇 且丁斝	三代六·二六 䏌卣

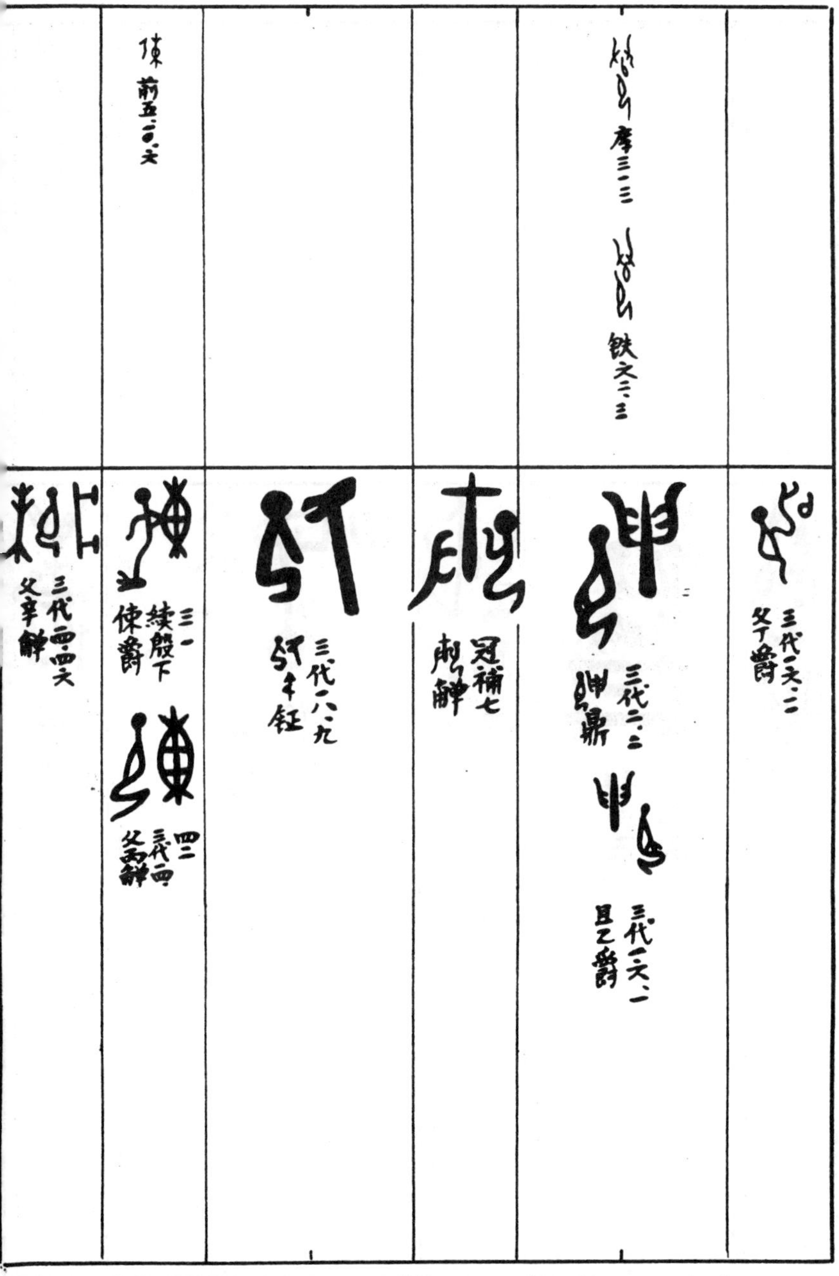

庫三一三

鐵六二·三

三代一六·二 父丁爵

三代二·二 [illegible]鼎

三代一六·一 且乙爵

冠補七 [illegible]觶

三代一八·二九 [illegible]鉦

前五·二〇·六

續殷下三一 [illegible]爵

三代一四·四二 父丙觶

三代一四·四六 父辛觶

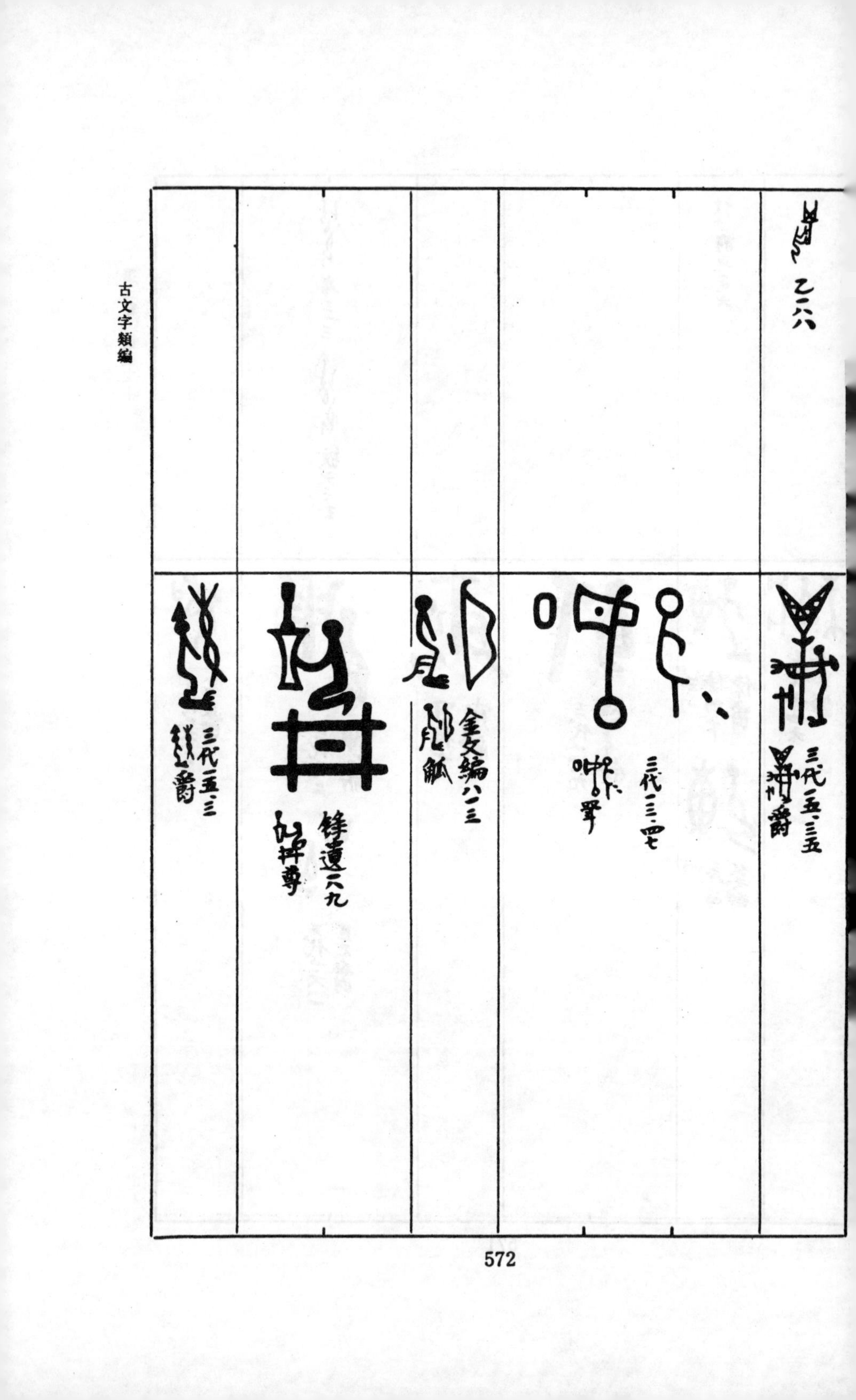

乙二八

三代一五、三五 爵

三代一三、四七 罍

金文編八一三 觚

録遺一六九 尊

三代一五、三 爵

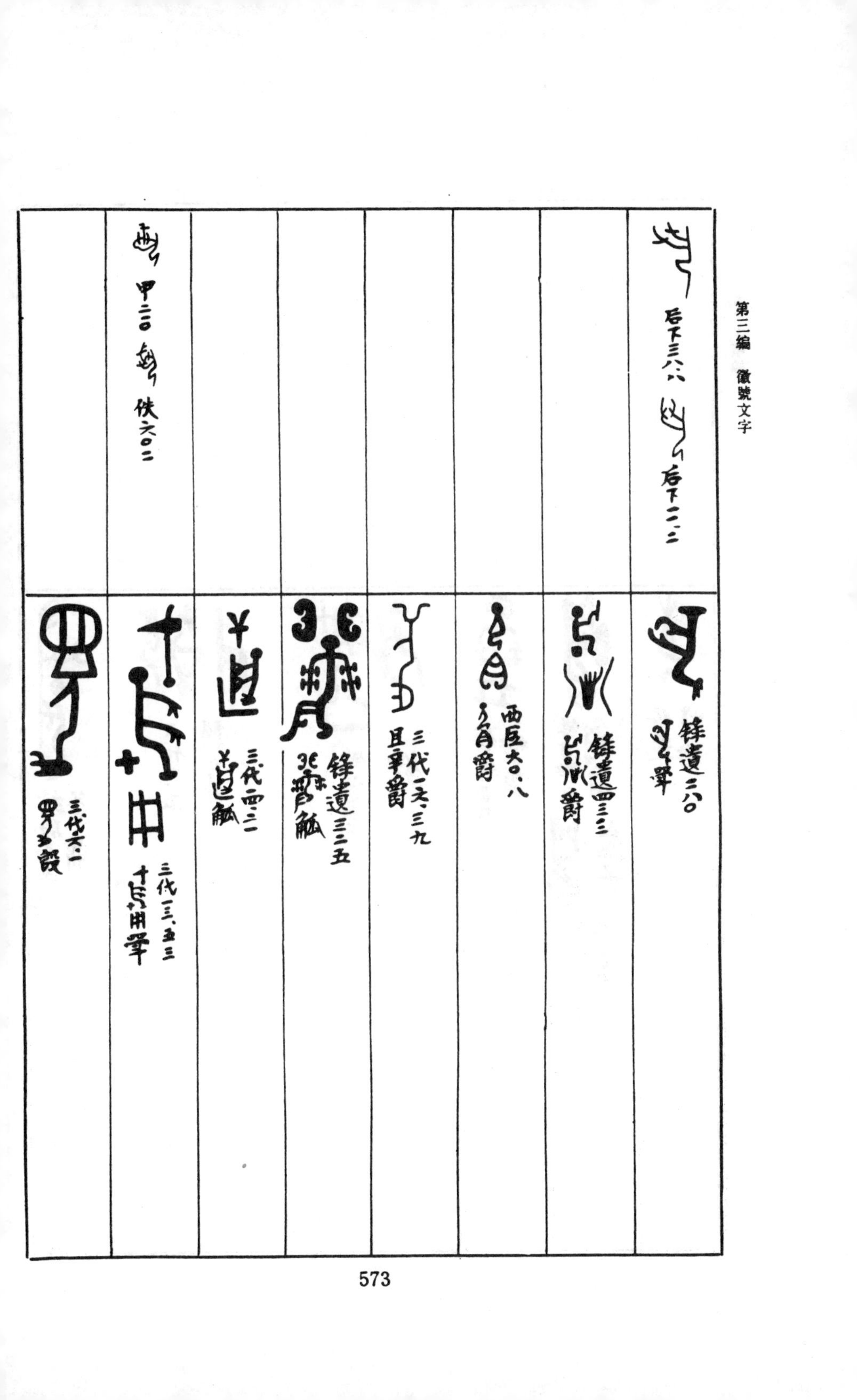

后下三六八 后下一二						甲二〇 佚六〇二	
録遺二八〇 斝	録遺四三三 爵	西區六〇八 爵	三代一六、三九 且辛爵	録遺三三五 觚	三代一四、二一 觚	三代一三、五三 斝	三代六、二 段

續殷上五
父辛鼎

三代二、五
𠬝父鼎

錄遺六二四
𠙜

錄遺四四九
𠙜爵

錄遺四三六
𠙜爵

三代一七、二
父乙盉

錄遺三八三
𠙜爵

		前四・二六・二 甲一七五八	乙八三二 明藏四五三	燕七〇九 乙八六六九	鐵一三二・一 前二・二六・七
旛盤婦鼎 三代三・一七 旛卣 三代一三・二二	錄遺四二 □鼎	戉叙毁 三代六・四五	□鼎 三代二・二 辰臣父癸毁 三代七・二六 辰臣父乙卣 三代一三・一〇	旂戈 三代一九・九	旂觚 三代一五・一 旂觚 三代一四・一三

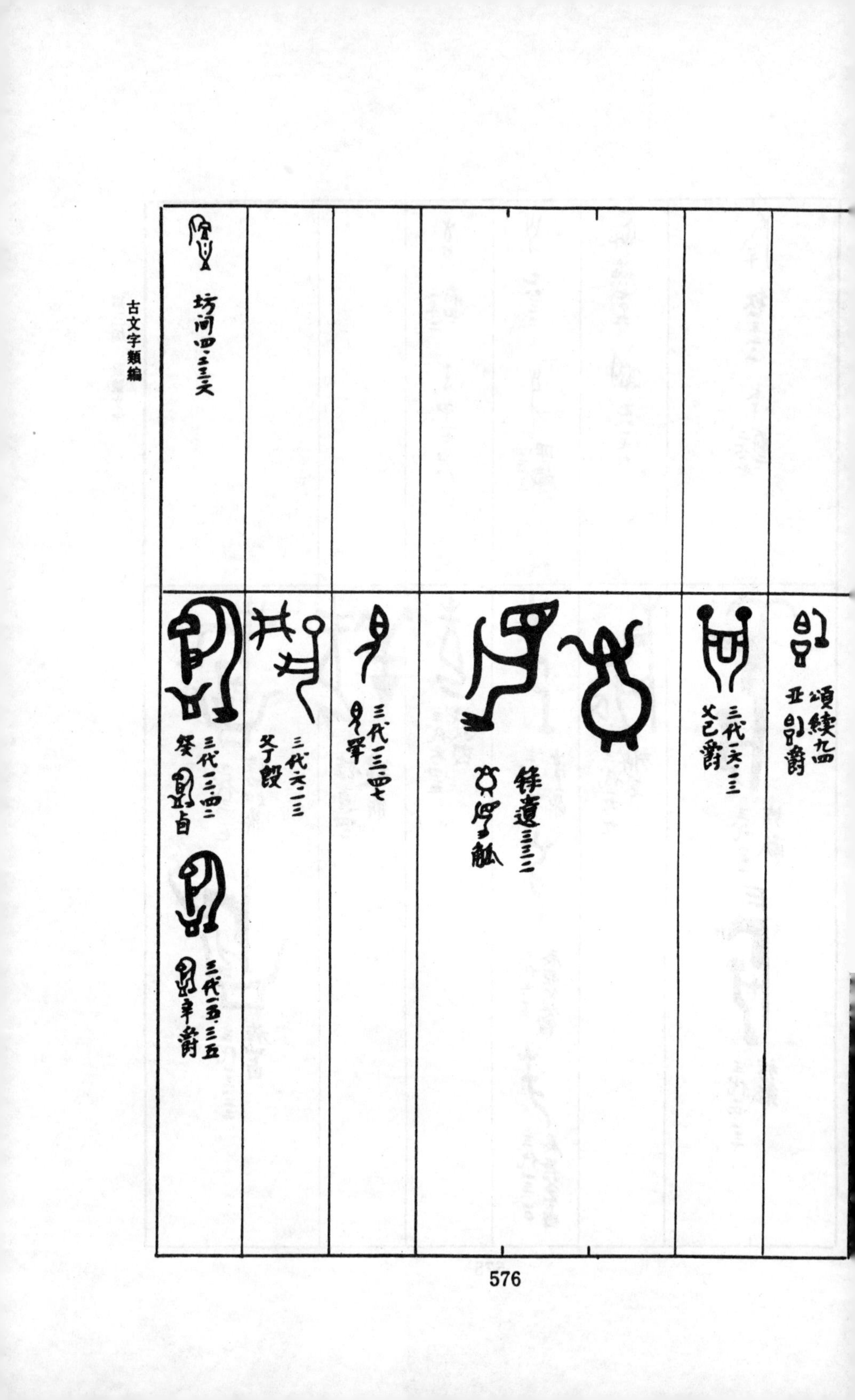

頌續九四 亞㠯爵

三代一六·一三 父己爵

鄴遺三三二 觚

三代一三·四七 斝

三代六·一三 父丁殷

三代一二·四二 卣

三代一五·三五 辛爵

坊間四·二三六

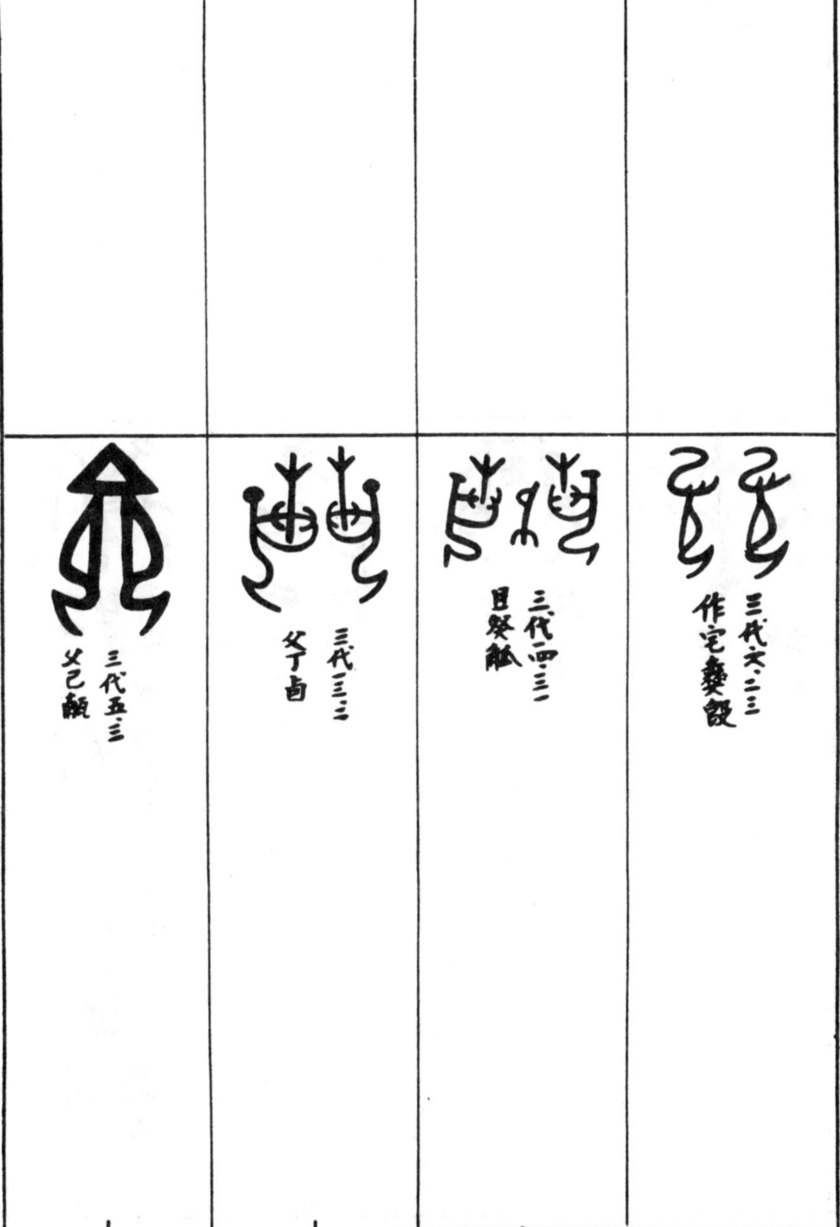
三代六·二三
作宅彝殷
三代一四·三一
旦癸觚
三代一三·二
父丁卣
三代五·三
父己甗

録遺四四 盉

三代四三二 觶

三代二五二 鼎

録遺二二二 觚

三代四三三 觚

續殷下五〇 觚

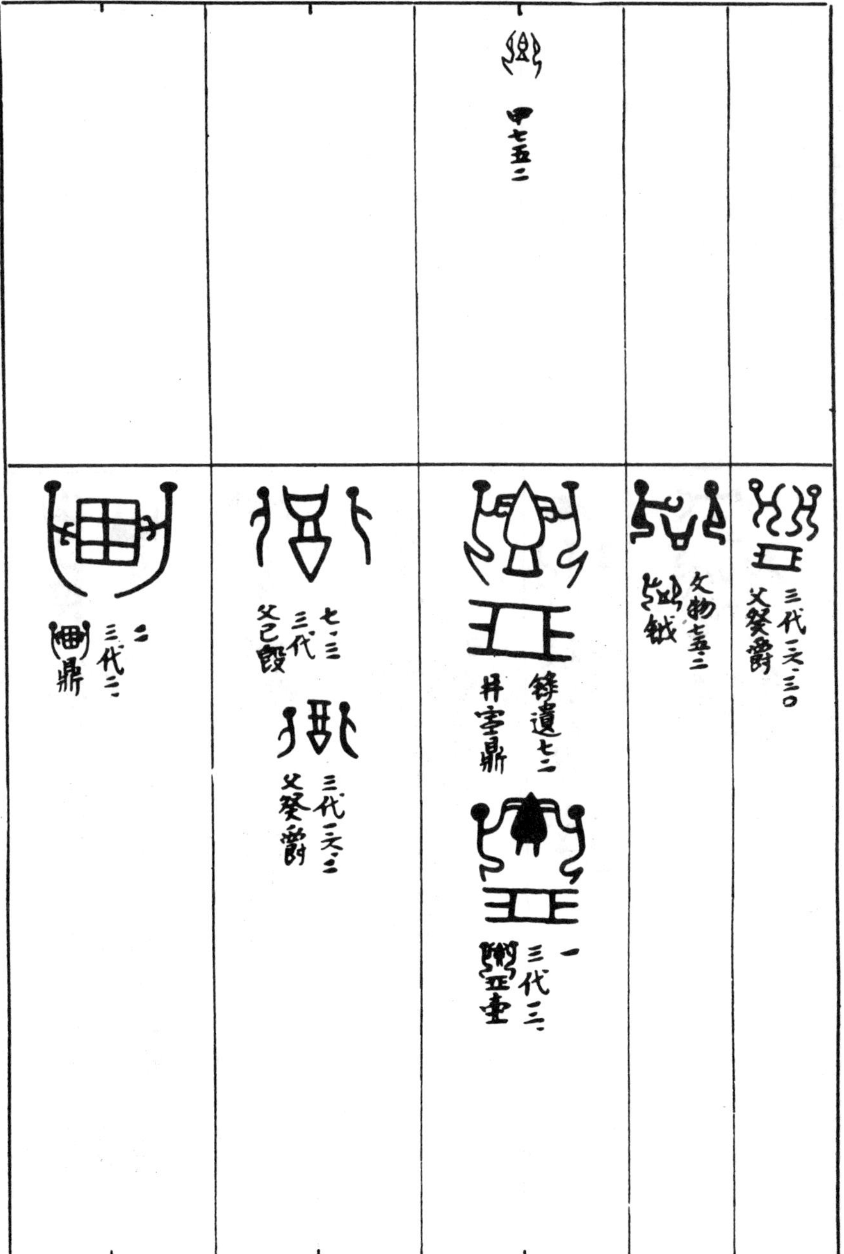

錄遺二三五
卣

三代六、四
段

三代二、四五
禾鼎

使乍西
觶

三代一五、三七
父爵

錄遺三〇〇
旅觚

三代一二、四五
父二平卣

三代一三、五六
父癸卣

三代一六、三三
父乙爵

三代二、四七
父乙鼎

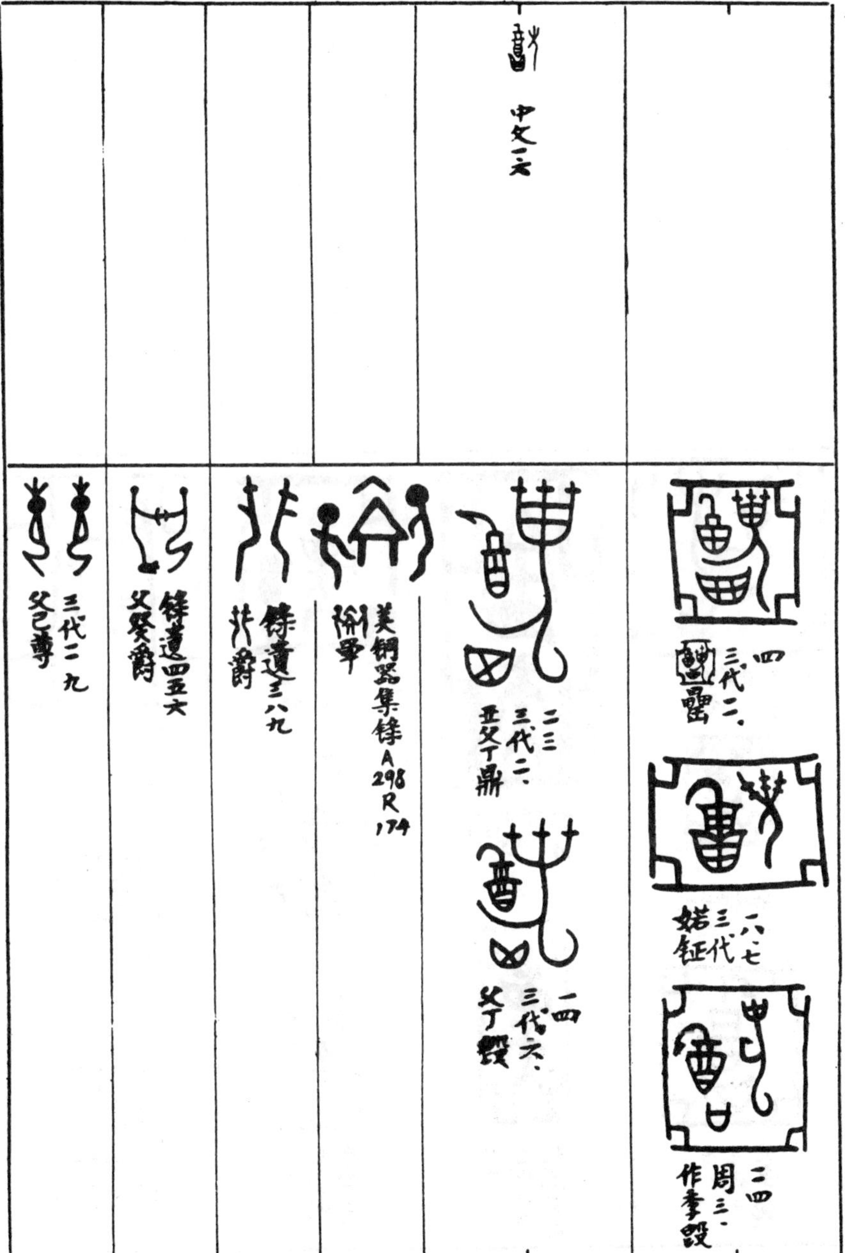
中文一六
三代二、四
三代二、一六七
周三、二四
作季毁
三代二、二三
父丁鼎
三代六、二四
父丁毁
美銅器集錄A298R174
銕遺三八九
銕遺四五六
父癸爵
三代二九
父己尊

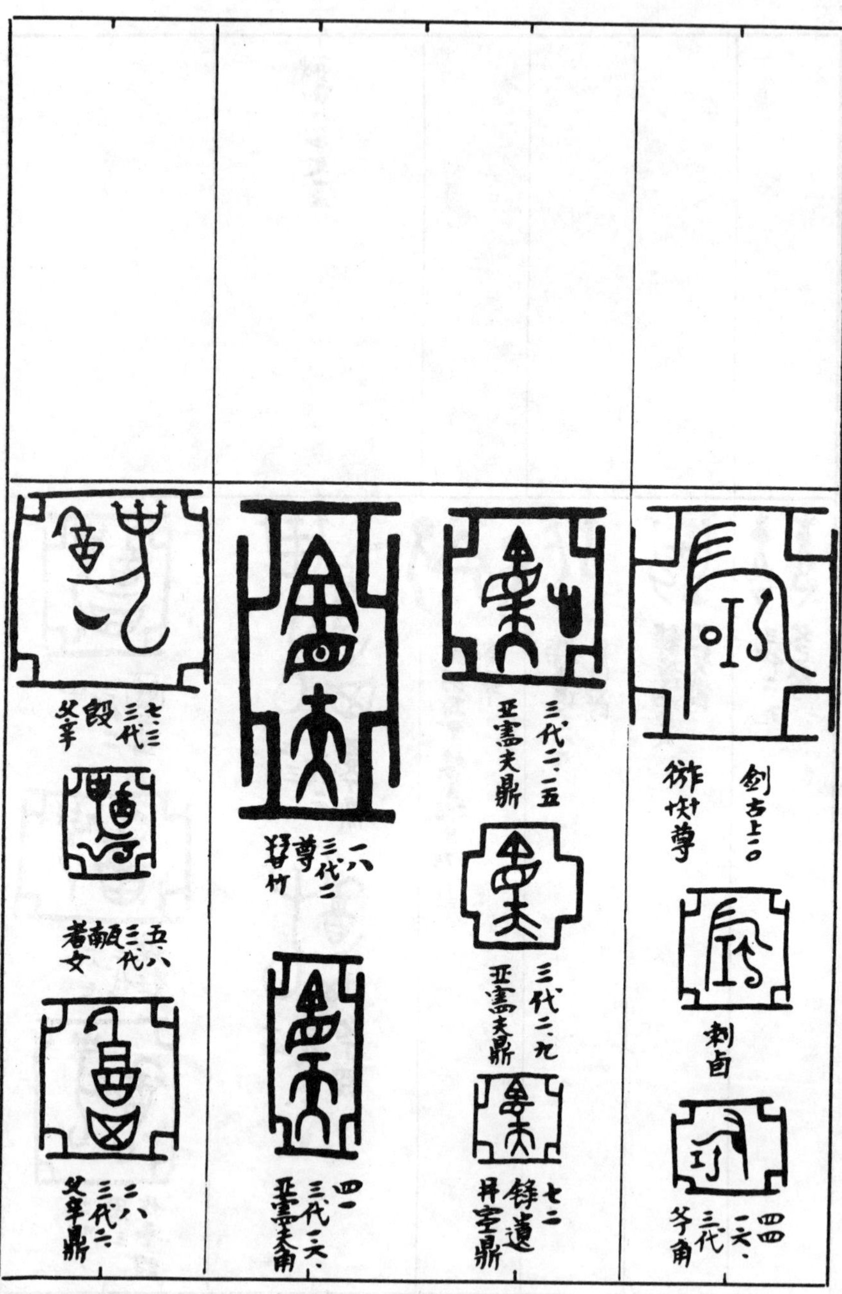

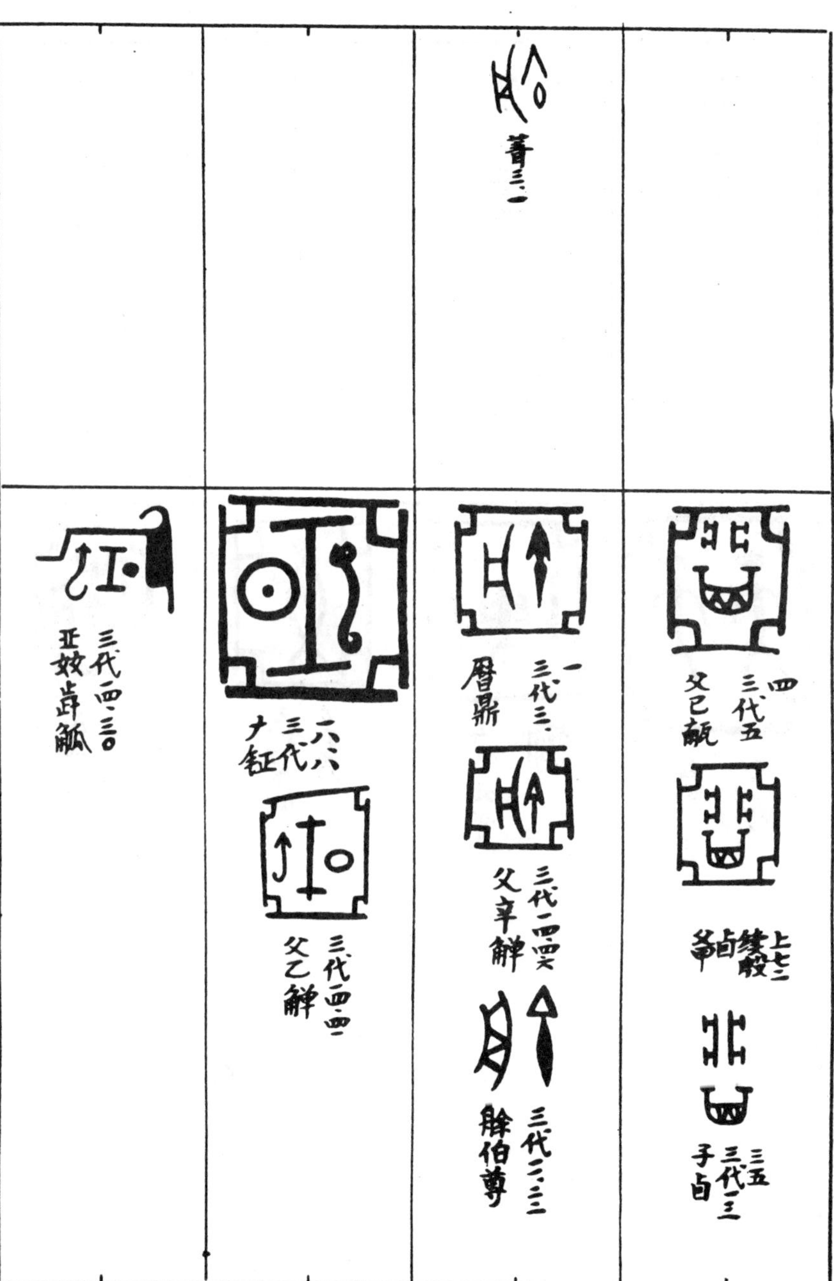
菁三一
亞妏𠂤甗 三代四·三〇
ナ鉦 三代一八·八
父乙觶 三代一四·四一
曆鼎 三代二·一
父辛觶 三代一四·四六
觪伯尊 三代一一·二
父己甗 三代五·四
𠂤䢅殷 上七二
子𠂤 三代二·三五

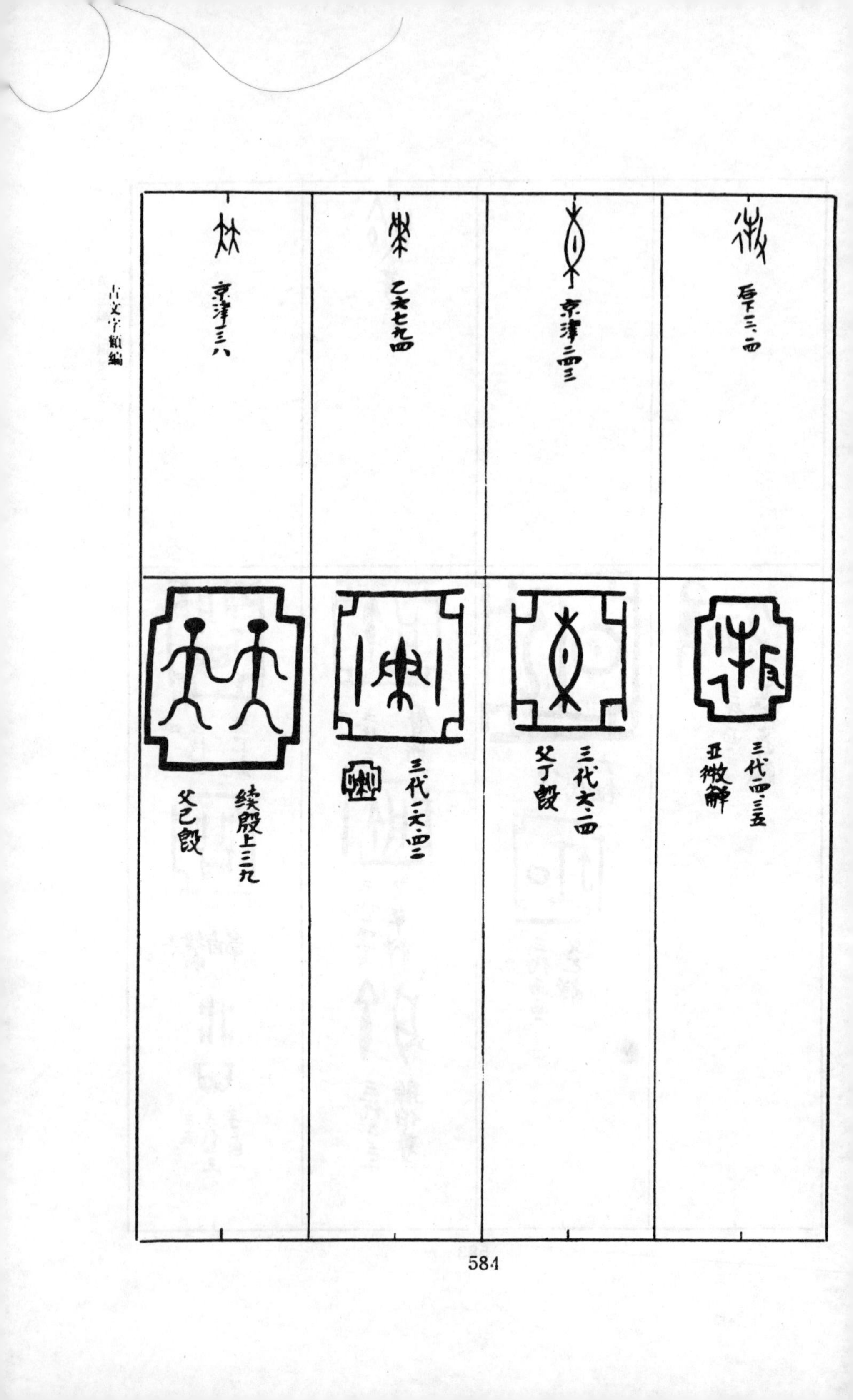

京津三八	乙六七九四	京津二四三	存下三一四
续殷上三九 父己殷	三代一六·四二	三代六·一四 父丁殷	三代四·三五 亚微觶

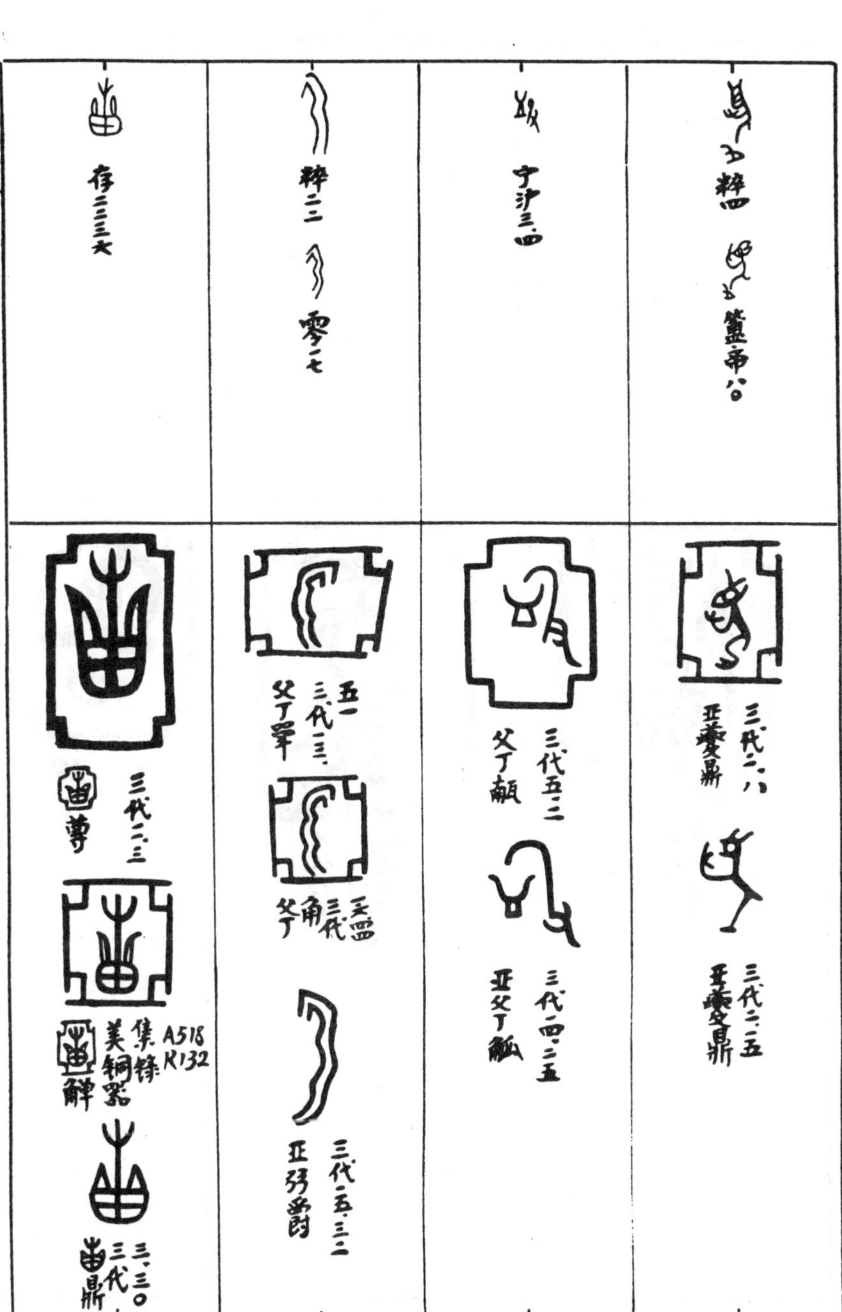
存二三三大
粹二
零一七
宁沪三.四
粹四
簠帝公
三代五一
父丁罍
三代三.
三代二.八
三代五.二
父丁觚
三代二.三
三代二.二五
A518
K132
集錄
美銅器
三代二五.三二
三代三.三〇
鼎

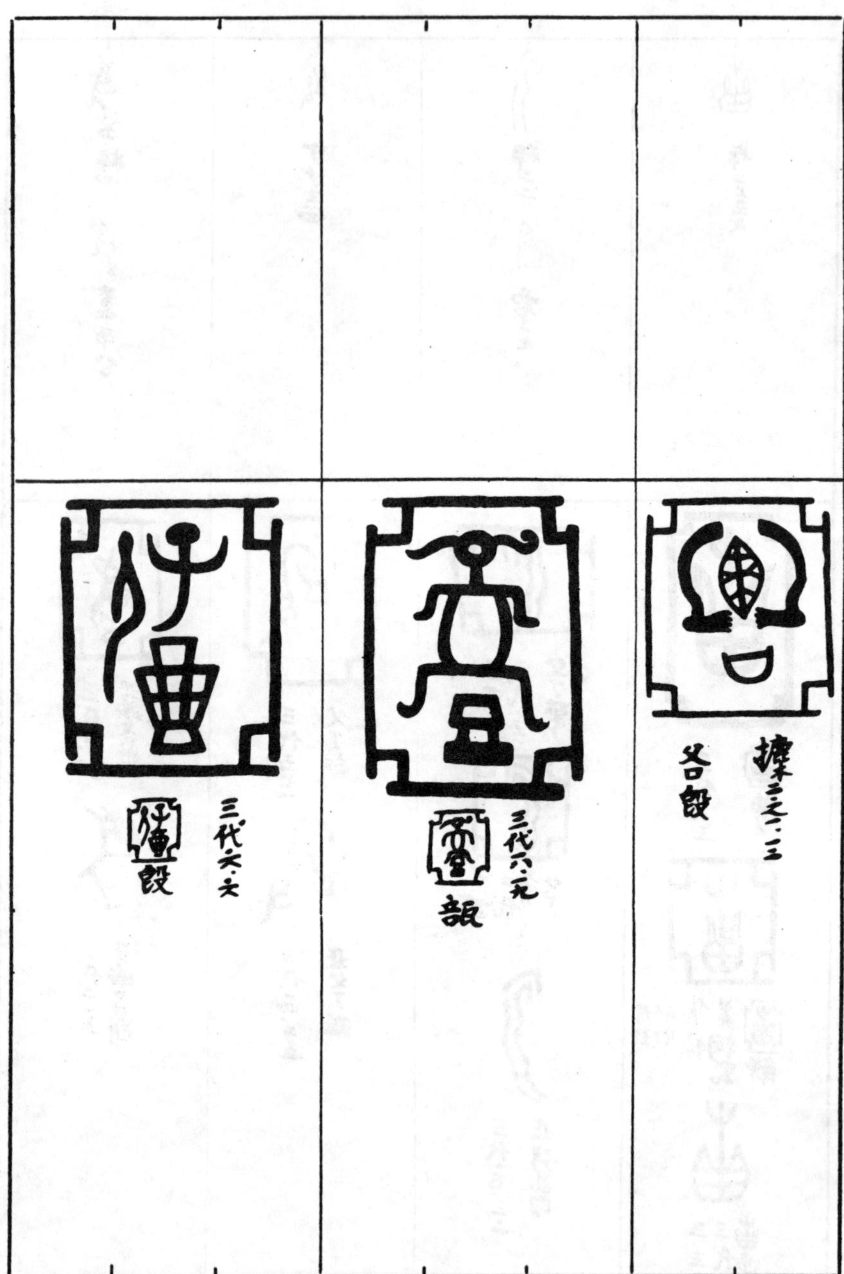

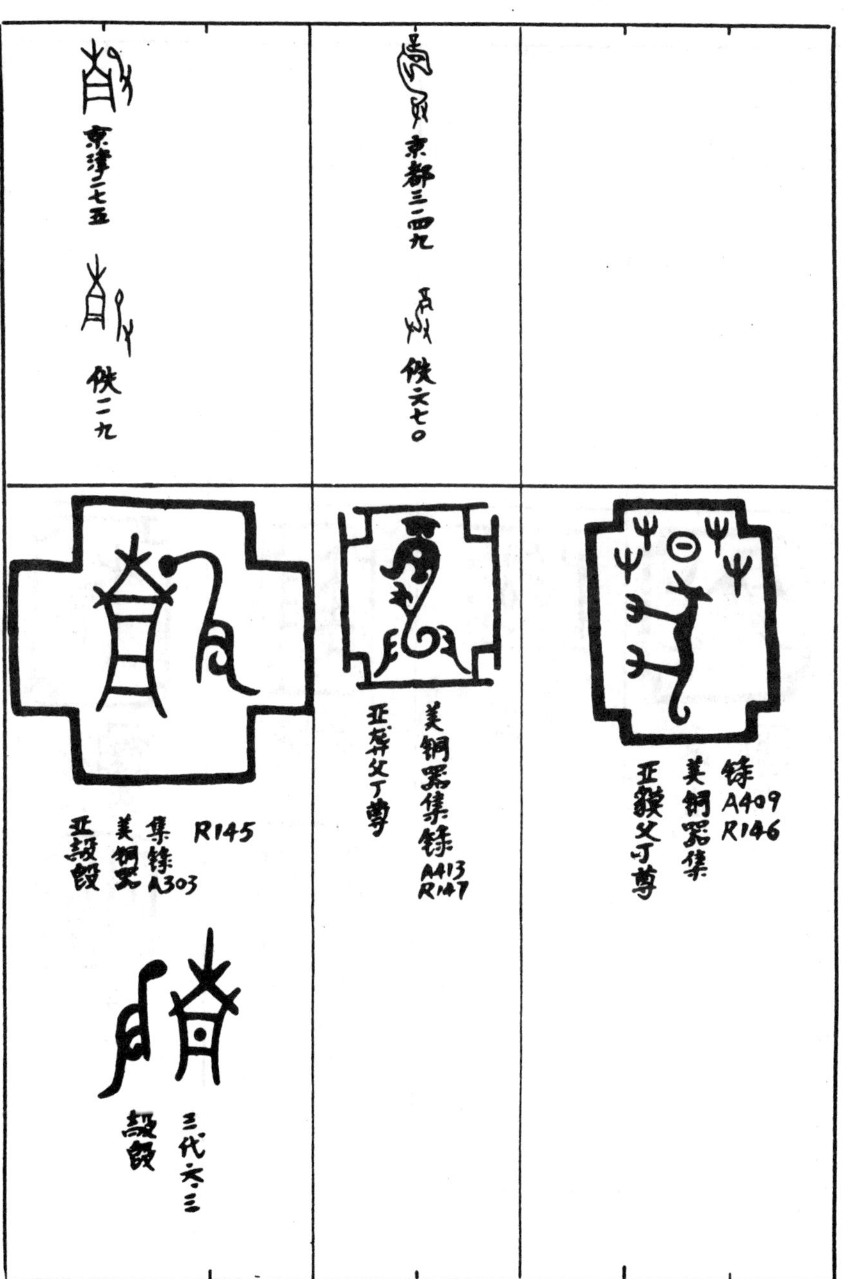

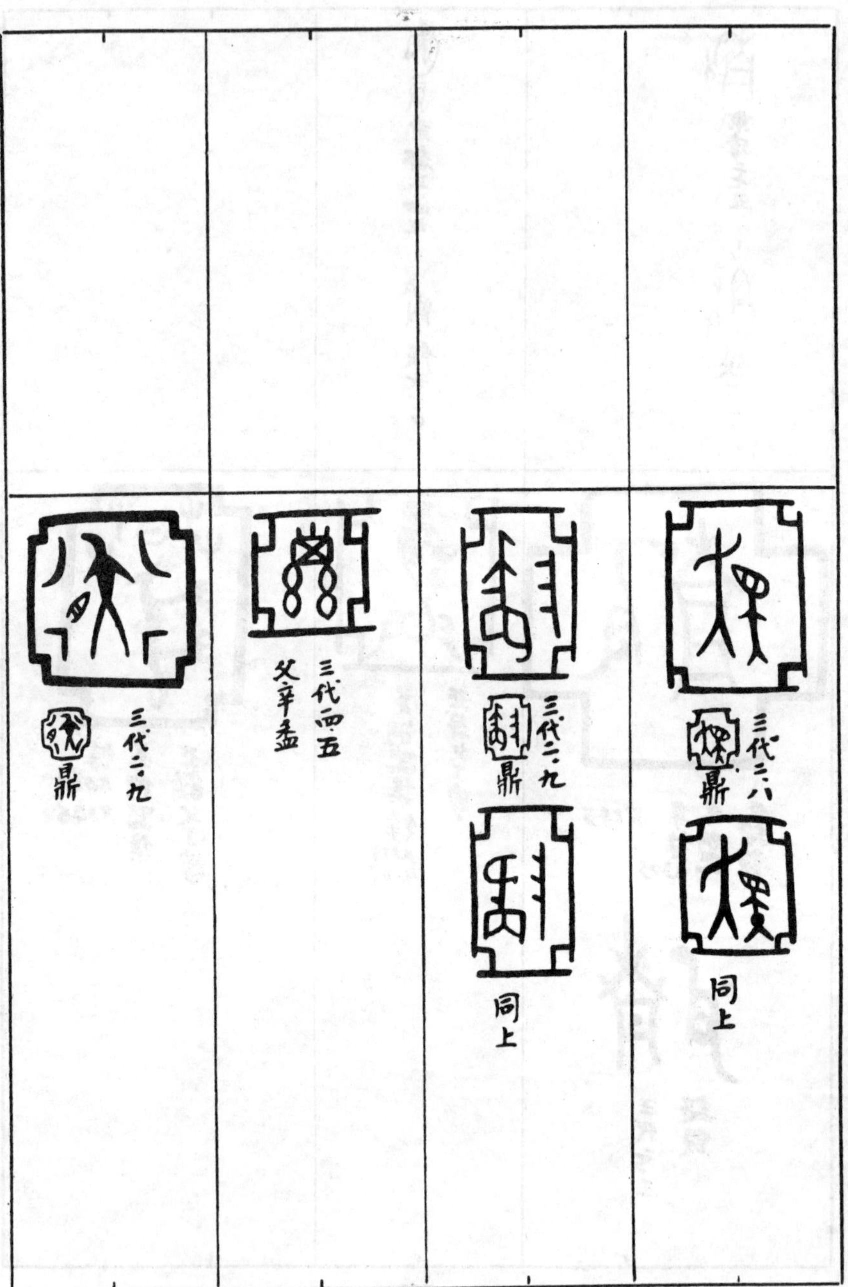

三代二八
鼎
同上

三代二九
鼎
同上

三代四五
父辛盉

三代二九
鼎

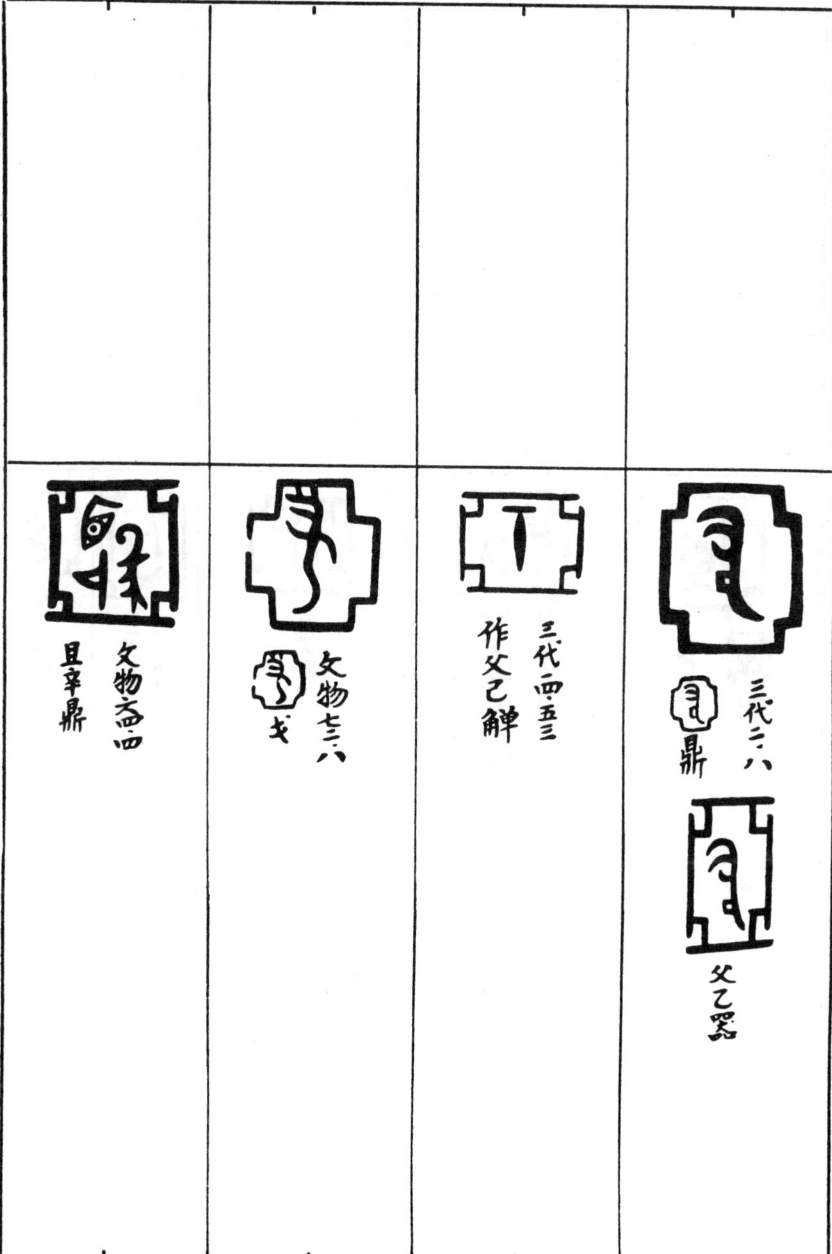
三代二·八
鼎
父乙器
三代十四·五三
作父乙觶
文物七三·八
戈
文物六四·四
且辛鼎

鼎

三代 十六·六
父乙爵

父丁罍

三代 十四·三〇
四合觚

三代 十四·三五
觶

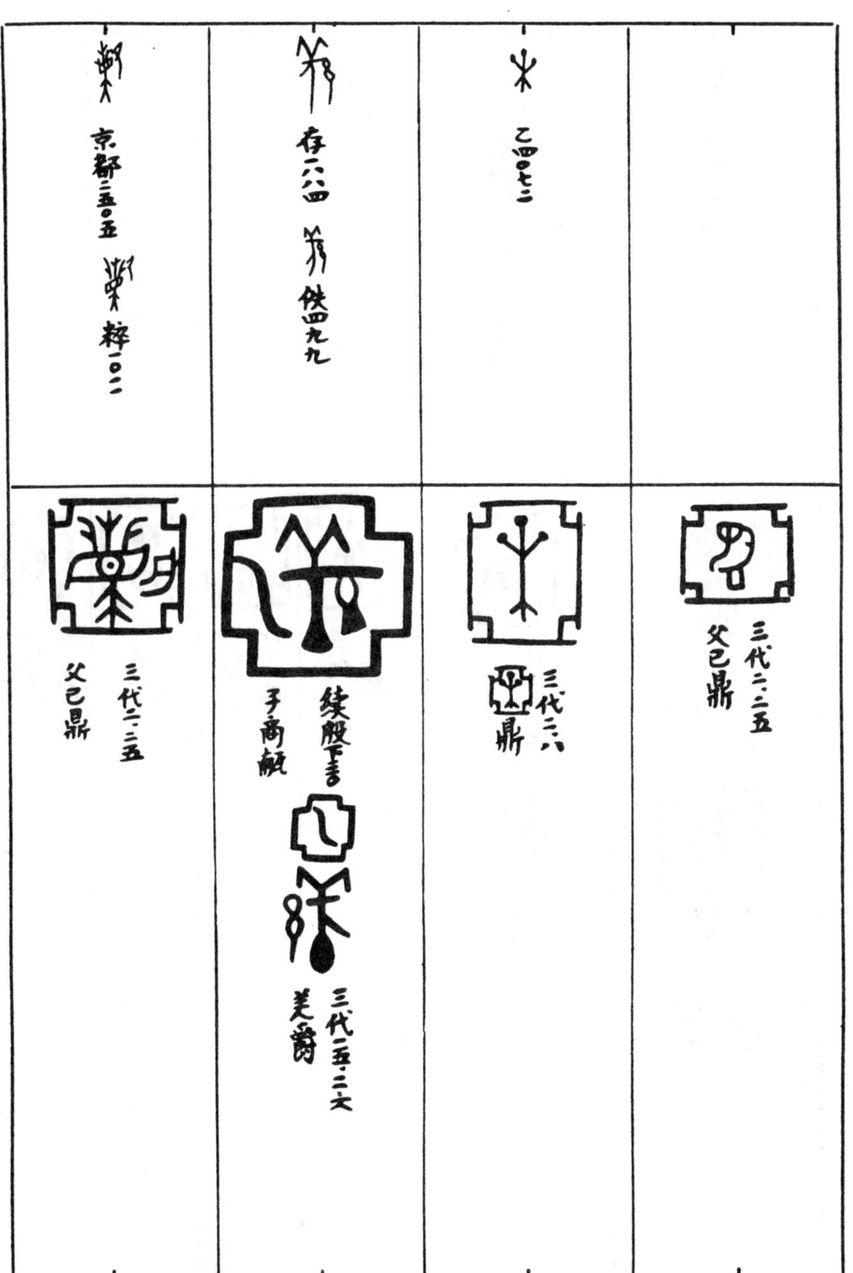
京都二五〇五
粹一〇二
存一八四
佚四九九
乙四〇七二
三代二·二五
父己鼎
續殷下三
子商甗
三代五·二六
羌爵
三代二·八
鼎
三代二·二五
父己鼎

河七八九	戩四六、一 甲二六八	鉄二七二、一 甲三〇九九			
父乙尊 三代一一、七 父丁𣪘 三代六、二四	父乙卣蓋 三代一三、二四 亞父乙鼎 三代二、二〇	父乙觶 三代一四、四一	戍甬鼎 三代四、七	父己盉 三代一四、五	爵 三代一五、八

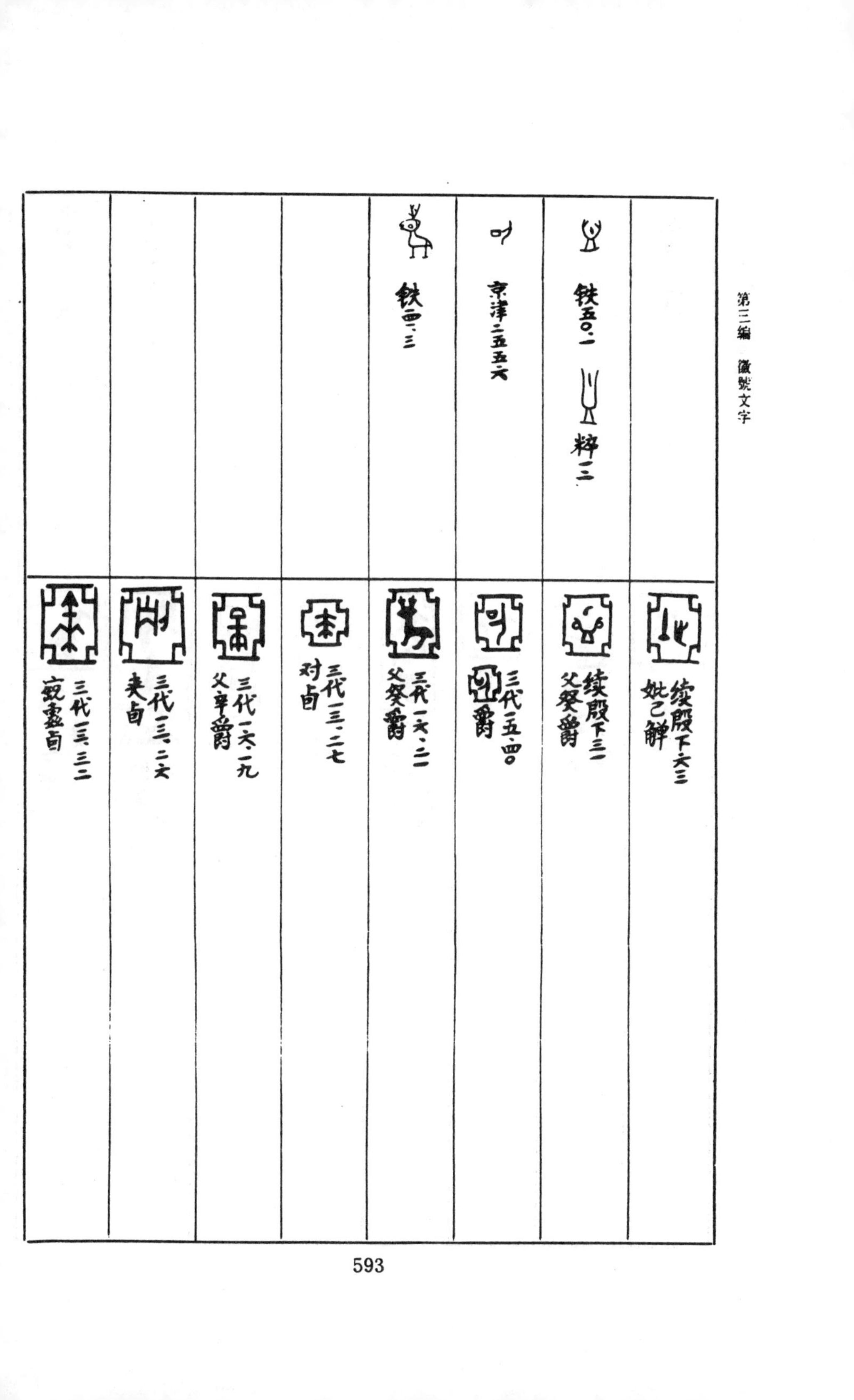

	铁五〇·一　粹一二	京津二五五六	铁四·三				
续殷下六三 妣己觶	续殷下三一 父癸爵	三代一五·四 爵	三代一六·二一 父癸爵	三代一三·二七 对卣	三代一六·一九 父辛爵	三代一三·二六 夫卣	三代一三·三二 窥盉卣

乙七九九一

京津四七八二

佚四二七

攈古一之二·四九 父甲鼎

錄遺三〇 亞壴𣪘

三代一三·二八 平卣

三代一三·二八 平卣

三代一五·三三 爵

續殷上七〇 亦卣

錄遺四八九 作父丁盉

錄遺二八一 亞中酉斝

美銅器集錄 A47 R141
亞矢鼎

美銅器集錄 A676 R131bh
亞此牛尊

美銅器集錄 A579 R138ah
亞室父乙卣

美銅器集錄 A641 R137b
亞旃尊

古文字類編

前六・二・三・四			佚九七七 京津二二四四	甲七八三
三代二・四 文子鼎 三代一六・四六 父乙爵	三代一二・四四 卣	西清五八・二 日乙日辛日甲尊 同上五八・二	錄遺三六一 亞井觶	錄遺二三七 亞中卣

甲二四二二

戩三二四

鄴初下三九三

亞旁罍 美銅器集錄 A780 R130bh

亞兔鳥尊 美銅器集錄 A671 R125b

亞夂雨鼎 錄遺五二

亞鼎 錄遺五三

父戊爵 錄遺四七一

丁未角 三代十六·三四

作父乙爵 三代十六·三三

員庚父乙殷 三代七·二九

亞尊 三代十一·三

亞鼎 三代二·七

鉄一八四

前四·二七·四

甲二八〇七

甲五八五

美銅器集錄A1 R113
子𠦪鼎

文物五七·五
子申父己鼎

錄遺四三
亞子爵

三代一六·三
父甲爵

美銅器集錄A174 R97
尢作父癸尊彝

美銅器集錄A523 R142a
亞吴𠃊其侯觶

美銅器集錄A481 R149
亞木甗

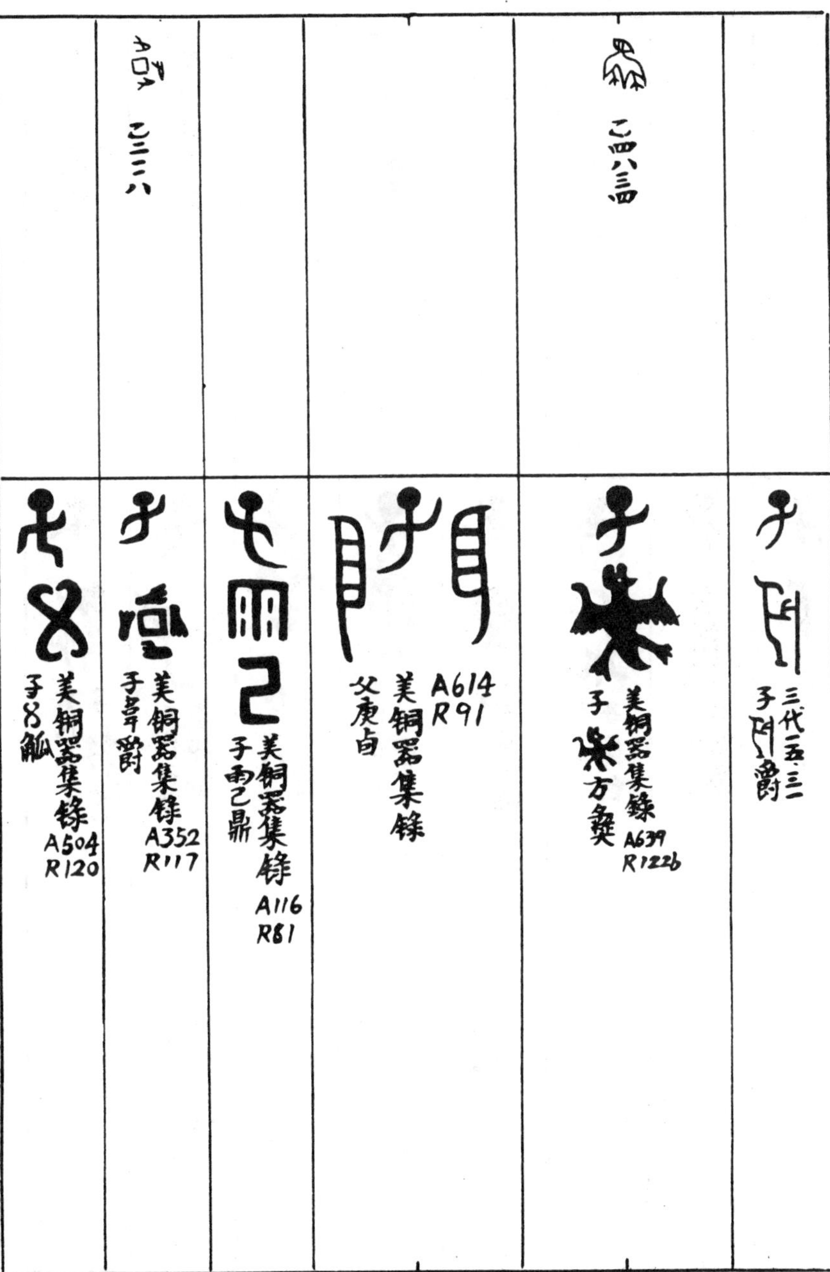
三代一五、三
子𦉢爵
美銅器集錄
A639
R122b
子𩾦方彝
A614
R91
美銅器集錄
父庚卣
美銅器集錄
A116
R81
子雨己鼎
美銅器集錄
A352
R117
美銅器集錄
A504
R120
子8觚
乙四八三四
乙二二二八

乙三三八〇

續三.三五.一

菁三.二

三代五.二九 子[glyph]爵

三代一四.三 子[glyph]觚

三代二.三八 子羊父丁鼎

三代五.二九 子萋爵

三代一四.二五 子[glyph]父己觶

三代六.九 子[glyph]毀

三代五.三一 子[glyph]爵

三代六.八 子刀毀

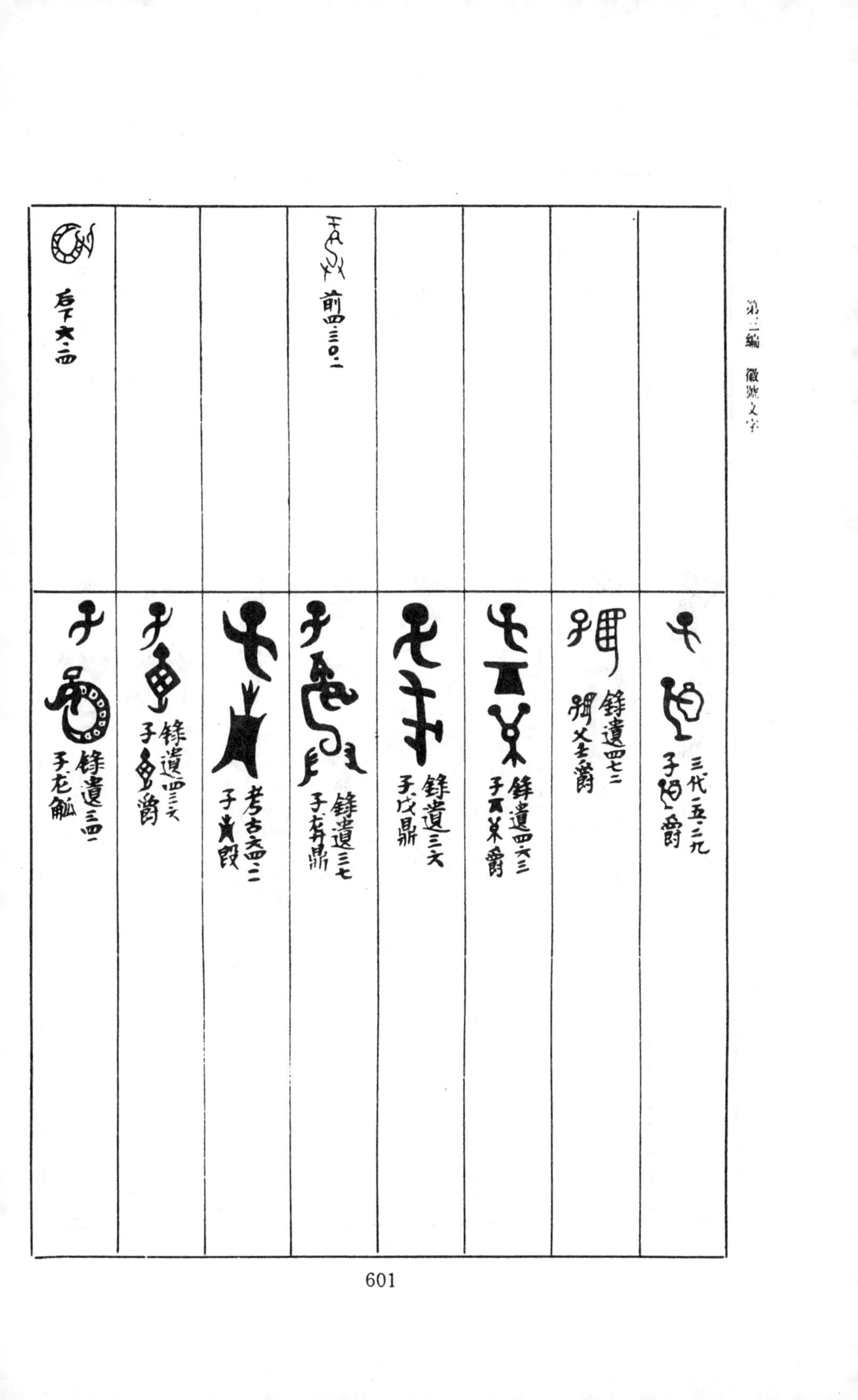

前四·三〇·二

后下六·四

三代一五·二九 子[illegible]爵

錄遺四七二 [illegible]父己爵

錄遺四·六三 子[illegible]爵

錄遺三·六 子戊鼎

錄遺三七 子[illegible]鼎

考古六四·二 子[illegible]段

錄遺四三六 子[illegible]爵

錄遺三四一 子龙觚

三代五、三〇 子䍙爵

三代三、三四 父辛卣

五六 三代三、三 子辛卣

五七 三代三 子卣

三代二、五 子妥鼎

鍺遺一四 子𠭯段

三代一三、三五 子侯卣 器

三代一四、二 子父乙盉

存下四三

乙七八六三

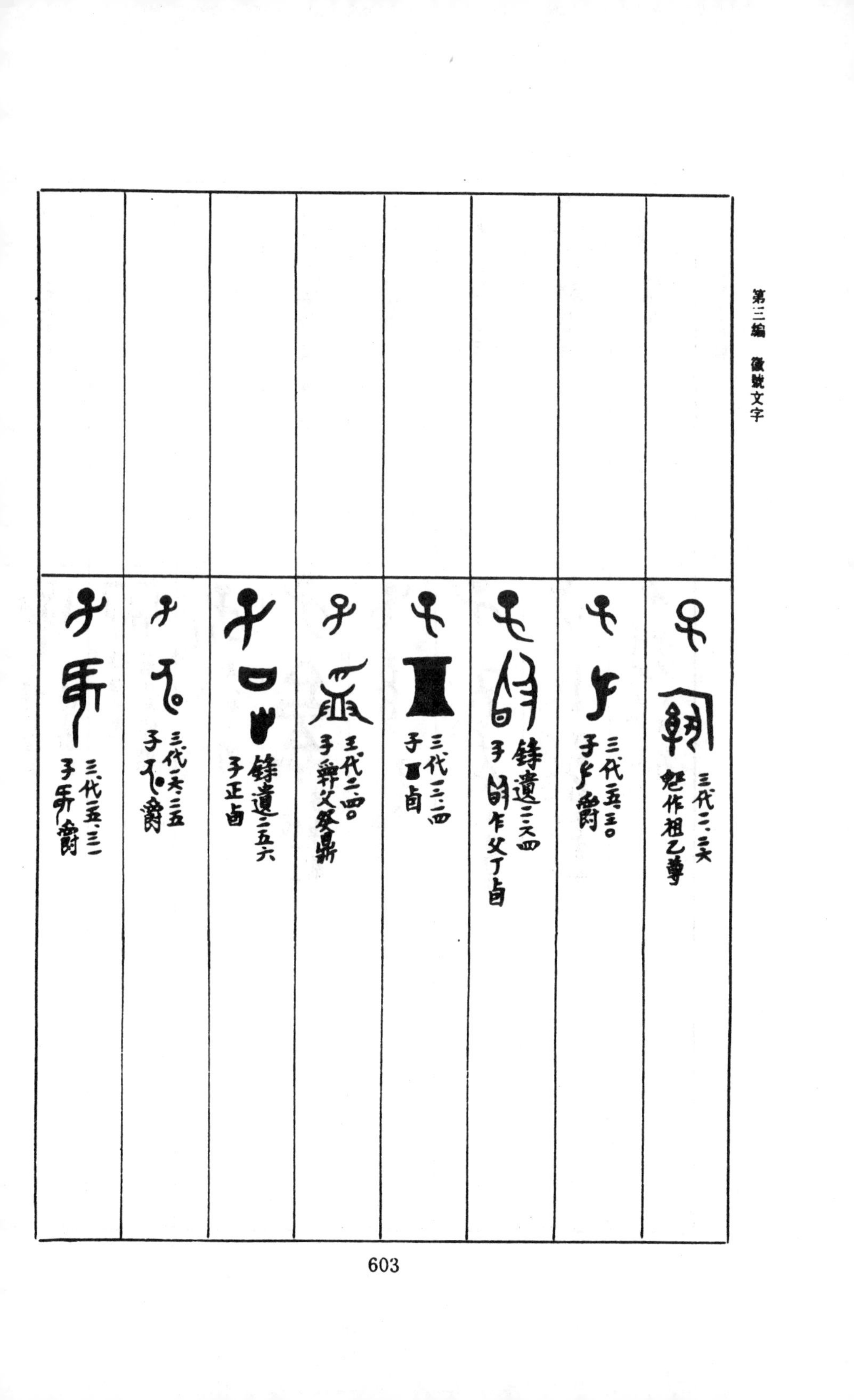

三代一一、二六 [illegible]作祖乙尊

三代五、三〇 子[illegible]爵

録遺二二八四 子[illegible]作父丁卣

三代一三、四 子[illegible]卣

三代二、四〇 子[illegible]父癸鼎

録遺二五六 子正卣

三代一六、二五 子[illegible]爵

三代五、三一 子[illegible]爵

甲三九三三

京津二七三〇

乙二〇五

粹一一五三

粹四九九

粹四一〇

錄遺四三 [glyph]爵

錄遺五八 角戊父[glyph]鼎

三代一六·七 子八父丁爵

三代二·二一 子[glyph]鼎

三代一五·三〇 子系爵

三代六·二三 子隹冉鼎

三代六·九 子[glyph]父殷

文物七五·五 子羽爵

三代四三一 且己觚

三代一七三

三代四三八 觶

錄遺二三〇 毁

三代一六二五 羊己爵

錄遺四三 鼎

錄遺三六三 觶

乙九〇九三		乙三三三一 甲五二五
三代一九·一 馬戈	三代四·三〇 乙觚	三代六·二 牛鼎

鐵六二·一

甲一〇二三

前三·三一·三

佚一〇九

三代五·四
豕爵

三代二·二
父癸尊

三代二·二
父丙鼎

三代二·一七
且辛鼎

錄遺二六
虎殷

三代一二·六
析父乙壺

三代一二·六
析父乙壺

粹一五五二

三代二·二
鼎

三代三·一
魚父乙鼎

三代一三·二四
元作父戊卣

三代一三·五
父丁斝

三代一三·四一
卣

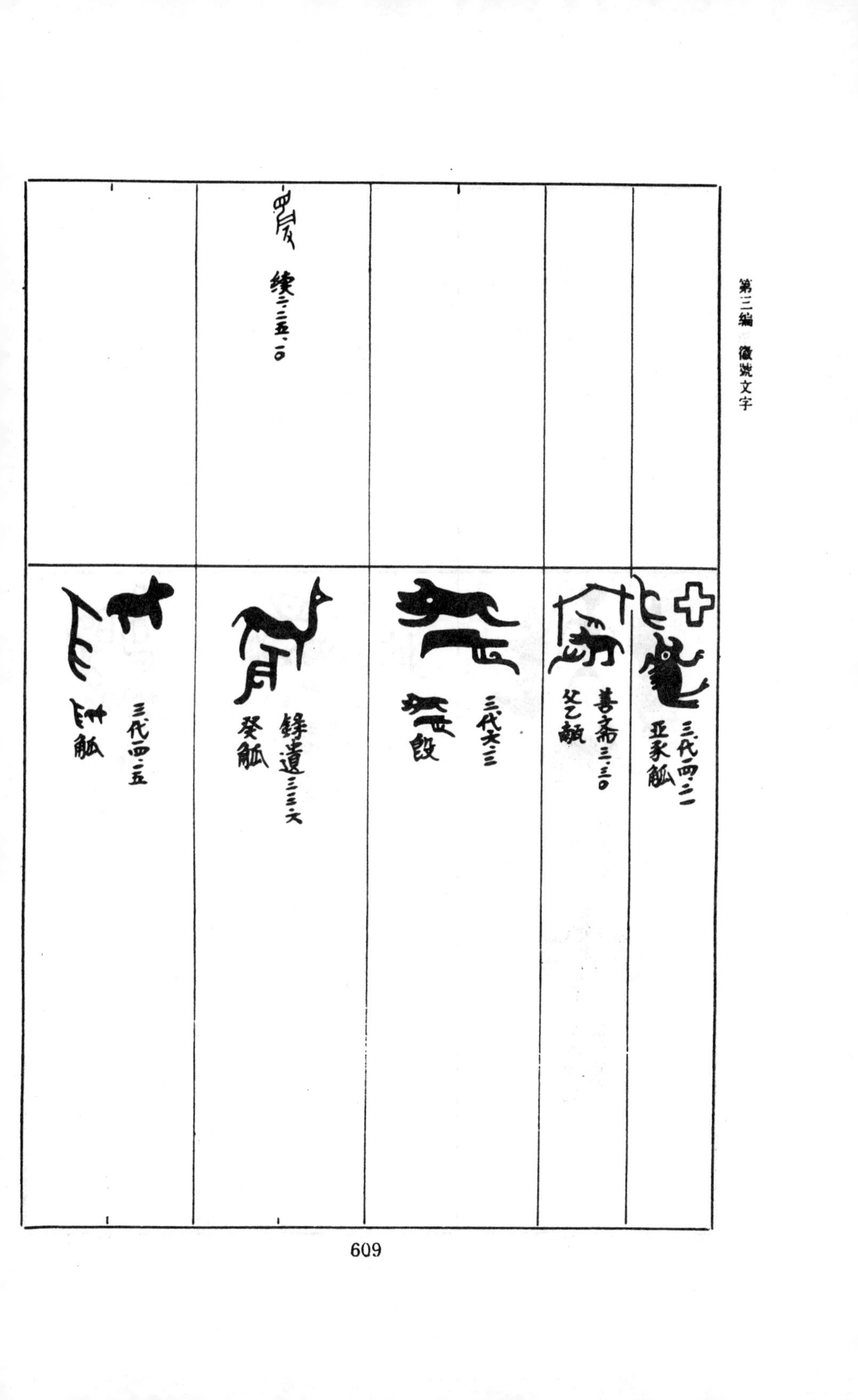

			續二二五.一〇	
三代四.二一 亞豕觚	善齋三.三〇 父乙觚	三代六.三 亞段	録遺三三.六 癸觚	三代四.二五 觚

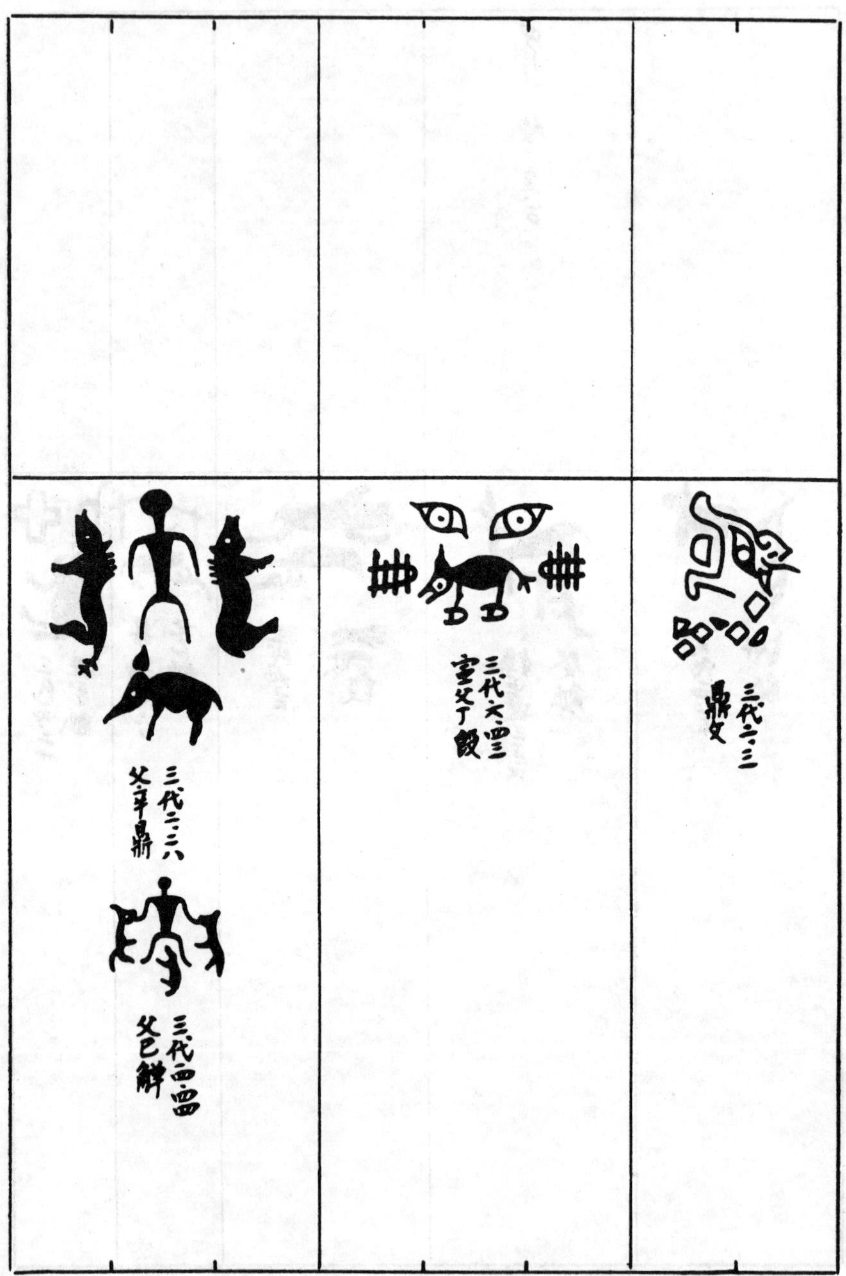
三代二·三 鼎文
三代六·四三 室父丁𣪘
三代二·二八 父辛鼎
三代四·四 父己觶

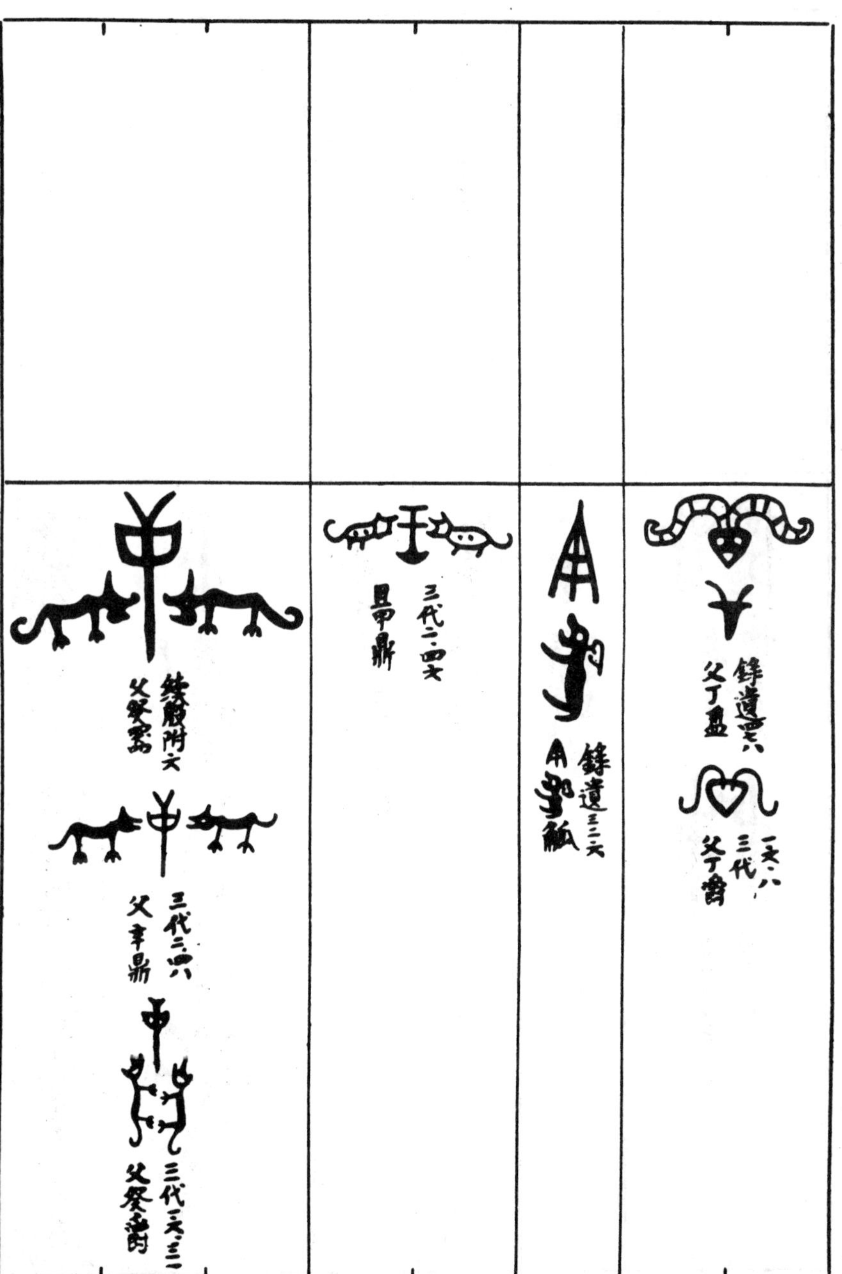

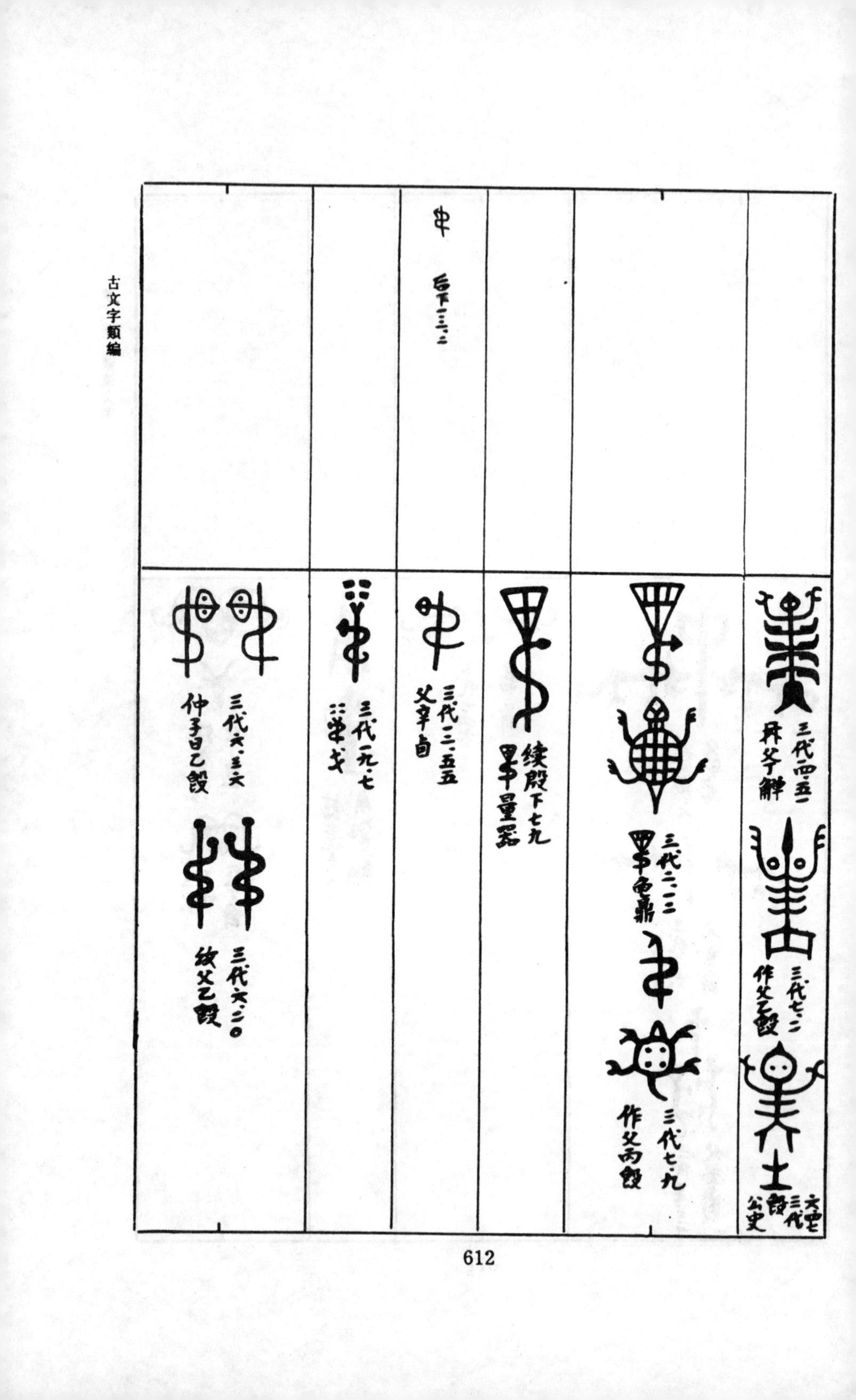

后下一三·二

三代四·五一 幷父丁觶

三代七·二 作父乙毁

三代六·四七 公史毁

三代二·二二 單龜鼎

三代七·九 作父丙毁

續殷下七九 單量器

三代一二·五五 父辛卣

三代一九·七 举戈

三代六·三六 仲子日乙毁

三代六·二〇 纹父乙毁

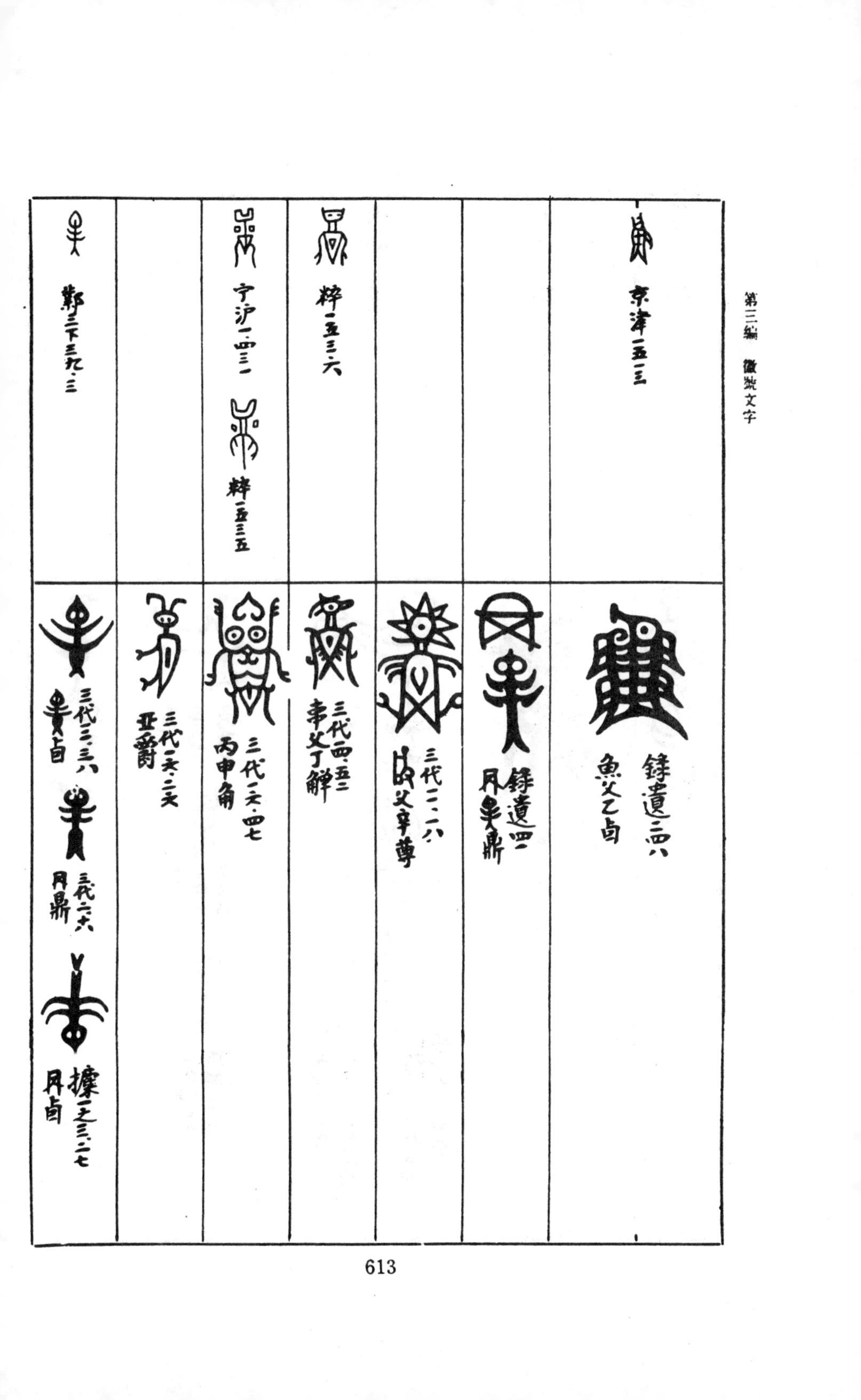

京津一五一三				粹一五三六	寧滬一.四三一 粹一五三五		鄴三下三九.三
錄遺二六八 魚父乙卣	錄遺四一 冄吳鼎	三代一一.一八 [illegible]父辛尊	三代四.五三 聿父丁觶	三代一六.四七 丙申角	三代一六.二六 亞爵		三代一三.三八 貴卣 三代二.六 冄鼎 攈一之三.二七 冄卣

存六三一

前七·三·二

後下八·七

三代一四·六
亞父丁盉

三代二·一九
矢尊

三代六·五六
矢方彝

三代四·二〇
作冊大鼎

三代一三·四五
且甲卣

三代一六·二
父癸尊

三代一六·二
父癸爵

三代一五·四
鳥爵

三代二·一三
鳥魚鼎

三代一五·五
龍爵

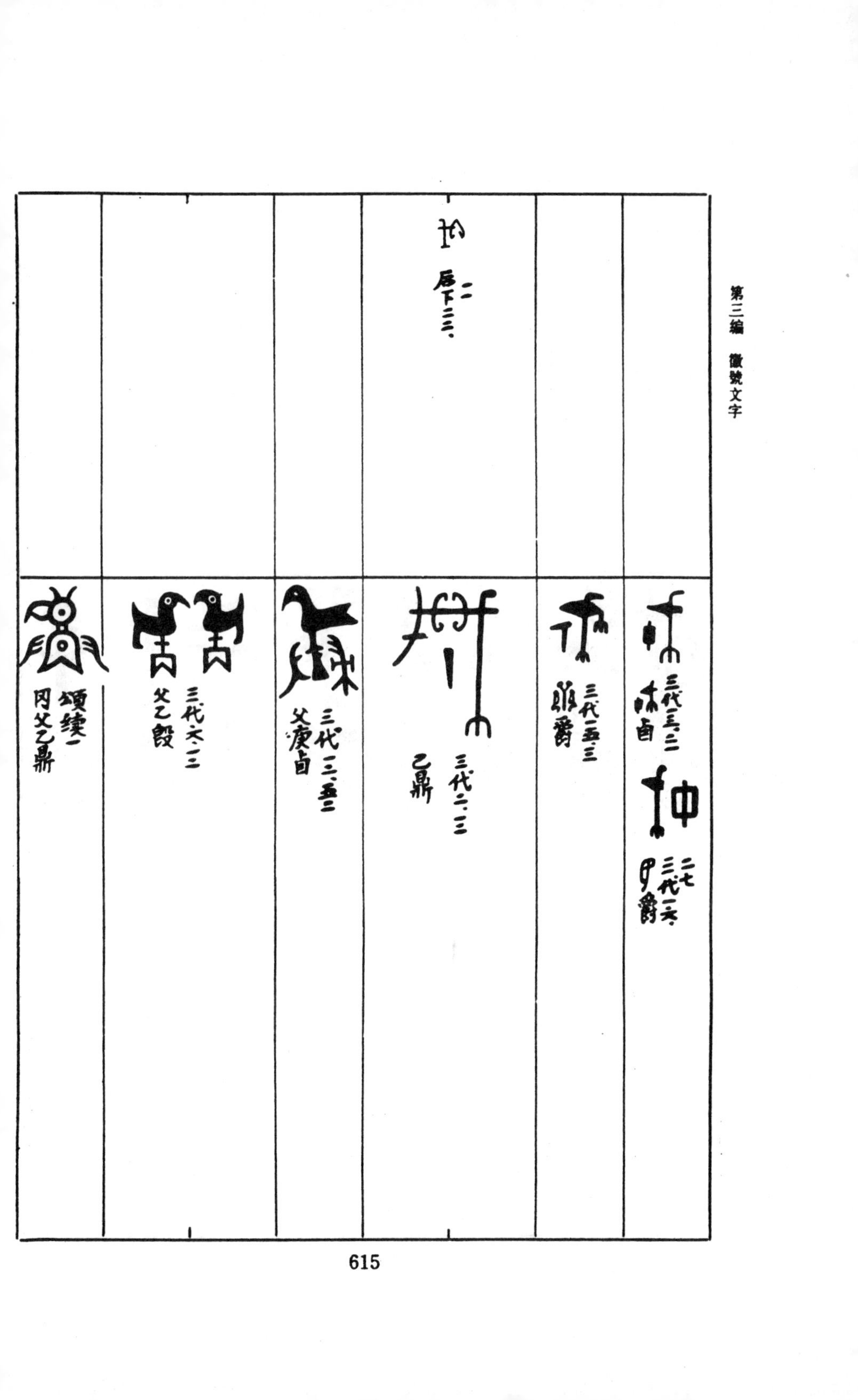

二
巵下二三、

三代一三・二
□卣

二七
三代一六、
甲爵

三代一五・三
□爵

三代二・三
乙鼎

三代一三・五三
父庚卣

三代六・一三
父乙殷

頌續一
冎父乙鼎

古文字類編

乙六三二〇

乙二五九

三代一八·二九
干鉦

錄遺四三五
戈叀爵

錄遺六二
衛罟

錄遺三三八
木觚

錄遺三三
卜鼎

三代一四·四一
父乙觶

三代一四·二九
父乙觚

錄遺一七
可鼎

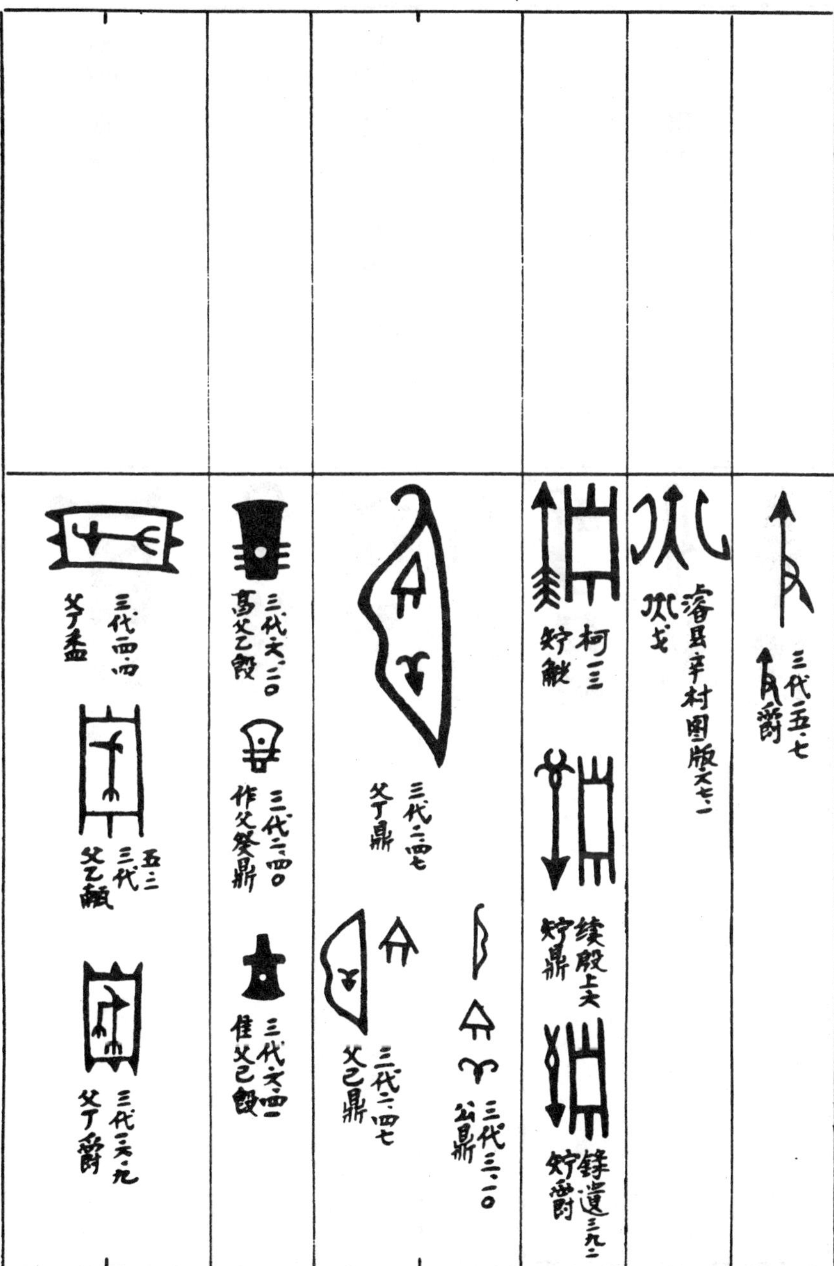
三代五·七
爵
濬县辛村图版六七·一
柯一三
觶
续殷上六
鼎
録遺三九二
爵
三代二·四七
父丁鼎
三代二·四七
父乙鼎
三代三·一〇
公鼎
三代六·二〇
高父乙殷
三代三·四〇
作父癸鼎
三代六·四一
隹父己殷
三代四〇·四
父丁盉
三代五三
父乙甗
三代一六·九
父丁爵

存七四一		乙七八二 后下五·四			掇二·四六·三	
三代一三·五 父癸卣	録遺四四 ア爵	三代一六·二六 刀	三代一六·一七 父辛爵	三代四·六 且辛甗	三代一五·一〇 刀爵	録遺五四三 十戈

明藏三九五

前六·八·七

甲三五七五

三代一九·三 冉非戈

三代一六·二四 姕乙爵

三代六·四 利毁

三代一二·五三 父辛卣

錄遺一三三 叩毁

三代一一·三一 小子夫尊

三代二·五一 丂鼎

三代一三·五八 母卣

摭一二七一

三代六·三一
秉中父乙毁

三代一二·二五
秉申丁卣

錄遺一九七
父乙卣

三代二·二九
父乙鼎

續殷上一六
父辛鼎

錄遺一二四
父乙毁

鐵三二四

錄遺三一
箙鼎

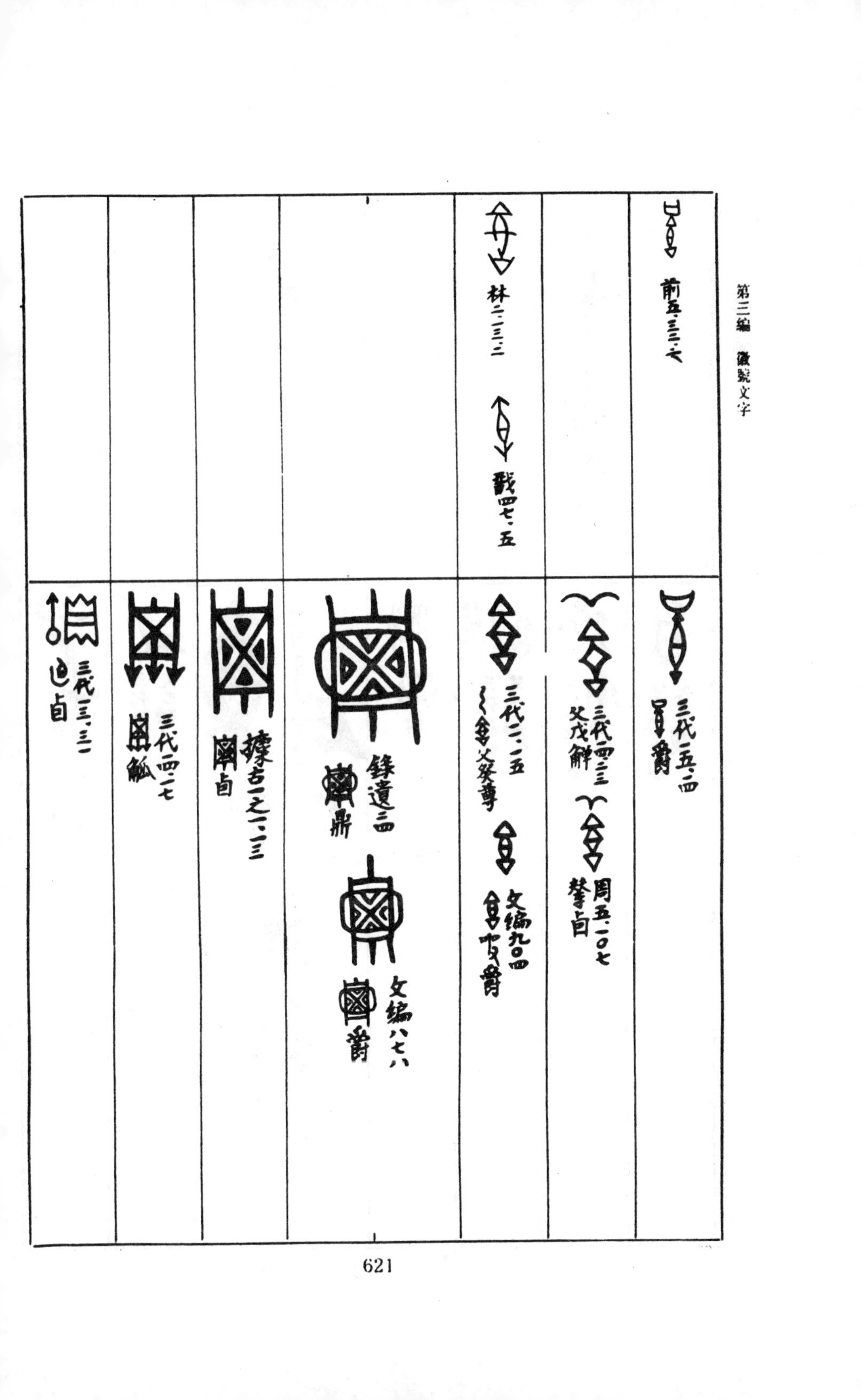

前五·三二·七		林二·三三·二 戩四七·五				
三代一五·四 爵	三代四三·三 父戊觶 周五·一〇七 卣	三代一一·一五 父癸尊 文編九〇四 爵	錄遺三四 鼎 文編八七八 爵	擦古一之一·一三 卣	三代四·一七 甗	三代三·三一 卣

		掇二·一二 前六·一二·二				乙二八六三 前二·五·三
三代六·三 月卞段	三代一四·四 父乙觶	錄遺四六二 𢀛盘 三代一五·三六 □𦀚爵	三代一五·三九 𦀚爵	三代一四·四八 父癸觶	三代五·二五 □爵	續殷上五四 父辛段

后上九·三 河一二九

明藏二二四 乙四六九九

京津四三六二

前二·四·二 前五·四四·三

録遺三〇
𢆉鼎

三代一二·三·六
𢆉卣

録遺二二七
丁朋卣

三代二四·四·七
羊父癸觶

三代四·一·五
觚

三代四·一·八
冊父甲觚

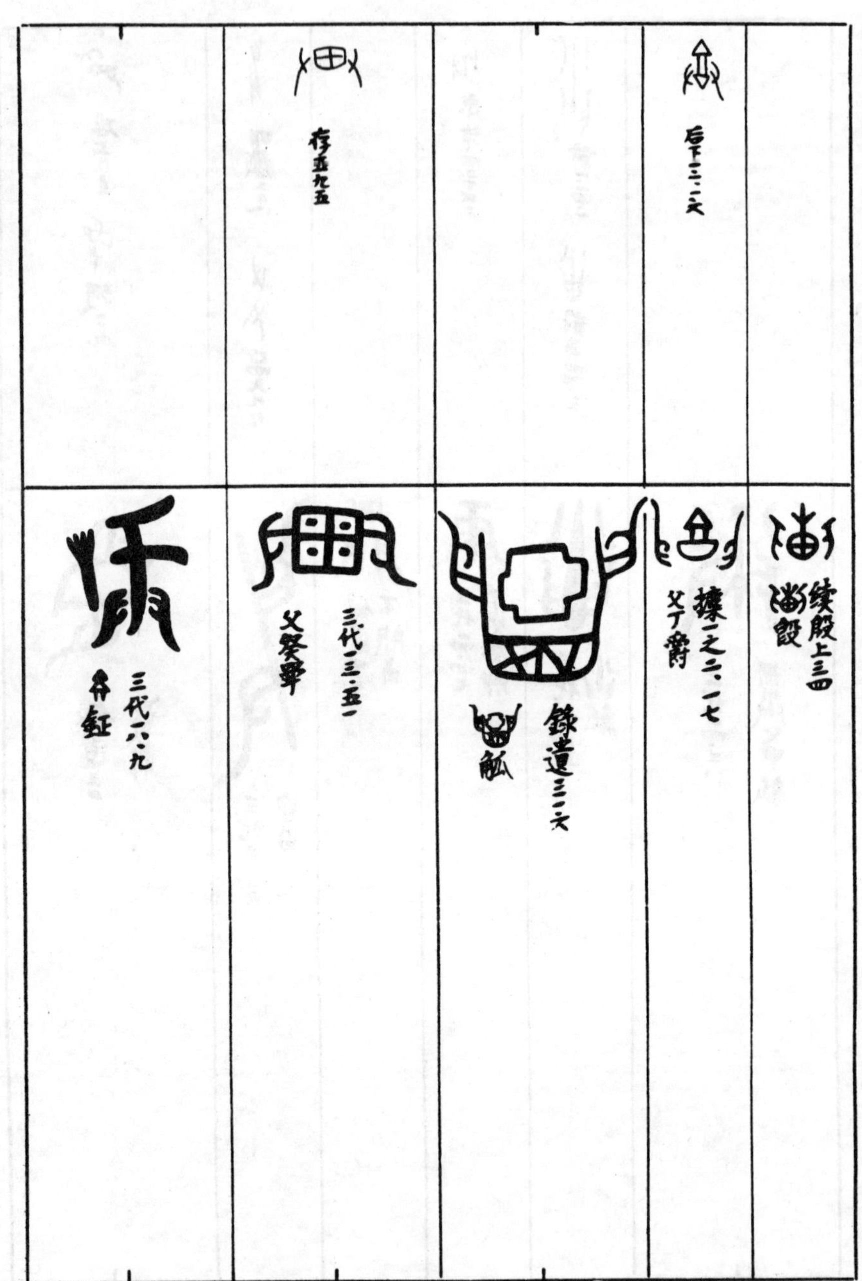

后下二二·六
存五九五
續殷上三四
殷
據一之二·一七
父丁爵
錄遺三一·六
觚
三代一三·五一
父癸觶
三代一八·九
鉦

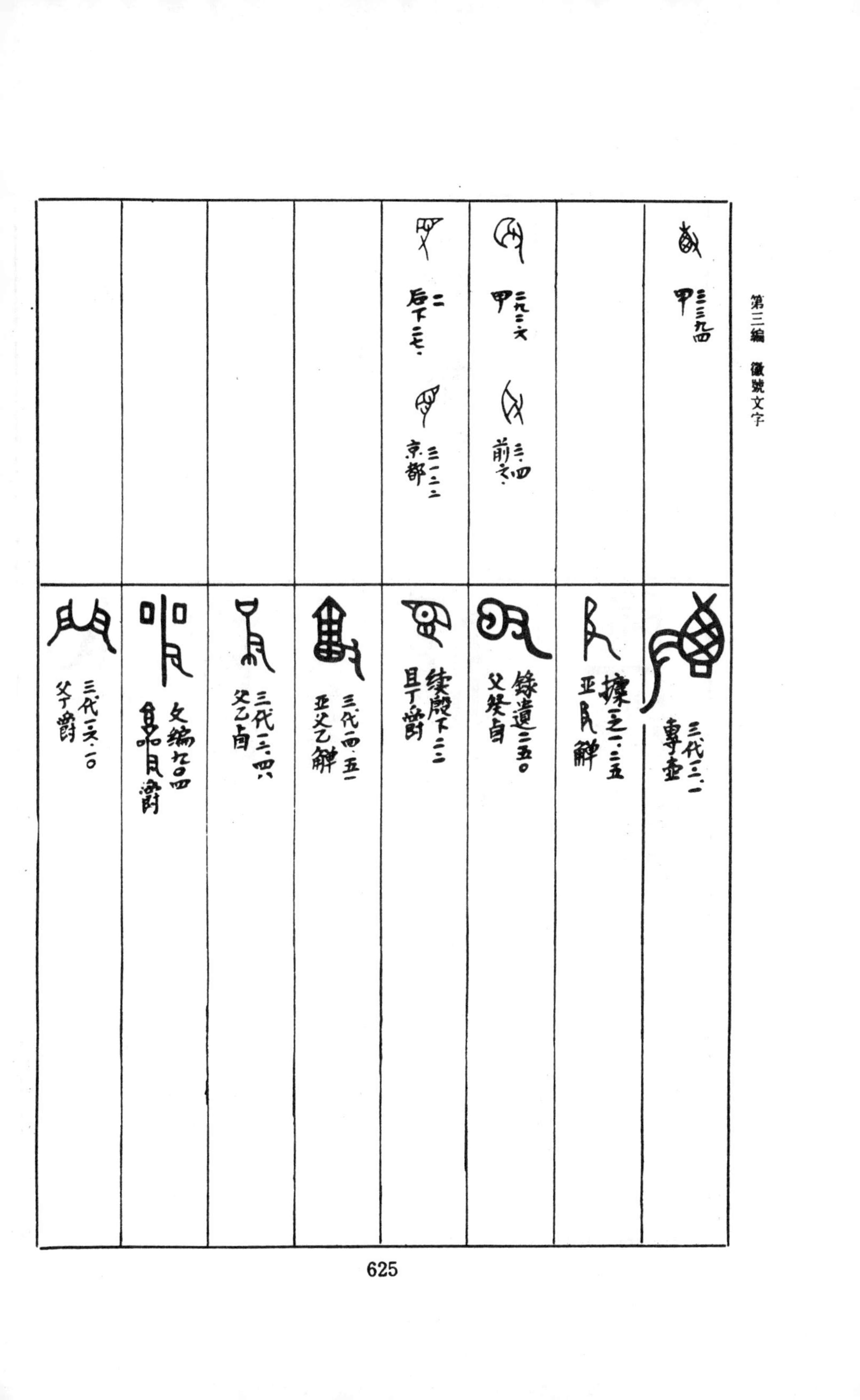

甲三三九四		甲二九三六 前三·三四·三	后下二七·二 京都三一二二				
三代三·一 專壺	撫之一·二五 亞貝觶	錄遺二五○ 父癸卣	續殷下二二 且丁爵	三代四·五一 亞父乙觶	三代一三·四六 父乙卣	文編九○四 貝爵	三代一六·一○ 父子爵

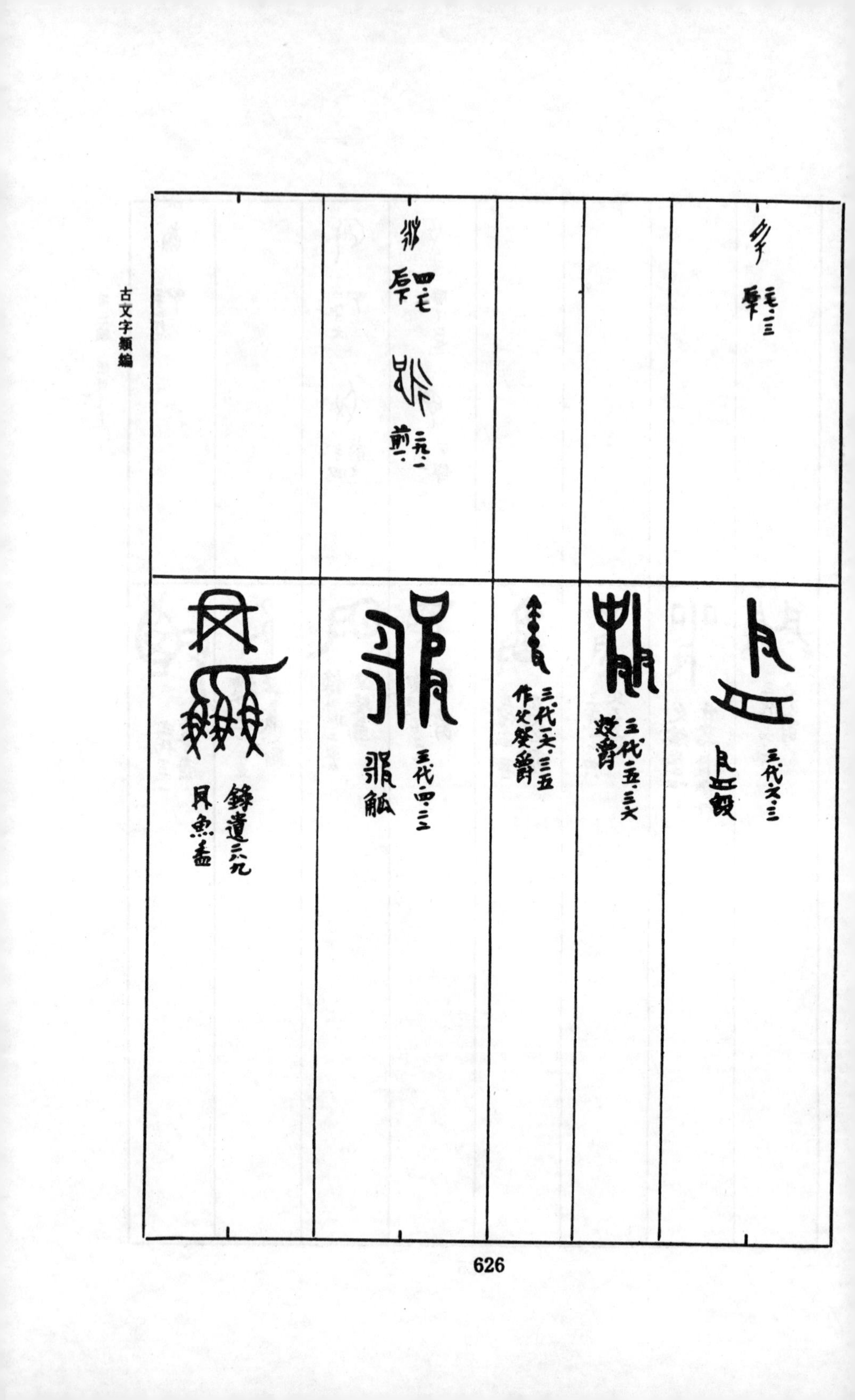

庫七·三			庫四·七 前五·一	
三代六·三 良且毁	三代五·三六 叜爵	三代十六·三五 作父癸爵	三代四·二三 翏觚	錄遺二六九 貝魚盉

甲二二〇四

三代一三.三 父丁卣

錄遺三八六 爵

錄遺三八六 爵

三代二.二四 鼎

三代一四.四六 父壬觶

三代一九.九 戈

三代六.一七 父癸毁

三代一四.五一 父辛觶

錄遺三三四 女甗

	拾四三 前六六八			甲二四八 甲二四八
三代四二六 父乙觚	三代五三三 爵	録遺三四五 父戊觚	续殷下五四 觶	三代一九五 戈

			甲文三八		佚三八二 菁二二	前三三五
三代四三〇 冊父庚觚	三代二二二 父丁鼎	三代三五七 女帚卣	錄遺二 (止止)止止鼎	錄遺六 (止止)鼎	三代四二五 口止觚	錄遺三〇八 敹觚

	佚七·六六		後下一四·八			甲二六七八 佚三九二
文編八八九 魚林爵	三代二·三九 父辛鼎	三代十四·四五 父辛觶	三代十四·二三 足觚	三代一二·三 止卣	三代五·八 爵	三代三·一 家鼎

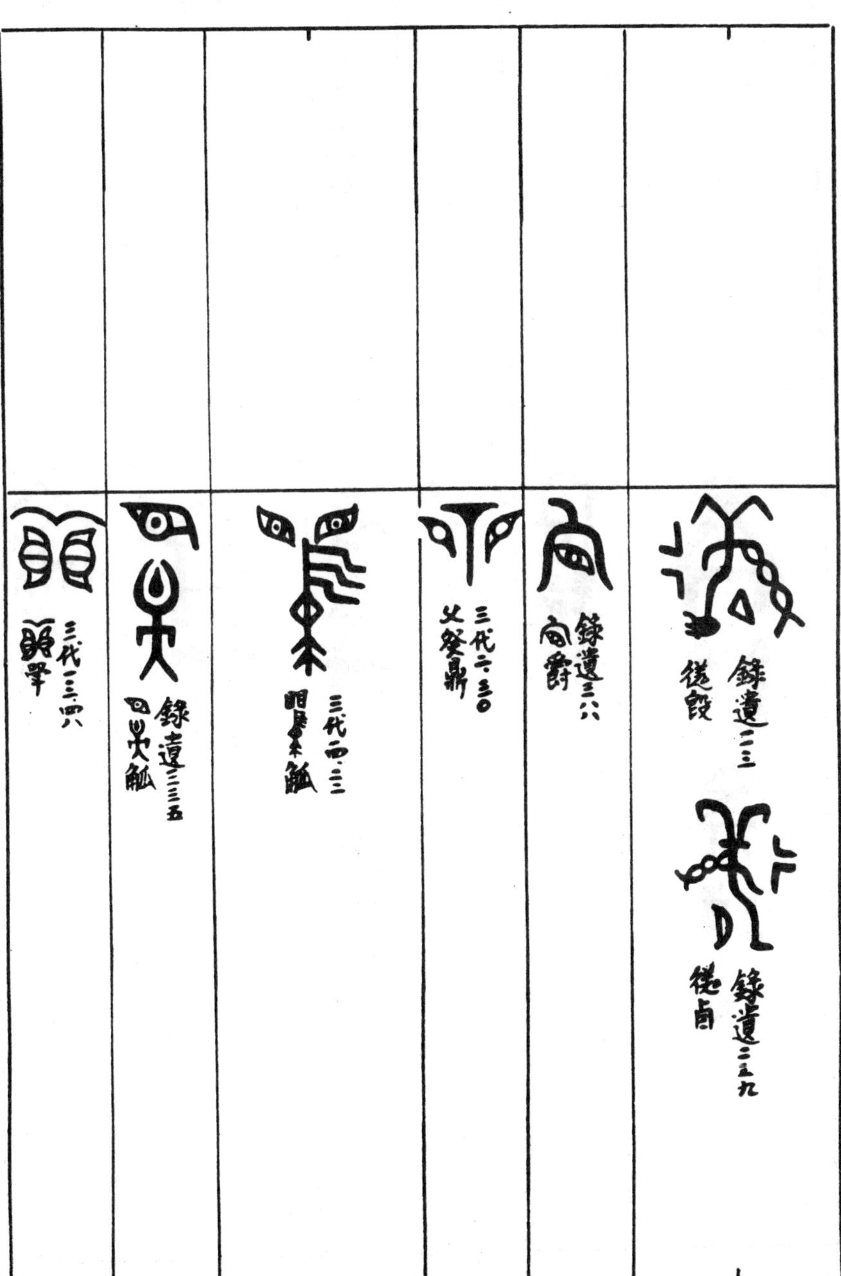

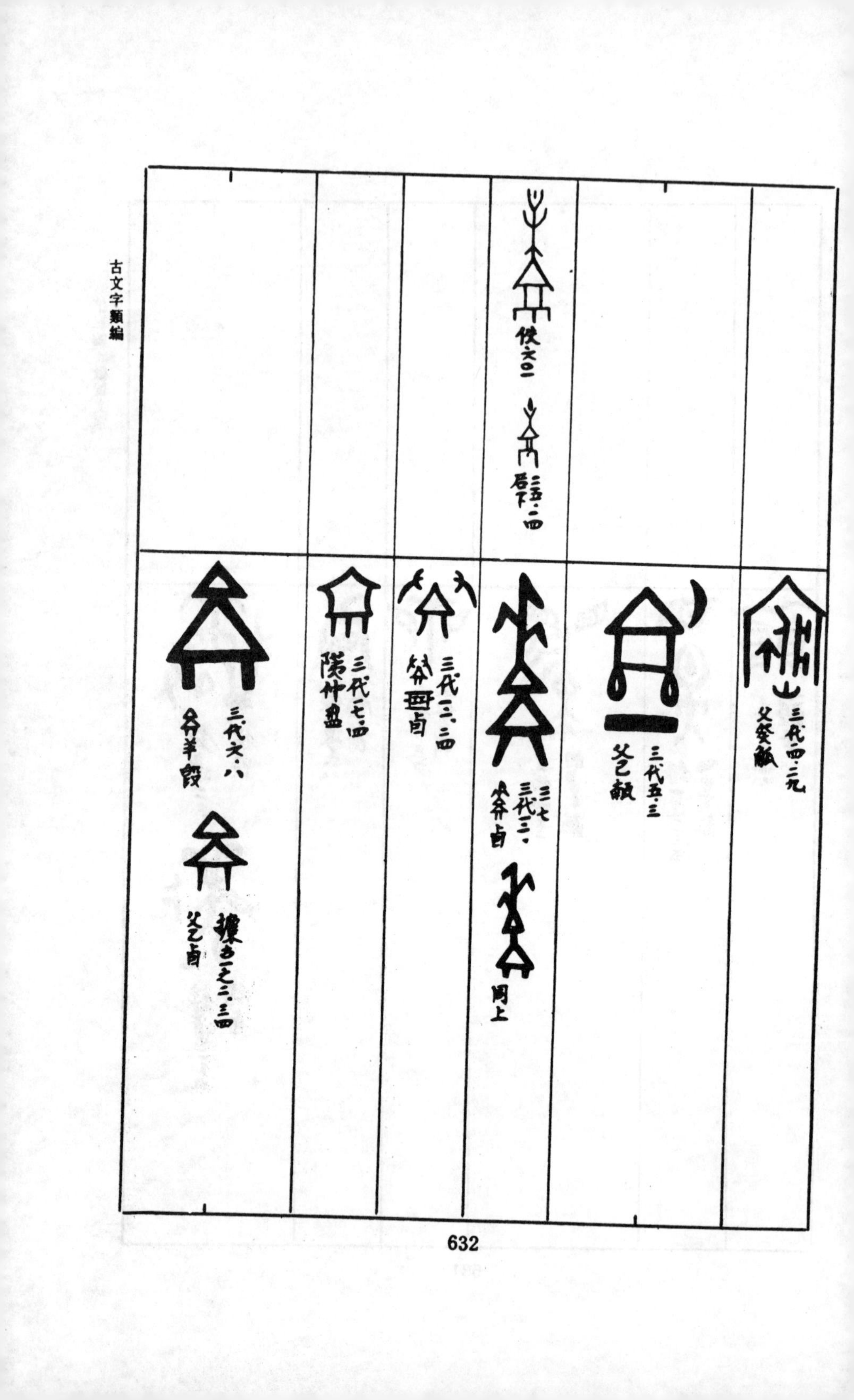

			佚六二 後下三五·四		
三代六·八 □羊𣪘 攈古一之二·三四 父乙卣	三代七·四 陽仲盤	三代三·二四 □□卣	三代三·三七 □卣 同上	三代五·三 父乙甗	三代四·二九 父癸觚

三代四·四一 父乙觶

三代二·一六 方彝 女宰

錄遺五〇七 亽宰父戊方彝

錄遺七二 亽宰鼎

一戊卣

三代一三·四五 父辛卣

三代二·一五 襄攸鼎

甲三八〇

三代一八・二四
射女方監

三代二・二四
父乙尊

三代六・三〇
史猶簋

三代一一・一三
受且丁尊

三代一四・二〇
乙手觚

三代一四・一九
木乙觚

三代一四・五一
父辛觶

續殷上一三
父丙鼎

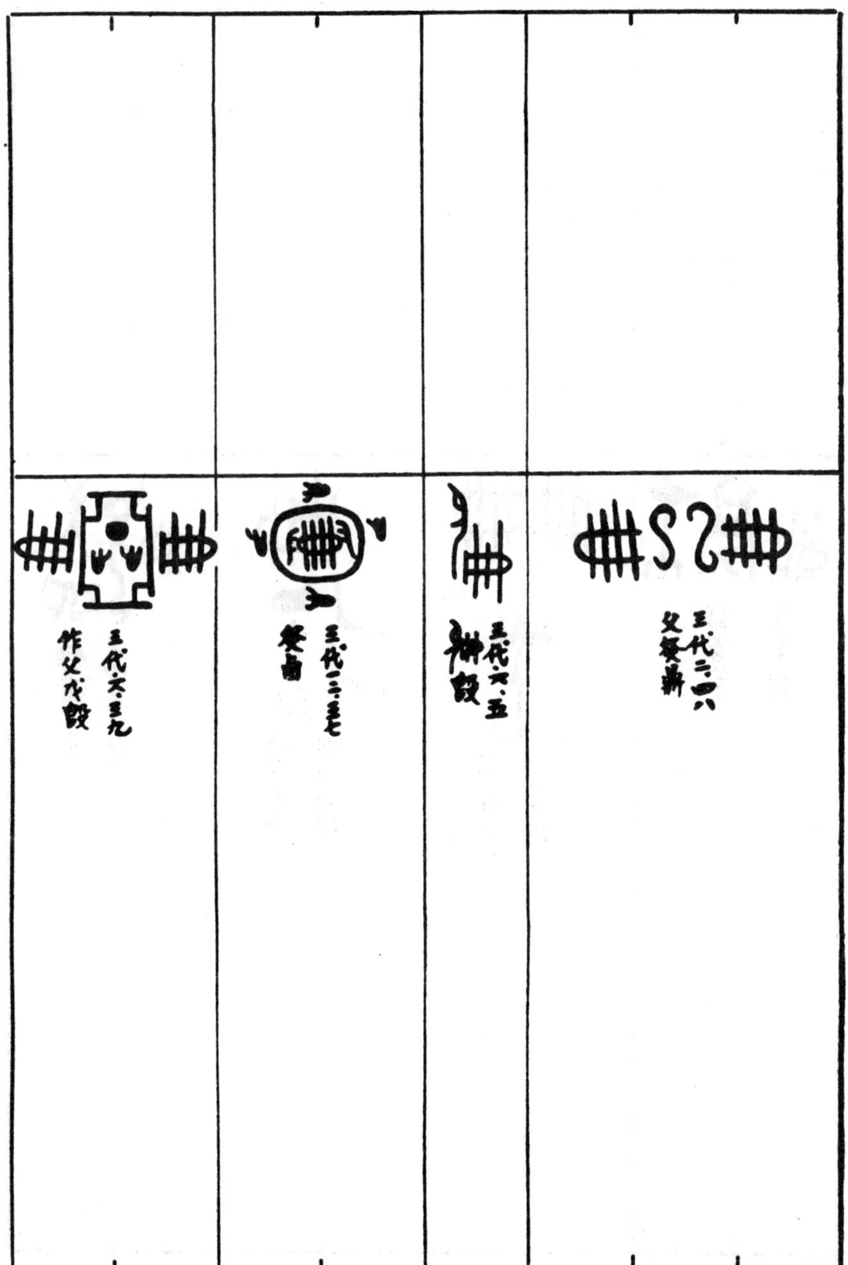
三代二.四八
父癸鼎
三代六.五
殷
三代一二.三七
癸卣
三代六.三九
作父戊殷

錄遺二三
朿冊見冊罍

錄遺三四二
冊衎卣

錄遺五一七
冊古鋗

錄遺三三
亳父丁毁

三代一六·三五 父癸爵	三代一三·三九 [illegible]卣	文物七八·三 丰尊	三代七·一六 𠂤辰父癸𣪘	三代一七·二 父丁盤

錄遺五五 父癸鼎

三代四·五四 妇女觶

三代二·五八 爵

三代二·三 父丁鼎

三代四·五一 父丁觶

			京津二五四			
錄遺四七〇 父丁爵	三代十四.三五 觶	錄遺三一五 觚	三代三.二 鼎	三代一六.七 父丙爵	三代一五.三九 爵	據一之二.三一 卣

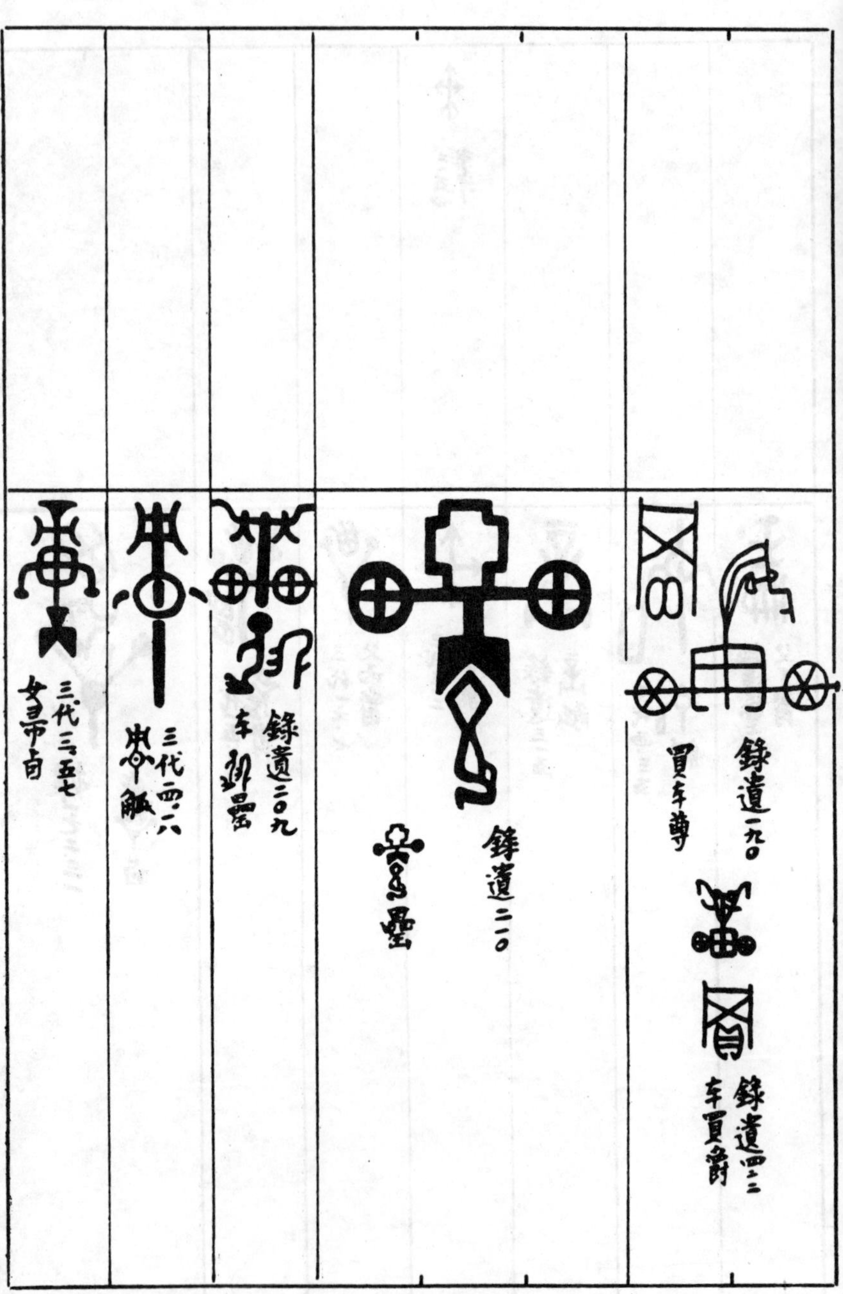

前七·二六·四

三代七·一
毁

三代四·二六
觚

三代一五·二
爵

三代一五·三
爵

三代一五·一三
爵

三代六·二六
且己毁

簠文八四				寧七四三 車 乙三二四
三代三·四一 丁封卣	錄遺四八〇 車盉	續殷上三三 車殷	錄遺二九 車鼎	三代十四·五二 車父丁觶

			甲二四三六		
三代二、二、三 双□尊	青山三口 □爵	三代二、七 父乙尊	三代二、二、六 壴鼎	三代三、二 父丁卣	三代二、二、八 孤日尊

后下七、九

攈之二、二三 父乙爵

三代四、四一 父乙觶

三代二、二五 父庚尊

三代一〇、三五 改盨

三代六、二 罕毁

三代四、四〇 父甲觶

三代一三、三六 [illegible]卣

三代二、二二 父丁鼎

三代二、三 [illegible]鼎

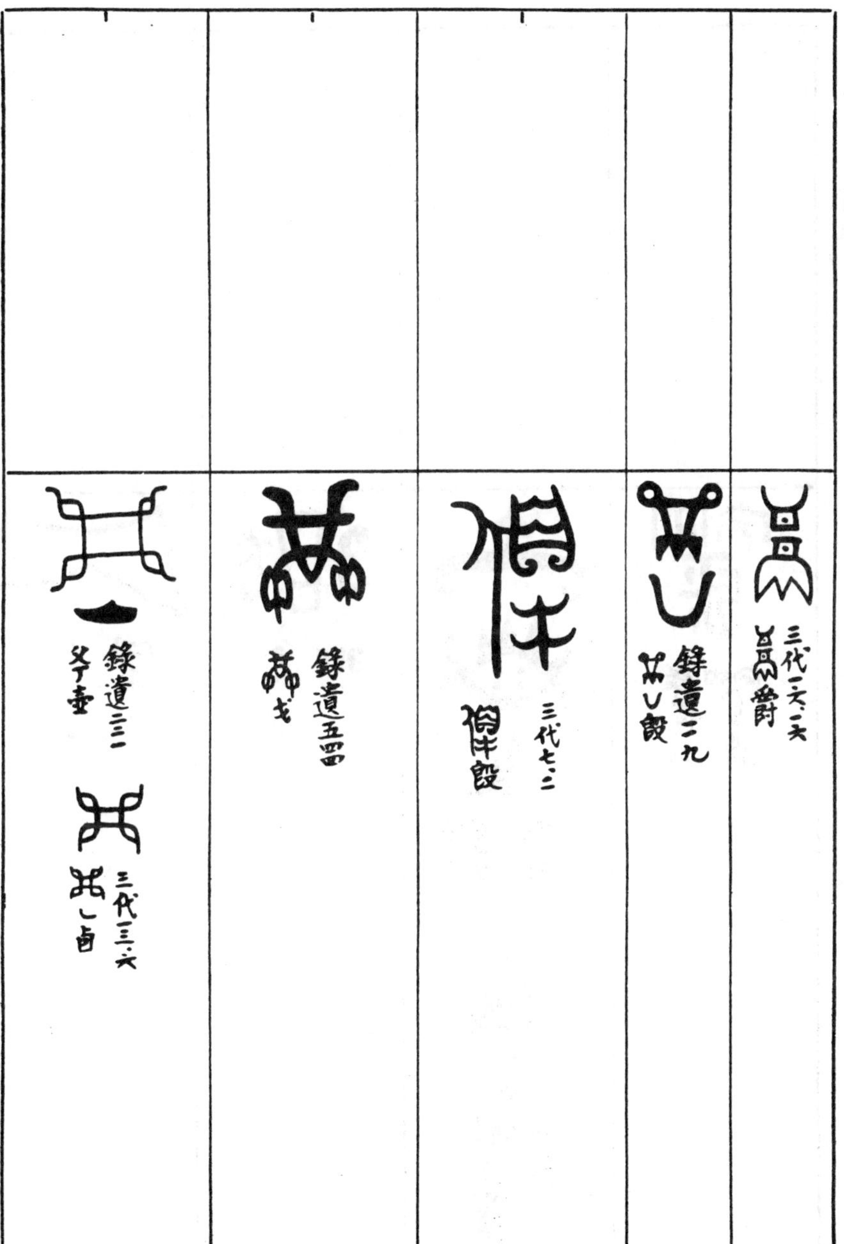

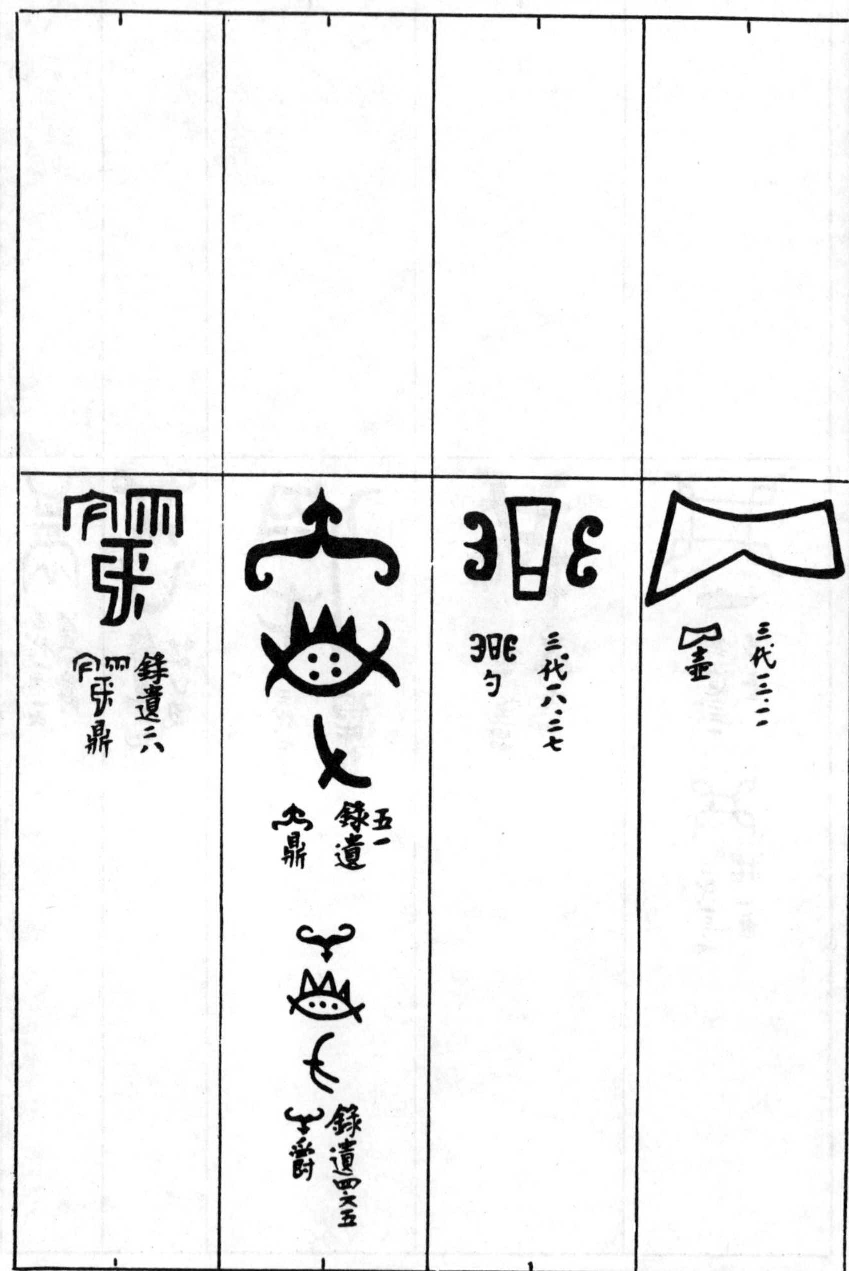

		前二 三.七		佚五三二
三代四.七 父甲盉	三代六.四 段	三代一三.三 父丁卣	錄遺二六二 匿罍	錄遺二六四 亯罍

三代二.二八 父辛鼎

三代一五.三九 貝父爵

錄遺三七〇 父戊觶

三代五.二 觥

錄遺六五 尊

錄遺五九一 尊

三代一一.三 尊

錄遺二六 鼎

三代一六.二〇 父辛爵

前八.四.八

三代六.四 [illegible]段

三代四.三一 且癸觚

錄遺三七 棘觚

三代二.四六 且辛父庚鼎

錄遺四七六 攸母父戊爵

錄遺四三九 中八[illegible]爵

錄遺四四六 單[illegible]爵

錄遺四五二 [illegible]父戊爵

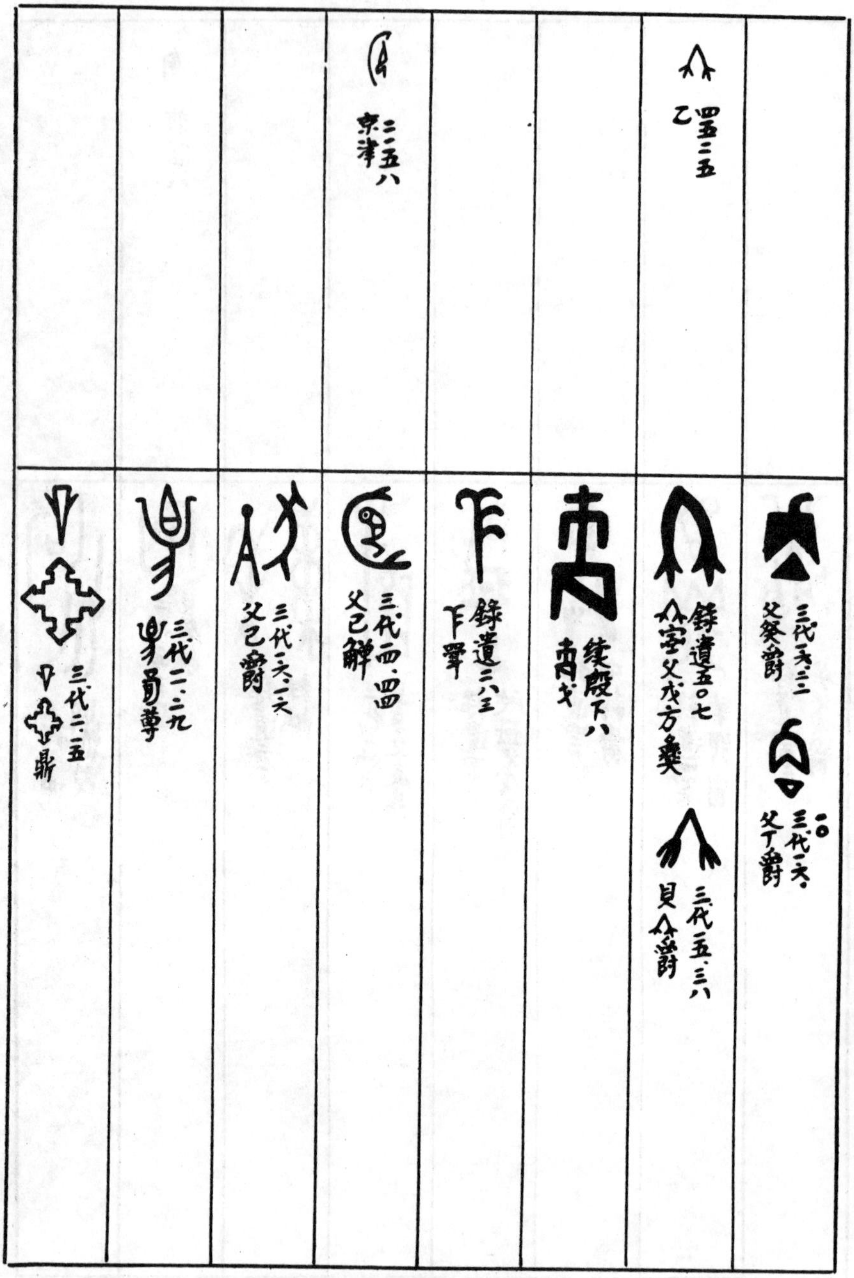

	乙四五二五			京津二二五八			
三代六、三 父癸爵 一〇三代六、父丁爵	錄遺五〇七 亼宰父戊方彝 三代五、三八 貝亼爵	续殷下八 甬戈	錄遺二八三 卪斝	三代四、四 父巳觶	三代六、一六 父巳爵	三代二、二九 㝬咼尊	三代二、五 鼎

			燕六		通一〇・七 別二・二		
錄遺四九〇 盤	三代一四・一七 觚	三代一四・三九 且丙觶 三代六・三二 父乙段	三代二・六 鼎	三代一六・二 父戊爵	錄遺二五 倉鼎	三代一五・一四 爵	三代一四・一七 觚

乙七七一

乙一七二三

三代四·六 觚

文編八七五 毁

三代二·一〇 亞父辛尊

錄遺三九七 爵

三代二·三一 母丁鼎

三代四·二七 父癸觚

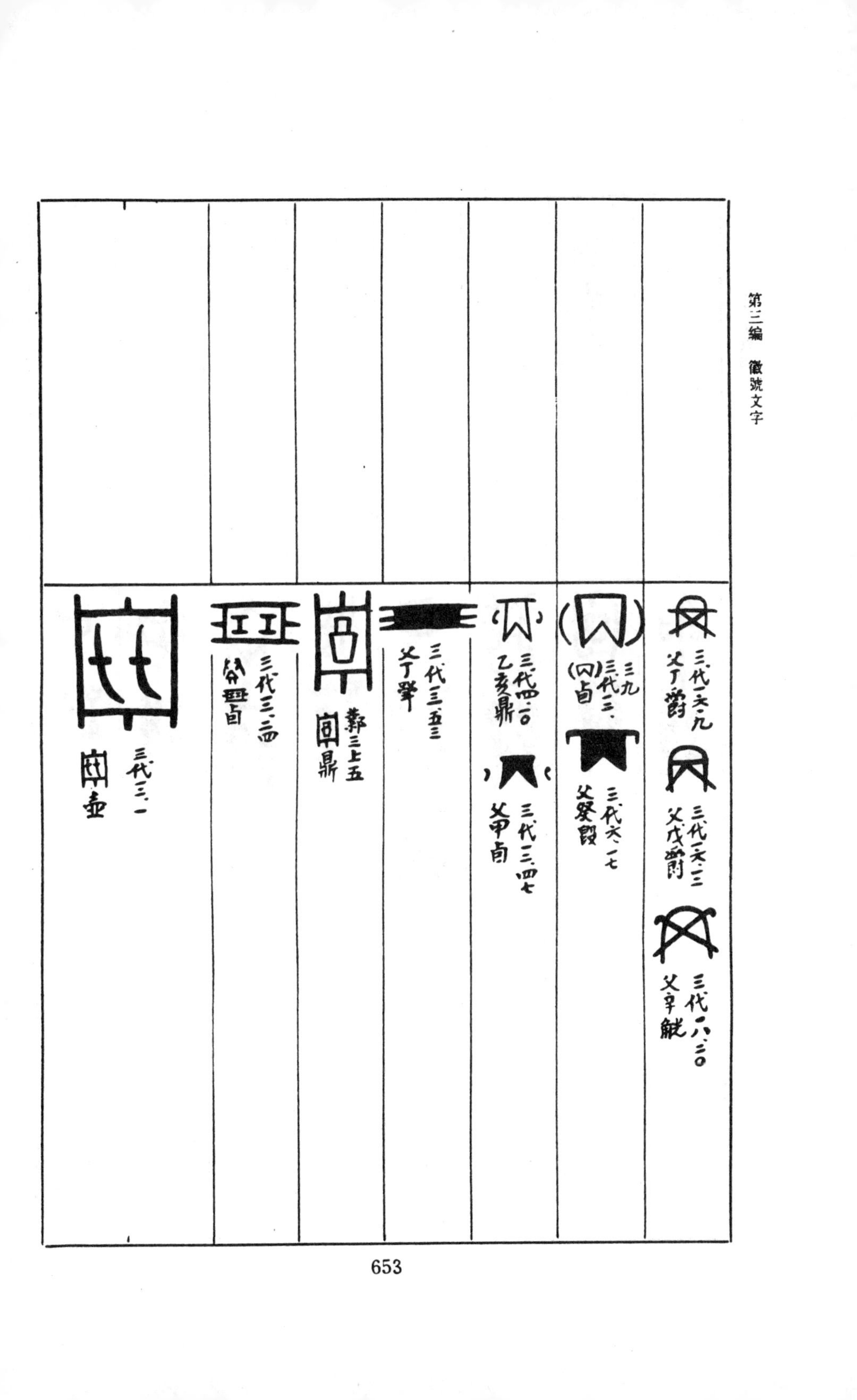

三代一六、九 父丁爵

三代一六、二三 父戊爵

三代一八、二〇 父辛觶

三九 三代三、 (冂)卣

三代六、一七 父癸毁

三代四、一〇 乙亥鼎

三代一三、四七 父甲卣

三代一三、五三 父丁斝

鄴三上五 鼎

三代一三、一四 卣

三代一二、一 壺

	林二六·一〇						
三代五·一三	續殷下七	錄遺三八〇	錄遺三八七	錄遺四六一	錄遺三九一	錄遺三九七	錄遺四〇〇

三代一四·六 己且觚

三代七·二 目毁

三代一三·五三 父口斝

三代二·七 鼎

三代六·二二 文康丁毁

三代六·四 毁

三代一五·三八 且大爵

三代六·四一 黃毁

三代一四·三八 婦觶

甲二三八七

小校七.五五 毁

寶蘊五二 毁

三代二.二 父己[illegible]

三代一三.四 父癸爵

三代一四.四〇 且戊觶

三代一六.二 且己爵

三代一六.二 父丁爵

三代一六.一七 父戊爵

三代五.一五 入爵

三代四.五 父癸盉	三代三.三五 卣	三代一五.三 爵	三代三.一〇 壺	三代四.六 亞父丁盉	三代一三.六 壺	續殷下二三 且乙爵	三代一六.二 父丁爵

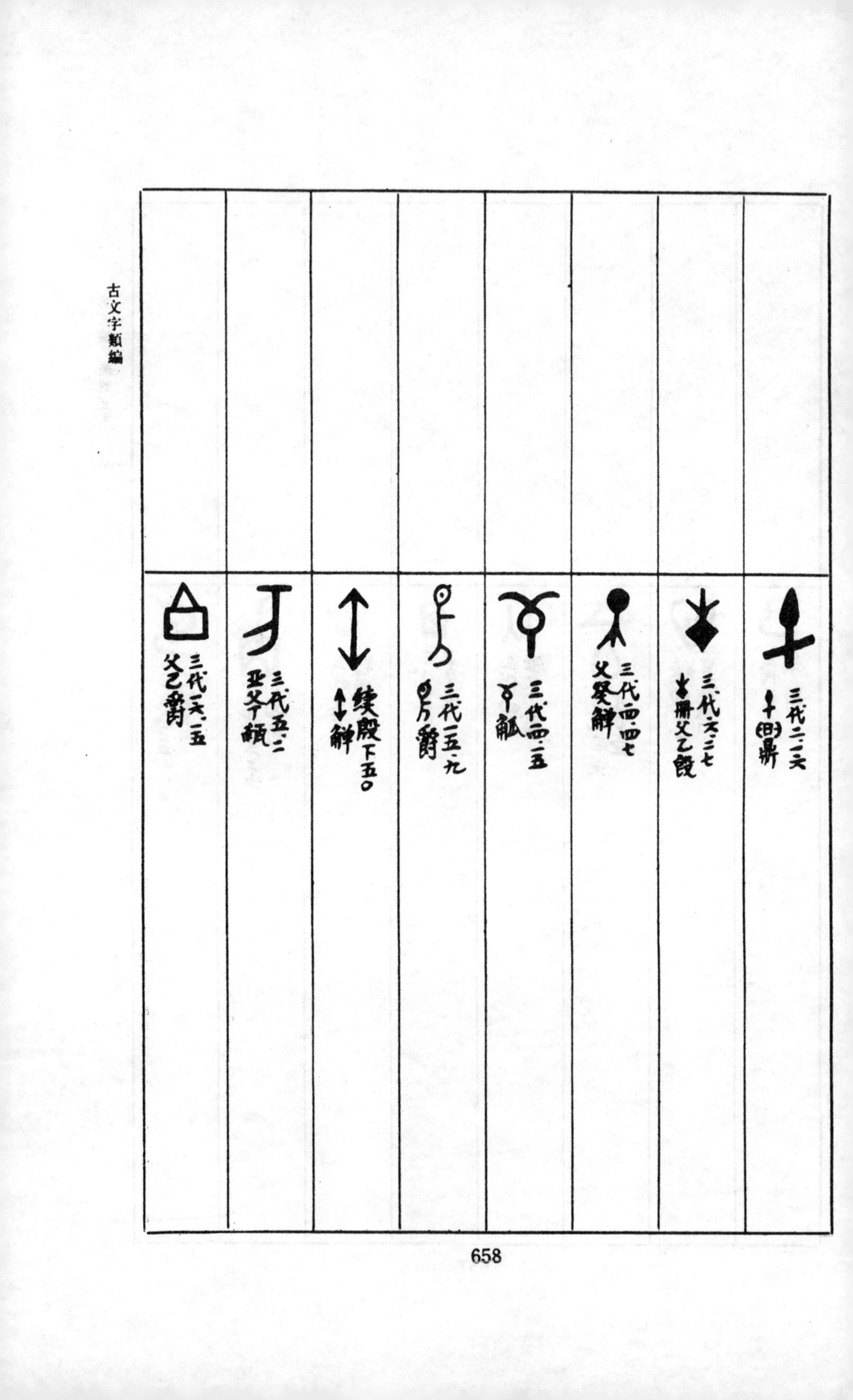

三代二.二六 (田)鼎

三代六.二七 冊父乙𣪘

三代十四.四七 父癸觶

三代十四.二五 觚

三代一五.九 爵

續殷下五〇 觶

三代五.二 亞父丁甗

三代一六.一五 父乙爵

付録

古文字類編引書目錄

一　甲骨文引書目錄	简称
铁云藏龟 六册 刘鹗 抱残守缺斋石印本 一九〇四	鉄
殷墟書契前编 罗振玉 珂㻞版影印本 一九一三	前
殷墟書契菁华 一卷 罗振玉 珂㻞版影印本 一九一四	菁
铁云藏龟之餘 一卷 罗振玉 珂㻞版影印本 一九一五	餘
殷墟書契後编 二卷 罗振玉 珂㻞版影印本 一九一六	後
龟甲獸骨文字 二卷 林泰辅 日本三省堂石印本 一九一七	林
殷墟卜辭 一册 明义士摹 石印本 一九一七	明
戩寿堂所藏殷墟文字 一卷 王国维	
艺术丛编 三集 石印本 一九一七	戩
铁云藏龟拾遺 一卷 叶玉森 影印本 一九二五	拾
簠室殷契徵文 十二卷 王襄 石印本 一九二五	簠
殷契卜辭 一卷 容庚 瞿润缗合编 石印本 一九三三	燕
殷契佚存 一卷 商承祚 珂㻞版影印本 一九三三	佚
卜辭通纂 一卷 郭沫若 日本文林堂金属版 一九三三	通纂
卜辭通纂别錄 《大龟四版》《新获卜辭》《何氏甲骨》为别一	
《日本所藏甲骨择尤》别二 郭沫若 日本文林堂金属版 一九三三	通别
福氏所藏甲骨文字 一卷 商承祚 珂㻞版影印本 一九三三	福
柏根氏舊藏甲骨文字 一卷 明义士 石印本 一九三五	柏

庫方二氏所藏甲骨卜辭 方法斂摹 白瑞华校 商务印书馆 石印本 一九三五	庫
殷墟書契续编 六卷 罗振玉 珂罗版影印本 一九三六	續
甲骨文錄 孙海波 珂罗版影印本 一九三七	河
殷契粹编 二卷 郭沫若 日本文求堂金属版影印本 一九三七	粹
甲骨卜辞七集 方法斂摹 白瑞华校 金属版影印本 一九三八	七
天壤阁甲骨文存 一卷 唐兰 珂罗版影印本	天
金璋所藏甲骨卜辞 一册 方法斂摹 白瑞华校 金属版影印本 一九三九	金
殷契遺珠 二册 金祖同 珂罗版影印本 一九三九	珠
铁云藏龟零拾 一卷 李旦丘 珂罗版影印本 一九三九	零
誠斋殷墟文字 一卷 孙海波 修文堂 珂罗版影印本 一九四〇	誠
殷契摭佚 一卷 李旦丘 来薰阁书店珂罗版影印本 一九四一	摭
鄴中片羽 三集 黄濬 珂罗版影印本 初集 一九三五 二集 一九三七 三集 一九四二	鄴
甲骨六錄 一卷 胡厚宣 石印本 一九四五	六錄
殷墟文字甲编 一册 商务印书馆 珂罗版影印本 一九四八	甲
殷墟文字乙编 三册 上、中二辑 商务印书馆 珂罗版影印本	

一九四九	
下辑　科学出版社 珂罗版影印本　一九五三	乙
殷契摭佚续编　一卷　李亚农　科学出版社珂罗本影印本	摭续
战後宁沪新获甲骨集　三卷　胡厚宣　来薰阁书店石印本一九五一	寧滬
战後南北所見甲骨錄　三卷　胡厚宣 来薰阁书店石印本　一九五一	南北
其中包括　輔仁大学所藏甲骨文字	輔仁
誠明文学院所藏甲骨文字	誠明
无想山房旧藏甲骨文字	无想
明義士旧藏甲骨文字	明藏
南北師友所見甲骨錄	師友
南北坊间所見甲骨錄	坊间
殷契拾綴　二集　郭若愚　来薰阁书店 珂罗版影印本	
綴一　一九五一　綴二　一九五三	綴
战後京津新获甲骨集　四卷　胡厚宣　群联出版社	
珂罗版影印本　一九五四	京津
甲骨续存　三卷　胡厚宣　群联出版社 金属版影印本 一九五四	存
甲骨文零拾　一卷　陈邦怀　天津人民出版社石印本　一九五九	陳
京都大学人文科学研究所藏甲骨文字　二册　貝塚茂树	
日本珂罗版影印本　一九五九	京都

山西洪趙县坊堆村出土卜骨 暢文斋.顧铁符 文参 一九五六.七	洪趙
陕西岐山鳳雛村发現周初甲骨文 文物 一九七九.十	周早
二.商周銅器引書目錄	
考古圖 呂大临撰 黄晟 三古图本	考古圖
宣和博古圖錄 王黼等撰 明蔣暘重刊元至大重修本	宣和
攈古錄金文 二卷 吴式芬 吴氏刻本 一八九九	攈古
敬吾心室彝器款識 二册 朱善旂 石印本 一九〇八	敬吾
周金文存 六卷 鄒安 广仓学宭石印本 一九一八	周金
愙齋集古錄 二十六册 吴大澂 涵芬樓影印本 一九一八	愙齋
武英殿彝器图錄 二册 容庚 珂羅版影印本 一九三四	武英
善齋吉金錄 二十八册 刘体智 石印本 一九三四	善齋
双剑誃古器物图錄 二卷 于省吾 珂羅版影印本 一九三四	双剑
貞松堂集古遺文 十六卷 罗振玉 石印本 一九三〇 補遺三卷 一九三一 续编三卷 一九三四	貞松
綴遺齋彝器款識考释 方濬益 涵芬樓影印本 一九三五	綴遺
續殷文存 二卷 王辰 考古学社石印本 一九三五	續殷
小校経閣金文拓片 十八册 刘体智 石印本 一九三五	小校

三代吉金文存 二十卷 罗振玉 珂㻗版影印本 一九三七	三代
頌齋吉金錄 一册 容庚 影印本 一九三三	
續錄 二册 考古学社 影印本 一九三八	頌續
壽县蔡侯墓出土遺物 安徽省文物管理委员会	
安徽省博物館 科学出版社 一九五六	蔡侯墓
商周金文錄遺 于省吾 科学出版社影印本 一九五七	錄遺
金文续考 一册 郭沫若	续考
战国式銅器之研究 一册 梅原末治	战国式
柯尔銅器集 一册 英国 葉慈	柯尔
古代中国銅器 英国 威廉瓦生	古代
使华訪古錄 一册 德国 陶德曼	使华
周汉遺宝 日本	遺宝
青山莊清賞 一册	青山
信阳墓的年代与国别 郭沫若 文参 一九五八．一	信阳
山彪鎮与琉璃阁 郭宝钧 科学出版社 一九五九	山彪鎮
安徽寿县新发現的銅牛 殷滌非 文物 一九五九．四	寿县
由周初四德器的考释談到殷代已在进行文字简化	
郭沫若 文物 一九五九．七	四德
壺毁 石志廉 文物 一九五九．十二	壺毁

山西洪趙县坊堆村出土卜骨　暢文斋．顧鉄符	洪趙
文参　一九五六．七	
陕西岐山鳳雛村发現周初甲骨文　文物　一九七九．十	周早
二．商周銅器引書目錄	
考古圖　呂大临撰　黄晟　三古周本	考古圖
宣和博古圖錄　王黼等撰　明蒋暘重刊元至大重修本	宣和
攈古錄金文　二卷　吴式芬　吴氏刻本　一八九九	攈古
敬吾心室彝器欵識　二册　朱善旂　石印本　一九〇八	敬吾
周金文存　六卷　鄒安　广仓学窘石印本　一九一八	周金
憙齋集古錄　二十六册　吴大澂　涵芬樓影印本　一九一八	憙齋
武英殿彝器图錄　二册　容庚　珂珵版影印本　一九三四	武英
善齋吉金錄　二十八册　刘体智　石印本　一九三四	善齋
双剑誃古器物图錄　二卷　于省吾　珂珵版影印本　一九三四	双剑
貞松堂集古遺文　十六卷　罗振玉　石印本．一九三〇	貞松
補遺三卷　一九三一　续编三卷　一九三四	
綴遺齋彝器欵識考释　方濬益　涵芬樓影印本	綴遺
一九三五	
續殷文存　二卷　王辰　考古学社石印本　一九三五	續殷
小校経阁金文拓片　十八册　刘体智　石印本　一九三五	小校

三代吉金文存　二十卷　罗振玉　珂琊版影印本　一九三七	三代
公頁齋吉金錄　一册　容庚　影印本　一九三三	
續錄　二册　考古学社　影印本　一九三八	公頁続
壽县蔡侯墓出土遺物　安徽省文物管理委员会	
安徽省博物馆　科学出版社　一九五六	蔡矦墓
商周金文錄遺　于省吾　科学出版社影印本　一九五七	錄遺
金文续考　一册　郭沫若	续考
战国式銅器之研究　一册　梅原末治	战国式
柯尔銅器集　一册　英国　葉慈	柯尔
古代中国銅器　英国　威廉瓦生	古代
使华訪古錄　一册　德国　陶德曼	使华
周汉遺宝　日本	遺宝
青山荘清賞　一册	青山
信阳墓的年代与国别　郭沫若　文参　一九五八．一	信阳
山彪鎮与琉璃阁　郭宝钧　科学出版社　一九五九	山彪镇
安徽寿县新发現的銅牛　殷滌非　文物　一九五九．四	寿县
由周初四德器的考释談到殷代已在进行文字簡化	
郭沫若　文物　一九五九．七	四德
壺設　石志廉　文物　一九五九．十二	壺設

陕西省博物馆、陕西省文物管理委员会藏青铜器图释 陕西省博物馆、陕西省文物管理委员会编 文物出版社 一九六〇	图释
黄县㠱器 王献唐 山东人民出版社 一九六〇	黄县
释應監甗 郭沫若 考古学报 一九六〇	應監
弭叔毁及訇毁考释 郭沫若 文物 一九六〇.二	藍田
一九五九年冬徐州地区考古调查 南京博物院 考古一九六〇.三	徐州
新中国的考古收获 中国科学院考古研究所、科学出版社 一九六一	收获
长安县张家坡銅器群銘文彙释 郭沫若 考古学报一九六二.一	张家坡
万荣出土錯金鳥書戈銘文考释 张頷 文物一九六二.四.五	万荣
美帝国主义劫掠的我国殷周銅器集錄 中国科学院考古研究所编 科学出版社 一九六二	集錄
新弨戈释文 商承祚 文物 一九六二.十一	释文
扶风齐家村青銅器群 陕西省博物馆、陕西省文物管理委员会 文物出版社 一九六三	器群
邳伯罍考 王献唐 考古学报 一九六三.二	邳罍
楚王孙渔戈 石志廉 文物 一九六三.三	楚王孙
安徽淮南市蔡家岗赵家孤堆战国墓 安徽省文化局文物工作队 考古 一九六三.四	淮南
山西侯马上马村東周墓群 山西省文管会侯马工作站 考古一九六三.五	侯马

介绍几件館藏周代銅器　湖南省博物馆　考古一九六三.十二	湘博
鳥书考　容庚　中山大学学报　一九六四.一	鸟书
一九六二年安阳大司空村发掘简报　中国科学院考古研究所 考古　一九六四.八	大司空
岐山出土康季鼒銘读记　王献唐　考古一九六四.九	讀記
江苏六合程桥東周墓　江苏省文物管理委员会.南京博物院 考古　一九六五.三	程桥
临潼县附近出土秦代铜器　丁耀祖　文物一九六五.七	临潼
山東鄒县七家峪村出土的西周銅器　王軒　考古一九六五.十一	邹县
陕西永寿县出土青铜器的离合　梓溪　文物一九六五.十一	永寿
永盂銘文解释　唐兰　文物一九七二.一	永盂
陕西省城固、宝鸡、兰田出土和收集的青铜器 祝培章.王光永.应新等　文物一九六六.一	城.宝.兰
湖北京山发現曾国銅器　湖北省博物馆　文物一九七二.二	京山
湖北枝江百里洲发現春秋銅器　湖北省博物馆　文物一九七二.三	百里洲
概述近年来山东出土的商周青銅器　齐文涛　文物一九七二.五	山東
岐山賀家村出土的西周銅器　长水　文物一九七二.六	贺家
扶风庄白大队出土的一批西周銅器　史言　文物一九七二.六	扶风
商鞅方升和战国量制　马承源　文物一九七二.六	量制

关于眉县大鼎铭辞考释　郭沫若　文物一九七二、七	眉县
班殷的再发現　郭沫若　文物一九七二、九	再現
新郑"郑韩故城"发現一批战国兵器　文物一九七二、十	新郑
灵台白草坡西周墓　甘肃省博物馆　文物一九七二、十二	灵台
〈屡敖殷铭〉考释　郭沫若　考古一九七三、二	考释
湖北江陵拍马山楚墓发掘简报　湖北省博物馆、荆州地区博物馆、江陵县文物工作组　考古一九七三、三	拍马山
燕王職戈考释　张震泽　考古一九七三、四	燕王
湖北随县发現曾国铜器　鄂兵　文物一九七三、五	曾国
湖北江陵望山一号楚墓出土越王句践剑　文物一九七三、六	望山
陕西长安新旺村、马王村出土的西周铜器　西安市文物管理处　考古一九七四、一	西安
北京附近发現的西周奴隶殉葬墓　中国科学院考古研究所、北京市文物管理处、房山县文化局　考古一九七四、五	北京
湖北枝江出土的一件铜钟　荆州地区博物馆　文物一九七四、六	枝江
辽宁喀左县北洞村出土的殷周青铜器　喀左县文化馆、朝阳地区博物馆、辽宁省博物馆　考古一九七四、六	喀左北洞
陕西扶风县北桥出土一批西周青铜器　罗西章　文物一九七四、十一	北桥
陕西咸阳塔儿坡出土的铜器　咸阳市博物馆　文物一九七五、六	咸阳

陕西省扶风县强家村出土的西周铜器 吴镇锋、雒忠如　文物一九七五·八　（据拓本摹）	强家
阿尊铭文解释　唐兰　文物一九七六·一（据拓本摹）	阿尊
一九七五年安阳殷墟的新发现　中国科学院考古研究所 安阳发掘队　考古一九七六·四　（据拓本摹）	安阳
陕西省岐山董家村西周铜器窖穴发掘简报 庞怀清、镇锋、忠如、志儒　文物一九七六·五（据拓本摹）	岐山
陕西扶风召李村一号周墓清理简报　罗西章、吴镇锋 文物一九七六·六	召李
陕西扶风出土西周伯𢦚諸器　扶风县文化馆 陕西省文管会　文物一九七六·六	扶𢦚
安阳殷墟五号墓的发掘　中国科学院考古研究所 安阳工作队　考古学报一九七七·二	殷墟
辽宁喀左县山湾子出土商周青铜器　喀左县文化馆 朝阳地区博物馆、辽宁省博物馆　文物一九七七·十二	喀左山湾
衡阳市发现战国纪年铭文铜戈　单先进、冯玉辉 考古一九七七·五	衡阳
陕西扶风庄白一号西周青铜器窖藏发掘简报 陕西周原考古队　文物一九七八·三（据拓本摹）	庄白

莒南大店春秋时期莒国殉人墓　山东省博物馆 临沂地区文物组　莒南县文化馆　考古学报一九七八.三	莒县
陕西宝鸡县太公庙村发现秦公钟、秦公镈 卢连城.杨满仓　文物一九七八.十一　（据拓本摹）	宝鸡
河北省平山县战国时期中山国墓葬发掘简报 河北省文物管理处　文物一九七九.一　（据拓本摹）	平山
湖北随县曾侯乙墓发掘简报 随县擂鼓墩一号墓考古发掘队　文物一九七九.七	随县
1969-1977年殷墟西区墓葬发掘报告　考古学报一九七九.一	西区
三 古璽引書目錄	
訒庵集古印存　三十二卷　汪启淑　钤印本　一七六〇	訒庵
金薤留珍　二十五册　清蒋溥等编次　一九二六年故宫石印本	留珍
师意斋秦汉印谱　佚名	师意
吉金斋古铜印谱正续集　八册　何昆玉	吉金
鉏经堂集古印谱　二册　朱为弼	鉏经
清仪阁古印偶存　六册　张廷济　钤印本一八三五	清仪
無名氏印谱　四册　（红药山房考藏私印）	印谱
双虞壶斋印存　八卷　吴式芬　咸丰初年钤印本	双虞
瞿氏集古印谱　八册　瞿镛　钤印本一八五六	瞿氏

二百兰亭斋古铜印存 十二卷 吴云 钤印本 一八七六	二百
陈簠斋手拓古印集 四册 陈介祺 钤印本 一八八一	陈簠
万印楼藏印 六十四卷 陈介祺 钤印本 一八八三	万印
印郵 四册 高文瀚 钤印本 一八八五	印郵
共墨斋藏古鉨印谱 八册 周銑诒 钤印本 一八八六	共墨
稽庵齐鲁古印箋 刘文楷 钤印本 一八八七	稽庵
十六金符斋印存 三十册 吴大澂 钤印本 一八八八	金符
古印偶存 二十册 王石经等辑 钤印本 一八九〇	古印
印揭 八册 赵允中 钤印本 一八九一	印揭
续齐鲁古印攈 十六卷 郭裕之 钤印本 一八九三	续齐
瞻麓斋古印徵 八册 龚心剑 钤印本 一八九三	瞻麓
擷华斋古印谱 六册 刘仲山 钤印本 一八九五	擷华
賞古斋秦汉印存 四册 佚名 钤印本 一八九八	賞古
观自得斋秦汉官私印谱 四册 徐士愷 钤印本 一八九八	观自
適庵印粹 八册 陈適庵 钤印本 一九〇三	適庵
铁云藏印四集 四十八册 刘鹗 钤印本 一九〇七	铁云
遯庵秦汉古铜印谱 八册 吴隐 钤印本 一九〇八	遯庵
有竹斋藏鉨印 三册 日本 上野理一	有竹
磬室所藏鉨印 八册 续集 五册 罗振玉 钤印本 一九一一	磬室

赫连泉館古印存	一巻	罗振玉	鈐印本	一九一五	赫连
赫连泉館古印续存	一巻	罗振玉	鈐印本	一九一六	泉续
凝清室所藏周秦鉨印	十冊	罗振玉			凝清
陸庵集古鉥	二冊				陸庵
鉨印集林	四冊	林建勳	鈐印本	一九一九	鉨印
十钟山房印举		陈介祺	鈐印本	一九二二	印举
畏斋藏鉨	二冊	刘之泗	鈐印本	一九二三	畏斋
徵賞斋秦汉古銅印存	五冊	黄吉园	鈐印本	一九二四	徵賞
古匋轩秦汉印存	二冊	罗福成	鈐印本	一九二四	古匋
澂秋館藏印	十冊	陈宝琛	鈐印本	一九二五	澂秋
魏石经室古鉨印影		周運	鈐印本	一九二七	魏石
周氏古鉨印景	八冊	周季木			周氏
尊古斋印存四集	四十冊	黄濬	鈐印本	一九二七	尊古
尊古斋古鉨集林	初、二集共十二冊	黄濬	鈐印本	一九二八	尊集
碧葭精舍印存	八冊	張修府	鈐印本	一九二八	碧葭
濱虹草堂藏古鉨印	八冊	黄質	鈐印本	一九二九	濱虹
濱虹草堂藏古鉨印二集	八冊	黄質	鈐印本	一九二九	濱二
秋梦盦古印存	二冊	秋良丘	鈐印本	一九二九	秋梦
枫園集古印谱	十冊	日本太田孝太郎		一九二九	枫园

磊斋印述 十册 日本 林熊光 钤印本 一九三一	磊斋
待時軒印存 初集十八册 续集十五册 罗福頤 一九三二	待時
遇安廬集古印谱 十册 郭德陈 钤印本 一九三二	遇安
安昌里鉩印彙 宣哲 钤印本 一九三三	安昌
两汉印帚 三册 王献唐 钤印本 一九三三	印帚
契斋古印存 八册 商承祚 钤印本 一九三四	契斋
衡斋藏印 四册 续集十四册 黄濬 钤印本 一九三五、一九四四	衡斋
古鑑斋藏印 八册 李培基 钤印本 一九三六	古鑑
昔则廬古鉩印存 初、二、三集 王光烈 钤印本 一九三六—一九四一	昔则
古鉩彙存 吴樸摹刻 一九四六	古鉩
伏廬鉩印 十一卷 陈汉第 钤印本 一九四六	伏廬
墨庵印存 一册 柯昌泗 钤印本 一九五一	墨庵
燕陶館藏印 一册 陈萦蓬 钤印本 一九五三	燕陶
徐茂斋藏印正续集 徐茂斋 钤印本 一九五四	徐茂
濱虹草堂鉩印释文 一册 黄质 一九五六	濱释
上海市文管会藏印 三册 一九五九	上海
長沙楚墓 湖南省博物馆 考学 一九五九·一	长沙楚墓
北京市文物组藏印 一九六〇	北京
弢庵藏印 二册 周叔弢 钤印本 一九六三	弢庵

天津市博物馆藏印 一九七三	天津
故宫博物院藏印	故宫
古璽文字徵 二册 罗福颐 石印本 一九三〇	字徵
四 陶文引書目錄	
铁云藏陶 四册 刘鹗 抱残守缺斋石印本 一九〇四	铁云
夢盦藏陶 一卷 日本太田孝太郎 影印本 一九二二	夢盦
古陶文孴錄 一卷 顾廷龙 国立北平研究院石印本 一九三六	孴錄
季木藏陶 四册 周季木 影印本 一九四三	季木
洛阳古城勘察简报 郭宝钧 考古通讯 一九五五 创刊号	古城
郑州金水河南岸工地发現許多带字的战国陶片 文参 一九五六·三	郑州
河北武安县午汲古城中的窯址 河北省文物管理委员会 考古 一九五九·七	武安
燕下都城址调查报告 中国历史博物馆考古组 考古 一九六二·一	燕下都
秦都咸阳故城遺址的调查和试掘 陕西省社会科学院考古研究所渭水队 考古 一九六二·六	咸阳
陶文编 金祥恒 艺文印书馆影印本 一九六四	文编
山东邹县滕县古城址调查 中国科学院考古研究所山东队 考古 一九六五·十二	纪王城

五 简書目録

长沙仰天湖出土楚简研究 史树青 群联出版社 一九五五	长沙
河南信阳长台关战国楚墓出土竹简	信阳
湖北望山第一号战国墓出土竹简	望山M1
湖北望山第二号战国墓出土竹简	望山M2
湖北江陵天星观第一号战国出土竹简	天星观M1

六 泉貨文字引書目録

东亚钱志 日本 奥平昌洪 东京岩波书店影印本 昭和十三	東亚
山西阳高天桥出土的战国貨币 山西省文物管理委员会 考古 一九六五.四	阳高
山西省原平县出土的战国貨币 山西省文物管理委员会 文物 一九六五.一	原平
凉城县出土的战国古钱 曾庸 文物 一九六五.四	凉城
浦口湯泉小志	小志
金版与金饼——楚汉金币及其有关问题 安志敏 考古学报 一九七三.二	楚郢爯

七 石刻目録

石鼓文研究　郭沫若　人民出版社　一九五五	石鼓
詛楚文　据影元至正中吳刊本摹	诅楚
中山王陵刻石　拓本照片	
八 其它引書目錄	
侯马盟书　山西省文物工作委员会　文物出版社　一九七六	盟书
战国楚帛書述略　商承祚　文物　一九六四.九	
The CH'u Silk Manuscript Translation and	
Commentary- Noel Barnard 1973	帛書
龙節　三代 一八.三六	
关于鄂君啓節的研究　郭沫若　文参　一九五八.四	鄂君啟節

古文字類編引器目錄

銅　器　目　錄

一、鐘

益公鐘	三代一、二	留鐘	三代一、二
魯邍鐘	三代一、三	芮公鐘	三代一、四
眉壽鐘	三代一、四	楚公鐘	三代一、五
昆疕王鐘	三代一、七	邾公求鐘	三代一、八
嘉賓鐘	三代一、八	楚王領鐘	三代一、九
戰狄鐘	三代一、一一	兮仲鐘	三代一、一二
單伯鐘	三代一、一六	虘鐘	三代一、一七
𠭯編鐘	三代一、一八	邾叔鐘	三代一、一九
邾公釛鐘	三代一、一九	井人鐘	三代一、二四
克鐘	三代一、二四	子璋鐘	三代一、二七
驫羌鐘	三代一、三二	邾大宰鐘	三代一、一五
者沪鐘	三代一、三九	鞄氏鐘	三代一、四二
士父鐘	三代一、四三	者減鐘	三代一、四五
邾公牼鐘	三代一、四九	余義鐘	三代一、五〇
沇兒鐘	三代一、五三	郘鐘	三代一、五四
虢叔鐘	三代一、五七	邾公華鐘	三代一、六二
王孫鐘	三代一、六三	㝬鐘	三代一、六五

天尹鐘	三代一八.一一	汈其鐘	錄遺三
郐王子鐘	錄遺四	昊生鐘	攈三之一.二〇
曾侯乙甬鐘	隨县二二	曾侯乙鐘	隨县二三
臧孫鐘	程桥一一	鄘仲平鐘	莒县一九
瘐鐘	莊白二三	柞鐘	齐家器群二四
𠛬篙鐘	信阳	蔡侯鐘	蔡侯墓
秦王鐘	枝江	叔夷鐘	宣和二二.五
於賜鐘	宣和二二.一七		
二.鎛			
邾公孫班鎛	三代一.三五	齐鎛	三代一.六六
秦公鎛	宝鸡五		
三.鉦			
郐䛗尹鉦	三代一八.三	南疆鉦	三代一八.四
婼鉦	三代一八.七	𡞞鉦	三代一八.九
四.鐸			
姑口句鑃	三代一八.二	䢵鐸	三代一八.一〇
外卒鐸	頌續一二二		
五 鼎			
牛鼎	三代二.二	羊鼎	三代三.二

猲鼎	三代二.三	羞鼎	三代二.五
囧鼎	三代二.六	宁鼎	三代二.七
亞中卯鼎	三代二.八	父辛鼎	三代二.一〇
子橐鼎	三代二.一一	羍鼎	三代二.一三
鷄魚鼎	三代二.一三	金斿鼎	三代二.一六
史次鼎	三代二.一六	涂鼎	三代二.一六
象祖辛鼎	三代二.一七	史父鼎	三代二.二六
箙父庚鼎	三代二.二六	中妇鼎	三代二.三一
子雨鼎	三代二.三一	亘笲鼎	三代二.三五
獏父丁鼎	三代二.三八	戒伯鼎	三代二.四一
興鼎	三代二.四二	寡長鼎	三代二.四三
樂鼎	三代二.四四	聾鼎	三代二.四五
父乙鼎	三代二.四六	叔鼎	三代二.四九
蟺姜鼎	三代二.五〇	釐鼎	三代二.五〇
荣歎鼎	三代二.五〇	散姬鼎	三代二.五一
旁鼎	三代二.五二	剴鼎	三代二.五二
𤎩鼎	三代二.五二	上樂鼎	三代二.五三
鄦臭鼎	三代二.五三	梁鼎	三代二.五三
眉脒鼎	三代二.五四	鑄客鼎	三代二.五四

冉鼎	三代三·二	孝鼎	三代三·二
康侯鼎	三代三·三	陵叔鼎	三代三·四
鮮父鼎	三代三·四	斐鼎	三代三·四
穌還鼎	三代三·七	沖子鼎	三代三·七
須[矛/山]生鼎	三代三·八	匽侯旨鼎	三代三·八
眀鼎	三代三·八	吹鼎	三代三·九
㠯作陽仲鼎	三代三·九	季鼎	三代三·九
婦姑鼎	三代三·一〇	𡨦鼎	三代三·一〇
𡩜侯之孫鼎	三代三·一一	邵王鼎	三代三·一一
夜君鼎	三代三·一一	引鼎	三代三·一四
作父辛鼎	三代三·一五	姞𠂤母鼎	三代三·一五
叔具鼎	三代三·一五	叔贊鼎	三代三·一五
季𥁕鼎	三代三·一六	解子鼎	三代三·一六
白夫鼎	三代三·一六	樊尹鼎	三代三·一六
若𣪕鼎	三代三·一七	父嬰鼎	三代三·一七
勅隞鼎	三代三·一八	仲斿父鼎	三代三·一八
季念鼎	三代三·一八	逐鼎	三代三·一八
祖辛父庚鼎	三代三·一九	甚鼎	三代三·二〇
戈父辛鼎	三代三·二〇	霍鼎	三代三·二〇

器名	著錄	器名	著錄
郑同媿鼎	三代三.二〇	藥鼎	三代三.二〇
乃孫作祖己鼎	三代三.二一	吳買鼎	三代三.二一
中作祖癸鼎	三代三.二二	伯矩鼎	三代三.二二
仲宦父鼎	三代三.二三	交鼎	三代三.二三
邾討鼎	三代三.二三	子邁鼎	三代三.二四
鄀造鼎	三代三.二四	二年寧鼎	三代三.二四
芮公鼎	三代三.二四	郑子石鼎	三代三.二四
詹鼎	三代三.二六	刺麋鼎	三代三.二七
饔遽父鼎	三代三.二七	从鼎	三代三.二八
伯頵父鼎	三代三.三〇	由鼎	三代三.三〇
仲雄鼎	三代三.三一	雍伯鼎	三代三.三一
雍母乙鼎	三代三.三一	杞伯鼎	三代三.三三
袤鼎	三代三.三三	父戊鼎	三代三.三四
輔伯鼎	三代三.三四	袒伯鼎	三代三.三五
穌冶妊鼎	三代三.三六	应公鼎	三代三.三六
鄭孝子鼎	三代三.三六	戊寅鼎	三代三.三七
瘵鼎	三代三.三七	犀伯鼎	三代三.三七
邾伯御戎鼎	三代三.三七	仲义父鼎	三代三.三八
芮子鼎	三代三.三九	鄦去魯鼎	三代三.三九

上官鼎	三代三.四〇	臣卿鼎	三代三.四一
𤔲季鼎	三代三.四一	饔伯原鼎	三代三.四二
十一年鼎	三代三.四三	趣亥鼎	三代三.四四
湈伯友鼎	三代三.四五	揚鼎	三代三.四六
鄧伯氏鼎	三代三.四七	司父鼎	三代三.四七
虢文公鼎	三代三.四八	邿伯祀鼎	三代三.四九
陳侯鼎	三代三.四九	獻侯鼎	三代三.五〇
伯陶鼎	三代三.五一	寓鼎	三代三.五一
缶鼎	三代三.五三	伯頵父鼎	三代四.一
戜者鼎	三代四.二	禽鼎	三代四.二
旂鼎	三代四.三	鍾伯侵鼎	三代四.三
天君鼎	三代四.四	昜鼎	三代四.四
員鼎	三代四.五	𣧷叔樊鼎	三代四.六
諆鼎	三代四.六	𣪘鼎	三代四.七
戍甬鼎	三代四.七	𢦏叔鼎	三代四.七
𨜏王鼎	三代四.九	姬鼎	三代四.九
周憲鼎	三代四.十	乙亥鼎	三代四.一〇
師趛鼎	三代四.一〇	毛公旅鼎	三代四.一二
公貿鼎	三代四.一二	寡兒鼎	三代四.一三

井鼎	三代四.一三	申鼎	三代四.一五
曾子仲宣鼎	三代四.一五	趠鼎	三代四.一六
師咢父鼎	三代四.一六	旅鼎	三代四.一六
酓志鼎	三代四.一七	雩鼎	三代四.一八
蔡太師鼎	三代四.一八	仲師父鼎	三代四.一九
坪安君鼎	三代四.二〇	作册大鼎	三代四.二〇
我鼎	三代四.二一	呂鼎	三代四.二二
都公鼎	三代四.二二	史獸鼎	三代四.二三
剌鼎	三代四.二三	師湯父鼎	三代四.二四
趞曹鼎	三代四.二四	康鼎	三代四.二五
令鼎	三代四.二七	利鼎	三代四.二七
師旂鼎	三代四.三一	咢侯鼎	三代四.三二
大鼎	三代四.三二	師奎父鼎	三代四.三四
無叀鼎	三代四.三四	師望鼎	三代四.三五
鬲攸从鼎	三代四.三五	䩞侯鼎	三代四.三六
善鼎	三代四.三六	頌鼎	三代四.三九
克鼎	三代四.四〇	盂鼎	三代四.四二
盂鼎(二)	三代四.四四	曶鼎	三代四.四五
毛公鼎	三代四.四六	龔鼎 (原作鬲)	三代五.三〇

北伯殁鼎(原作肇)	三代一一.二六	子龔鼎	錄遺三七
亞止雨鼎	錄遺五二	角戊父鼎	錄遺五八
工歺鼎	錄遺六四	虫𦥑鼎	錄遺六八
伯遅父鼎	錄遺六九	丹室鼎	錄遺七二
右官鼎	錄遺七一	江小仲鼎	錄遺七四
伯旬鼎	錄遺七六	史喜鼎	錄遺七八
鄓子鼎	錄遺八○	辛伯鼎	錄遺八八
來鼎	錄遺九一	蔡緣鼎	錄遺九二
尹姞鼎	錄遺九七	柳鼎	錄遺九八
禹鼎	錄遺九九	扶鼎	攈一之二.四六
亳公乙鼎	攈二之一.二○	薛侯鼎	攈二之一.三二
叔碩父鼎	攈二之二.七九	叔夜鼎	攈二之二.七九
師晨鼎	攈三之二.二一	龟父丙鼎	小校二.一五
父丁鼎	小校二.二六	懋史鼎	小校二.二七
太僕鼎	小校二.三八	北子鼎	小校二.四三
郑虢仲鼎	小校二.八一	丞鼎	续殷上一○
遽鼎	周金二.三六	辛鼎	周金二.四○
夲鼎	周金二.六五	吳王姬鼎	周金二.補遺九
帥鼎	綴遺四.一三	伯袯鼎	使華七

枚父乙鼎	頌续二	口所鼎	武英三二
王子殌鼎	战国三七	庚兒鼎	侯馬九
父癸鼎	收获图三二	德鼎	四德
康季鼎	续記	𡚬作母乙鼎	喀左北洞三.一
蔡侯𩞁鼎	蔡侯墓三一.一	蔡侯𪔂鼎	蔡侯墓三一.三
平鼎	咸阳一二	尹小叔鼎	上村岭图三四
纪華父鼎	山东一七	哀成叔鼎	洛阳博物馆
大𨝸鼎	量制六	公朱左师鼎	临潼六
中子斿父鼎	京山一二	𢦏伯鼎	扶风一六
𩚀鼎	扶风强家三	旜鼎	眉县五.三
衛鼎甲	岐山一五	衛鼎乙	岐山一六
廟孱鼎	岐山二〇	曾侯乙鼎	随县八

六．甗

追衍甗	三代五.一	見甗	三代五.二
吳奴甗	三代五.四	父癸甗	三代五.四
伯膚甗	三代五.六	夆叔甗	三代五.六
弋卩甗	三代五.七	妇闟甗	三代五.八
郑伯筍父甗	三代五.九	叔碩父甗	三代五.九
子邦父甗	三代五.九	般甗	三代五.一一

邕子甗	三代五·一二	遹甗	三代五·一二
陈公子甗	三代五·一二	解子甗	録遺一〇〇
孚公𤞷甗	録遺一〇四	王孙寿甗	録遺一〇六
王人甗	周金二·八七	应监甗	释应监甗二
七 鬲			
史秦鬲	三代五·一三	郐姒鬲	三代五·一五
季真鬲	三代五·一五	仲姞鬲	三代五·一六
曾侯鬲	三代五·一七	仲枏父鬲	三代五·一八
戒鬲	三代五·一九	盘姬鬲	三代五·一九
郑伯𦾔父鬲	三代五·二一	郑登伯鬲	三代五·二二
郑井叔鬲	三代五·二二	郳始鬲	三代五·二三
䴡母鬲	三代五·二五	伯𤞷父鬲	三代五·二六
樊君鬲	三代五·二六	庚姬鬲	三代五·二六
塱麼家鬲	三代五·二八	郑羌伯鬲	三代五·二九
邾来隹鬲	三代五·二九	戲伯鬲	三代五·三一
曾伯俞父鬲	三代五·三二	召仲鬲	三代五·三四
邾伯鬲	三代五·三四	𣏟仲鬲	三代五·三五
邾友父鬲	三代五·三六	番君鬲	三代五·三八
芮公鬲	三代五·四〇	郑伯筍父鬲	三代五·四二

名伯毛鬲	錄遺一〇八	魯侯獄鬲	集錄R四四二
戍伯鬲	岐山二八	睽土父鬲	山東二〇

八 毁

兢毁	三代六.一	鳥毁	三代六.一
彝毁	三代六.二	逐毁	三代六.三
亞中奚毁	三代六.六	父辛毁	三代六.七
酰毁	三代六.八	叉穿毁	三代六.九
門祖丁毁	三代六.一一	戈父丁毁	三代六.一三
父辛毁	三代六.一六	伯陪毁	三代六.一八
姑父乙毁	三代六.二〇	狽毁	三代六.二三
匀毁	三代六.二三	胥毁	三代六.二四
槅仲毁	三代六.二五	囯父辛毁	三代六.二七
艁伯毁	三代六.二九	坅父毁	三代六.二九
比毁	三代六.三〇	姫毁	三代六.三〇
任氏毁	三代六.三一	衍氏毁	三代六.三二
作父戊毁	三代六.三三	叒鉰毁	三代六.三七
俑缶毁	三代六.三八	秝父乙毁	三代六.三八
牢豕毁	三代六.三八	社毁	三代六.三九
伊生毁	三代六.三九	集僭毁	三代六.四一

亞耳𣪘	三代六.四二	伯作謹𣪘	三代六.四二
辨𣪘	三代六.四三	作祖乙𣪘	三代六.四四
卯𣪘	三代六.四四	仲爯𣪘	三代六.四五
遽伯𣪘	三代六.四六	效父𣪘	三代六.四六
伯闢𣪘	三代六.四六	過伯𣪘	三代六.四七
量侯𣪘	三代六.四七	陵仲𣪘	三代六.四七
禾𣪘	三代六.四七	臣卿𣪘	三代六.四八
乙𣪘	三代六.四八	爯𣪘	三代六.四八
季䰜𣪘	三代六.四八	辛巳𣪘	三代六.四九
茉𣪘	三代六.四九	明公𣪘	三代六.四九
禽𣪘	三代六.五〇	史䛒𣪘一	三代六.五〇
莒小子𣪘	三代六.五一	伯椃𣪘	三代六.五二
豦𣪘	三代六.五二	肄𣪘	三代六.五二
榶伯𣪘	三代六.五三	蔡姞𣪘	三代六.五三
井侯𣪘	三代六.五四	宅𣪘	三代六.五四
縣改𣪘	三代六.五五	靜𣪘	三代六.五五
保父丁𣪘	三代七.三	臤父癸𣪘	三代七.四
弢𣪘	三代七.四	舟𣪘	三代七.六
戟𣪘	三代七.七	眞矦父戊𣪘	三代七.九

伯侄𣪘	三代七.一〇	季𡩜𣪘	三代七.一〇
伯御𣪘	三代七.一〇	⿰阝关𣪘	三代七.一〇
蔡伯𣪘	三代七.一一	余⿰奚田𣪘	三代七.一一
果𣪘	三代七.一一	伯要俯𣪘	三代七.一二
仲危父𣪘	三代七.一三	叔狀𣪘	三代七.一三
⿸厂夂𣪘	三代七.一三	芇侯𣪘	三代七.一三
亢伯𣪘	三代七.一三	戚姬𣪘	三代七.一四
嬴霝德𣪘	三代七.一五	哦𣪘	三代七.一五
卲王𣪘	三代七.一七	鼓英𣪘	三代七.一八
师寏父𣪘	三代七.二〇	叔寍𣪘	三代七.二一
意𣪘	三代七.二二	⿰禾号父甲𣪘	三代七.二二
仲网父𣪘	三代七.二二	保侃母𣪘	三代七.二三
⿰鬳攴⿱宀录𣪘	三代七.二三	茍公𣪘	三代七.二〇
⿱艹欠𣪘	三代七.二三	散伯𣪘	三代七.二五
姛𣪘	三代七.二六	⿸虍⿰且又春姞𣪘	三代七.二六
己侯𣪘	三代七.二七	仲競𣪘	三代七.二八
遣小子𣪘	三代七.二八	保子達𣪘	三代七.二八
史寏𣪘	三代七.二八	滕侯虎𣪘	三代七.二九
洹秦𣪘	三代七.三〇	兮仲𣪘	三代七.三一

害叔𣪘	三代七.三三	邿季𣪘	三代七.三三
⿺走古衍𣪘	三代七.三四	城虢遣生𣪘	三代七.三四
乙亥𣪘	三代七.三四	叔向父𣪘	三代七.三六
⿰女弋⿺走里母𣪘	三代七.三八	齐巫姜𣪘	三代七.三八
蠡𣪘	三代七.三八	杞伯𣪘	三代七.四一
咢侯𣪘	三代七.四五	旂嫼𣪘	三代七.四六
伯疑父𣪘	三代七.四七	周棘生𣪘	三代七.四八
孟⿰弓⿱止攴父𣪘	三代七.四九	己侯貉子𣪘	三代八.二
魯伯大父𣪘	三代八.二	魯遂父𣪘	三代八.三
格伯作晉姬𣪘	三代八.五	虢季氏組𣪘	三代八.七
叔角父𣪘	三代八.七	穌公𣪘	三代八.一二
涘伯寺𣪘	三代八.一三	卓林父𣪘	三代八.一四
叔多父𣪘	三代八.一五	鄧公𣪘	三代八.一六
叔咢父𣪘	三代八.一六	鄭虢仲𣪘	三代八.一八
⿸疒夋𣪘	三代八.一九	宰甫𣪘	三代八.一九
邿遣𣪘	三代八.二一	部嫛𣪘	三代八.二二
牧师父𣪘	三代八.二六	畢鮮父𣪘	三代八.二六
相侯𣪘	三代八.二八	陼逆𣪘	三代八.二八
命𣪘	三代八.三一	周憲𣪘	三代八.三一

商戲𣪕	三代八.三二	仲戲父𣪕	三代八.三二
女父丁𣪕	三代八.三三	师害𣪕	三代八.三三
彔𣪕	三代八.三五	宴𣪕	三代八.三六
敚叔𣪕	三代八.三七	叔皮父𣪕	三代八.三八
尌仲𣪕	三代八.三八	買𣪕	三代八.三九
叔妣𣪕	三代八.三九	大保𣪕	三代八.四〇
函皇父𣪕	三代八.四〇	鄘侯𣪕	三代八.四三
敔𣪕	三代八.四四	大作大仲𣪕	三代八.四四
伯康𣪕	三代八.四五	鬻光𣪕	三代八.四六
陈貯𣪕	三代八.四六	鄀公𣪕	三代八.四七
君夫𣪕	三代八.四七	守𣪕	三代八.四七
封𣪕	三代八.四九	禹𣪕	三代八.五〇
鄘伯馭𣪕	三代八.五〇	友𣪕	三代八.五一
遹𣪕	三代八.五二	厬敖𣪕	三代八.五三
师遽𣪕	三代八.五三	蔡姞𣪕	三代八.五三
段𣪕	三代八.五四	無㠱𣪕	三代九.一
𣁋処𣪕	三代九.四	追𣪕	三代九.五
史頌𣪕	三代九.七	小臣謎𣪕	三代九.一一
免𣪕	三代九.一二	叉亡𣪕	三代九.一三

叔向毁	三代九.一三	格伯毁	三代九.一六
格伯毁二	三代九.一四	同毁	三代九.一七
豆闭毁	三代九.一八	师艅毁	三代九.一九
諫毁	三代九.一九	伊毁	三代九.二〇
名伯毁	三代九.二一	師酉毁	三代九.二一
揚毁	三代九.二四	大毁	三代九.二五
令毁	三代九.二六	录伯刻毁	三代九.二七
师寰毁	三代九.二八	师虎毁	三代九.二九
师兑毁	三代九.三〇	元年师兑毁	三代九.三一
秦公毁	三代九.三三	师嫠毁	三代九.三五
夘毁	三代九.三七	番生毁	三代九.三七
頌毁	三代九.三八	不嬰毁	三代九.四八
沈子毁	三代九.三八	师旅毁(反作鼎)	三代四.一六
趞毁(反作鼎)	三代四.三三	趩毁(反作尊)	三代一一.三八
媿毁(反作卣)	三代一二.三九	几伯毁	錄遺一三二
卜孟毁	錄遺一三四	田農毁	錄遺一三五
子陌毁	錄遺一四〇	日癸毁	錄遺一四三
寝敄毁	錄遺一五一	寧毁	錄遺一五二
吷容毁	錄遺一五四	康侯毁	錄遺一五七

不𡩜𣪕	錄遺一五九	㲋其𣪕	錄遺一六四
眴𣪕	錄遺一六五	宜侯夨𣪕	錄遺一六七
仲乂昱𣪕	攈二之一.四	单異𣪕	攈二之一.二〇
可侯𣪕	攈二之一.二二	中伯𣪕	攈二之一.六七
叔𣪘父𣪕	攈二之二.六	鄦侯𣪕	攈二之三.六六
居𣪕	攈二之三.八五	咸父乙𣪕	小校七.九
𡧊𣪕	小校七.一五	应侯𣪕	小校八.二三
伯𢦏𣪕	小校八.三二	[illegible]𣪕	小校七.四三
司寇良父𣪕	小校七.九四	麓伯星父𣪕	周金三.四一
革同𣪕	周金三.五九	王作臣空𣪕	周金三.一一五
賢𣪕	愙齋九.七	旂伯𣪕	愙齋一一.二三
利𣪕	使华一四	輦𣪕	集錄R一六二
弭叔𣪕	兰田	訇𣪕	兰田
即𣪕	扶风强家六	恒𣪕乙	扶风强家九
攸𣪕	北京	此𣪕	岐山一七
旅仲𣪕	岐山二三	𢦏作文母日庚𣪕	扶𢦏一七
师旋𣪕 甲	張家坡五	师旋𣪕 乙	张家坡八
伯梁父𣪕	張家坡一二	㝬𣪕	扶风齐村
班𣪕	再現	楙車父𣪕	莊白一.七三

中相父𣪘	永寿二	鼒𣪘	鼒𣪘
白吉父𣪘	北桥二	婁𣪘	马王村五.二
伯喜父𣪘	湘博二.一	史話𣪘二	贺家五
曾伯𣪘	曾国八	倗万𣪘	嗒左山湾一.四
蟑伯𣪘	嗒左山湾崗一五	晋𣪘	图释一三
弭伯𣪘	城宝兰三.一二		
九 敦			
齐侯敦	三代七.二三	陈侯午敦	三代八.四二
陈侯因资敦	三代九.一七	拍敦盖（反作尊）	三代一一.三三
公克敦	续考二一		
十 簠			
樊君𠤳	三代一〇.一	大賔𠤳	三代一〇.一
曾子𧼨𠤳	三代一〇.一	山朱𠤳	三代一〇.二
衛子𠤳	三代一〇.二	魯士𠤳	三代一〇.五
魯𢉖父𠤳	三代一〇.五	曾子𠤳	三代一〇.六
禽肯𠤳	三代一〇.八	実𠤳	三代一〇.八
奢虎𠤳	三代一〇.九	[illegible]叔𠤳	三代一〇.一〇
交君𠤳	三代一〇.一二	商丘叔𠤳	三代一〇.一二
铸子𠤳	三代一〇.一二	师麻𠤳	三代一〇.一三

器名	著録	器名	著録
寠侯匜	三代一〇.一四	季宫父匜	三代一〇.一七
甾君匜	三代一〇.一七	鑄公匜	三代一〇.一七
陈曼匜	三代一〇.一九	王仲嬀匜	三代一〇.二〇
叔姬匜	三代一〇.二〇	鄀公匜	三代一〇.二一
陈侯匜	三代一〇.二一	叔家父匜	三代一〇.二二
名叔山父匜	三代一〇.二二	鄦子妝匜	三代一〇.二三
叔朕匜	三代一〇.二三	邾太宰匜	三代一〇.二四
匡匜	三代一〇.二五	嘗伯匜	三代一〇.二六
函交仲匜	録遺一七〇	鑄叔作嬴氏匜	録遺一七四
嘉子昜伯匜	松續二	朕南匜	鄒县二.二
妹⿰亯斤匜	徐州二	伯公父匜	一九七七年陕西扶风黄堆公社出土
	十一 簠		
厚氏簠	三代一〇.四八	瘐簠	莊白九
穌貉簠	上村岺三六.二	中斿父簠	京山一一
	十二 盨		
伯筍父盨	三代一〇.二七	叔倉父盨	三代一〇.二七
中伯作亲姬盨	三代一〇.二七	遣盨	三代一〇.三〇
甫人盨	三代一〇.三〇	鄭義伯盨	三代一〇.三一
周雒盨	三代一〇.三一	仲⿰飠樂盨	三代一〇.三一

昜叔盨	三代一〇.三三	鬲叔盨	三代一〇.三三
讔季獻盨	三代一〇.三四	琱𩟄盨	三代一〇.三四
遣叔盨	三代一〇.三五	改盨	三代一〇.三五
筍伯盨	三代一〇.三五	延盨	三代一〇.三六
鳧叔盨	三代一〇.三六	虢仲盨	三代一〇.三七
仲自父盨	三代一〇.三八	弭叔盨	三代一〇.三九
曼龔父盨	三代一〇.三九	杜伯盨	三代一〇.四一
翏生盨	三代一〇.四四	克盨	三代一〇.四四
鬲从盨	三代一〇.四五	伞季盨（反作毁）	三代七.三三
滕侯盨（反作毁）	三代八.九	㠱伯盨	錄遺一七七
伯沕其盨	錄遺一八〇	瘐盨	莊白三
㬥盨	考古图三.三四		

十三 豆

周生豆	三代一〇.四七	大师虘豆	三代一〇.四七
铸客豆	三代一〇.四七		

十四 方彝

亞方彝	三代六.九	吴方彝	三代六.五六
矢方彝	三代六.五六	女䆒方彝（反作尊）	三代一一.一六
师遽方彝（反作尊）	三代一一.三七	盠方彝	图释五四

婦好方彝　五号墓一五	
十五 尊	
徙尊　三代一一.一	此尊　三代一一.三
孚尊　三代一一.六	山父戊尊　三代一一.九
舟父壬尊　三代一一.一〇	子祖辛尊　三代一一.一三
犭戔尊　三代一一.一七	宁尊　三代一一.一八
征父辛尊　三代一一.一九	龙母尊　三代一一.一九
彭史尊　三代一一.一九	矩尊　三代一一.二〇
辰父辛尊　三代一一.二一	父丁尊　三代一一.二一
段金𨥟尊　三代一一.二三	員父尊　三代一一.二三
戒叔尊　三代一一.二三	俅尊　三代一一.二五
𧶠父辛尊　三代一一.二五	𩛰尊　三代一一.二五
魌尊　三代一一.二六	詠尊　三代一一.二六
宿尊　三代一一.二七	王子啟疆尊　三代一一.二八
者姛尊　三代一一.二八	[illegible]薛尊　三代一一.二九
傳尊　三代一一.二九	参尊　三代一一.三〇
犀尊　三代一一.三〇	引尊　三代一一.三〇
王白尊　三代一一.三〇	盄仲尊　三代一一.三一
啟尊　三代一一.三一	䳓尊　三代一一.三二

父乙尊	三代一一.三三	季受尊	三代一一.三三
御尊	三代一一.三三	觪尊	三代一一.三四
遣尊	三代一一.三五	吴尊	三代一一.三八
戠者尊（原作彝）	三代六.四二	旅尊	録遺一八七
名尊	録遺二〇五	㔾尊	録遺二〇六
史伏尊	小校五.三五	彫尊	攈二之一.三六
羌尊	续殷上五九	盠駒尊	图释五七
驹尊盖	图释五八	何尊	解释一
㨚㚔尊	金文编四四	㽘尊	濬县四.一
弄鸟尊	金文编二〇八	蔡侯尊	蔡侯墓三七
復作父乙尊	北京一〇.一	豐尊	莊白一五

十六 罍

父丁罍	三代一一.四〇	冉罍	三代一一.四一
父乙罍	三代一一.四一	歔𨱇罍	三代一一.四二
㴚𨓹口罍	三代一一.四三	趩罍（反作鼎）	三代三.一七
邳伯罍	邳罍二	祖甲罍	金文编三一六

十七 壺

皆壺	三代一二.四	刀.壺	三代一二.五
公子裙儆壺	三代一二.五	相父乙壺	三代一二.六

伯作姬酓壺	三代一二·六	子[女各]迺子壺	三代一二·七
觴仲多壺	三代一二·七	盛季壺	三代一二·八
汱壺	三代一二·八	孟載父壺	三代一二·八
芮伯壺	三代一二·九	嘉壺	三代一二·九
东周左师壺	三代一二·一二	邛君壺	三代一二·一三
鄧孟壺	三代一二·一三	眞仲壺	三代一二·一三
郑楙叔壺	三代一二·一五	徸公壺	三代一二·一五
矩叔壺	三代一二·一七	中伯壺	三代一二·一八
匽君壺	三代一二·一八	杞伯壺	三代一二·一八
周蒙壺	三代一二·二〇	虞司寇壺	三代一二·二一
番匊生壺	三代一二·二四	陈璋壺	三代一二·二四
曾姬無卹壺	三代一二·二五	曾伯陭壺	三代一二·二六
杕氏壺	三代一二·二七	史懋壺	三代一二·二八
令瓜君嗣子壺	三代一二·二八	季良父壺	三代一二·二八
舀壺	三代一二·二九	頌壺	三代一二·三〇
齐侯壺（洹子孟姜壺）	三代一二·三三	鬼壺	錄遺二二五
奪壺	錄遺二二六	华母壺	錄遺二三〇
庚壺	錄遺二三二	彭姬壺	攈二之二·三二
兮熬壺	攈二之二·七六	聿壺	续殷上六三

䣄邘王壺（趙孟壺）	柯尔·一二	瘐壺	莊白一三
中山王壺	平山一四	中山王方壺	平山二一一二四
孖叔师父壺	青山三九	幾父壺	扶风齐家三
公刭造壺	山东·五·二	楙車父壺	扶风八
𨛭陽壺	北京昌平出土 北京文管处藏		

十八 卣

鼎卣	三代一二.三七	旂卣	三代一二.四三
亞𢀜卣	三代一二.四三	𠙵耳卣	三代一二.四四
祖甲卣	三代一二.四五	鳶祖辛卣	三代一二.四七
覃父乙卣	三代一二.五〇	旅父辛卣	三代一二.五四
爵父癸卣	三代一二.五五	子自卣	三代一二.五七
女帚卣	三代一二.五七	杞妇卣	三代一二.六〇
舟父丁卣	三代一三.三	父丁卣	三代一三.三
𤞞卣	三代一三.七	父乙卣	三代一三.九
母癸卣	三代一三.一〇	競作父乙卣	三代一三.一〇
扶卣	三代一三.一一	守宫卣	三代一三.一一
父庚卣	三代一三.一一	頍卣	三代一三.一二
叀卣	三代一三.一二	盉作父乙卣	三代一三.一四
汪伯卣	三代一三.一六	𧾷侖伯卣	三代一三.一七

伯魚卣	三代一三.一七	伯貉卣	三代一三.一八
仲徽卣	三代一三.一八	寶尊彝卣	三代一三.一八
衛父卣	三代一三.一九	井季夐卣	三代一三.一九
向卣	三代一三.二〇	買王卣	三代一三.二一
貙卣	三代一三.二一	嬰卣	三代一三.二三
車卣	三代一三.二三	几作父戊卣	三代一三.二四
矢伯卣	三代一三.二六	北伯殁卣	三代一三.二六
闕卣	三代一三.二六	甕卣	三代一三.二七
对卣	三代一三.二七	散伯卣	三代一三.二八
[illegible]卣	三代一三.二八	丞卣	三代一三.二八
[illegible]伯卣	三代一三.二九	枚家卣	三代一三.二九
剌卣	三代一三.三〇	盩司土卣	三代一三.三〇
束卣	三代一三.三〇	仲卣	三代一三.三一
婦闌卣	三代一三.三二	小臣兒卣	三代一三.三三
坒卣	三代一三.三四	豚卣	三代一三.三四
小臣系卣	三代一三.三五	寓卣	三代一三.三六
耳卣	三代一三.三六	馭八卣	三代一三.三六
寡子卣	三代一三.三七	小子省卣	三代一三.三八
盂卣	三代一三.三八	毓且丁卣	三代一三.三八

同卣	三代一三.三九	叉卣	三代一三.三九
[illegible]田卣	三代一三.三九	乎卣	三代一三.三九
睘卣	三代一三.四〇	静卣	三代一三.四一
貉子卣	三代一三.四一	各卣	三代一三.四二
[illegible]卣	三代一三.四二	彔卣	三代一三.四二
農卣	三代一三.四二	免卣	三代一三.四三
臣辰卣	三代一三.四四	競卣	三代一三.四四
庚嬴卣	三代一三.四五	父辛卣	三代一三.四六
效卣	三代一三.四六	[illegible]兄癸卣（反作斝）	三代一三.五三
趠卣（反作尊）	三代一一.三四	傳卣（反作毁）	三代八.四二
買車卣	錄遺二四二	丿卣	錄遺二四三
妣癸卣	錄遺二六六	小臣豐卣	錄遺二六九
作冊[illegible]卣	錄遺二七三	寓卣	錄遺二七一
[illegible]卣	錄遺二七四	[illegible]卣 二	錄遺二七五
保卣	錄遺二七六	作冊[illegible]卣	錄遺二七八
盟弘卣	敬吾下七一	父辛卣	綴遺一一.六
戲卣	頌續五一	采卣	攈一之三.七三
魚伯彭卣	攈二之一.五一	[illegible]需卣	攈二之二.五
啟卣	山東八	子雨卣	柯尔.三

文父卣	拓片	伯矩卣	三代一三.一七
	十九	斝	
冓斝	三代一三.五二	小臣邑斝	三代一三.五三
匿斝	錄遺二八二		
	二十	盉	
員盉	三代一四.六	父乙盉	三代一四.六
此盉	三代一四.七	宁未盉	三代一四.七
屮盉	三代一四.七	伯春盉	三代一四.八
伯定盉	三代一四.八	伯𩖹盉	三代一四.九
史孔盉	三代一四.九	亞盉	三代一四.一〇
麥盉	三代一四.一一	季良父盉	三代一四.一一
臣辰盉	三代一四.一二	伯𤱈盉	錄遺二九二
长由盉	錄遺二九三	父乙飤盉	续殷下七〇
啚父盉	周金五.六五	伯角父盉	攈二之二.五四
伯庸父盉	张家坡一四	衛盉	岐山一四
父乙盉蓋	灵台一六	长陵盉	量制九.一
	二十一	觚	
柬觚	三代一四.一四	守觚	三代一四.一八
子媚觚	三代一四.二一	亘衍觚	三代一四.二二

得父乙觚	三代一四.二四	妣己觚	三代一四.二七
父乙觚	三代一四.二八	王子耶觚	三代一四.三一
妏台乙公觚	三代一四.三一	鳶觚	錄遺三一一
車觚	錄遺三三一	知父戊觚	錄遺三四五
亳觚	小校五.之二	𨑤觚	頌續之五
父乙盉觚	續殷下四三		

二十二 觶

鼓觶	三代一四.三三	萑女觶	三代一四.三八
守婦觶	三代一四.三八	焂觶	三代一四.三九
養父丁觶	三代一四.四一	佳隹父丁觶	三代一四.四一
字父乙觶	三代一四.四四	賷父辛觶	三代一四.四五
知父癸觶	三代一四.四七	弓父癸觶	三代一四.四七
秉盾觶	三代一四.四八	子癸𡐨觶	三代一四.四九
弜父丁觶	三代一四.五一	刅觶	三代一四.五二
父甲觶	三代一四.五二	逨觶	三代一四.五二
車父丁觶	三代一四.五二	衛父辛觶	三代一四.五三
姞亘母觶	三代一四.五三	亘觶	三代一四.五三
疑觶	三代一四.五四	𢻫觶	三代一四.五四
杠觶	三代一四.五四	遽仲觶	三代一四.五四

小臣𢦏觶	三代一四.五五	应公觶	周金五.一三三
齐史疑觶	頌续八〇	行父辛觶	攈一之二.一一
母乙觶	大司空五	义楚耑	三代一四.五三
徐王义楚耑	三代一四.五五		

二十三 爵

竝爵	三代一五.一	囝爵	三代一五.一
步爵	三代一五.九	射爵	三代一五.一一
㫃爵	三代一五.一一	華爵	三代一五.一一
宰爵	三代一五.一二	辛爵	三代一五.一三
甲虫爵	三代一五.二五	癸爵	三代一五.二八
子媚爵	三代一五.二九	子糸爵	三代一五.三〇
家戈爵	三代一五.三四	寑爵	三代一五.三五
夸爵	三代一五.三七	弜父乙爵	三代一六.五
木父丁爵	三代一六.一〇	覃父丁爵	三代一六.一〇
囝父辛爵	三代一六.一七	酉父辛爵	三代一六.一八
畐父辛爵	三代一六.一八	父辛爵	三代一六.一八
集父癸爵	三代一六.二一	糸父壬爵	三代一六.二一
妣己爵	三代一六.二四	妣乙爵	三代一六.二四
㸚妣辛爵	三代一六.二五	司工丁爵	三代一六.二五

䰟母壬爵	三代一六.二五	祖乙爵	三代一六.二七
衛祖乙爵	三代一六.二七	愯乍父乙爵	三代一六.二八
加爵	三代一六.二九	田父丁爵	三代一六.二九
𣝏父癸爵	三代一六.三〇	屰目父癸爵	三代一六.三一
父癸爵	三代一六.三一	過伯爵	三代一六.三二
癸𢼄爵	三代一六.三五	𧇖爵	三代一六.三六
剛爵	三代一六.三六	獸爵	三代一六.三八
龢爵	三代一六.四〇	者姛爵	三代一六.四〇
吕仲爵	三代一六.四〇	美爵	三代一六.四〇
盟爵	三代一六.四一	盂爵	三代一六.四一
大保爵	三代一六.四一	魯侯爵（原作角）	三代一六.四六
貯爵	錄遺四一五	屰父丁爵	小校六.四五
齐祖辛爵	续殷下二三	倗父乙爵	续殷下三四
亞𣪘爵	頌续九四	𢦏系爵	金文編六六四
	二十四　角		
陸父乙角	三代一六.四五	索角	三代一六.四六
父乙角	三代一六.四六	丙申角	三代一六.四七
宰椃角	三代一六.四八		

二十五		觥	
引:觥	三代一七.二一	責引觥	三代一七.二四
父乙觥	莊白一〇		
二十六		盘	
轉盘	三代一七.二	隮仲盘	三代一七.四
魯伯盘	三代一七.四	楚季盘	三代一七.十
仲叡父盘	三代一七.一〇	毛叔盘	三代一七.一一
于氏叔子盘	三代一七.一一	殷穀盘	三代一七.一二
薛侯盘	三代一七.一三	黄韋俞父盘	三代一七.一三
白者君盘	三代一七.一三	中子化盘	三代一七.一三
归父盘	三代一七.一四	鄀嫛盘	三代一七.一五
囂伯盘	三代一七.一五	畬志盘	三代一七.一六
齐侯盘	三代一七.一六	寰盘	三代一七.一八
休盘	三代一七.一八	虢季子白盘	三代一七.一九
兮甲盘	三代一七.二〇	散盘	三代一七.二〇
免盘 (反作盉)	三代一四.一二	伯侯父盘	錄遺四九一
齐縈姬盘	錄遺四九五	湯叔盘	錄遺四九六
守宮盘	錄遺四九八	賔叔多父盘	周金四.五
北子盘	攈二之一.五三	牆盘	莊白二一一二

蔡侯盘	蔡侯墓三八	姬㴸盘	郙县二.四
哀成叔盘	洛阳博物馆	曩伯盘	黄县六

二十七　匜

㲋叔匜	三代一七.二四	蔡子匜	三代一七.二六
穌甫人匜	三代一七.二九	名欒父匜	三代一七.二九
周窐匜	三代一七.三〇	匽公匜	三代一七.三一
史頌匜	三代一七.三一	魯伯匜	三代一七.三二
毳匜	三代一七.三三	叔高父匜	三代一七.三四
耶䜌匜	三代一七.三四	𣄰伯匜	三代一七.三四
陈伯元匜	三代一七.三五	薛侯匜	三代一七.三六
楚嬴匜	三代一七.三七	齐侯匜	三代一七.三七
公父宅匜	三代一七.三八	叔男父匜	三代一七.三八
陈公子匜	三代一七.三九	子仲匜	三代一七.三九
夆叔匜	三代一七.四〇	齐侯盂匜（反作鼎）	三代四.一四
魯之匜（反作盂）	錄遺五一二	郑伯匜	攈二之三.八
僕匜	岐山二四	蔡侯匜	蔡侯墓五.二
脂父匜	枝江二		

二十八　鑑

攻吳王鑑	三代一八.二四	智君子鑑	錄遺五一九

吳王光鑑	蔡侯墓三九		

二十九 盂

虢叔盂	三代一八、一二	伯盂	三代一八、一二
匽侯盂	錄遺五一一	宻桐盂	周金四、三九
永盂	永盂三		

三十 其它器物

王子申盞	三代一八、一二	曾大保盆	三代一八、一三
司料盆蓋	三代一八、一九	登子仲盆	湘博二、三
晋公盞	三代一八、一三	孟城鉼	三代一八、一四
喪史賓鉼	三代一八、一四	𣪘(?)冔君鉼	三代一八、一五
蔡侯鉼	蔡侯墓三三	仲义父𨱆	三代一八、一五
廿七年鈿	三代一八、一五	犀氏会	三代一八、一七
国差鑰	三代一八、一七	左关鈉	三代一八、一七
杞伯盉	三代一八、一八	中權盖	三代一八、一九
旻成侯鍾	三代一八、一九	安邑下官鍾	咸阳五一六
栾書缶	錄遺五一四	蔡侯缶	蔡侯墓三四
妇好瓿	殷墟五、一六	子禾子釜	三代一八、二二
陈猷釜	三代一八、二三	右里盌	三代一八、二四
嬰次庐	三代一八、二四	太子鎬	三代一八、二六

魚鼎匕	三代一八.三〇	微㿫匕	莊白二八
冶勻	三代一八.二七	上官登	周金三.一六七
左师鈁	善斋二八.六	銅器盖	安阳二
𠭯斗小器	三代一八.二七	伯𣪘父罃	张家坡一六
少府小器	三代一八.三九	大府铜牛	寿县
晋公車軎	錄遺五三三	右铃車飾	錄遺五三一
中山王兆域图	平山	秦銅量	金版四.一一
楚郵陵君铜蓋	中国社会科学院考古研究所藏		
虎豕金牌	内蒙準格尔出土.内蒙古博物馆藏		
銀節約	内蒙準格尔出土、内蒙古博物馆藏		

三十一　戈

𢊁戈	三代一九.一	萬戈	三代一九.三
聿戈	三代一九.七	兄日戈	三代一九.二一
坖戈	三代一九.二七	中都戈	三代一九.二九
潭右戈	三代一九.三一	右濯戈	三代一九.三二
高密戈	三代一九.三五	庶長戈	三代一九.三六
闌丘戈	三代一九.三八	脽戈	三代一九.三八
滕侯耆戈	三代一九.三九	攻敔王光戈	三代一九.四四
咸陽戈	三代一九.四四	蔡侯戈	三代一九.四五

朝訶右庫戈	三代一九.四六	郾王脮戈	三代一九.四六
蔡公子果戈	三代一九.四六	郢侯戈	三代一九.四八
不易戈	三代一九.五二	郾王詈戈	三代一九.五二
秦子戈	三代一九.五三	梁伯戈	三代一九.五三
楚屈叔沱戈	三代一九.五五	右庫戈	三代二十.四
仕斤戈	三代二〇.七	玄翏戈	錄遺五六三
新都戈	錄遺五六六	子朖戈	錄遺五六七
邗王戈	錄遺五六九	鄆戈	錄遺五七一
吳王光趄戈	周金六.一七	敔戈	周金六.二九
平阿右戈	周金六.三一	阿武戈	攈一之一.四六
鑞鎛戈	小校十.一九	宋公䜌戈	双剑上四三
楚王酓璋戈	双剑上四五	鄦叔虎戈	双剑上四六
陳禦寇戈	貞松一一.二七	周王戈	山彪镇上二四
大紽戈	山彪镇上二五	王子于戈	万荣五.一
大梁戈	衡阳三	三十四年戈	拍马山九
新弨戈	释文	郾王䎴戈	燕戈二
楚王孙漁戈	楚王	曾公子戈	金文编二五三
陸胎戈	山东益都博物馆藏		
鄿戈	山东益都博物馆藏		

三十二 戟

口戻戟	三代一九.四一	滕侯戟	三代二〇.一三
郾王戠戟	三代二〇.一七	邿大司马戟	三代二〇.一九
四年相邦戟	三代二〇.二六	十六年戟	三代二〇.二七
八年戟	錄遺五八一	丞相觸戟	貞松續下二二
曾侯乙戟	随县九.四		

三十三 矛

右官矛	三代二〇.三三	格氏矛	三代二〇.三五
郾侯矛	三代二〇.三六	秦子矛	三代二〇.四〇
郾右軍矛	錄遺五八五	越王於賜矛	遺宝.五四
越王州句矛	古代十	越王者旨矛	马书四
郑九年矛	新郑二四	四年矛	京.博藏器

三十四 劍

叔𤇾劍	三代二〇.四三	脽公劍	三代二〇.四五
郾王喜劍	三代二〇.四五	十五年相邦劍	三代二〇.四七
越王劍	三代二〇.四八	吴季子之子劍	攈二之一.五七
富奠劍	錄遺五八九	郾王戠劍	錄遺五九五
吉日壬午劍	錄遺六〇一	𦝡公劍	貞松十二.一九
攻敔王夫差劍	双剑上四一	蔡侯產劍	淮南四.一

蔡侯産劍 二	淮南四.二	工⿰⿸虍魚攵太子姑发剑	淮南一一
郑卌三年劍	新郑二五	十七年相邦剑	上海博物館
三年相邦劍	上海博物館	越王勾踐剑	望山
	三十五 斧及其它		
郘大叔斧	三代二〇.五一	末距愕	三代二〇.五八

検字索引

	犬	毛	幻	市	丹	木	屯	匹	㞋
	一九七	三二	二五〇	二五七	二六〇	二七七	二九六	三三二	三三五
	办	分	刂	戈	引	斤	兮	方	文
	三四二	三四二	三四五 同剎	三四七	三五六	三六二	三六六	三六六	三七〇
	卅	午	丰	井	斗	升	壬	亢	六
	三七三	三七三	三七四	三七四	三七五	三七六	三七七	四〇七	四〇七
	户	爿	壬	邩	邠	邘	井	卯	币
	四一二	四一三	四一六	四三二	四三二	四三四	四三四 同邢	四四八	四五〇
	阮	水	巛	云	少	日	月	勻	勿
	四五一	四六〇	四八一	四八三	四八七	四九〇	四九六	四九九	四九九
	公	以	火						
	五〇二	五〇三	五〇四						
五畫	丕	丙	甘	世	丘	尒	令	㐱	仜
	三	三	三	四	四	六 同爾	七	九	十

后 四四	妄 三三	好 三三	妊 三三	妓 三三	妃 三三	妃 三二	如 三二	炊 三〇
吏 六二	有 六一	死 五九	歹 五九	乎 五四	考 五二	老 五一	夷 四八	巩 四四
迄 九九	迂 九九	让 九九	巡 九九	各 九三	此 九一	丞 八五	共 八四	寺 六五
舌 一二一	吕 一二一	合 一二一	吉 一二一	卸 一二七 同御	廷 一二三	延 一二三	彶 一二三	行 一二三
由 一四〇	耳 一三四	自 一三三	向 一三二	名 一三二	呂 一三二	吁 一三二	同 一三二	吃 一三一
全 一八六	臣 一八五	次 一八三	劦 一八〇	忏 一四九	忍 一四八	肌 一四一	肉 一四一	丹 一四一
再 二六〇	衣 二五二	糸 二三五	羽 二二九	虫 二一〇	犴 一九七	羊 一九〇	犯 一八七 同牝	牝 一八七

表 五四	弃 五六	𠬶 六三	君 六六	孚 六八	孚 六八	折 七〇	扶 七〇	攻 七三
攼 七三 同㲉	改 七三	攸 七四	更 七五	坄 八三 同炈	弃 八四	兵 八五	戒 八五	弄 八五
弅 八六	芇 九一	步 九一	夆 九三	足 九五	走 九五	迄 九九	返 九九	迈 一〇〇
迺 一〇〇	迍 一〇〇	迊 一〇〇	迃 一〇〇	迓 一〇〇	迎 一〇八	呈 一一三	谷 一一三	吝 一一三
否 一一三	含 一一三	吳 一一三	吾 一一四	告 一一四	向 一一四	耴 一一四	甹 一一四	臣 一四〇
身 一四〇	肖 一四二	肝 一四二	忘 一四六	忌 一四六	忍 一四六	态 一四六	志 一四六	忻 一四六
忤 一四九	忱 一四九	忒 一五〇	亙 一五〇 同恒	忈 一五三 同惎	言 一六〇	見 一七一	祁 一七四	祀 一七四 同社

半	牡	告	牢	吹	甫	甬	男	卣
一九〇	一八六	一八七	一八七	一八三	一八二	一八二	一八〇	一七九
貝	豸	狃	狂	⿰犭比	狄	⿰犭斤	尨	豕
二一七	二〇三	一九九	一九八	一九八	一九八	一九八	一九八	一九六
良	辛	即	皀	彤	求	系	夋	角
二六九	二六七	二六二	二六三	二六〇	二五四	二三五	二三四 同鞍	二三一
条	李	杙	枎	杜	杞	杞	私	釆
二八〇	二七九	二七九	二七九	二七九	二七九	二七九	二七二	二七〇
芒	芑	芊	芋	芅	杠	束	余	杔
二九七	二九七	二九七	二九七	二九六	二八〇	二八〇	二八〇	二八〇
刜	車	彤	酉	豆	匝	医	匜	芃
三四三	三三七	三三六	三二九	三二五	三二三	三二三	三一八	三〇一
辰	⿰弓斤	⿰矢又	弟	我	則	佁	初	利
三七一	三六三	三六一	三五七	三五〇	三四五	三四四 同剛	三四四	三四三

庢 四〇一	戊 三九七	穿 三九五	宇 三九五	穹 三八九	窆 三八五 同宄	定 三八三	宋 三八三	审 三八一
坐 四二〇	星 四二〇	坏 四二〇	坊 四一九	囧 四一六	囦 四一五	困 四一五	壯 四一三	启 四一三
邸 四三五	邑 四三三	里 四三一	𨸏 四三一 同疇	坂 四二六	陉 四二六	坋 四二〇	坄 四二〇	均 四二〇
阽 四五一	卲 四四八	郤 四四七	郫 四三六	邸 四三五	郎 四三五	邡 四三五	邯 四三五	邠 四三五
沙 四六二	沈 四六二	沖 四六二	沚 四六二	求 四六〇	附 四五二	陀 四五二	阿 四五二	陕 四五一
冶 四八二	坙 四八一	囦 四七〇 同淵	沁 四六八	沕 四六六	汚 四六三	沅 四六三	汪 四六三	汸 四六三
		宊 五〇四 同戭	赤 五〇四	旬 五〇一	呁 五〇〇	飒 四九八 同凨	昊 四九〇	玗 四八八

八画

林 二八二	析 二八二	枑 二八二	枋 二八二	枏 二八二	松 二八一	東 二八一	來 二八一	杏 二八〇
柿 二八五	极 二八三	枝 二八三	杯 二八三	杵 二八三	枈 二八三	采 二八三	枚 二八三	果 二八二
孟 三一四	盂 三一三	竺 三一〇	旾 同春 三〇二	[illegible] 同荊 二九九	芮 二九八	芇 二九八	苊 二九八	芷 二九七
戔 三五一	𢦏 三四九	或 三四九	紂 三四五	剮 三四五	服 三三五	臽 三三三	匧 三二三	匋 三二〇
所 三六三	斨 三六二	斧 三六二	函 三六〇	弩 三五七	弢 三五七	戕 三五五	武 三五二	戋 三五一
宗 三八四	官 三八四	宎 三八三	定 三八三	宕 三八三	岡 三八〇	隶 三七八	非 三七二	於 三六七
享 四〇六	京 四〇四	府 四〇〇	庚 三九七	底 三九七	究 同究 三八五	宜 三八五	空 三八四	宙 三八四

門 四〇八	房 四一二	固 四一六	或 四一七	坪 四二六	均 四二一	坡 四二一	坤 四二一	垂 四二二
坏 同鉢 四二五	幸 四二七	郘 四三五	郇 四三六	巷 四三六	邾 四三六	邦 四三七	郊 四三八	郱 四三九
郝 四四三	紑 四四六	郅 四四六	郠 四四七	哪 四四七	郃 四四九	卹 四四八	阜 四五一	限 四五二
降 四五二	陏 四五三	险 四五八	陵 四五八	陕 四五八	陃 四五八	沱 四六一	沝 四六二	洵 四六三
波 四六三	河 四六四	沫 四六四	沽 四六四	泊 四六四	沮 四六五	沾 四六五	洛 四六五	泣 四六五
泪 四六五	況 四七〇	法 四七九	沴 四七九	泆 四七九	渊 四八〇	雨 四八三	典 四八七	昊 四九一
昌 四九一	佰 四九一	昏 四九一	昕 四九一	昆 四九二	昔 四九二	者 四九二	旹 同時 四九二	明 四九六

	朋	夜	匋	匊	迺	炎	炅	炆	炘
	四九七	四九九	五〇一	五〇一	五〇三	五〇四	五〇四	五〇八	五〇八
	金	珊							
	五〇九	四八七							
九畫	畐	面	亟	俞	促	俔	⿰亻酉	保	⿰亻亨
	五	五	五	八	二	七	七	六	六 同保
	侵	倀	⿰亻束	侮	俌	便	俗	信	係
	八	八	九	九	九	九	九	九	九
	奔	奓	癸	姪	姼	姡	⿰女衣	⿰女自	娍
	三〇	三〇	三一	三七	三七	三七	三七	三七	三七
	姜	威	姦	姞	要	姻	娃	皇	[illegible]
	三七	三八	三八	三八	三八	三八	三八	四七	四八 同表
	屋	彝	⿱癶口	耇	疥	疢	疲	殆	⿱癶日
	四九	五〇	五一 同春	五二	五五	五五	五八	五九	六〇 同支

吞	窆	封	爰	甬	拜	政	故	敘
六一 同左	六三	六五	六八	六八	七一	七四	七四	七五
敃	敀	段	段	弇	奐	甚	是	迥
七五	七六	八二	八三	八六	八六	八九	九一	一〇二
逭	赴	追	逆	逄	迹	迷	迨	送
九六 同趄	九七	一〇一	一〇一	一〇二	一〇二	一〇二	一〇三	一〇五
斿	待	衍	後	律	㝵	复	韋	旹
一〇七	一二四	一二四	一二五	一二五	一二六 同得	九三 同復	一三二	一二一
舍	品	咼	咢	叚	㝵	眂	盾	眉
一二五 同舍	一二六	一二六	一二八	一二九 同嗣	一三一	一三一	一三一	一三一
省	相	冒	耶	頁	首	配	胃	冑
一三二	一三二	一三二	一三五	一三六	一四〇	一四〇	一四二	一四二
胎	胅	胋	胴	胡	胥	怒	思	怠
一四三	一四三	一四三	一四三	一四三	一四三	一五〇	一五〇	一五〇

字	頁	備考
㤅	一五七	同愛
眘	一五七	同慎
[illegible]	一五二	
[illegible]	一五二	
恂	一五一	
恃	一五一	
恒	一五〇	
恤	一五〇	
[illegible]	一五〇	同息
勁	一八〇	
被	一七八	
彖	一七七	
袂	一七五	
衹	一七四	
音	一七〇	
[illegible]	一六八	同謀
訇	一六四	
計	一六〇	
[illegible]	二〇二	
家	一九六	
美	一九〇	
[illegible]	一八八	
牲	一八八	
宰	一八七	同宰
助	一八一	同勛
勅	一八一	
[illegible]	一八〇	同劦
紀	二三五	
便	二三四	同鞭
革	二三三	
翦	二二九	
負	二一八	
巻	二一三	
虹	二一一	
虐	二〇六	
[illegible]	二〇二	
冒	二六三	
溝	二六〇	
帝	二五八	
帥	二五八	
哀	二五二	
幽	二五〇	
紉	二三七	
紅	二三六	
紆	二三五	
枰	二六四	
某	二六四	
柏	二六四	
柞	二六四	
葉	二六四	
柳	二六四	
秋	二七二	
食	二六四	
既	二六三	
苕	二九七	
柝	二八八	
亲	二六五	
枯	二六五	
柁	二六五	
柜	二八五	
椗	二六五	
柬	二八五	
柄	二八五	

⿱竹六	竽	春	苐	茅	苟	苞	苛	若
三一〇 同筫	三〇九	三〇二	三〇一	三〇〇	二九九	二九八	二九八	二九八
軍	前	臾	壴	⿰酉九	貞	盄	盇	盆
三三六	三三五	三三三	三三二	三三〇	三二四	三二五	三二四	三二四
弭	眊	烖	⿰衤戈	咸	哉	刺	則	勅
三五六	三五五	三五三	三五二	三五一	三五二	三四四	三四二	三四〇
⿱罒乚	料	南	差	所	炭	矦	弫	⿰弓弟
三八〇	三七六	三七五	三六四	三六二	三六二	三六〇	三五八	三五八
突	⿱宀聿	宦	宥	客	宮	室	宣	俎
三九六	三九五	三八七	三八七	三八六	三八六	三八六	三八五	三八五
冑	亯	亭	厘	厦	⿸厂足	厚	庲	穿
四一三	四〇五	四〇五	四〇四	四〇三	四〇二	四〇一	三九八	三九六
垍	垖	城	垫	垣	垪	垔	逧	圊
四二四	四二三	四二三	四二二	四二一	四二一	四二一	四一八 同造	四一六

郢 四三七	⿰余阝 四三七	⿰阝各 四三六 同隣	⿰丵阝 四三四 同郴	⿱丰田 四三四 同邦	重 四三一	畋 四二九	畏 四二八	⿱山田 四二七
⿰尗阝 四三九	郭 四三八	郖 四三八	郅 四三八	郛 四三八	郡 四三八	⿰里阝 四三八	郝 四三七	郜 四三七
除 四五三	⿰阝呈 四五三	陟 四五三	陞 四五二	⿱⿰阝方土 四五一 同防	⿰乎阝 四四三	匽 四四二	⿰犭郎 四三九	⿰車阝 四三九
洧 四六六	洋 四六六	泉 四六五	洎 四六五	耑 四五九	⿰山朱 四五九	陪 四五八	㒸 四五六	陣 四五五
減 四八〇	洼 四七八	洴 四六七	坙 四六七 同汗	湑 四六七	洒 四六七	洛 四六六	洹 四六六	洚 四六六
昜 四九三	昱 四九三	星 四九三	昧 四九三	⿰禾旦 四九二	皆 四九二	珂 四八八	⿱冊曰 四八七	羿 四八三
				烙 五〇四	匍 五〇一	⿰⿱山古月 四九七	胡 四九六	⿰目弗 四九五

十畫

亞	倉	修	悰	倗	俯	倍	倌	倚
五	八	一八 同攸	二〇	二〇	二〇	二〇	二〇	二〇
俠	倪	娕	娘	娥	婞	娉	姬	娷
二〇	二六	三九	三九	三九	三九	三九	三九	四二
[illegible]	屖	孫	辰	耆	耊	疾	病	痀
四八	四九	五〇	五一	五三	五三	五五	五五	五五
痄	疲	殊	隻	專	兼	奚	[illegible]	[illegible]
五五	五六	五九	六四	六五	六七	六九	同折 七〇	七四
敉	效	[illegible]	殷	殸	鬥	夏	起	逐
七五	七六	七六	八三	八三	八八	九三	九六	一〇三
逑	連	衎	徒	速	造	通	途	逢
一〇五	一〇五	一一五	一一五	一〇四	一〇三	一〇四	一〇四	一〇四
逞	哦	眣	罘	眀	臭	[illegible]	香	骨
一〇四	一二〇	一三二	一三二	一三三	一三三	一三四	同牙 一三六	一四一

檢字索引　十畫

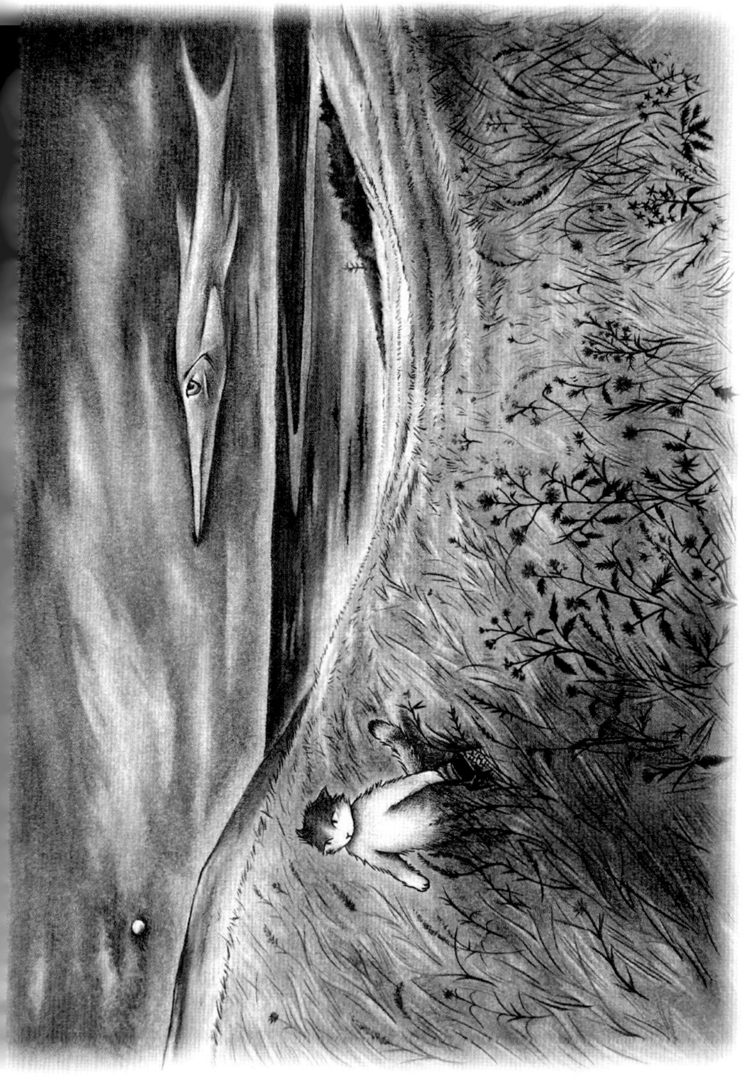

동문선

栗	祝	乘	秦	秝	秫	秭	卷	敉
二八六	二七六	二七四	二七三	二七三	二七三	二七三	二六七	二六五 同養
桌	栽	格	集	桐	栺	梧	臬	桑
二八七	二八七	二八七	二八六	二八六	二八六	二八六	二八六	二八六
茈	草	茲	荒	荆	芻	柖	柬	株
三〇〇	三〇〇	三〇〇	三〇〇	二九九	二九七	二八八	二八八	二八七
益	盌	盍	盉	盡	笄	矩	萓	茖
三一五	三一五	三一五	三一四	三一四	三〇九	三六四	三〇〇	三〇〇
般	酌	酏	配	鬲	豈	真	匽	釜
三二四	三二一	三二九	三二九	三二七	三二六	三二四	三二三	三二〇
剳	剄	刻	剛	軒	庫	朕	脊	舫
三四六	三四五	三四四	三四四	三三八	三三八	三三五	三三五 同前	三三五
旅	旄	旂	旁	臭	弳	殺	戚	截
三六八	三六七	三六七	三六六	三六一	三五八	三五三	三五二	三五二

十畫								
陳 四五五	阿 四五九	淬 四六五	浴 四六七	酒 四六七	涇 四六七	涂 四六八	涉 四六八	浮 四六八
海 四六八	流 四六九	涅 四六九	浩 四六九	涕 四七一	浸 四七一	涅 四七一	浗 四七一	浥 四八〇
泙 四八〇	邕 四八一	班 四八八	時 四九四	胡 四九六	佰 四九八 同凤	栽 五〇四	烄 五〇五	烝 五〇六
羑 五〇七	叓 五〇八	釛 五〇九						

十一畫								
㗊 八 同龠	脩 一九	偁 二一	偪 二一	僘 二一	側 二一	偒 二一	偳 二一	偍 二一
連 二二 同傳	竟 二六	奢 三一	爽 三一	嬨 三四	婁 三八	婦 四〇	婐 四〇	婜 四〇
婢 四〇	婎 四〇	婤 四〇	婪 四一	執 四五	埶 四五	孰 四五	痎 五六 同卉	專 六五

敚	敗	啟	救	教	毀	敉	掤	覓
七七	七七	七七	七六	七五	七三	七一 同播	七一	六九
貭	斐	殹	敔	救	敘	敏	敎	赦
八九	八八	八三	一二四	七八	七八	七八	七八	七七
逮	違	進	遣	逸	[illegible]	趹	麥	[illegible]
一〇五	一〇五	一〇五	一〇五	一〇四	一〇三 同造	九五	九四	九〇
[illegible]	得	從	徙	[illegible]	逨	[illegible]	[illegible]	[illegible]
一二六	一二六	一二六	一二五	一二二	一〇六	一〇六	一〇六	一〇五
脰	婚	彫	啫	唬	畐	商	唯	過
一四四	一三六	一二七	一二七	一二七	一二七	一二六	一二六	一〇六
怨	悠	悆	悤	悊	悉	[illegible]	豚	脛
一五三	一五三	一五三	一五三	一五二	一五二	一五〇 同恒	一四五	一四四
[illegible]	[illegible]	[illegible]	悋	[illegible]	[illegible]	[illegible]	惟	惕
一六〇 同懿	一五七	一五五	一五五	一五五	一五五	一五五	一五四	一五四

菆	莪	筍	筥	筓	愚	盜	鉼	登
三〇三	三〇三	三〇九	三〇九	三一二	一五六	三一六	三二一	三二六

酢	喜	彭	尌	舄	舿	朝	軫	軛
三二〇	三二二	三二二	三二二	三二四	三二六	三二六	三二九	三二九

軻	輅	剸	割	銭	幾	戟	弼	發
三二九	三二九	三四五	三四五	三四七	三五二	三五四	三五八	三五九

躲	斯	博	壺	畫	㶳	罟	罨	寑
三六一	三六二	三七四	三七七	三七八	三七九	三八〇	三八〇	三九〇

富	盌	寏	窓	寒	廗	廥	庿	厤
三九〇	三九一	三九一	三九一	三九二	三九八	三九九	同廟 四〇〇	四〇一

猒	閑	閒	閃	閔	閏	犀	稀	圍
四〇二	四〇九	四〇九	四〇九	四一〇	四一〇	四一四	四一四	四一七

圖	𦤹	堯	堹	場	報	教	番	晙
四一七	四一九	四二四	四二四	四二四	四二七	四二七	四二九	四三〇

十三画

會	傳	僨	倘	嫊	媾	[illegible]	𦥯	[illegible]
九	一三	一三	一三	三九	四一	四六	同學 五〇	五一
肆	瘩	瘏	痺	麦	搏	預	微	敕
五一	五六	五七	五七	六四	七一	同拜 七一	七六	同敎 七六
轂	殼	毀	路	趍	趌	趚	趄	[illegible]
八三	八三	八四	九五	九六	九六	九六	九六	九六
[illegible]	遥	遛	遠	遘	遣	遅	嗇	嗣
同造 一〇三	一〇八	一〇八	一〇八	一〇八	一〇九	一〇九	一二九	一二九
嗌	咩	睪	辠	聘	聖	頊	頊	頌
一二九	一二九	一三三	一三三	一三四	一三五	一三七	一三七	一三七
腹	腰	慠	感	愍	慈	愈	愆	惪
一四六	一四七	同怙 一五〇	一五五	同懇 一五九	一五六	一五六	一五六	一五六
惷	愛	慎	慺	詽	詻	誀	[illegible]	誺
一五六	一五七	一五七	一五七	一六五	一六二	一六三	一六四	一六四

字	頁	字	頁	字	頁	字	頁	字	頁	字	頁	字	頁	字	頁	字	頁
厭	四〇二	歷	四〇二	廠	四〇二	厲	四〇二	廄	四〇〇	審	三九三	寡	三九三	賓	三九二	寧	三九二
鄰	四三六	鄲	四三四	圖	四一七	牒	四二四	臧	四一三	閘	四一一	齊	四六八	楚	四〇三 同歷	夢	四六九
隥	四五六	隞	四五五	鄉	四四七	鄧	四四五	鄦	四四五	鄭	四四五	緗	四四四	鄱	四四三	鄙	四三九
憢	四八二	漸	四七五	潢	四七五	滴	四七五	漾	四七四	潛	四七五	隣	四五七	墮	四五七	墜	四五六
養	二六五	劃	三〇六	箙	三一	蕭	二四	熏	五〇六	壁	四九七	鳳	四八六	霸	四八四	零	四八四
銑	五一一	銀	五一二	鉼	五一三	鉤	五一二	鍇	五一一	銅	五一一	銘	五一一	鉄	五一一	獿	二〇一

十五画

字	頁	字	頁	字	頁	字	頁	字	頁	字	頁	字	頁	字	頁	字	頁
髮	五一	遻	四六	㪅	四五	執	四五	嫼	四二	嬉	四二	嫣	四一	婁	三九 同娉	保	一八 同保

瘧 五八	瘠 五八	導 六五	撲 七一	播 七一	撣 七二	敷 七九	數 八〇	歟 八〇
穀 八〇	敹 八〇	樊 八六	臺 九二	齒 九二	趣 九七	趠 九七	趞 九七	趡 九七
趛 九八	鋯 同造 一〇三	鋁 一五二	遶 一一〇	遺 一一〇	適 一一〇	遷 一一一	邁 一一二	徹 一一七
德 二八	衛 二八	暋 一三三	噂 同甹 一三四	頡 一三八	頪 一四〇	慛 同惟 一五四	諐 一五六	慶 一五七
慕 一五七	憂 一五八	惷 一五八	憐 一五八	憚 一五八	懿 同懿 一六〇	請 一六六	誰 一六六	闇 一六六
談 一六六	諆 一六七	覘 一七一	褸 一七八	䰟 同鬼 一七九	歐 一八四	歙 一八四	駒 一九三	駟 一九三
駝 一九三	駕 一九四	罵 一九四	嘼 同獸 二〇一	麃 二〇四	㲋 二〇五	虢 二〇七	膚 二〇八	慮 二〇八

麋	魴	魰	彝	魯	廣	賜	賞	寶
四二	二一五	二一五	同漁 二一五	二一五	二二一	二二一	二二二	二二二
賦	質	賢	賣	鵰	豁	綠	緻	緘
二二二	二二二	二二三	二二三	二二五	二三三	二四三	二四四	二四五
緟	縕	緰	緯	緅	緣	緹	緒	璺
二四五	二四五	二四五	二四五	同繙 二四五	二四五	二四五	二四五	二五四
縈	餟	餗	辤	稽	稻	穀	樂	樛
二九三	二六五	二六五	二六八	二七六	二七六	二七六	二九三	二九三
樆	樇	蔡	蔘	蔥	蔑	箭	箬	盡
二九五	三〇三	三〇五	三〇五	三〇七	三〇八	三一一	三一一	三一六
盤	盬	鼑	鼏	醃	墓	艐	輨	輂
三一七	三一七	同貞 三二四	三二五	三三〇	三三〇	三三六	三三九	三四〇
輫	劍	戮	载	彇	彈	殤	褧	肆
三四〇	三四七	三五四	三五五	三五九	三五九	三七〇	三七一	三七九

字	頁	備考
廟	四〇〇	
雁	三九九	
廬	三九九	
廣	三九九	
庾	三九九	
窯	三九六	
賓	三九三	
寮	三九三	
寫	三九三	
墨	四二六	
𧊒	四二三	同域
牆	四一三	
閱	四一二	
閡	四一〇	
闞	四一〇	
𦎫	四〇六	
替	四〇三	同曆
廥	四〇〇	
潭	四七五	
[illegible]	四五四	同陯
[illegible]	四五〇	同書
郻	四四七	
鄭	四四六	
舜	四四五	同鄰
鄰	四四四	
鄶	四四四	
鄵	四四三	
鼠	四八二	
湯	四七八	
潛	四七七	
濡	四七七	同濡
潸	四七六	
潦	四七六	
蔆	四七五	
潘	四七五	
漕	四七五	同潸
鋻	五一二	
鋪	五一二	
熬	五〇六	
翰	五〇一	
象	四九九	
智	四九四	同智
璋	四八九	
雩	四八四	
霸	四八四	
鍾	五一七	
盥	五一六	同鑄

十六畫

字	頁	備考
散	七九	同散
擇	七二	
戮	七一	同撲
瘯	五八	
學	五〇	
整	八〇	
奮	三二	
儐	二三	
儕	二三	

字	頁	備考
䄡	二五五	
褮	二五五	
褱	二五五	
縪	二四七	同縏
縞	二四七	
縈	二四六	
縢	二四六	
縣	二四三	
[illegible]	二三五	同系
[illegible]	二九四	
稟	二九三	
穆	二七五	
穌	二七五	
糗	二七〇	
薛	二六八	
[illegible]	二六六	同饊
館	二六六	
[illegible]	二六四	同飴
盦	三一八	
盥	三一七	
錳	三一三	同孟
篚	三一二	
築	三一一	
蔡	三〇六	
蕃	三〇五	
樸	二九四	
樹	二九四	
[illegible]	三四一	
輸	三四〇	
醒	三三〇	
[illegible]	三二八	
[illegible]	三二七	同蒸
[illegible]	三二四	
螢	三二一	
[illegible]	三一九	
[illegible]	三一八	同匜
[illegible]	三八〇	
[illegible]	三七七	同壺
[illegible]	三六三	
彊	三五九	
戰	三五五	
[illegible]	三五五	
劑	三四六	
辨	三四六	
[illegible]	三一八	
[illegible]	四四六	
[illegible]	四二四	同[illegible]
閤	四二〇	
[illegible]	四〇六	
歷	四〇三	
窵	三九六	
[illegible]	三九五	
[illegible]	三九三	
罹	三八一	
[illegible]	四九四	
璜	四八九	
霎	四八五	
霖	四八四	
霍	四八四	
濁	四七九	
澤	四七六	
澮	四七六	
[illegible]	四四八	同[illegible]

畫	字	頁
	麗	二〇四
	⿰龠力	一八二
	⿱隹龜	二一〇
	蟺	二一二
	⿰魚帛 同鮒	二一六
	難 同鷄	二二九
	翺	二三一
	韓	二三三
	⿱匋革 同鞄	二三四
	轉	二三五
	繪	二四七
	繰	二四七
	⿰糸僉	二四七
	繴	二四七
	繮	二六八
	繯	二六八
	彝	二六九
	繹	二六九
	⿰糸絲	二五〇
	辭	二五一
	⿰𤔔甫	二五一
	⿰堇圭	二六二
	饉	二六六
	⿱矩卷	二六七
	釋	二七〇
	櫟	二九四
	櫝	二九五
	麓	二九五
	櫑	二九五
	藥	三〇六
	⿰耒青	三〇六
	⿱齊皿	三一九
	⿱粦皿	三一九
	⿰金詹	三二一
	彊	三五九
	旟	三六九
	旜	三六九
	羅	三八一
	寵	三九四
	廬	四〇〇
	疇	四三一
	瀗	四七七
	瀘	四七七
	⿰氵龜	四七八
	瀞	四七八
	⿱穴親	三九五
	瀕	四七八
	⿰金堇	五一八
	鏐	五二四
二十畫	競	二七
	斆 同教	七八
	⿱敖皿 同敫	八〇
	龔	八二
	邍	一一二
	譱 同善	一二八
	嚴	一三〇
	臚	一四七
	譊 同訓	一六〇

畫	字	頁
二十一畫	圞	四一六
	闢	四一二 同閫
	旟	三七〇
	醻	三三一
	籥	三一三
	寱	三〇八
	鶾	三一六
	顳	二一四
	齎	二一四
	鐶	五一五
	鐸	五一四
	鐬	五一五
	襮	二五六
	[illegible]	四七九
	霸	四八五
	灅	四七九
	鱀	四四六
	圝	四一七
二十二畫	懿	一六〇
	顫	一三九
	聽	一三六
	聾	一三六
	邐	一一三
	趯	九八
	龔	八八
	斆	八一
	孌	四三
	饔	二六六
	囊	二五六
	襲	二五六
	爞	四三
	贖	二一四
	龏	二一七
	蠪	二一三
	歡	一八五
	讞	一七〇
	䵴	四二〇 同坏
	籲	三一二
	戀	三九五
	旛	三六七
	醲	三二一
	鬻	三一八
	闒	三一四 同鞄
	龢	二七七
	旝	二七六 同稻
	鑑	五一八
	鑺	五一七
	鑄	五一六
	鑊	五一五
	燹	五〇八 同燹
	霽	四八五
	霾	四八五
	灘	四七九
	𩫖	四二〇 同坒
二十三畫	纏	二五〇
	蠿	二三三
	贙	二〇九
	獻	二〇一 同獻
	饝	一七〇
	體	一四一
	顯	一三九
	變	八二
	癰	五八

三十三画

合文

合文	頁
大吉	五一九
至吉	五一九
用吉	五一九
丝用	五一九
引吉	五一九
受佑	五一九
受年	五一九
亡壱	五二〇
亡田	五二〇
亡戈	五二〇
亡巛	五二〇
亡尤	五二〇
又田 有咎	五二〇
又壱 有它	五二〇
上壱	五二〇
黄牛	五二一
歲牛	五二一
用豕	五二一
小魚	五二一
小隹	五二一
小方	五二一
人方	五二一
刀方	五二一
隹餗	五二二
婁泉	五二二
小叟	五二二
小歸	五二二
少配	五二二
亞束	五二二
之日	五二二
上下	五二三
下上	五二三
今日	五二三
今夕	五二三
翌日	五二三
生月	五二三
正月	五二三
一月	五二三
二月	五二四
三月	五二四
四月	五二四
五月	五二四
六月	五二四
七月	五二四
八月	五二四
九月	五二四
十月	五二五
十一月	五二五
十二月	五二五
十三月	五二五
三旬	五二五
四旬	五二五
六旬	五二五
三祀	五二五
二示	五二六
三示	五二六
六示	五二六
九示	五二六
一告	五二六
二告	五二六
三告	五二六
四告	五二六
一牢	五二七

合文	釋文	頁
二匹		五三四
三匹		五三五
十匹		五三五
十三		五三五
十五		五三五
五十		五三五
六十		五三五
七十		五三五
八十		五三五
九十		五三六
二百		五三六
三百		五三六
四百		五三六
五百		五三六
六百		五三六
八百		五三六
九百		五三六
二千		五三七
三千		五三七
四千		五三七
五千		五三七
六千		五三七
八千		五三七
三萬		五三七
上甲		五三七
匚乙	報乙	五三八
匚丙	報丙	五三八
匚丁	報丁	五三八
三匚	三報	五三八
示壬		五三八
示癸		五三八
大乙		五三八
大丁		五三八
卜丙	外丙	五三八
且壬	祖壬	五三九
大甲		五三九
大庚		五三九
小甲		五三九
雍己		五三九
大戊		五三九
中丁		五三九
卜壬	外壬	五四〇
戔甲	河亶甲	五四〇
且乙	祖乙	五四〇
且辛	祖辛	五四〇
羌甲	沃甲	五四〇
且丁	祖丁	五四〇
南庚		五四〇
喙甲	阳甲	五四〇
般庚		五四一
小辛		五四一
小乙		五四一
武丁		五四一
且庚	祖庚	五四一
且甲	祖甲	五四一
康丁		五四一
康且丁	康祖丁	五四一
武乙		五四一
文武丁		五四二
三且丁	三祖丁	五四二
四且丁	四祖丁	五四二
且己	祖己	五四二
且戊	祖戊	五四二

父庚 五四三	父己 五四三	父戊 五四三	父丁 五四三	父乙 五四三	父甲 五四三	三且庚 五四二 三祖庚	且亥 五四二 祖亥	且丙 五四二 祖丙
兄壬 五四四	兄辛 五四四	兄庚 五四四	兄己 五四四	兄戊 五四四	兄丁 五四四	兄丙 五四四	父寅 五四三	父辛 五四三
妣乙 五四五	妣甲 五四五	小子 五四五	中子 五四五	大子 五四五	子癸 五四五	子庚 五四五	子丁 五四五	兄癸 五四四
多妣 五四七	妣癸 五四六	妣壬 五四六	妣辛 五四六	妣庚 五四六	妣己 五四六	妣戊 五四六	妣丁 五四六	妣丙 五四六
母壬 五四八	母辛 五四八	母庚 五四七	母己 五四七	母戊 五四七	母丁 五四七	母丙 五四七	母乙 五四七	母甲 五四七
小示 五四九	多母 五四九	小母 五四八	中母 五四八	王母 五四八	司母 五四八	妣母辛 五四八	妣母甲 五四八	母癸 五四八
丝雨 五五〇	允雨 五五〇	小雨 五五〇	小鳳 五四九 小风	小告 五四九	小父 五四九	小臣 五四九	小王 五四九	小帝 五四九

古文字類編

초판발행 : 1990년 5월 2일
재판발행 : 2003년 7월 10일

지은이 : 高 明
펴낸곳 : 東文選

제10-64호, 78. 12. 16 등록
110-300 서울 종로구 관훈동 74
전화 : 737-2795

ISBN 89-8038-001-1 94720
ISBN 89-8038-000-3 (문예신서)

【東文選 現代新書】

1 21세기를 위한 새로운 엘리트	FORESEEN 연구소 / 김경현	7,000원
2 의지, 의무, 자유 — 주제별 논술	L. 밀러 / 이대희	6,000원
3 사유의 패배	A. 핑켈크로트 / 주태환	7,000원
4 문학이론	J. 컬러 / 이은경 · 임옥희	7,000원
5 불교란 무엇인가	D. 키언 / 고길환	6,000원
6 유대교란 무엇인가	N. 솔로몬 / 최창모	6,000원
7 20세기 프랑스철학	E. 매슈스 / 김종갑	8,000원
8 강의에 대한 강의	P. 부르디외 / 현택수	6,000원
9 텔레비전에 대하여	P. 부르디외 / 현택수	7,000원
10 고고학이란 무엇인가	P. 반 / 박범수	8,000원
11 우리는 무엇을 아는가	T. 나겔 / 오영미	5,000원
12 에쁘롱 — 니체의 문체들	J. 데리다 / 김다은	7,000원
13 히스테리 사례분석	S. 프로이트 / 태혜숙	7,000원
14 사랑의 지혜	A. 핑켈크로트 / 권유현	6,000원
15 일반미학	R. 카이유와 / 이경자	6,000원
16 본다는 것의 의미	J. 버거 / 박범수	10,000원
17 일본영화사	M. 테시에 / 최은미	7,000원
18 청소년을 위한 철학교실	A. 자카르 / 장혜영	7,000원
19 미술사학 입문	M. 포인턴 / 박범수	8,000원
20 클래식	M. 비어드 · J. 헨더슨 / 박범수	6,000원
21 정치란 무엇인가	K. 미노그 / 이정철	6,000원
22 이미지의 폭력	O. 몽젱 / 이은민	8,000원
23 청소년을 위한 경제학교실	J. C. 드루엥 / 조은미	6,000원
24 순진함의 유혹 〔메디시스賞 수상작〕	P. 브뤼크네르 / 김웅권	9,000원
25 청소년을 위한 이야기 경제학	A. 푸르상 / 이은민	8,000원
26 부르디외 사회학 입문	P. 보네위츠 / 문경자	7,000원
27 돈은 하늘에서 떨어지지 않는다	K. 아른트 / 유영미	6,000원
28 상상력의 세계사	R. 보이아 / 김웅권	9,000원
29 지식을 교환하는 새로운 기술	A. 벵토릴라 外 / 김혜경	6,000원
30 니체 읽기	R. 비어즈워스 / 김웅권	6,000원
31 노동, 교환, 기술 — 주제별 논술	B. 데코사 / 신은영	6,000원
32 미국만들기	R. 로티 / 임옥희	10,000원
33 연극의 이해	A. 쿠프리 / 장혜영	8,000원
34 라틴문학의 이해	J. 가야르 / 김교신	8,000원
35 여성적 가치의 선택	FORESEEN연구소 / 문신원	7,000원
36 동양과 서양 사이	L. 이리가라이 / 이은민	7,000원
37 영화와 문학	R. 리처드슨 / 이형식	8,000원
38 분류하기의 유혹 — 생각하기와 조직하기	G. 비뇨 / 임기대	7,000원
39 사실주의 문학의 이해	G. 라루 / 조성애	8,000원
40 윤리학 — 악에 대한 의식에 관하여	A. 바디우 / 이종영	7,000원
41 흙과 재 〔소설〕	A. 라히미 / 김주경	6,000원

42 진보의 미래	D. 르쿠르 / 김영선	6,000원
43 중세에 살기	J. 르 고프 外 / 최애리	8,000원
44 쾌락의 횡포·상	J. C. 기유보 / 김웅권	10,000원
45 쾌락의 횡포·하	J. C. 기유보 / 김웅권	10,000원
46 운디네와 지식의 불	B. 데스파냐 / 김웅권	8,000원
47 이성의 한가운데에서 — 이성과 신앙	A. 퀴노 / 최은영	6,000원
48 도덕적 명령	FORESEEN 연구소 / 우강택	6,000원
49 망각의 형태	M. 오제 / 김수경	6,000원
50 느리게 산다는 것의 의미·1	P. 쌍소 / 김주경	7,000원
51 나만의 자유를 찾아서	C. 토마스 / 문신원	6,000원
52 음악적 삶의 의미	M. 존스 / 송인영	근간
53 나의 철학 유언	J. 기통 / 권유현	8,000원
54 타르튀프 / 서민귀족 〔희곡〕	몰리에르 / 덕성여대극예술비교연구회	8,000원
55 판타지 공장	A. 플라워즈 / 박범수	10,000원
56 홍수·상 〔완역판〕	J. M. G. 르 클레지오 / 신미경	8,000원
57 홍수·하 〔완역판〕	J. M. G. 르 클레지오 / 신미경	8,000원
58 일신교 — 성경과 철학자들	E. 오르티그 / 전광호	6,000원
59 프랑스 시의 이해	A. 바이양 / 김다은·이혜지	8,000원
60 종교철학	J. P. 힉 / 김희수	10,000원
61 고요함의 폭력	V. 포레스테 / 박은영	8,000원
62 고대 그리스의 시민	C. 모세 / 김덕희	7,000원
63 미학개론 — 예술철학입문	A. 셰퍼드 / 유호전	10,000원
64 논증 — 담화에서 사고까지	G. 비뇨 / 임기대	6,000원
65 역사 — 성찰된 시간	F. 도스 / 김미겸	7,000원
66 비교문학개요	F. 클로동·K. 아다-보트링 / 김정란	8,000원
67 남성지배	P. 부르디외 / 김용숙	개정판 10,000원
68 호모사피언스에서 인터렉티브인간으로	FORESEEN 연구소 / 공나리	8,000원
69 상투어 — 언어·담론·사회	R. 아모시·A. H. 피에로 / 조성애	9,000원
70 우주론이란 무엇인가	P. 코올즈 / 송형석	근간
71 푸코 읽기	P. 빌루에 / 나길래	8,000원
72 문학논술	J. 파프·D. 로쉬 / 권종분	8,000원
73 한국전통예술개론	沈雨晟	10,000원
74 시학 — 문학 형식 일반론 입문	D. 퐁텐 / 이용주	8,000원
75 진리의 길	A. 보다르 / 김승철·최정아	9,000원
76 동물성 — 인간의 위상에 관하여	D. 르스텔 / 김승철	6,000원
77 랑가쥬 이론 서설	L. 옐름슬레우 / 김용숙·김혜련	10,000원
78 잔혹성의 미학	F. 토넬리 / 박형섭	9,000원
79 문학 텍스트의 정신분석	M. J. 벨멩-노엘 / 심재중·최애영	9,000원
80 무관심의 절정	J. 보드리야르 / 이은민	8,000원
81 영원한 황홀	P. 브뤼크네르 / 김웅권	9,000원
82 노동의 종말에 반하여	D. 슈나페르 / 김교신	6,000원
83 프랑스영화사	J. -P. 장콜 / 김혜련	근간

84 조와(弔蛙)	金教臣 / 노치준 · 민혜숙	8,000원
85 역사적 관점에서 본 시네마	J. -L. 뢰트라 / 곽노경	8,000원
86 욕망에 대하여	M. 슈벨 / 서민원	8,000원
87 산다는 것의 의미 · 1 — 여분의 행복	P. 쌍소 / 김주경	7,000원
88 철학 연습	M. 아롱델-로오 / 최은영	8,000원
89 삶의 기쁨들	D. 노게 / 이은민	6,000원
90 이탈리아영화사	L. 스키파노 / 이주현	8,000원
91 한국문화론	趙興胤	10,000원
92 현대연극미학	M. -A. 샤르보니에 / 홍지화	8,000원
93 느리게 산다는 것의 의미 · 2	P. 쌍소 / 김주경	7,000원
94 진정한 모럴은 모럴을 비웃는다	A. 에슈고엔 / 김웅권	8,000원
95 한국종교문화론	趙興胤	10,000원
96 근원적 열정	L. 이리가라이 / 박정오	9,000원
97 라캉, 주체 개념의 형성	B. 오질비 / 김 석	9,000원
98 미국식 사회 모델	J. 바이스 / 김종명	7,000원
99 소쉬르와 언어과학	P. 가데 / 김용숙 · 임정혜	10,000원
100 철학적 기본 개념	R. 페르버 / 조국현	8,000원
101 철학자들의 동물원	A. L. 브라-쇼파르 / 문신원	근간
102 글렌 굴드, 피아노 솔로	M. 슈나이더 / 이창실	7,000원
103 문학비평에서의 실험	C. S. 루이스 / 허 종	8,000원
104 코뿔소 〔희곡〕	E. 이오네스코 / 박형섭	8,000원
105 지각 — 감각에 관하여	R. 바르바라 / 공정아	근간
106 철학이란 무엇인가	E. 크레이그 / 최생열	근간
107 경제, 거대한 사탄인가?	P. -N. 지로 / 김교신	7,000원
108 딸에게 들려 주는 작은 철학	R. 시몬 셰퍼 / 안상원	7,000원
109 도덕에 관한 에세이	C. 로슈 · J. -J. 바레르 / 고수현	6,000원
110 프랑스 고전비극	B. 클레망 / 송민숙	8,000원
111 고전수사학	G. 위딩 / 박성철	10,000원
112 유토피아	T. 파코 / 조성애	7,000원
113 쥐비알	A. 자르댕 / 김남주	7,000원
114 증오의 모호한 대상	J. 아순 / 김승철	8,000원
115 개인 — 주체철학에 대한 고찰	A. 르노 / 장정아	7,000원
116 이슬람이란 무엇인가	M. 루스벤 / 최생열	8,000원
117 테러리즘의 정신	J. 보드리야르 / 배영달	8,000원
118 역사란 무엇인가	J. H. 아널드 / 최생열	8,000원
119 느리게 산다는 것의 의미 · 3	P. 쌍소 / 김주경	7,000원
120 문학과 정치 사상	P. 페티티에 / 이종민	8,000원
121 가장 아름다운 하나님 이야기	A. 보테르 外 / 주태환	8,000원
122 시민 교육	P. 카니베즈 / 박주원	9,000원
123 스페인영화사	J.- C. 스갱 / 정동섭	8,000원
124 인터넷상에서 — 행동하는 지성	H. L. 드레퓌스 / 정혜욱	9,000원
125 내 몸의 신비 — 세상에서 가장 큰 기적	A. 지오르당 / 이규식	7,000원

126 세 가지 생태학 F. 가타리 / 윤수종 8,000원
127 모리스 블랑쇼에 대하여 E. 레비나스 / 박규현 9,000원
128 위뷔 왕 〔희곡〕 A. 자리 / 박형섭 8,000원
129 번영의 비참 P. 브뤼크네르 / 이창실 8,000원
130 무사도란 무엇인가 新渡戶稻造 / 沈雨晟 7,000원
131 천 개의 집 〔소설〕 A. 라히미 / 김주경 근간
132 문학은 무슨 소용이 있는가? D. 살나브 / 김교신 7,000원
133 종교에 대하여—행동하는 지성 J. 카푸토 / 최생열 근간
134 노동사회학 M. 스트루방 / 박주원 8,000원
135 맞불·2 P. 부르디외 / 김교신 10,000원
136 믿음에 대하여—행동하는 지성 S. 지제크 / 최생열 9,000원
137 법, 정의, 국가 A. 기그 / 민혜숙 8,000원
138 인식, 상상력, 예술 E. 아카마츄 / 최돈호 근간
139 위기의 대학 ARESER / 김교신 근간
140 카오스모제 F. 가타리 / 윤수종 10,000원
141 코란이란 무엇인가 M. 쿡 / 이강훈 근간
142 신학이란 무엇인가 D. F. 포드 / 노치준·강혜원 근간
143 누보 로망, 누보 시네마 C. 뮈르시아 / 이창실 근간
144 지능이란 무엇인가 I. J. 디어리 / 송형석 근간
145 중세의 기사들 E. 부라생 / 임호경 근간
146 철학에 입문하기 Y. 카탱 / 박선주 근간
147 지옥의 힘 J. 보드리야르 / 배영달 근간
1001 《제7의 봉인》 비평연구 E. 그랑조르주 / 이은민 근간
1002 《쥘과 짐》 비평연구 C. 르 베르 / 이은민 근간

【東文選 文藝新書】

1 저주받은 詩人들 A. 뻬이르 / 최수철·김종호 개정근간
2 민속문화론서설 沈雨晟 40,000원
3 인형극의 기술 A. 훼도토프 / 沈雨晟 8,000원
4 전위연극론 J. 로스 에반스 / 沈雨晟 12,000원
5 남사당패연구 沈雨晟 19,000원
6 현대영미희곡선(전4권) N. 코워드 外 / 李辰洙 절판
7 행위예술 L. 골드버그 / 沈雨晟 18,000원
8 문예미학 蔡 儀 / 姜慶鎬 절판
9 神의 起源 何 新 / 洪 熹 16,000원
10 중국예술정신 徐復觀 / 權德周 外 24,000원
11 中國古代書史 錢存訓 / 金允子 14,000원
12 이미지—시각과 미디어 J. 버거 / 편집부 12,000원
13 연극의 역사 P. 하트놀 / 沈雨晟 절판
14 詩 論 朱光潛 / 鄭相泓 22,000원
15 탄트라 A. 무케르지 / 金龜山 16,000원
16 조선민족무용기본 최승희 15,000원

17 몽고문화사	D. 마이달 / 金龜山	8,000원
18 신화 미술 제사	張光直 / 李 徹	10,000원
19 아시아 무용의 인류학	宮尾慈良 / 沈雨晟	20,000원
20 아시아 민족음악순례	藤井知昭 / 沈雨晟	5,000원
21 華夏美學	李澤厚 / 權 瑚	15,000원
22 道	張立文 / 權 瑚	18,000원
23 朝鮮의 占卜과 豫言	村山智順 / 金禧慶	15,000원
24 원시미술	L. 아담 / 金仁煥	16,000원
25 朝鮮民俗誌	秋葉隆 / 沈雨晟	12,000원
26 神話의 이미지	J. 캠벨 / 扈承喜	근간
27 原始佛敎	中村元 / 鄭泰爀	8,000원
28 朝鮮女俗考	李能和 / 金尙憶	24,000원
29 朝鮮解語花史(조선기생사)	李能和 / 李在崑	25,000원
30 조선창극사	鄭魯湜	17,000원
31 동양회화미학	崔炳植	18,000원
32 性과 결혼의 민족학	和田正平 / 沈雨晟	9,000원
33 農漁俗談辭典	宋在璇	12,000원
34 朝鮮의 鬼神	村山智順 / 金禧慶	12,000원
35 道敎와 中國文化	葛兆光 / 沈揆昊	15,000원
36 禪宗과 中國文化	葛兆光 / 鄭相泓·任炳權	8,000원
37 오페라의 역사	L. 오레이 / 류연희	18,000원
38 인도종교미술	A. 무케르지 / 崔炳植	14,000원
39 힌두교의 그림언어	안넬리제 外 / 全在星	9,000원
40 중국고대사회	許進雄 / 洪 熹	30,000원
41 중국문화개론	李宗桂 / 李宰碩	23,000원
42 龍鳳文化源流	王大有 / 林東錫	25,000원
43 甲骨學通論	王宇信 / 李宰碩	근간
44 朝鮮巫俗考	李能和 / 李在崑	20,000원
45 미술과 페미니즘	N. 부루드 外 / 扈承喜	9,000원
46 아프리카미술	P. 윌레뜨 / 崔炳植	절판
47 美의 歷程	李澤厚 / 尹壽榮	28,000원
48 曼荼羅의 神들	立川武藏 / 金龜山	19,000원
49 朝鮮歲時記	洪錫謨 外/李錫浩	30,000원
50 하 상	蘇曉康 外 / 洪 熹	절판
51 武藝圖譜通志 實技解題	正 祖 / 沈雨晟·金光錫	15,000원
52 古文字學첫걸음	李學勤 / 河永三	14,000원
53 體育美學	胡小明 / 閔永淑	10,000원
54 아시아 美術의 再發見	崔炳植	9,000원
55 曆과 占의 科學	永田久 / 沈雨晟	8,000원
56 中國小學史	胡奇光 / 李宰碩	20,000원
57 中國甲骨學史	吳浩坤 外 / 梁東淑	35,000원
58 꿈의 철학	劉文英 / 河永三	22,000원

59 女神들의 인도	立川武藏 / 金龜山	19,000원
60 性의 역사	J. L. 플랑드렝 / 편집부	18,000원
61 쉬르섹슈얼리티	W. 챠드윅 / 편집부	10,000원
62 여성속담사전	宋在璇	18,000원
63 박재서희곡선	朴栽緖	10,000원
64 東北民族源流	孫進己 / 林東錫	13,000원
65 朝鮮巫俗의 研究(상·하)	赤松智城·秋葉隆 / 沈雨晟	28,000원
66 中國文學 속의 孤獨感	斯波六郎 / 尹壽榮	8,000원
67 한국사회주의 연극운동사	李康列	8,000원
68 스포츠인류학	K. 블랑챠드 外 / 박기동 外	12,000원
69 리조복식도감	리팔찬	20,000원
70 娼 婦	A. 꼬르벵 / 李宗旼	22,000원
71 조선민요연구	高晶玉	30,000원
72 楚文化史	張正明 / 南宗鎭	26,000원
73 시간, 욕망, 그리고 공포	A. 코르뱅 / 변기찬	18,000원
74 本國劍	金光錫	40,000원
75 노트와 반노트	E. 이오네스코 / 박형섭	20,000원
76 朝鮮美術史研究	尹喜淳	7,000원
77 拳法要訣	金光錫	30,000원
78 艸衣選集	艸衣意恂 / 林鍾旭	20,000원
79 漢語音韻學講義	董少文 / 林東錫	10,000원
80 이오네스코 연극미학	C. 위베르 / 박형섭	9,000원
81 중국문자훈고학사전	全廣鎭 편역	23,000원
82 상말속담사전	宋在璇	10,000원
83 書法論叢	沈尹默 / 郭魯鳳	8,000원
84 침실의 문화사	P. 디비 / 편집부	9,000원
85 禮의 精神	柳 肅 / 洪 熹	20,000원
86 조선공예개관	沈雨晟 편역	30,000원
87 性愛의 社會史	J. 솔레 / 李宗旼	18,000원
88 러시아미술사	A. I. 조토프 / 이건수	22,000원
89 中國書藝論文選	郭魯鳳 選譯	25,000원
90 朝鮮美術史	關野貞 / 沈雨晟	근간
91 美術版 탄트라	P. 로슨 / 편집부	8,000원
92 군달리니	A. 무케르지 / 편집부	9,000원
93 카마수트라	바짜야나 / 鄭泰爀	10,000원
94 중국언어학총론	J. 노먼 / 全廣鎭	18,000원
95 運氣學說	任應秋 / 李宰碩	15,000원
96 동물속담사전	宋在璇	20,000원
97 자본주의의 아비투스	P. 부르디외 / 최종철	10,000원
98 宗教學入門	F. 막스 뮐러 / 金龜山	10,000원
99 변 화	P. 바츨라빅크 外 / 박인철	10,000원
100 우리나라 민속놀이	沈雨晟	15,000원

101	歌訣(중국역대명언경구집)	李宰碩 편역	20,000원
102	아니마와 아니무스	A. 융 / 박해순	8,000원
103	나, 너, 우리	L. 이리가라이 / 박정오	12,000원
104	베케트연극론	M. 푸크레 / 박형섭	8,000원
105	포르노그래피	A. 드워킨 / 유혜련	12,000원
106	셸 링	M. 하이데거 / 최상욱	12,000원
107	프랑수아 비용	宋 勉	18,000원
108	중국서예 80제	郭魯鳳 편역	16,000원
109	性과 미디어	W. B. 키 / 박해순	12,000원
110	中國正史朝鮮列國傳(전2권)	金聲九 편역	120,000원
111	질병의 기원	T. 매큐언 / 서 일·박종연	12,000원
112	과학과 젠더	E. F. 켈러 / 민경숙·이현주	10,000원
113	물질문명·경제·자본주의	F. 브로델 / 이문숙 外	절판
114	이탈리아인 태고의 지혜	G. 비코 / 李源斗	8,000원
115	中國武俠史	陳 山 / 姜鳳求	18,000원
116	공포의 권력	J. 크리스테바 / 서민원	23,000원
117	주색잡기속담사전	宋在璇	15,000원
118	죽음 앞에 선 인간(상·하)	P. 아리에스 / 劉仙子	각권 8,000원
119	철학에 대하여	L. 알튀세르 / 서관모·백승욱	12,000원
120	다른 곳	J. 데리다 / 김다은·이혜지	10,000원
121	문학비평방법론	D. 베르제 外 / 민혜숙	12,000원
122	자기의 테크놀로지	M. 푸코 / 이희원	16,000원
123	새로운 학문	G. 비코 / 李源斗	22,000원
124	천재와 광기	P. 브르노 / 김웅권	13,000원
125	중국은사문화	馬 華·陳正宏 / 강경범·천현경	12,000원
126	푸코와 페미니즘	C. 라마자노글루 外 / 최 영 外	16,000원
127	역사주의	P. 해밀턴 / 임옥희	12,000원
128	中國書藝美學	宋 民 / 郭魯鳳	16,000원
129	죽음의 역사	P. 아리에스 / 이종민	18,000원
130	돈속담사전	宋在璇 편	15,000원
131	동양극장과 연극인들	김영무	15,000원
132	生育神과 性巫術	宋兆麟 / 洪 熹	20,000원
133	미학의 핵심	M. M. 이턴 / 유호전	20,000원
134	전사와 농민	J. 뒤비 / 최생열	18,000원
135	여성의 상태	N. 에니크 / 서민원	22,000원
136	중세의 지식인들	J. 르 고프 / 최애리	18,000원
137	구조주의의 역사(전4권)	F. 도스 / 김웅권 外	Ⅰ·Ⅱ·Ⅳ 15,000원 / Ⅲ 18,000원
138	글쓰기의 문제해결전략	L. 플라워 / 원진숙·황정현	20,000원
139	음식속담사전	宋在璇 편	16,000원
140	고선수필개론	權 瑚	16,000원
141	예술의 규칙	P. 부르디외 / 하태환	23,000원
142	"사회를 보호해야 한다"	M. 푸코 / 박정자	20,000원

143 페미니즘사전 L. 터틀 / 호승희 · 유혜련 26,000원
144 여성심벌사전 B. G. 워커 / 정소영 근간
145 모데르니테 모데르니테 H. 메쇼닉 / 김다은 20,000원
146 눈물의 역사 A. 벵상뷔포 / 이자경 18,000원
147 모더니티입문 H. 르페브르 / 이종민 24,000원
148 재생산 P. 부르디외 / 이상호 18,000원
149 종교철학의 핵심 W. J. 웨인라이트 / 김희수 18,000원
150 기호와 몽상 A. 시몽 / 박형섭 22,000원
151 융분석비평사전 A. 새뮤얼 外 / 민혜숙 16,000원
152 운보 김기창 예술론연구 최병식 14,000원
153 시적 언어의 혁명 J. 크리스테바 / 김인환 20,000원
154 예술의 위기 Y. 미쇼 / 하태환 15,000원
155 프랑스사회사 G. 뒤프 / 박 단 16,000원
156 중국문예심리학사 劉偉林 / 沈揆昊 30,000원
157 무지카 프라티카 M. 캐넌 / 김혜중 25,000원
158 불교산책 鄭泰爀 20,000원
159 인간과 죽음 E. 모랭 / 김명숙 23,000원
160 地中海(전5권) F. 브로델 / 李宗旼 근간
161 漢語文字學史 黃德實 · 陳秉新 / 河永三 24,000원
162 글쓰기와 차이 J. 데리다 / 남수인 28,000원
163 朝鮮神事誌 李能和 / 李在崑 근간
164 영국제국주의 S. C. 스미스 / 이태숙 · 김종원 16,000원
165 영화서술학 A. 고드로 · F. 조스트 / 송지연 17,000원
166 美學辭典 사사키 겐이치 / 민주식 22,000원
167 하나이지 않은 성 L. 이리가라이 / 이은민 18,000원
168 中國歷代書論 郭魯鳳 譯註 25,000원
169 요가수트라 鄭泰爀 15,000원
170 비정상인들 M. 푸코 / 박정자 25,000원
171 미친 진실 J. 크리스테바 外 / 서민원 25,000원
172 디스탱숑(상 · 하) P. 부르디외 / 이종민 근간
173 세계의 비참(전3권) P. 부르디외 外 / 김주경 각권 26,000원
174 수묵의 사상과 역사 崔炳植 근간
175 파스칼적 명상 P. 부르디외 / 김웅권 22,000원
176 지방의 계몽주의 D. 로슈 / 주명철 30,000원
177 이혼의 역사 R. 필립스 / 박범수 25,000원
178 사랑의 단상 R. 바르트 / 김희영 근간
179 中國書藝理論體系 熊秉明 / 郭魯鳳 23,000원
180 미술시장과 경영 崔炳植 16,000원
181 카프카 — 소수적인 문학을 위하여 G. 들뢰즈 · F. 가타리 / 이진경 13,000원
182 이미지의 힘 — 영상과 섹슈얼리티 A. 쿤 / 이형식 13,000원
183 공간의 시학 G. 바슐라르 / 곽광수 23,000원
184 랑데부 — 이미지와의 만남 J. 버거 / 임옥희 · 이은경 18,000원

185 푸코와 문학 — 글쓰기의 계보학을 향하여	S. 듀링 / 오경심 · 홍유미	근간
186 각색, 연극에서 영화로	A. 엘보 / 이선형	16,000원
187 폭력과 여성들	C. 도펭 外 / 이은민	18,000원
188 하드 바디 — 할리우드 영화에 나타난 남성성	S. 제퍼드 / 이형식	18,000원
189 영화의 환상성	J.-L. 뢰트라 / 김경온 · 오일환	18,000원
190 번역과 제국	D. 로빈슨 / 정혜욱	16,000원
191 그라마톨로지에 대하여	J. 데리다 / 김웅권	근간
192 보건 유토피아	R. 브로만 外 / 서민원	근간
193 현대의 신화	R. 바르트 / 이화여대기호학연구소	20,000원
194 중국회화백문백답	郭魯鳳	근간
195 고서화감정개론	徐邦達 / 郭魯鳳	근간
196 상상의 박물관	A. 말로 / 김웅권	근간
197 부빈의 일요일	J. 뒤비 / 최생열	22,000원
198 아인슈타인의 최대 실수	D. 골드스미스 / 박범수	16,000원
199 유인원, 사이보그, 그리고 여자	D. 해러웨이 / 민경숙	25,000원
200 공동생활 속의 개인주의	F. 드 생글리 / 최은영	20,000원
201 기식자	M. 세르 / 김웅권	24,000원
202 연극미학 — 플라톤에서 브레히트까지의 텍스트들	J. 셰레 外 / 홍지화	24,000원
203 철학자들의 신	W. 바이셰델 / 최상욱	근간
204 고대 세계의 정치	모제스 I. 핀레이 / 최생열	16,000원
205 프란츠 카프카의 고독	M. 로베르 / 이창실	18,000원
206 문화 학습 — 실천적 입문서	J. 자일스 · T. 미들턴 / 장성희	24,000원
207 호모 아카데미쿠스	P. 부르디외 / 임기대	근간
208 朝鮮槍棒教程	金光錫	40,000원
209 자유의 순간	P. M. 코헨 / 최하영	16,000원
210 밀교의 세계	鄭泰爀	16,000원
211 토탈 스크린	J. 보드리야르 / 배영달	19,000원
212 영화와 문학의 서술학	F. 바누아 / 송지연	근간
213 텍스트의 즐거움	R. 바르트 / 김희영	15,000원
214 영화의 직업들	B. 라트롱슈 / 김경온 · 오일환	근간
215 소설과 신화	이용주	15,000원
216 문화와 계급 — 부르디외와 한국 사회	홍성민 外	18,000원
217 작은 사건들	R. 바르트 / 김주경	14,000원
218 연극분석입문	J.-P. 링가르 / 박형섭	18,000원
219 푸코	G. 들뢰즈 / 허 경	17,000원
220 우리나라 도자기와 가마터	宋在璇	30,000원
221 보이는 것과 보이지 않는 것	M. 퐁티 / 남수인 · 최의영	근간
222 메두사의 웃음/출구	H. 식수 / 박혜영	근간
223 담화 속의 논증	R. 아모시 / 장인봉	20,000원
224 포켓의 형태	J. 버거 / 이영주	근간
225 이미지심벌사전	A. 드 브리스 / 이원두	근간
226 이데올로기	D. 호크스 / 고길환	16,000원

227 영화의 이론	B. 발라즈 / 이형식	20,000원
228 건축과 철학	J. 보드리야르 · J. 누벨 / 배영달	16,000원
229 폴 리쾨르 — 삶의 의미들	F. 도스 / 이봉지 外	근간
230 서양철학사	A. 케니 / 이영주	근간
231 근대성과 육체의 정치학	D. 르 브르통 / 홍성민	20,000원
232 허난설헌	金成南	16,000원
233 인터넷철학	G. 그레이엄 / 이영주	근간
234 촛불의 미학	G. 바슐라르 / 이가림	근간
235 의학적 추론	A. 시쿠렐 / 서민원	근간
236 튜링	J. 라세구 / 임기대	근간
237 이성의 역사	F. 샤틀레 / 심세광	근간
238 조선연극사	金在喆	22,000원
239 미학이란 무엇인가	M. 지므네즈 / 김웅권	근간
240 고문자류편	高 明	40,000원
1001 베토벤: 전원교향곡	D. W. 존스 / 김지순	근간
1002 모차르트: 하이든 현악 4중주곡	J. 어빙 / 김지순	근간

【기 타】

▨ 모드의 체계	R. 바르트 / 이화여대기호학연구소	18,000원
▨ 라신에 관하여	R. 바르트 / 남수인	10,000원
▨ 說 苑 (上·下)	林東錫 譯註	각권 30,000원
▨ 晏子春秋	林東錫 譯註	30,000원
▨ 西京雜記	林東錫 譯註	20,000원
▨ 搜神記 (上·下)	林東錫 譯註	각권 30,000원
■ 경제적 공포[메디치賞 수상작]	V. 포레스테 / 김주경	7,000원
■ 古陶文字徵	高 明 · 葛英會	20,000원
■ 金文編	容 庚	36,000원
■ 고독하지 않은 홀로되기	P. 들레름 · M. 들레름 / 박정오	8,000원
■ 그리하여 어느날 사랑이여	이외수 편	4,000원
■ 딸에게 들려 주는 작은 지혜	N. 레흐레이트너 / 양영란	6,500원
■ 노력을 대신하는 것은 없다	R. 쉬이 / 유혜련	5,000원
■ 노블레스 오블리주	현택수 사회비평집	7,500원
■ 미래를 원한다	J. D. 로스네 / 문 선 · 김덕희	8,500원
■ 사랑의 존재	한용운	3,000원
■ 산이 높으면 마땅히 우러러볼 일이다	유 향 / 임동석	5,000원
■ 서기 1000년과 서기 2000년 그 두려움의 흔적들	J. 뒤비 / 양영란	8,000원
■ 서비스는 유행을 타지 않는다	B. 바게트 / 정소영	5,000원
■ 선종이야기	홍 희 편저	8,000원
■ 섬으로 흐르는 역사	김영희	10,000원
■ 세계사상		창간호~3호: 각권 10,000원 / 4호: 14,000원
■ 십이속상도안집	편집부	8,000원
■ 어린이 수묵화의 첫걸음(전6권)	趙 陽 / 편집부	각권 5,000원